Valeurs et sentiments des 2 à 5 ans

PRESSES DE L'UNIVERSITÉ DU QUÉBEC
Le Delta I, 2875, boulevard Laurier, bureau 450
Québec (Québec) G1V 2M2
Téléphone : (418) 657-4399 · Télécopieur : (418) 657-2096
Courriel : puq@puq.ca · Internet : www.puq.ca

Diffusion / Distribution :

CANADA et autres pays

Distribution de livres Univers s.e.n.c.
845, rue Marie-Victorin, Saint-Nicolas (Québec) G7A 3S8
Téléphone : (418) 831-7474 / 1-800-859-7474 • Télécopieur : (418) 831-4021

FRANCE

AFPU-Diffusion
Sodis

BELGIQUE

Patrimoine SPRL
168, rue du Noyer
1030 Bruxelles
Belgique

SUISSE

Servidis SA
5, rue des Chaudronniers,
CH-1211 Genève 3
Suisse

Michael Schleifer
avec la collaboration de **Cynthia Martiny**

Valeurs et sentiments des 2 à 5 ans

COMMENT PARLER DES ÉMOTIONS AVEC VOTRE ENFANT

2007

Presses de l'Université du Québec
Le Delta I, 2875, boul. Laurier, bur. 450
Québec (Québec) Canada G1V 2M2

Catalogage avant publication de Bibliothèque et Archives Canada

Schleifer, Michael

Valeurs et sentiments des 2 à 5 ans
Traduction de : Talking about feelings and values with children.

Comprend des réf. bibliogr. et un index.

ISBN 978-2-7605-1448-5

1. Enfants - Morale pratique. 2. Éducation morale. 3. Valeurs (Philosophie). 4. Émotions. 5. Éducation des enfants. I. Martiny, Cynthia. II. Titre.

BJ1631.S3414 2007 170.83 C2006-941848-9

Nous reconnaissons l'aide financière du gouvernement du Canada par l'entremise du Programme d'aide au développement de l'industrie de l'édition (PADIE) pour nos activités d'édition.

La publication de cet ouvrage a été rendue possible grâce à l'aide financière de la Société de développement des entreprises culturelles (SODEC).

Traduit et adapté de l'anglais par Nadia Tangorra, M.A.
Révision linguistique : Ghislaine Barrette
Mise en pages : Infoscan Collette-Québec
Couverture : Richard Hodgson

1 2 3 4 5 6 7 8 9 PUQ 2007 9 8 7 6 5 4 3 **2** 1

Dépôt légal – 1er trimestre 2007
Bibliothèque et Archives nationales du Québec / Bibliothèque et Archives Canada
Imprimé au Canada

AVANT-PROPOS

COMMENT MES PETITS-ENFANTS M'ONT POUSSÉ À ÉCRIRE CE LIVRE…

C'est d'abord mon expérience personnelle qui m'a incité à écrire ce livre. Au cours de mon enfance et de mon adolescence, des sujets tels que le divorce et la maladie (tant physique que mentale) étaient soigneusement évités : je me souviens des murmures des adultes qui me répondaient parfois de manière évasive. Après un certain temps, j'avais compris que l'un de mes oncles voulait divorcer, qu'un des membres de la famille était à l'hôpital pour une dépression ou encore qu'un ami de la famille souffrait d'une maladie incurable. Je pense aujourd'hui que ce silence était malsain et peu justifié. En parlant avec des amis et des membres de ma famille (qui sont nés dans les années 1940 et ont grandi dans les années 1950 et 1960), j'ai pu constater que mes expériences personnelles ressemblaient tout à fait aux leurs.

Au début de ce XXIe siècle, ces sujets toujours d'actualité demeurent délicats. La maladie et la mort ont toujours (hélas!) fait partie de la vie. La fréquence des divorces a augmenté au cours des dernières décennies. Les temps ont changé. Ces sujets sont courants, mais d'une autre façon : les adultes, autant que les enfants, ne peuvent éviter les sujets mentionnés plus haut (sans oublier le sexe et les drogues !) lorsqu'ils sont traités dans le cadre d'une émission de télévision, par exemple. La populaire émission télévisée *Seinfeld* a traité de sujets comme la masturbation ou le fait de « se mettre un doigt dans le nez » dans des épisodes qui sont d'ailleurs en rediffusion. Oprah Winfrey a pour sa part consacré une émission entière aux selles (émission télévisée intitulée *Oprah*)[1]. Mes enfants et leurs amis, sans oublier la nouvelle génération de parents, sont désireux de parler ouvertement et honnêtement de ces sujets délicats. Malgré leur désir, plusieurs parents de cette génération hésitent à aborder ces sujets, car ils ne savent pas comment en parler avec leurs enfants. Il n'est pas aisé de parler de divorce, de dépression ou de cancer entre adultes, et en parler avec de jeunes enfants l'est encore moins. Cet ouvrage offre quelques suggestions sur la façon d'entamer un dialogue parent-enfant, non seulement sur les sujets mentionnés (divorce, maladie), mais aussi, de façon plus générale, sur les valeurs et les sentiments. Le jugement et l'empathie constituent des clés qui facilitent le dialogue. Les livres les plus populaires prodiguant des conseils aux parents ne traitent pas de cette perspective. Ce livre comble cette lacune en offrant des suggestions concrètes pour développer, tant chez les enfants que chez les adultes, un jugement sûr et une réelle empathie.

Mes enfants, mon épouse, ma sœur et mes amis, sans oublier mes collègues et mes étudiants, m'ont encouragé dans la rédaction de ce livre. Les conversations et les discussions avec mes trois petits-enfants – Hannah, Joseph et Rachel – sur les problèmes d'ordre moral ont grandement inspiré ce livre. Je crois, et j'espère, qu'ils en ont tiré profit et qu'ils continueront à profiter de nos conversations. Pour ma part, je sais que j'ai beaucoup appris d'eux. Voici quelques exemples d'échanges que nous avons eus.

LA FIERTÉ

Le casse-tête

Ma petite-fille de 6 ans, Rachel, était capable de reconstituer un casse-tête difficile. Les cousins et les amis de Rachel, plus âgés, n'ont pas été en mesure d'en faire autant. Je rapporte ici les paroles échangées :

Grand-papa Michael, fier :	*Bravo ! Rachel, as-tu travaillé fort ?*
Rachel :	*Non, pas très fort.*
Michael :	*Comment as-tu trouvé la solution ? Tu es la seule à l'avoir trouvée.*
Rachel :	*Je suis bonne là-dedans. Je suis intelligente.*
Témoin (ton accusateur) :	*Ne te vante pas, ce n'est pas bien (à l'intention de Rachel). Tu ne devrais pas encourager la vantardise (à l'intention de Michael).*

Sur un terrain de soccer

Grand-papa Michael, fier :	*Quel but ! Tu as été fantastique, Joseph ! C'est formidable ! Tu t'es vraiment beaucoup amélioré depuis l'été dernier. Ton entraîneur était-il bon ?*
Joseph :	*Nous avons eu un entraînement spécial parce que je fais partie d'une équipe d'élite.*
Michael :	*Qu'est-ce que cela veut dire « élite » ?*
Joseph :	*Nous sommes les meilleurs de l'école et nous devrons jouer contre des équipes d'autres pays.*
Témoin (ton accusateur) :	*Tu es encore en train d'encourager la vantardise !*

Par la suite, la discussion a tourné autour de la pertinence d'être fier des prouesses et des réalisations de quelqu'un. La fierté est-elle un péché, comme certains le prétendent, ou un défaut ? Doit-elle être nécessairement associée à la vantardise et à l'arrogance ? La fierté peut-elle être une bonne chose ? Peut-elle être considérée comme une manifestation de confiance en soi et d'estime de soi ? Dans quelles circonstances la fierté s'avère-t-elle un « indicateur » de succès – que ce soit dans le domaine des sports, dans les jeux ou encore du côté des études ? Quand est-il bon de parler aux autres de ce qui fait notre fierté ? Comment distinguer la fierté de soi de la fierté que les autres manifestent envers soi ? Nous tâcherons de répondre à ces questions (voir le chapitre 8).

LA POLITESSE

Les parents et les grands-parents ont demandé à Hannah, Joseph et Rachel de faire preuve de politesse en disant « Merci ! », par exemple, ou en donnant un baiser sur la joue d'une vieille tante, en lui remettant un cadeau. Les trois enfants ont discuté (les deux filles surtout) et ont allégué qu'ils ne voulaient pas toujours poser des gestes d'affection. Ils m'ont fait prendre conscience de leur point de vue. Ce dialogue se poursuit entre les grands-parents et les petits-enfants sur les différents aspects liés à la politesse, la grossièreté, la gratitude, ainsi qu'à la volonté ou au refus de poser des gestes d'affection. Lors d'une importante discussion, dans le cadre d'un cours universitaire sur l'éducation morale, les participants ont exprimé leur point de vue sur les sentiments de Lisa, qui s'était fait demander par son « amoureux » – qui avait payé son entrée au cinéma – d'être polie et de lui donner un baiser. Lisa avait refusé, mais elle s'était sentie confuse, à la fois très triste et en colère. Plusieurs des participants de ce cours universitaire, surtout les femmes, ont comparé cette situation à leurs expériences personnelles où ils devaient, enfants, « être polis » et donner un baiser à un parent ou à un membre de la famille. Il sera question de la politesse au chapitre 4 (La politesse) et dans deux sections du chapitre 11 respectivement intitulées « Les amis, les membres de la famille et les étrangers » et « Violence : abus, inceste, harcèlement et taxage ».

L'HONNÊTETÉ

Mes petits-enfants, Hannah, âgée de 12 ans, et Joseph, 9 ans, vivent chez leur mère aux États-Unis. En 2002, j'ai dû les reconduire aux États-Unis et traverser la frontière canadienne, documents officiels en main, bien sûr. En raison des préoccupations suscitées par le terrorisme et les cas de kidnapping, nous savions cependant que les autorités américaines n'hésiteraient pas à nous poser certaines questions. Nous avions préparé les enfants à répondre à ces questions, grâce à un jeu de rôle à la fois sérieux et drôle. Le jeu de rôle avait favorisé une prise de conscience des vérités à révéler. Jusqu'à quel point nos réponses doivent-elles être « honnêtes » ? Si nous ne dévoilons pas certains détails de notre vie ou si nous ne répondons pas de façon « satisfaisante » aux questions que posent les douaniers, devons-nous en conclure que nous mentons ? Qu'est-ce qui pourrait être considéré comme un mensonge dans ces circonstances ? Notre comportement serait-il excusable ? Quels sentiments nous habiteraient alors ? La peur, la culpabilité, la colère ? Serions-nous en mesure de contrôler ces émotions ? Ces questions ont suscité des discussions et des débats animés. Les idées exprimées ont inspiré le chapitre 2 (sur le jugement), le chapitre 3 (sur l'honnêteté) et l'une des sections du chapitre 8 (« Contrôle des émotions : la colère, la peur et la joie »).

LES ÉMOTIONS

Ma petite-fille Rachel, alors âgée de 4 ans, avait fait un dessin pour ma femme Carole et pour moi, dessin qu'elle avait intitulé « Nuages ». Elle a expliqué que les nuages avaient des émotions différentes. L'unique personnage féminin affichait un sourire, en raison de la présence d'un arc-en-ciel. Les quatre autres personnages, des garçons, ne souriaient pas : la disparition de l'arc-en-ciel a causé la tristesse et la colère du premier ; le deuxième garçon, également triste et fâché, était content quand même parce qu'il avait piqué une crise de colère, ce qui l'avait soulagé et le rendait un peu de meilleure humeur ; le troisième avait volé l'étoile du quatrième garçon ; la victime du vol était triste et fâchée, alors que le voleur était à la fois triste, fâché et craintif. Elle avait réalisé ce dessin à la suite d'un conflit avec un ami à la maternelle. Pas étonnant…

Rachel et moi avons parlé de son dessin et de certains points qu'il soulevait. Le lecteur a remarqué que l'un des personnages était à la fois triste, content et fâché. Nous pouvons ne pas savoir comment nous nous sentons. Nous pouvons ressentir différents sentiments au même moment, le cœur oscillant entre deux ou trois émotions… Il arrive parfois que nous ne sachions pas ce que nous ressentons et que d'autres personnes nous le disent, bien qu'elles puissent se tromper.

Ma conversation avec Rachel s'est déroulée à l'époque où ma collègue Cynthia Martiny et moi étions en train de rédiger les résultats de nos recherches sur le développement personnel et l'enseignement portant sur les émotions. Cynthia avait relevé la confusion entourant les émotions de base (colère, peur et tristesse) et cette confusion était l'élément clé de ses travaux cliniques. (Elle anime des groupes réunissant des hommes qui ont usé de violence envers leur conjointe et leurs enfants.) Les commentaires de ma petite-fille sur son dessin ont souligné la confusion des sentiments, confusion que plusieurs adultes ont également déjà vécue. Cela fait déjà quelques années que Cynthia et moi discutons de cette indistinction des sentiments. Le chapitre 7 de ce livre présente certains éléments puisés dans cet échange d'idées.

1
Il y a un moment pour tout,
et un temps pour chaque chose sous le ciel :
2
un temps pour engendrer,
et un temps pour mourir ;
un temps pour planter,
et un temps pour arracher.
3
Un temps pour tuer,
et un temps pour soigner ;
un temps pour détruire,
et un temps pour construire.
4
Un temps pour pleurer,
et un temps pour rire ;
un temps pour gémir,
et un temps pour danser.
5
Un temps pour lancer des pierres,
et un temps pour les ramasser ;
un temps pour s'embrasser,
et un temps pour s'abstenir.
6
Un temps pour chercher,
et un temps pour perdre ;
un temps pour garder,
et un temps pour jeter.
7
Un temps pour déchirer,
et un temps pour recoudre ;
un temps pour se taire,
et un temps pour parler.
8
Un temps pour aimer,
et un temps pour haïr ;
un temps pour faire la guerre,
et un temps pour faire la paix.

ECCLÉSIASTE, 3, 1-8

REMERCIEMENTS

Comme je l'ai mentionné dans l'avant-propos de ce livre, les conversations avec mes trois petits-enfants ont inspiré certains passages de cet ouvrage. Au fil des ans, mes enfants ont également participé à ce dialogue continu sur les valeurs et les sentiments. Je les remercie, ainsi que les amis qui ont discuté avec moi de « Scrupules » (aussi bien le jeu que les dilemmes moraux de la vie auxquels ce terme renvoie). Je voudrais également exprimer ma reconnaissance envers les autres membres de la famille, les amis, les collègues et les étudiants qui m'ont incité à poursuivre la rédaction de ce livre.

Cynthia Martiny et moi avons échangé au cours de ces dernières années sur la plupart des sujets abordés dans ce livre. Elle a surtout participé à la rédaction des chapitres 6 à 12. Je tiens à remercier Diane Amatuzio, secrétaire, ainsi que Lee Londei et Sandra Metcalfe, toutes deux assistantes de recherche, qui ont activement participé aux discussions portant sur les idées contenues dans ce livre; elles ont également formulé des suggestions et des commentaires sur l'organisation et la présentation du manuscrit. Ma femme Carole l'a révisé et a fait des suggestions dans le but de l'améliorer. Pour son apport en toutes circonstances, même difficiles, je la remercie du fond de mon cœur!

MICHAEL SCHLEIFER, Montréal, 2007

DROITS D'AUTEUR

Nous remercions United Media pour les bandes dessinées de *Peanuts*.

Nous remercions également l'Institute for the Advancement of Philosophy for Children (IAPC) qui nous a permis d'utiliser des sections provenant de romans ou de recueils de nouvelles et de manuels.

TABLE DES MATIÈRES

INTRODUCTION

À QUI S'ADRESSE CE LIVRE ?

Ce livre est pour quiconque désire aider les enfants à devenir de bonnes personnes et les guider dans leurs choix pour qu'ils posent les bonnes actions ou les bons gestes. En bref, ce livre a été rédigé à l'intention des éducateurs, des moniteurs et des monitrices de garderie éducative (centres de la petite enfance), des moniteurs et des monitrices de garderie (ou de services de garde) et des parents. Jusqu'à tout récemment, il n'existait pas de livres à l'intention exclusive des éducateurs et éducatrices œuvrant auprès d'enfants âgés de 5 ans et moins. Les auteurs ont ainsi voulu combler ce manque. Cet ouvrage comprend des conseils, des exercices et des questions portant sur des sujets précis et donne quelques clés pour que l'enfant puisse développer un jugement sûr et faire preuve d'empathie. Bien que le contenu de ce livre s'applique d'abord à de jeunes enfants, les enseignants des écoles primaires peuvent reprendre les sujets abordés ici pour les présenter à des enfants âgés de 5 à 12 ans afin de poursuivre leur éducation morale. Ce livre explique comment favoriser les échanges et les discussions concernant les valeurs morales et les émotions. En ce qui a trait à l'éducation des jeunes enfants, nous avons tenté, dans la mesure du possible, de distinguer ce qui est approprié pour les tout-petits de 0 à 2 ans, âge auquel les enfants écoutent et comprennent, de ce qui s'applique davantage aux enfants de 2 à 5 ans, âge auquel ils ont acquis plus d'habiletés verbales et où ils peuvent converser avec des adultes. Dans le cadre de mes cours portant sur l'éducation des jeunes enfants et sur le développement de l'enfant, j'ai discuté avec mes étudiants des conseils pratiques en matière d'éducation morale et d'enseignement des émotions, tout en tenant compte des recherches dans le domaine de la psychologie, de même que des analyses relevant du domaine de la philosophie. Les documents de ces cours proviennent de plusieurs sources, d'où sont tirées plusieurs idées présentées dans ce livre; celui-ci peut donc servir de manuel de base dans le cadre d'un cours universitaire sur le sujet.

Les éducateurs qui travaillent auprès de jeunes enfants ont, quant à eux, particulièrement besoin de conseils concernant les échanges sur les valeurs et les sentiments. Au cours des dernières années, nous avons pris conscience de l'importance des cinq premières années de développement et de vie des enfants. Par conséquent, nous désirons que les éducateurs du préscolaire, de même que les autres professionnels qui s'occupent des jeunes enfants, soient mieux en mesure d'amorcer de telles conversations. *Le terme «éducateurs» inclut bien entendu les parents, qui jouent toujours un rôle primordial dans les discussions et les dialogues qu'ils entament avec leurs enfants*[1]. Ce livre se veut donc également un guide pour les mères, les pères et tous les autres membres ou amis de la famille qui pourraient être appelés à jouer ce rôle. Comme je suis grand-père de trois petits-enfants, j'offre également ce livre à tous les grands-parents.

En tant que parents, nous voulons que nos enfants soient heureux et que, au bout du compte, ils connaissent le succès à l'école, dans leurs relations avec leurs amis et dans la vie en général – peu importe la signification donnée au mot «succès». De plus, certains parents souhaitent sans doute que leurs enfants développent ce que Robert Coles et Michele Borba désignent comme étant l'«intelligence morale[2]», cette «insaisissable bonté» par opposition au bonheur et aux différentes formes d'intelligence. Peu importe la définition du mot «bonté», la question suivante se pose toujours: comment pouvons-nous aider nos enfants à devenir de bonnes personnes... et des personnes heureuses? Je suppose que tous les parents désirent que leurs enfants soient bienveillants, c'est-à-dire affables et prévenants, et certainement pas détestables! De plus, et j'espère le prouver, les parents veulent que leurs enfants soient des êtres raisonnables. Autrement dit, l'enfant manifestera de l'humanité et de la bienveillance de façon authentique et durable[3]...

À QUEL ÂGE LES ENFANTS SONT-ILS PRÊTS À PARLER DES SENTIMENTS ET DES VALEURS ?

Ce livre s'adresse aux éducateurs qui désirent parler des valeurs morales et des sentiments avec des enfants âgés de 0 à 12 ans. Comme nous l'avons déjà mentionné, le contenu s'applique plus particulièrement aux jeunes enfants de 0 à 5 ans, et c'est pourquoi nous avons mis davantage l'accent sur le dialogue, les échanges et les discussions. L'enfant est généralement prêt à parler dès l'âge de 2 ans, bien qu'il soit évidemment apte à comprendre bien avant de prononcer ses premières phrases. Il n'est pas question ici d'expliquer comment élever un enfant et encore moins de traiter des comportements inhabituels ou déviants. Certaines suggestions qui visent l'amélioration du jugement (consulter le chapitre 2) font référence à la période allant de la naissance à 2 ans, alors que les réactions des parents aux valeurs[4] et aux sentiments[5] exprimés par le bébé sont importantes. Les questions relatives à l'entraînement à la propreté, à la discipline, à la sécurité et à la protection ne font pas l'objet de ce livre. L'ouvrage bien connu du Dr Spock[6], dont la septième édition est offerte sur Internet, approfondit ces sujets pour les parents susceptibles de s'y intéresser. Spock et ses successeurs donnent des conseils rudimentaires sur la façon de présenter les valeurs aux enfants, dont l'honnêteté et la responsabilité. Les parents n'ignorent pas qu'il est souvent beaucoup plus complexe de parler de valeurs morales et de sentiments que ces recettes ne le laissent croire. Pour des sujets aussi complexes que l'honnêteté, la politesse et la responsabilité, il est nécessaire de consacrer à chacun au moins un chapitre afin d'en explorer toutes les facettes.

Quant aux enfants plus âgés, je ne formulerai pas de recommandations (bien qu'indirectement parfois) à l'intention des adolescents et des jeunes adultes. Les groupes d'âge ont davantage été déterminés en fonction de mon expérience personnelle et professionnelle. J'ai travaillé pendant près de quarante ans pour en apprendre toujours plus sur le développement du raisonnement moral, sur le jugement et les émotions chez les enfants de 2 à 12 ans. Mes recherches et mes cours portaient plus particulièrement sur deux périodes de développement : les enfants à la maternelle (de 2 à 5 ans) et les enfants du primaire (de 5 à 12 ans).

Bien que ce livre ne porte pas sur l'adolescence comme telle, plusieurs des sujets traités peuvent intéresser les adolescents, surtout les sujets plus délicats de la quatrième partie (par exemple les contacts physiques au chapitre 11). *Il est préférable d'entamer, le plus tôt possible, le dialogue sur les sentiments et les valeurs, y compris sur des sujets tels que les drogues, la sexualité et les moyens de se protéger contre les MTS et les grossesses non désirées, plutôt que d'attendre que l'enfant soit devenu un adolescent...* Mais comme G. Keillor le fait bien remarquer: « L'adolescence, qui commence de nos jours dès l'âge de 8 ans, est une période de plus en plus difficile. Les trafiquants de drogues rôdent; le nihilisme du rock'n'roll se propage; la culture de la convoitise franchit les frontières[7]. » Il est impossible d'éviter que nos enfants soient exposés à des contenus explicites – et parfois même à des contenus sexuels particulièrement violents – ainsi qu'aux divers aspects liés à la drogue. Mes petits-enfants écoutent la musique d'Eminem (et aussi, hélas!, les paroles) avant que les parents, et les grands-parents, n'aient le temps de s'en apercevoir. Tout ce que nous pouvons faire est de souligner les risques et les conséquences de la consommation de drogues, répondre aux questions des enfants et des adolescents concernant les rapports sexuels et parler de la violence, tant physique que verbale, tous des éléments explicites dans les chansons d'Eminem, de même que dans le vidéoclip de sa chanson *Eight Mile Road*. Nous devons nous montrer tout à fait disposés à discuter de ces sujets.

Nous demandons ici aux parents de clarifier et d'examiner leurs propres valeurs et sentiments. En fait, cet examen s'avère nécessaire et fait partie du processus d'apprentissage dans le but d'être mieux en mesure de traiter de ces sujets avec de jeunes enfants (point approfondi au chapitre 2). L'essentiel est de développer un jugement sûr, à la fois pour nous-mêmes, en tant qu'adultes, et pour nos enfants. En réalité, plusieurs de ces sujets qui font appel au jugement concernent autant les parents que les enfants. Par exemple, pour un enfant, il peut être difficile de déterminer s'il est temps de parler ou de se taire, mais cela peut l'être tout autant pour un adulte. En salle de classe, il est difficile pour un enseignant de savoir quand il peut partager son opinion avec ses élèves ou de déterminer le moment le plus opportun pour l'exprimer. L'enseignant qui présente son opinion avant même que l'élève ait eu une chance de répondre commet une erreur, parce qu'il ferme la porte à toute réflexion à d'autres possibilités. En revanche, si l'enseignant croit que les élèves de sa classe sont capables de développer leurs idées et qu'ils peuvent les défendre avec conviction, l'enseignant ne doit pas hésiter à exprimer ses propres idées si les élèves n'ont pas présenté un point de vue différent. Dans le cadre des discussions en salle de classe, les enfants doivent comprendre que l'enseignant a temporairement mis de côté son rôle de médiateur pour assumer celui de participant. Les parents ont un choix analogue à faire lors des échanges avec leurs enfants. *Tout parent devrait être prévenant et faire preuve d'honnêteté face aux opinions qu'il exprime, tout en évitant d'agir comme l'autorité suprême pour l'enfant, ce qui pourrait à coup sûr gêner l'enfant ou l'empêcher d'exprimer son point de vue.*

Des questions similaires se posent quant au jugement des adultes et des enfants sur la plupart des sujets abordés dans ce livre. Nous tâchons tous d'agir adéquatement, mais ce n'est pas toujours aussi facile que cela a pu l'être pour nos grands-parents qui ont vécu à une autre époque. Les parents, tout comme les enfants, apprennent qu'il est parfois bon de se taire (par tact ou diplomatie, ou pour ne pas heurter les sentiments d'autrui) et qu'il est parfois préférable de parler (pour signaler une injustice, un comportement abusif ou la violation des droits fondamentaux d'une personne). Les parents stimulent leurs enfants à jouer avec d'autres enfants, mais ils les encouragent aussi à jouer seuls ; ils leur apprennent qu'il peut être important de garder un secret, mais ils souhaitent aussi que leurs enfants leur signalent tout comportement inadéquat de la part de leurs pairs ou d'étrangers dont les intentions semblent douteuses. Pour chacune de ces exigences contradictoires, quel est le choix le plus approprié ? Peu importe le choix effectué, il peut se révéler bon ou mauvais en fonction des nombreux facteurs en jeu. Évidemment, nous avons tous des règles et des principes que nous cherchons à respecter au moment de prendre des décisions difficiles ; ces règles et ces principes peuvent être utiles, jusqu'à un certain point, tout comme nos traditions, croyances, intuitions et expériences antérieures. Par conséquent, ce dont nous avons constamment besoin en plus de tout cela, c'est d'un jugement sûr ! En tant qu'éducateurs, notre rôle consiste à aider les enfants à acquérir du jugement, à améliorer leurs capacités de réfléchir sur ces sujets. *Voici en réalité le message de ce livre : tout ce que nous pouvons faire est d'aider nos enfants à acquérir un « bon » jugement. Et les choix qu'ils feront seront les leurs !* Les suggestions offertes pour développer un jugement sûr (chapitres 2 et suivants) sont destinées aux jeunes enfants, mais elles peuvent également s'appliquer aux situations que vivent les adolescents et les jeunes adultes. Et, en prime, les parents qui aideront leurs enfants à peaufiner leurs aptitudes en matière de jugement amélioreront leurs propres habiletés dans ce domaine.

L'enfant se pose des questions sur son environnement, manifeste de la curiosité et tente de lui donner un sens ou de l'expliquer. Il examine le monde, les faits, la nature, les liens de causalité, etc., mais les sentiments et les valeurs demeurent plus complexes et beaucoup plus difficiles à comprendre. Ce monde offre du bon et du moins bon, se compose de bonnes et de mauvaises choses qui suscitent des sentiments à l'avenant, et il est plus difficile de s'y retrouver. Ce constat témoigne de l'état des choses dans le monde. Au XXIe siècle, il est généralement reconnu que les réponses aux questions liées aux valeurs occupent l'arrière-scène, alors que la nature, la science et la technologie sont à l'avant-scène… Les scientifiques ont envoyé des astronautes sur la lune, des sondes exploratrices sur Mars et ils ont découvert le code génétique humain. Cependant, nous sommes tous encore témoins de guerres, de violence, d'intolérance et de cruauté. Dans ce monde peu rassurant, voire effrayant, l'enfant doit être protégé de la violence du cyberespace, où il peut être victime de harcèlement par courriel ou faire l'objet de propos racistes ou sexistes[8]. Par conséquent, *si un enfant écoute de la musique, s'il regarde une émission de télévision, s'il lit un livre ou s'il navigue sur Internet, tout parent ou éducateur doit tenter de l'accompagner dès le début de l'activité, afin de parler des valeurs et des sentiments que l'activité suscite.*

Combien d'entre nous ont des enfants de 2 ou 3 ans qui excellent dans l'utilisation d'un magnétoscope ou d'un DVD (il est reconnu que les enfants sont souvent plus habiles avec les gadgets dernier cri que bien des adultes), alors qu'ils ignorent tout de la moralité? Pour leur éducation morale, nous devrions privilégier les stimuli visuels et tirer profit de leurs « compétences audiovisuelles ». Elliot Turiel et ses associés de l'Université Harvard ont réalisé un certain nombre de films présentant des conversations qui ont pour sujets les valeurs et les sentiments[9]. En 1971, je me suis servi de films, réalisés en collaboration avec l'Office national du film, pour mes recherches sur le développement moral des enfants dont certains n'étaient âgés que de 2 ans[10]. Outre ces films, les parents peuvent et devraient s'inspirer d'autres films et de livres, sources inépuisables pour favoriser les échanges sur les valeurs et les sentiments. (Le lecteur pourra consulter la liste de quelques-uns de mes films préférés, à la fin de ce livre, à la suite de la section « Lectures recommandées ».)

TOUT PARENT DEVRAIT-IL PARLER DE SENTIMENTS ET DE VALEURS AVEC SON ENFANT ?

J'admets que certains parents, qui aiment leurs enfants et cherchent à les protéger, préfèrent que d'autres personnes se chargent de l'éducation morale de leur progéniture. Parmi eux, certains pensent que les valeurs doivent être approfondies à l'église, à la synagogue ou à la mosquée, croyant que les valeurs morales sont basées sur des valeurs religieuses ou en sont synonymes. J'expliquerai pourquoi mes orientations sont différentes (chapitre 1) et peut-être réussirai-je à convaincre certains lecteurs que les valeurs morales dont les parents veulent discuter avec leurs enfants transcendent les valeurs religieuses et culturelles. Je sais que certains parents ne s'opposeront pas à ce que leurs enfants reçoivent une éducation morale; ils estiment qu'ils n'ont pas le tempérament pour cet exercice, ce qui peut être tout à fait légitime et pertinent. Cependant, d'autres parents qui aiment dialoguer avec leurs enfants se sentent prêts à entamer un dialogue même sur des sujets plus sérieux (tels que l'honnêteté, la politesse, la responsabilité, la coopération et les émotions) – et même sur des sujets difficiles à aborder comme la maladie, la mort, la séparation ou le divorce. Ils trouveront certainement des idées fort utiles dans les pages qui suivent. Enfin, si le tempérament des enfants constitue un facteur à prendre en considération dès la naissance[11] dans le développement des émotions (chapitre 7) et dans leur aptitude à discuter des valeurs, il n'en demeure pas moins qu'à quelques exceptions près les enfants ont en général besoin de discuter des valeurs et sont aptes à le faire dès leur plus jeune âge.

JEAN PIAGET N'A-T-IL PAS DÉMONTRÉ QUE LES ENFANTS NE SONT PAS EN MESURE DE POSER UN JUGEMENT MORAL NI DE FAIRE UN RAISONNEMENT MORAL ?

Avant d'aller plus loin, il faut réfuter un mythe ou un dogme. Le lecteur peut croire – ou peut-être a-t-il déjà entendu dire – que « les jeunes enfants ne peuvent ni ne devraient parler des valeurs morales ». Je ne compte plus le nombre de fois où j'ai entendu cette affirmation de la part de parents au cours d'une consultation, d'éducateurs du préscolaire, d'étudiants universitaires qui assistaient à mes cours et même parfois de la part de psychologues lors de la présentation d'une théorie dans le cadre de conférences[12]. Tous ces gens se retranchent derrière l'autorité de Jean Piaget qui aurait affirmé (ou supposément démontré) que les jeunes enfants ne disposent pas du type de pensée requis pour soutenir une discussion sur les valeurs morales. Cette « légende » a suscité des inquiétudes non fondées selon lesquelles il pouvait être dangereux de discuter de valeurs morales et de sentiments avec de jeunes enfants. Je l'affirme catégoriquement : il n'y a aucun danger ! Ceux qui évoquent l'autorité de Piaget (ou celle de Freud, Montessori, Erikson ou de toute autre personne qui a établi des « stades » de développement de l'enfant) adhèrent tout simplement à une « orthodoxie ».

Piaget, ce grand penseur, a eu beaucoup d'influence sur l'histoire de la psychologie de l'enfant au XXe siècle. Ma thèse de doctorat et plusieurs de mes articles s'inspirent de son livre sur le développement du jugement moral[13]. *Quant aux affirmations de Piaget sur ce qu'un enfant ne saurait accomplir à tel ou tel âge, elles sont tout simplement fausses*[14]. Dans presque tous les domaines où

Piaget soutient, par exemple, qu'un enfant de 5 ans est incapable de penser de telle façon, les recherches ont démontré que les « lacunes » n'étaient pas du côté de l'enfant, mais plutôt du côté de la méthodologie de Piaget[15].

Dans les chapitres qui suivent, nous expliquerons comment favoriser l'empathie et comment développer le jugement chez les enfants, en fonction de trois principaux groupes d'âges établis selon le sens commun : de 0 à 2 ans, de 2 à 5 ans et, enfin, de 5 à 12 ans. Nous ne voulons pas répéter l'erreur de Piaget qui sous-estimait les capacités d'un enfant d'un âge précis.

De nos jours, en ce qui concerne le développement moral d'un enfant, on s'entend généralement pour dire que, si les jeunes enfants (de 2 à 5 ans) ne peuvent formuler ou exprimer verbalement certains sentiments ou certaines valeurs aussi aisément que les enfants plus âgés ou les adultes, ils sont en revanche tout à fait aptes à réfléchir sur ces notions complexes[16]. Entre 2 et 5 ans, les enfants peuvent reconnaître les valeurs, y compris des règles et des comportements valorisés, comme la coopération et le partage[17]. Ils sont également aptes, dès les premières années de vie, à en apprendre davantage sur les sentiments et les émotions[18]. Pour cela, ils doivent cependant être guidés par des adultes. Si un parent ne se sent pas enclin à remplir ce rôle de guide, il devrait éviter de parler des valeurs et des sentiments avec son enfant. Par contre, si le parent prend plaisir à en parler avec sa fille ou son fils, qu'il en profite ! Il n'y a pas de limites d'âge officielles : qu'il s'agisse d'une personne de 3 ans, de 30 ans ou de 60 ans, il est toujours temps d'aborder ces sujets.

CE QUE PIAGET A VRAIMENT DÉMONTRÉ…

S'il faut rejeter l'interprétation dogmatique et quelque peu « rigide » de Piaget, les éducateurs doivent en retenir certaines leçons non négligeables. Malgré les divergences entre les éducateurs de la petite enfance qui adhèrent à la théorie de Piaget et ceux qui s'inspirent davantage des travaux de Maria Montessori[19], ils s'entendent sur certains points théoriques. Voici un résumé des principes les plus pertinents :

1. Écouter attentivement l'enfant et l'observer lorsqu'il parle.
2. L'enfant est un philosophe qui a un point de vue : il faut le prendre au sérieux[20] !
3. Prendre le temps d'écouter les paroles de l'enfant, de découvrir comment il raisonne et argumente. Prendre plaisir à ces conversations et à ces discussions.

4. Fournir des arguments, des justifications et des explications plutôt que de répondre par un oui ou un non.
5. Toutes les « erreurs » que fait l'enfant à n'importe quelle étape de son développement sont très importantes, car elles sont source d'enseignements.
6. La notion de développement est importante et doit être prise en considération[21].

ARISTOTE (OU QUELQU'UN D'AUTRE) N'A-T-IL PAS PRÉTENDU QUE LES ENFANTS DEVAIENT ACQUÉRIR DE BONNES HABITUDES AVANT QU'ELLES NE LEUR SOIENT EXPLIQUÉES OU QU'ELLES FASSENT L'OBJET DE DISCUSSIONS ?

Peu importe ce qu'Aristote a affirmé ou les paroles que certains lui attribuent, l'idéal ne consiste pas à inculquer aux enfants des habitudes sans leur fournir d'explications. Par ailleurs, comme nous le verrons lorsqu'il sera question des remerciements et des salutations (chapitre 4) ainsi que des excuses (chapitre 5), il vaut mieux ne pas avoir de valeurs morales du tout que d'avoir des valeurs morales dont on ne discute pas. Une autre façon d'envisager cette question consiste à mettre en contraste l'éducation et la socialisation. Si l'éducation nous intéresse vraiment, nous chercherons à fournir les raisons qui motivent le choix d'une valeur en particulier. Bien sûr, la socialisation a toujours sa place pour guider le comportement, surtout celui des très jeunes enfants. Il faut néanmoins saisir toutes les occasions pour parfaire l'éducation de l'enfant. *L'enfant à qui l'on demande de dire « Merci ! », « Je suis désolé ! » ou « Bonjour ! », sans qu'on lui explique pourquoi, ne fera pas nécessairement preuve de politesse ou du respect demandé. Une politesse contrainte est pire qu'une absence totale de politesse.*

EST-IL POSSIBLE D'APPRENDRE QUELQUE CHOSE DE NOUVEAU CONCERNANT LES VALEURS ET LES SENTIMENTS ?

1. Il existe de nombreux livres proposant des suggestions sur la manière de dialoguer avec les enfants. Cependant, aucun n'explique aux parents comment développer l'une des caractéristiques humaines les plus fondamentales : le jugement. C'est un élément clé pour discuter des valeurs et des sentiments et pour déterminer le bon geste à poser. Il en sera question au chapitre 2, et ce sujet sera repris en lien avec certaines

valeurs (chapitres 3, 4, 5 et 6), certaines émotions (chapitre 7) et certains sentiments (chapitre 8) et, enfin, lorsque nous nous pencherons sur certains sujets particulièrement délicats (chapitres 9 à 12).

2. Parmi les meilleurs livres, certains ont été écrits selon un point de vue religieux particulier[22], même ceux qui cherchent à transcender le particulier pour discuter des *valeurs universelles. Nous veillerons à expliciter les valeurs morales et les sentiments de manière à intégrer les croyances religieuses, mais tout en considérant les personnes qui n'ont aucune appartenance religieuse.* Le chapitre 1 porte sur les valeurs morales. Signalons que notre objectif est de faire en sorte que les enfants soient capables de penser par eux-mêmes. Cela suppose que les enseignants et les parents ne doivent pas chercher à «endoctriner» les enfants[23]. De même, dans le cadre de travaux réalisés en collaboration avec des thérapeutes et des conseillers d'orientation professionnelle œuvrant auprès d'élèves du secondaire, nous leur avons fait prendre conscience de la nécessité d'exposer les conséquences de leur décision aux élèves tout en leur laissant, ultimement, la décision.

3. Plusieurs livres publiés à l'intention des parents portent essentiellement sur la discipline et les réactions qu'ils devraient avoir face aux comportements jugés indésirables. Les meilleurs d'entre eux sont peut-être ceux de Haim G. Ginott et de ses successeurs. La plupart d'entre nous qui ont travaillé en collaboration avec des cliniciens se sont servis des exemples pertinents de Ginott sur la manière de communiquer avec un enfant. L'un des exemples privilégiés – et souvent repris – est celui de l'enfant qui a été expulsé de l'autobus scolaire. Nous serions tous tentés de demander à cet enfant: «Qu'as-tu fait?»... tandis que Ginott propose de lui poser plutôt cette question: «Tu dois te sentir mal, n'est-ce pas[24]?»

Dans le présent livre, nous avons cherché à expliquer comment discuter des valeurs et des sentiments avec les enfants, sans lien avec un événement précis. Il est important de discuter de ces sujets, n'importe quand, sachant que ces échanges peuvent avoir des répercussions sur les comportements, sur les décisions ainsi que sur les choix à faire dans le futur. Bien sûr, il n'est pas possible de garantir que les conversations qui ont eu lieu entre l'adulte et l'enfant aideront l'adolescent ou le jeune adulte qu'il deviendra. Cependant, des indices portent à croire que les interventions précoces peuvent parfois avoir des incidences positives. Daniel Goleman a démontré que, dans le domaine de l'intelligence émotionnelle, lorsque l'enfant est capable de remettre à plus tard une récompense comme dans son *marshmallow test,* il pourra mieux faire face aux dilemmes moraux qui se poseront plus tard dans sa vie[25]. Les programmes d'intervention auprès de la petite enfance ont prouvé pour leur part qu'ils pouvaient être profitables en certaines circonstances pour le développement cognitif futur de l'enfant[26]. Au cours des recherches que nous avons effectuées sur la prévention de la violence, nous avons prouvé que les discussions philosophiques avec des enfants âgés de 5 ans avaient des répercussions considérables sur leur jugement, leur autonomie morale, leur empathie et leur reconnaissance des émotions[27].

4. *Comme parents, nos paroles doivent correspondre à nos actes et vice versa.* Bien que ce livre traite d'abord et avant tout des échanges portant sur les valeurs et les sentiments, nous sommes conscients de l'importance des modèles en matière de jugements moraux et de comportement moral des enfants[28]. En règle générale, lorsqu'un enfant désire savoir ce qu'il est préférable de faire, il ne prend pas la peine de vous poser des questions. Il vous observe et vous imite. Par exemple, si vous insistez sur l'importance de l'honnêteté, alors que votre enfant remarque que vous volez (un oreiller dans une chambre d'hôtel, par exemple), quelles leçons retiendra-t-il? Il retiendra trois choses: tout comme vous, il défendra l'honnêteté, il apprendra le respect, ou le non-respect, de la propriété d'autrui et il fera en sorte que ses actions soient conformes, ou non, à ses paroles, tout comme vous. Une attitude cohérente est capitale pour que l'enfant apprenne l'intégrité morale. Mais la cohérence doit être respectée par ceux que l'enfant considère comme ses modèles. Cette cohérence aura toutefois moins d'effet si l'acte n'est pas joint à la parole; on doit provoquer la réflexion chez l'enfant[29]. *Adopter un comportement sans y réfléchir n'a aucune valeur. L'action est vaine.* Un tel comportement peut se manifester pendant un certain temps, mais il risque d'être influencé par celui des pairs ou de diverses personnes en position d'autorité. Le fait de réfléchir sur les questions morales ne peut garantir qu'une personne effectuera les bons choix et que son comportement sera adéquat. Bien réfléchir (réfléchir sur soi-même) constitue cependant une condition nécessaire à l'action morale[30].

5. Les auteurs d'autres livres, dont certains sont excellents, se penchent plus particulièrement sur l'éducation morale, la discipline, la formation du caractère et les habiletés en communication. Le présent ouvrage, outre ces aspects fondamentaux, porte une attention particulière au *dialogue*[31], grâce auquel nous, les adultes, apprenons souvent de nos enfants comment (ré)agir en situation difficile alors que simultanément ils apprennent de nous. Les dialogues sont des conversations d'un type particulier. Lorsqu'un dialogue est entamé, il faut écouter attentivement l'autre (parce qu'écouter, c'est penser), peser ses mots (puisque parler, c'est penser), se souvenir de ce qui a été entendu ou prononcé et évaluer ce qui aurait dû être dit. Ainsi, entamer un dialogue suppose l'exploration et la découverte de possibilités et la reconnaissance d'autres perspectives ou points de vue[32].

6. Selon nous, les sentiments et les valeurs sont intimement liés. Certains traitent des valeurs sans établir de liens avec les sentiments, mais nous croyons que ces caractéristiques humaines ne peuvent être prises séparément. Les philosophes[33] et les psychologues[34] sont de plus en plus nombreux à penser que les vertus morales font inévitablement appel aux émotions qui, elles-mêmes, sont des manifestations de choix moraux. Il n'est pas possible de parler des valeurs sans parler des sentiments. Parler de «faire de son mieux» revient à parler des sentiments que suppose le fait de «faire de son mieux», de prendre une bonne décision, de poser le bon geste, etc. Ainsi, la personne doit nécessairement prendre en considération, outre ses propres sentiments, ceux d'autrui. Le jugement et les émotions sont donc inextricablement liés (voir le chapitre 2). Par ailleurs, le jugement est lié à l'empathie (voir le chapitre 6). Un lien indissoluble unit la pensée aux sentiments. Peu de valeurs indiquent à l'enfant l'action la plus appropriée à poser dans une situation donnée, sachant que l'enfant est «naturellement égoïste»: il ne se préoccupe pas des sentiments d'autrui. Difficile d'imaginer comment un enfant, plutôt «égoïste», pourrait manifester de la sympathie à l'égard des besoins des autres… De plus, les sentiments liés aux comportements moraux ne se traduisent pas uniquement par une sympathie envers telle ou telle personne, puisqu'il est indispensable que le sujet ait également conscience de la situation dans laquelle il se trouve. Les stratégies pour développer cette qualité humaine, le souci d'autrui, feront l'objet du chapitre 2 (sur le jugement), du chapitre 6 (dans la section intitulée «L'empathie») et de la troisième partie, qui porte sur les sentiments. Les livres et les films abondent et représentent des trésors inépuisables pour développer

ce type de sensibilité auquel nous faisons référence[35]. Nous devons cependant souligner que l'adulte doit être présent, qu'il doit être avec les enfants dont il a la charge pour entamer une conversation sur les sujets abordés dans ces livres ou ces films.

7. Ce livre présente également une *synthèse tout à fait à jour des recherches effectuées sur les valeurs et les émotions*. De nombreuses découvertes étonnantes ont été faites et les analyses des vingt dernières années, y compris les travaux les plus récents sur le « cerveau émotionnel[36] », ont permis de mieux comprendre le développement et l'éducation en matière de raisonnement moral, de jugement et d'émotions. Je me suis penché sur ces découvertes et j'ai non seulement étudié ces théories, mais également participé activement à certains travaux. J'ai ainsi pris part à des débats avec des philosophes[37], ainsi qu'à des recherches dans les domaines de la psychologie[38] et de l'éducation[39]. De plus, Cynthia Martiny (ma collègue et collaboratrice) et moi avons travaillé en tant que psychologues cliniciens et consultants, en nous concentrant surtout sur les problèmes liés aux impulsions, aux agressions et à la violence.

DOIS-JE ÊTRE PHILOSOPHE ? EST-IL NÉCESSAIRE D'AVOIR SUIVI DES COURS DE PHILOSOPHIE ?

Comme nous l'avons déjà fait remarquer, les jeunes enfants sont des philosophes ; ils se posent des questions sur le monde, jouent avec les mots et le langage et réfléchissent sur tous les sujets. Dans les années 1920, les jeunes enfants qui participaient aux recherches de Piaget se demandaient « Pourquoi la lune me suit-elle ? » ou « Le rêve, qu'est-ce que c'est ? ». Les enfants des recherches de Montessori, qui fréquentaient les premières maternelles de quartiers défavorisés, mal équipées, discutaient de l'importance relative du jeu et du travail. Actuellement, en ce XXIe siècle, il n'y a aucune raison de croire que ce type de questionnement n'a plus cours. En tant que parents ou enseignants, nous n'avons qu'à participer à cette démarche mi-drôle, mi-sérieuse. Pour philosopher, les enfants n'ont pas à suivre des cours de philosophie ni à lire les textes de grands philosophes ! Ainsi, les parents n'ont pas à douter de leur capacité à philosopher sans avoir lu des textes philosophiques. Bien sûr, tout lecteur désireux de mieux connaître ces textes aura intérêt à les lire ! C'est pourquoi, dans la mesure du possible, les écrits philosophiques et les références sont mentionnés dans les notes et dans la bibliographie. Il n'en demeure pas moins qu'il sera question de philosophie – et de quelques notions philosophiques – dans les six premiers chapitres, parce qu'il est essentiel de se pencher sur la signification des termes utilisés. Les mots sont importants, non seulement pour les philosophes, mais aussi pour toute personne qui veut parler des valeurs avec son enfant. Ne souhaitons-nous pas, en tant que parents, que nos enfants soient honnêtes, polis, responsables et coopératifs ? Cela dépend de ce que nous entendons et de ce qu'ils entendent par « honnêteté », « politesse », « responsabilité » et « coopération ». Il ne s'agit pas simplement d'une question de linguistique ; c'est un point crucial. Quand un parent dit à son enfant par exemple : « Ne me mens pas ! », « Ne triche pas ! », « Coopère ! », « Sois poli ! », « Sois responsable ! », il doit penser à ce qu'il veut réellement dire et parfois, surtout, à ce qu'il ne veut *pas* dire. Enfin, il est essentiel d'admettre que le jeune enfant comprendra certainement la notion clé (mensonge, tricherie, responsabilité, coopération, politesse, respect, etc.) d'une façon différente, peut-être même très différente, de celle des parents ou des enseignants.

COMMENT CE LIVRE EST-IL STRUCTURÉ ?

La première partie de ce livre comprend deux chapitres intitulés « De quelles valeurs s'agit-il ? » (chapitre 1) et « Discuter des valeurs : le rôle du jugement » (chapitre 2). Le chapitre 1 présente les principaux enjeux éthiques, dont le statut des valeurs : sont-elles toujours subjectives et « relatives », comme certains le prétendent ? Existe-t-il des valeurs objectives et universelles, comme d'autres le pensent (c'est mon cas) ? Cette partie présente les véritables implications de cette question philosophique pour les éducateurs (parents et enseignants). Le chapitre 2 décrit la notion clé du livre : le jugement, notion qui sera examinée en profondeur. Ce chapitre propose également des moyens de développer un jugement sûr, tant chez les adultes que chez les enfants.

La deuxième partie s'attarde à certaines valeurs, notamment l'honnêteté (chapitre 3), la politesse (chapitre 4), la responsabilité (chapitre 5). Dans tous ces chapitres, le rôle du jugement est fondamental. Un chapitre intitulé « Un temps pour se taire et un temps pour parler » termine cette partie. La troisième partie consacrée aux sentiments se divise en trois chapitres portant sur le souci d'autrui (chapitre 6), la compréhension des émotions (chapitre 7) et les émotions et la moralité (chapitre 8). Quant à la quatrième partie, qui présente « Les sujets les plus délicats », elle renferme quatre chapitres : « La séparation et le divorce » (chapitre 9), « La maladie » (chapitre 10), « Le toucher » (chapitre 11) et « Les croyances » (chapitre 12). Encore une fois, dans ces quatre derniers chapitres, la notion clé est un « bon jugement ».

Ce livre comporte de nombreux recoupements et, dans la mesure du possible, nous avons indiqué les références. Par exemple, le chapitre 3 (sur l'honnêteté) est lié au chapitre 8 (vertus morales) et à tous les chapitres de la quatrième partie («Les sujets les plus délicats»). Mentionnons que les thèmes du chapitre 4 (sur la politesse) sont repris au chapitre 11 dans les sections intitulées respectivement «Les amis, les membres de la famille et les étrangers» et «Violence: abus, inceste, harcèlement et taxage». À la fin du livre, le lecteur pourra consulter la bibliographie de toutes les références du livre ainsi qu'un index des thèmes et des auteurs cités.

PARTIE

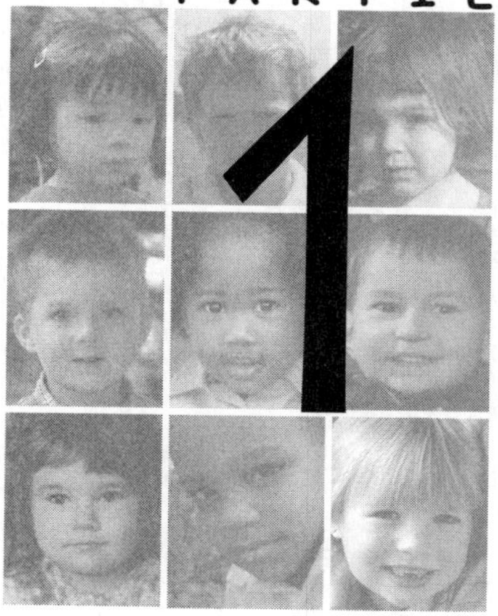

LES VALEURS

Dans le chapitre 1, nous définirons les termes « valeurs » et « valeurs morales » et nous nous pencherons sur le relativisme et l'objectivité. Comme ces notions sont fondamentales en philosophie morale, les éducateurs doivent les connaître. Pour ceux qui travaillent en collaboration avec les enseignants, le plus grand défi consiste à démontrer que l'objectivité et la vérité s'appliquent non seulement aux faits, mais aussi aux valeurs. De plus, il existe un ensemble de valeurs universelles fondamentales. Les enseignants et les animateurs de débats philosophiques qui ont lieu en salle de classe savent qu'ils doivent également éviter les excès du relativisme (tout peut être accepté, toute opinion est aussi bonne ou valable qu'une autre) et connaître les risques du dogmatisme. Les parents qui veulent parler des valeurs avec leurs enfants doivent reconnaître, d'une part, qu'ils ont parfois des incertitudes et des doutes, mais afficher leurs certitudes, d'autre part.

Au chapitre 2, nous tâcherons de répondre à la question suivante: «Comment parler des valeurs?» La notion clé, le jugement, est définie et comparée ensuite avec le raisonnement et l'application de règles. Enfin, des suggestions sont offertes pour développer un jugement sûr.

CHAPITRE 1

De quelles valeurs s'agit-il ?

Les jugements de valeur ne portent pas sur les faits,
mais sur la façon dont les hommes ressentent les faits,
ils ne portent pas sur ce que l'homme peut faire,
mais sur ce qu'il devrait faire.

BURRHUS FREDERIC SKINNER,
Par-delà la liberté et la dignité.

POUR UNE DÉFINITION DES VALEURS...

Les valeurs, qu'est-ce que c'est, au juste? Les valeurs correspondent à tout ce que nous considérons comme «positif» ou «bon», nos désirs, nos préférences et nos goûts. Les bébés ont des valeurs – le terme est pris ici dans son acception la plus large –, comme certains animaux. Ils sont capables de distinguer certains aliments plus sucrés, certains objets plus doux au toucher et d'autres, plus attrayants à regarder. B.F. Skinner nous rappelle que nous avons l'habitude de dire que «Certaines choses ont bon goût, sentent bon, sont agréables à toucher ou à regarder[1]». Bien sûr, dans un sens, le bébé possède des valeurs, mais il ne peut pas encore les exprimer.

Nous pourrions dire que, jusqu'à un certain point, les animaux ont également des valeurs: les propriétaires d'animaux domestiques ne disent-ils pas «nous avons un chien bien élevé»? En fait, cette notion est absurde. On parle en général de dressage ou de conditionnement d'un animal, mais on réserve aux humains l'utilisation des termes «éducation» ou «valeurs». Dans la section suivante, nous verrons pourquoi les valeurs morales sont nécessairement humaines.

Bien que Skinner mentionne avec justesse que les valeurs et les sentiments sont intimement liés, il a tort d'insister sur le fait que ce que nous considérons comme «bon» (ce qui est valorisé) correspond à ce que nous ressentons. Contrairement à ce que prétend Skinner, ce que nous considérons comme «bon» ne se limite pas à ce qui a été positivement renforçant[2]. Ceux qui approuvent les affirmations de Skinner ne voient rien de drôle dans les comportements du célèbre chien de Charlie Brown, Snoopy – l'un des principaux personnages de la bande dessinée de Charles M. Schulz –, qui se dit être «bien élevé» parce qu'il a reçu des leçons dans une école de dressage, puisque, pour les behavioristes, le conditionnement est le seul type d'«éducation» possible. Cependant, la plupart des psychologues ont rejeté le behaviorisme[3]. Les valeurs humaines, liées aux croyances et aux choix, diffèrent des valeurs des animaux dont le comportement a été conditionné.

Les lacunes de l'analyse de Skinner se retrouvent essentiellement dans ses exemples de base. Supposons qu'un enfant trouve des bonbons; il les aime bien et, s'il est en âge de parler, il peut même prononcer le mot «bon» en les savourant. En le voyant manger, les parents de ce jeune enfant peuvent alors s'exclamer: «C'est bon!» Cependant, ils risquent de vouloir rapidement établir une distinction entre «bon», qui fait référence au sens du goût (goût sucré) et «bon» qui renvoie à une valeur (peut-être que le bonbon – ou du moins le fait de manger beaucoup de bonbons – sera considéré comme «mauvais» pour la santé). C'est précisément la distinction entre ce que nous considérons comme agréable et ce que nous voulons faire par opposition à ce que nous devons faire qui justifie la pertinence des valeurs, soit le sujet de ce livre.

Contrairement à Skinner, la plupart des philosophes et des psychologues pensent que les valeurs se réduisent au goût, aux préférences et aux désirs. Tout comme Skinner, nous estimons qu'il n'est pas toujours possible d'évoquer des raisons pour justifier que les bonbons rouges sont «meilleurs» que les verts, par exemple. Cependant, nous ne pouvons affirmer, comme lui, que tous les écrits et toutes les discussions sur les valeurs sont inutiles. Contrairement à Skinner, de nombreux philosophes et éducateurs pensent que chacun d'entre nous est en mesure de persuader quelqu'un d'autre concernant la performance inégalée d'une voiture, l'esthétique novatrice d'une toile, l'apport nutritif d'un aliment ou encore la beauté d'une œuvre musicale[4]. Bref, le goût – ainsi que certaines préférences – peut être entièrement subjectif, comme le souligne Skinner; cependant, les valeurs présentent une certaine objectivité. Ainsi, elles peuvent faire l'objet de discussions, peu importe s'il existe des facteurs liés à l'éducation («C'est un bon manuel scolaire»), à l'esthétique («C'est une belle toile» ou «C'est un bon morceau de musique») ou à tout autre domaine. Dans ce livre, nous nous intéresserons plus particulièrement aux valeurs morales.

QU'EST-CE QU'UNE VALEUR MORALE ?

Pour répondre simplement à cette question, nous pourrions dire que, tout comme les valeurs éducationnelles relèvent du domaine de l'éducation et les valeurs esthétiques, de celui de l'esthétique, les valeurs morales concernent la «moralité». Mais alors, qu'est-ce que la «moralité»? La «moralité» dicte ce qu'une personne devrait faire dans une situation qui engendre un conflit interne. Tant à l'âge adulte qu'au cours de l'enfance, dans certaines situations, nous sommes conscients que nous devons, par exemple, respecter une promesse faite à un ami et que nous pouvons décider de dire la vérité à une autre personne en risquant de trahir cet ami. C'est précisément de ce genre de dilemme moral que je traiterai dans les chapitres suivants. Les conflits moraux tirent leur origine dans nos premières années de vie; ils peuvent également se manifester lorsque nous devons faire des choix plus faciles. Prenons par exemple le *marshmallow test*[5] de Daniel Goleman. Ce test porte sur le contrôle des impulsions. Selon Goleman, voici en quoi consiste essentiellement ce test:

> *Imaginez que vous avez 4 ans et que quelqu'un vous fait la proposition suivante: si vous patientez le temps qu'il ait terminé une course, vous aurez deux bonbons en récompense; sinon vous recevrez un seul bonbon, mais vous l'aurez tout de suite* [...] *Le choix de l'enfant permet de se faire rapidement une idée non seulement de son caractère, mais aussi de ce que sera sa trajectoire personnelle.*

Dans cet exemple de Goleman, l'enfant, alors âgé de 4 ans, est appelé à choisir entre une récompense immédiate ou ultérieure. Les valeurs primaires de ce type peuvent se manifester à un plus jeune âge, chez des bambins de 2 ans et demi à 3 ans. Ce qui importe, c'est d'avoir des échanges avec les bambins au sujet des valeurs morales. Ces derniers sont en mesure de comprendre la différence entre faire ce qu'ils désirent tout de suite et attendre pour obtenir «plus» après un moment. Il convient d'ailleurs de souligner qu'aucun animal – même le chien ou le chat le plus futé – ne peut réfléchir à l'avenir comme un enfant peut le faire; ce fait est évidemment lié au langage, propre à l'humain, et aucune autre espèce animale n'y a accès, même celles qui manifestent d'impressionnantes habiletés de communication[6].

LES VALEURS MORALES : UNE SIMPLE QUESTION D'OPINION ? SONT-ELLES TOUJOURS SUBJECTIVES ? NE DIT-ON PAS QUE « TOUT EST RELATIF » ?

Skinner dirait sans doute que tout est en effet relatif et certains philosophes postmodernistes pensent également que LA vérité n'existe pas en «moralité» ni même en sciences[7]. Dans la perspective adoptée dans le présent ouvrage, perspective qui correspond également à celle de nombreux philosophes et éducateurs, les valeurs vont au-delà des opinions et des croyances. Les valeurs sont liées à nos choix et peuvent souvent être énoncées et justifiées; elles ne sont pas simplement une question d'opinion, de croyances ou d'attitudes, pas plus qu'elles ne font uniquement référence aux goûts ou aux préférences. Les préférences et le goût, ainsi que nous l'avons relevé dans la première section, peuvent être entièrement «relatifs» et «subjectifs», comme c'est souvent le cas pour les opinions et les croyances. Les valeurs ne sont cependant pas aussi «relatives» ou «subjectives», et l'objectivité qu'on leur attribue est essentielle en éducation. Par exemple, les parents veulent que leurs enfants évaluent ce qui est important et pertinent. Les notions d'importance et de pertinence sont en lien avec le consensus établi et sont donc « objectives[8] ».

Le *Petit Robert* définit l'objectivité en ces termes : « Qualité de ce qui est exempt de partialité, de préjugés. » Le *Petit Larousse* précise qu'il s'agit de la « Qualité d'une personne qui porte un jugement objectif, qui sait faire abstraction de ses préférences. » Le mot « objectif » se définit ainsi : « Qui ne fait pas intervenir d'éléments affectifs ou personnels dans ses jugements ; impartial. » Une opinion objective est donc une opinion impartiale.

Ces définitions soulignent certains points importants souvent relevés dans la littérature et invoqués dans les débats. D'un côté, l'objectivité suppose l'impartialité et l'absence de préjugés. Nous exigeons des journalistes, des juges, des enseignants qui corrigent les examens de leurs élèves et des membres de comités de subvention de recherche de faire preuve d'objectivité. Par exemple, lors de l'élection présidentielle américaine de 2000, la majorité des électeurs ont demandé que les bulletins de vote soient recomptés par ordinateur, pour plus d'objectivité. Les définitions citées vont toutefois plus loin en évoquant l'absence de parti pris et de préjugés, mais aussi « d'éléments affectifs ou personnels ». Faire preuve d'objectivité signifie-t-il qu'il faut examiner les faits froidement ? C'est le côté « négatif » de l'objectivité. Comment faire en sorte que les gens tiennent moins à leurs propres idées et à leurs points de vue ? Est-ce souhaitable ? L'objectivité est-elle synonyme de réserve glaciale et de distance ? À ce compte, plusieurs d'entre nous ne seraient pas objectifs dans la plupart des domaines et, en particulier, en ce qui concerne les valeurs morales qui font appel à de puissants sentiments ainsi qu'à des opinions « ancrées ». Bien sûr, il s'agit là de deux positions extrêmes. Au cours des débats et des discussions, la définition la plus pertinente de l'objectivité met en relief un troisième point de vue qui prime sur les goûts, les préférences et l'opinion personnelle. Selon l'objectiviste, certains d'entre nous cherchent une vérité, une réalité qui va au-delà de l'opinion ou des préférences. Pour le subjectiviste, « il est impossible de séparer la réalité de son opinion[9] ».

Dans le domaine de la philosophie pour enfants, nous croyons que toutes les discussions entre les enseignants et les enfants doivent comprendre un élément d'objectivité. Les échanges sont souvent amorcés par le biais de la formulation d'opinions personnelles, mais ne pas dépasser ce niveau de discussion pourrait mener à un cul-de-sac. C'est ce qui se produirait lors d'une discussion portant, par exemple, sur un concept scientifique, sur une controverse scientifique ou encore sur la moralité. À tout le moins, chacun des participants devrait être invité à cerner les différences et les points communs entre sa propre opinion et celle des autres. Ces similitudes et divergences peuvent déjà être considérées comme des caractéristiques objectives au-delà des goûts, des sentiments et des opinions des participants. Des enfants peuvent affirmer qu'ils préfèrent être sur le terrain de jeu plutôt qu'en salle de classe; la discussion philosophique devrait permettre d'établir les caractéristiques de la salle de classe et celles du terrain de jeu[10]. À partir de ces caractéristiques objectives, il est possible de traiter des valeurs, qui importent davantage et qui diffèrent des désirs, des sentiments et des préférences. À cette étape de la réflexion, une certaine objectivité se manifeste, faisant apparaître la vérité de ces concepts. Adopter un tel point de vue traduit une certaine conception de l'éducation où il est admis qu'une discussion sur les valeurs ne se limite pas aux seules « explications » concernant ses opinions personnelles.

Ce débat entre les relativistes, d'un côté, et ceux d'entre nous qui, d'un autre côté, considèrent davantage les valeurs comme des faits a été reconnu comme le sujet de discussion philosophique le plus important du XXIe siècle[11]. J'ai traité de cette question dans un autre texte et je préfère renvoyer le lecteur désireux d'en connaître les détails aux lectures recommandées et aux références bibliographiques[12]. Comme il a déjà été mentionné, cette question philosophique a des implications pratiques qui sont d'un grand intérêt pour les parents et les éducateurs.

À l'université, les professeurs doivent souvent confronter leurs opinions à celles des étudiants qui rétorquent : « C'est une question d'opinion » ou « Tout est relatif »[13]. De même, ces étudiants que nous formons pour donner des cours de morale ou des cours d'initiation au dialogue philosophique doivent apprendre à réagir à un élève qui veut uniquement connaître leur réponse, parce qu'elle est censée avoir plus de poids que la sienne. Il sera alors enclin à chercher, à tort, la « bonne » réponse, alors que cette attitude est inappropriée dans le contexte d'une discussion sur les valeurs morales, les choix ou les dilemmes.

En affirmant que tout est relatif, l'étudiant universitaire élude en réalité la question : « À quoi sert de discuter de la moralité (ou de tout autre sujet) ? » Le point de vue de cet étudiant devrait faire l'objet de discussions pour révéler les failles de son raisonnement. Avec un élève timide du primaire, le futur enseignant doit être en mesure de lui expliquer que son statut ne fait pas de lui l'autorité suprême en matière de valeurs.

Posons d'entrée de jeu que toutes les opinions devraient être respectées (c'est-à-dire qu'aucune ne devrait être ridiculisée ni faire l'objet de moqueries, par exemple). Toutefois, il faut savoir que les discussions ne sont possibles que si nous acceptons que certains points de vue se justifient plus aisément que d'autres et permettent d'aller au fond des choses. De plus, un point de vue peut aussi permettre aux participants d'un groupe, adultes ou enfants, de changer d'idée et d'ainsi parvenir à un consensus. Évidemment, il n'est pas obligatoire que l'argument soit celui de l'enseignant d'une salle de classe, et c'est là le point essentiel dans l'approche privilégiée ici pour les discussions : l'enseignant ne doit pas être considéré comme l'autorité suprême en matière de valeurs morales ou de dilemmes. Les parents, tout comme les enseignants, doivent également mettre en application cette approche pour favoriser les discussions sur les valeurs. Leurs opinions sont importantes, mais celles de l'enfant aussi. Il est souvent – mais pas toujours – possible de faire preuve d'ouverture d'esprit par rapport aux sujets abordés, de faire en sorte que l'interlocuteur change d'idée et de parvenir à un consensus, à un compromis ou, encore, à une entente. Signalons que tous les participants, qu'il s'agisse d'enseignants, de parents ou d'enfants, doivent faire preuve d'ouverture d'esprit.

Dans le cadre de discussions sur un problème moral, certains commencent souvent en exprimant leurs opinions ou en parlant de leurs croyances. Comme il a déjà été mentionné, toute opinion doit être respectée : elle ne doit pas être ridiculisée – personne, enfant ou adulte, ne devrait subir d'attaque personnelle. Certaines personnes peuvent parfois émettre une opinion radicale, un point de vue quelque peu raciste ou sexiste ; elles peuvent être confrontées sur ces points plus délicats dans le cadre de discussions philosophiques ou portant sur la morale. L'éducateur dispose de plusieurs moyens pour gérer ces situations. *Pour ma part, je propose que toute opinion, même une opinion raciste, qui risque de blesser ceux qui l'entendent, soit exprimée, sans que personne se sente humilié.* Quiconque émet une opinion qui risque d'être controversée doit cependant être préparé, puisque de tels propos sont à la limite de ce qui peut être toléré ; ces propos sont fondamentalement « mauvais », blessants pour les autres et ils font obstacle à l'établissement d'un dialogue rationnel.

LA FESSÉE : EST-CE BIEN OU MAL ? POURQUOI LE « RELATIVISME » NE FONCTIONNE-T-IL PAS ?

Au Canada, le débat sur la fessée a été soumis à la Cour suprême, qui a tranché (début 2004) en énonçant que les parents canadiens doivent ranger la ceinture, la règle et tout autre objet ou instrument au moment de discipliner leurs enfants ; les limites de la punition physique à infliger aux bambins, aux enfants et aux adolescents n'ont pas été clairement définies. À la suite d'un vote serré, la Cour a maintenu les dispositions du Code criminel qui autorisent les parents et les enseignants à utiliser une force « raisonnable » lorsqu'ils infligent une correction à un enfant. Évidemment, ce compromis ne satisfait personne. Le sujet soulève les passions, et les citoyens sont divisés en deux camps : certains croient que les parents devraient être en mesure de donner des punitions corporelles, comme ils l'ont toujours fait, tandis que les autres s'opposent à tout recours à la force, en tout temps, que ce soit par un parent ou un enseignant[14]. Cette problématique peut nous aider à expliquer pourquoi le relativisme ne fonctionne pas.

Par exemple, je dialogue avec une personne qui pense que la fessée a du bon et qu'elle devrait être permise, alors que, pour ma part, je crois qu'il n'est pas bon de donner la fessée aux enfants, quel que soit leur âge, et que la fessée doit être interdite. Supposons qu'un relativiste[15] intervient et se moque de nos propos : « Vous, les absolutistes, dit-il, vous parlez toujours comme s'il n'existait qu'une seule vérité. Vous n'êtes pas conscients qu'il existe plusieurs vérités. Il est vrai que, selon toi, la fessée ne devrait pas être interdite, mais il est aussi vrai, pour l'autre personne, qu'elle devrait être permise. »

Le relativiste apporte-t-il un élément nouveau ? Que veut-il dire ? Lorsque le relativiste affirme que, « pour moi, il est vrai que la fessée n'est pas bonne », est-ce que cela ne veut tout simplement pas dire que je crois que la fessée devrait être interdite ? Par ailleurs, mon interlocuteur affirme qu'il croit le contraire. Mais nous le savions déjà… c'est pourquoi nous sommes en désaccord.

Le relativiste tente peut-être de nous faire voir qu'il n'y a pas vraiment de point de désaccord. Mais comment en sommes-nous arrivés là ? Je désire que mon interlocuteur ait le même but que moi : que la fessée soit interdite, mais cet interlocuteur vise un autre but. Un seul de nous deux réussira à atteindre ce but et je préfère que ce soit moi. Par conséquent, le relativiste ne peut m'empêcher de penser que nous avons des points de vue opposés sur la fessée.

Le relativiste essaie peut-être de faire en sorte que nous puissions tolérer le point de vue d'une autre personne. Cependant, pourquoi tolérerais-je un point de vue que j'estime fautif? Comme plusieurs philosophes[16] l'ont souligné, la tolérance est une vertu, mais elle a ses limites.

Le relativiste veut-il interrompre notre conversation? Il semble demander: «Allez-vous cesser de vous disputer?» Ce type d'intervention est parfois souhaitable pour éviter certaines querelles stériles. Dans une discussion entre deux mélomanes, si le premier soutient que Mozart est meilleur que Schubert, alors que le second est d'avis contraire, ils entrent en conflit l'un avec l'autre. La meilleure chose à faire dans ce cas est de mettre fin à la discussion. Peut-être qu'ils peuvent reconnaître qu'ils sont en désaccord. Dans le cas des problèmes liés à la *morale*, cependant, il est parfois difficile d'admettre l'existence de points de désaccord. Le fait de s'entendre, mon interlocuteur et moi, sur les points de désaccord concernant la fessée revient, pour moi, à accepter de tolérer la fessée, alors que je suis contre la fessée. Nous voulons souvent exercer un contrôle sur les questions liées à la moralité et déterminer ce qu'il faut interdire et permettre. Naturellement, le fardeau revient à ceux qui veulent interdire. Les libertés individuelles constituent le talon d'Achille des sociétés démocratiques libérales. La Cour suprême du Canada a dû statuer dans quelles conditions la fessée enfreint la loi. Il est faux de prétendre que tout est permis. Alors les discussions doivent être poursuivies par les citoyens sur ce qui doit être toléré et ce qui doit être interdit. Le relativiste n'est d'aucune aide; il ne semble que «faire diversion». Voici ce que pense Blackburn à ce sujet:

> *Si le relativisme constitue uniquement une diversion, est-il intéressant ou dangereux? Cela dépend. Nous avons parfois besoin de nous rappeler qu'il existe d'autres façons de penser, d'autres pratiques et façons de vivre... Nous devons apprécier nos différences. Par conséquent, dans les cercles universitaires, le relativisme a souvent été associé à l'expansion de la littérature et de l'histoire pour englober des possibilités qui étaient auparavant passées sous silence. C'est bien mais parfois nous devons nous rappeler qu'il est temps d'établir des limites et de prendre position;* [...] *une autre façon de voir les choses pourrait être biaisée, avec méprise (par manque de connaissances) ou détachement ou tout simplement avec malveillance. C'est un enjeu moral: ou bien nous tolérons et apprenons, ou bien nous exprimons nos regrets et notre désaccord*[17].

Voici une histoire relatée par Blackburn et qui prouve d'une autre façon que la position du relativiste est stérile :

> *Dans un institut d'éthique renommé, des représentants de grandes religions participaient à une discussion. Le premier, un bouddhiste, a parlé des méthodes de relaxation, de la maîtrise des désirs et du cheminement vers la révélation. Tous les participants se sont écriés : « Impressionnant ! Si cela a fonctionné pour vous, c'est formidable ! » L'hindou prenait ensuite la parole pour décrire le cycle de la souffrance, de la naissance et de la réincarnation et pour présenter les enseignements de Krishna et les moyens de libération, et les participants ont dit : « Impressionnant ! Si cela a fonctionné pour vous, c'est formidable ! » Et ainsi de suite, jusqu'au moment où un prêtre catholique vint parler du message de Jésus-Christ, de la promesse d'être sauvé et de la vie éternelle. Tous les participants ont dit : « Impressionnant ! Si cela a fonctionné pour vous, c'est formidable ! » Et le prêtre s'est écrié en donnant un coup de poing sur la table : « Non ! La question n'est pas de savoir si cela a fonctionné ou non pour moi. Ce sont vraiment les mots de Dieu et si vous n'y croyez pas, vous irez tous en enfer ! » Et tous les participants ont dit : « Impressionnant ! Si cela a fonctionné pour vous, c'est formidable ! »*

Cette blague repose sur la dissonance entre les intentions du prêtre – qui se réfère à une autorité unique et à une seule vérité – et l'offre qu'il propose, un discours comme en ont tous prononcé ceux qui l'ont précédé. Le relativiste désire mettre l'accent sur ce qui n'est que *sa* certitude et *sa* vérité, par rapport à son absolu. Bien sûr, il faut reconnaître que les présentateurs de toute doctrine se servent du mot « vérité » (ou de l'adjectif « vrai ») parce que croire, c'est affirmer que cette vérité est vraie. En revanche, le relativiste ne saisit pas que le prêtre n'est pas le seul à se servir du mot « vrai ». Un bouddhiste demeure persuadé de la vérité du bouddhisme, l'hindou, de la vérité de l'hindouisme, etc. Comme nous l'avons déjà mentionné, il est justifié de parler de vérité et d'objectivité, quoi qu'en pensent les « postmodernistes ».

FAITS ET VALEURS

Une autre dichotomie sous-entendue dans plusieurs programmes d'éducation morale concerne les faits et les valeurs. Cette hypothèse incite souvent les enseignants à croire que, d'une manière ou d'une autre, les valeurs peuvent être enseignées en faisant abstraction des autres sujets. Cette « croyance » n'est pas sans rapport avec cette dichotomie dont nous avons parlé, où les valeurs sont « subjectives » et les faits, « objectifs ». Nous avons déjà expliqué que les valeurs sont aussi objectives que les faits.

Certes, les faits et les valeurs ne sont pas tout à fait identiques. Vous êtes en train de lire cette page du livre: c'est un fait. Si ce livre peut être utile au lecteur, sa lecture n'est plus un simple fait, mais une valeur. Sur un autre plan, l'achat d'une douzaine d'œufs demeure un fait; si l'épicier les a étiquetés comme étant de «Catégorie A», cela indique au consommateur le niveau de valeur. Ainsi, les faits et la valeur résultent essentiellement de la différence de perspectives sur une même chose.

Pour les besoins de l'analyse, nous pouvons isoler un type de «faits» et, de la même façon, nous pouvons isoler un type de valeurs, mais nous nous préoccuperons toujours des points de jonction entre les deux types (de faits et de valeurs)[18].

Dans l'une de mes classes d'éthique à l'intention des intervenants en counseling et thérapie, nous discutons de l'utilisation de tests pour prédire un comportement violent, en fonction de la personnalité instable de la personne évaluée. D'importantes décisions sont prises pour déterminer s'il faut témoigner en cour ou non en divulguant les résultats de ces tests. Dans de telles situations, faits et valeurs sont intimement liés. Signalons l'existence d'une autre controverse dans le domaine de l'éducation cette fois: l'utilisation des tests de quotient intellectuel (QI) afin d'évaluer la pertinence du recours à des programmes compensatoires au préscolaire[19].

Le lien entre les faits et les valeurs peut être observé sur un autre plan : ils s'avèrent tous deux essentiels à la stabilité de la planète. La connaissance des faits en incite plusieurs à rechercher la vérité sur la constitution du monde, ou du moins à tenter de comprendre cette vérité afin de mieux comprendre la vie. La science peaufine sans cesse le consensus établi concernant la définition des faits. Les scientifiques doivent cependant s'entendre sur certaines méthodes pour assurer la validité et la fiabilité des faits et permettre une bonne communication entre les laboratoires. Nous agissons comme si nous savions tout sur le monde qui nous entoure, alors que la réalité nous échappe. De la même façon, les valeurs et les vertus doivent faire l'objet d'un consensus pour que la vie en société soit possible. Un accord minimal sur certaines valeurs de base universelles nous fournit une stabilité relative.

Nous nageons dans l'incertitude, puisque quantité de faits demeurent encore inexpliqués; c'est dans l'ordre des choses. Cependant, nous disons que le soleil se lèvera demain parce que nous sommes convaincus que la Terre continue de tourner sur elle-même, sur son axe, et que l'univers poursuit son expansion comme il le devrait. De la même façon, nous plaçons notre confiance dans les émotions et les gestes des autres, bien que la certitude absolue demeure un leurre.

VALEURS RELIGIEUSES ET CULTURELLES

Il existe un autre type de relativisme, moins radical que celui déjà présenté; il concerne la culture et la religion. Pour certains, la consommation de porc est interdite, alors qu'elle est permise pour d'autres; pour certains, il est obligatoire que les cheveux d'une femme soient dissimulés sous un voile, alors que d'autres considèrent cette obligation comme offensante. Nous parlons ici de valeurs, souvent religieuses ou culturelles, que les parents voudront enseigner à leurs enfants. Ces valeurs sont relatives non pas individuellement mais pour un groupe donné et, nous le savons tous, lorsqu'observées de façon stricte elles sont souvent à l'origine de conflits et de guerres. Dans ce livre, nous allons traiter de valeurs qui transcendent la religion et la culture.

Malgré la diversité des moralités entre les cultures et les religions, la ressemblance des valeurs dans l'ensemble est plus grande qu'on serait porté à le croire. Les anthropologues[20] ont en effet démontré que les codes moraux de la plupart des sociétés ne varient pas de façon notable. Nos recherches sur les responsabilités morales[21] des enfants (voir le chapitre 5 pour plus de détails) ont également souligné l'existence de similitudes dans l'ensemble des cultures et démontré leur portée universelle. Parmi les éléments retenus, citons l'honnêteté, la politesse, la responsabilité, la coopération et les émotions, qui sont propres à la culture d'un pays ou d'un groupe donné. La plupart du temps, ces éléments font obstacle aux discussions sur le caractère universel de ces valeurs, vertus et émotions. Dans les chapitres qui suivent, l'accent sera mis sur les valeurs fondamentales et universelles. Tout parent (grand-parent ou enseignant), peu importe sa culture ou sa religion, est susceptible de vouloir parler de ces valeurs fondamentales avec son enfant. Les valeurs universelles ne s'opposent pas nécessairement à celles d'une religion ou d'une culture en particulier (bien que ce soit souvent le cas); elles transcendent les cultures et les groupes et peuvent être véhiculées par tout être humain, adulte ou enfant. Les parents qui n'ont pas de convictions religieuses jugeront peut-être pertinente la discussion portant sur les valeurs et les émotions et y trouveront peut-être des réponses à certaines de leurs interrogations ou préoccupations, tout comme les parents dont les valeurs, culturelles ou non, se rattachent à une religion donnée. *Je dois ici faire une mise en garde: lorsque je parle des valeurs de base, je ne fais pas référence à des valeurs absolues ou à une quelconque forme d'absolutisme.* Comme nous le verrons au chapitre 2, lorsqu'il est question de valeurs morales, le contexte prête souvent à l'ambiguïté et à l'incertitude. Dans notre optique, il n'y a pas de place pour la certitude dogmatique associée aux valeurs absolues.

VALEURS FONDAMENTALES ET UNIVERSELLES

Il y a évidemment des philosophes qui nient l'existence des valeurs universelles[22]. Même ceux qui reconnaissent que les valeurs peuvent être objectives et qui ont exprimé plus qu'une simple opinion (ce n'est donc pas uniquement «relatif») sont parfois mal à l'aise face à la notion d'universalité. Encore une fois, je préfère renvoyer aux références bibliographiques le lecteur désireux d'en savoir davantage sur ce débat philosophique. Je me contenterai ici de résumer ses répercussions sur l'éducation. Dans tous les cas, peu importe les prétentions des philosophes, les jeunes enfants comprennent; ainsi, un bambin de 3 ans peut aisément saisir la différence entre les règles concernant la nudité, d'une part, et celles concernant le respect d'autrui (ne pas blesser les autres), d'autre part. Au cours des expériences que Turiel[23] a réalisées, les enfants comprenaient que les règles concernant le respect d'autrui étaient universelles et plus importantes que les règles relatives à la nudité, plus culturelles ou conventionnelles. Lorsqu'on leur demandait s'il était permis de frapper quelqu'un si de telles règles permettaient ce comportement, les enfants affirmaient que c'était mal, alors qu'ils approuvaient les règles autorisant la nudité et la justifiant du même coup.

Dans les chapitres subséquents, nous verrons que l'universalité des valeurs, des vertus et des émotions justifie leur enseignement aux générations futures. Comme nous l'avons déjà mentionné, nous ne voulons pas uniquement inculquer aux enfants des croyances, sans leur expliquer pourquoi, ni nous comporter d'une certaine façon, sans expliciter les motifs qui justifient nos comportements. Aucun adulte ne désire que sa progéniture soit programmée ou à la merci de ses impulsions. *Ce que les adultes souhaitent réellement, c'est que, dans une situation donnée, les garçons et les filles posent le bon geste, non pas parce qu'ils ont été «programmés» pour le faire, mais parce qu'ils croient que c'est bien et qu'ils auront choisi librement d'agir ainsi.* Même si les adultes, en tant que parents, possèdent des croyances et des valeurs fermes et clairement établies, ils ne devraient pas chercher à en faire une partie intégrante de leurs enfants. *Primo,* si des parents agissent ainsi, l'enfant ne fera jamais siennes ces valeurs et ces croyances puisqu'elles demeureront celles de ses parents. *Secundo,* la conviction qu'a l'adulte à l'égard de certaines croyances et valeurs découle d'un long processus (expériences, maturité, pensée et réflexion, déductions à la suite d'essais et erreurs). Aucun parent ne peut transmettre ses expériences personnelles à ses enfants ; il ne peut que les partager. *Tertio*, il peut être risqué pour les parents d'imposer « en bloc » un ensemble de croyances et de valeurs à leurs enfants, sans leur permettre de les évaluer, de les mettre à l'épreuve et de les critiquer. *Il est presque inévitable qu'à un certain moment l'enfant rejette quelques enseignements de ses parents.* Si ces enseignements constituent une partie de ce qui a été transmis à l'enfant, celui-ci peut avoir tendance à rejeter globalement tous les enseignements[24]. Bien sûr, à titre de parents ou d'éducateurs, nous devons souvent dire aux enfants, surtout quand ils sont très jeunes, ce qu'il faut faire afin d'assurer leur protection et leur sécurité. Nous voulons cependant dès que possible (on peut commencer dès l'âge de 2 ans) leur parler des valeurs importantes pour nous.

Nous voulons que les enfants puissent comprendre ce qu'est l'honnêteté, la politesse, la responsabilité (y compris le respect des règles), la coopération et le partage. Nous désirons également qu'ils puissent constater l'importance d'un certain nombre de vertus, dont la reconnaissance, la générosité et la bonté, et qu'ils soient en mesure de bien comprendre et de gérer adéquatement leurs émotions. Comme l'ont souligné deux éminents philosophes[25], nous ne devrions enseigner que les valeurs dites universelles. Mais comment procéder ?

CHAPITRE 2

Discuter des valeurs
Le rôle du jugement

QU'EST-CE QUE LE JUGEMENT ?

Avant de donner la définition du jugement, nous invitons le lecteur à éprouver son jugement à l'aide d'un test dont nous nous sommes servis dans le cadre de l'un de nos plus récents projets de recherche[1] sur la prévention de la violence. Pour chacun des quatre éléments, il vous faut choisir « l'intrus », soit l'élément qui diffère des autres (voir l'exercice 2.2). Lorsque vos choix seront fixés, réfléchissez sur les raisons qui les motivent. Les « bonnes » réponses sont indiquées au bas de la page (faire les exercices 2.3 et 2.4). Ces exercices convient le lecteur à comparer des éléments délibérément sélectionnés en raison de leur ambiguïté. Le jugement, par essence, jongle avec l'incertitude, la contradiction et l'ambiguïté.

Pour revenir à la notion d'ambiguïté, commençons par l'exemple de la Gestalt le plus connu en matière de perception humaine : la forme.

En examinant cette figure, nous devons prendre position devant les deux choix ou les deux perspectives qui s'offrent à nous. L'image perçue peut être celle d'un vase ou de deux profils humains. Il ne s'agit pas ici de déterminer laquelle des perspectives est la meilleure ou la plus pertinente. Elles sont toutes les deux également possibles; les deux sont «bonnes». En passant uniquement de l'arrière-plan à l'avant-plan, notre interprétation se modifie (en fonction de l'image perçue). Il est impossible de déterminer quelle perspective est la «meilleure», en supposant que cela ait un quelconque intérêt. En tout cas, aucun raisonnement ne saurait justifier notre choix. Par ailleurs, il convient de mentionner que les notions de la Gestalt (ou théorie de la forme) ont résisté à l'épreuve du temps: les philosophes comme Merleau-Ponty[2] et les psychologues tels que Neisser[3] en ont d'ailleurs souligné la pertinence toujours actuelle. Plus près de nous, Francis Crick[4], Prix Nobel de médecine en 1962, considère les lois de la perception de la forme comme des clés pour comprendre la perception visuelle chez l'être humain.

Dans un tout autre domaine que la psychologie, soit les mathématiques, il a été admis que cette science comporte aussi des ambiguïtés[5]. En effet, le travail des mathématiciens a une part d'ambiguïté (et de contradiction) qui leur permet de se fier à leur intuition et de peaufiner leurs réflexions sur les preuves mathématiques ou sur les concepts mathématiques, et ce, bien avant qu'ils soient en mesure de faire la démonstration d'un théorème ou de prouver la légitimité d'un concept. Il est généralement admis que les véritables percées en mathématiques sont attribuables au fait que les mathématiciens cherchent à résoudre certaines contradictions ou ambiguïtés. Ces théoriciens sont convaincus que les humains n'effectuent pas les opérations mathématiques de la même manière que les ordinateurs. Ces derniers sont incapables de gérer l'ambiguïté, l'incertitude et, surtout, la contradiction, tandis qu'elles font partie intégrante de la vie humaine depuis toujours.

Lorsque la Gestalt-théorie (ou théorie de la forme) pose qu'une figure en arrière-plan constitue l'exemple le plus simple de la relation « perception-données », nous répliquons que ce n'est pas un aspect associé à la perception des faits, ce qui nous permet, en principe, d'introduire la notion d'impression. C'est la définition même du phénomène de la perception... L'« élément » perçu se trouve toujours au milieu de quelque chose d'autre ; il s'agit toujours de la partie d'un « champ » quelconque (Merleau-Ponty, 1962, cité dans Dreyfus, 1979).

Les théoriciens de la forme et les mathématiciens se servent de la notion d'ambiguïté telle qu'elle est définie dans le *Petit Robert* : « caractère de ce qui est ambigu », qui renvoie à « ce qui présente deux ou plusieurs sens possibles ; dont l'interprétation est incertaine ». Il faut souligner que les situations qualifiées d'ambiguës comportent toujours deux aspects. Elles semblent d'abord présenter une seule dimension, puis elles présentent une dualité : deux cadres de référence qui sont, habituellement, considérés comme incompatibles ou contradictoires. Cette dualité peut être réconciliée par une seule situation ou une seule idée, qui peut être interprétée à son tour de deux façons différentes[6].

Il existe un autre domaine, tout à fait différent de la psychologie et des mathématiques, où l'ambiguïté se manifeste : les débats politiques. Au regard d'enjeux complexes comme les conflits qui sévissent au Moyen-Orient, au moins deux points de vue opposés s'affrontent, en l'occurrence celui des Israéliens et celui des Palestiniens. Aucun de ces deux peuples ne peut avoir totalement tort, mais nous devons néanmoins trancher. Dans ce genre de situation, il faut faire preuve d'une certaine créativité pour trouver des solutions en vue de résoudre le conflit : il est nécessaire de tenir compte des deux points de vue pour avoir une opinion légitime et réussir, d'une manière ou d'une autre, à avancer une opinion ou un point de vue qui soit meilleur ou qui tienne compte des éléments propres à chacun des peuples concernés. Il peut bien sûr s'avérer difficile d'établir cette « synthèse » politique, mais cette solution est probablement la seule qui permettra de mettre fin à cet éternel conflit, source de guerres, de violence et de détresse humaine.

Citons un dernier exemple, soit celui du programme Philosophie pour enfants (de l'Institute for the Advancement of Philosophy for Children – IAPC), une approche éducationnelle élaborée par Matthew Lipman, philosophe et éducateur, et par Ann-Margaret Sharp, éducatrice. Cette approche favorise le développement du jugement critique par le biais d'exercices, de questions et d'échanges dirigés. Le problème de l'ambiguïté y est également soulevé. Je cite l'introduction de la nouvelle intitulée *Pixie*:

> *L'apprentissage d'un nouveau mot n'est pas plus important en lui-même que l'apprentissage du fait qu'un mot familier peut avoir plus d'une signification, selon le contexte dans lequel il est employé. Les apprentissages d'un enfant concernant sa langue, les habitants de cette planète et le monde en général ne devraient pas se traduire par une simplification à outrance. L'enfant peut présumer, par exemple, que les gens sont toujours sincères et que les choses sont toujours ce qu'elles semblent être. La confiance naïve de l'enfant en un monde juste et bienveillant sera tôt ou tard déçue au fur et à mesure qu'il cherchera à comprendre ce monde complexe et changeant, et souvent absurde. Par conséquent, comprendre l'ambiguïté constitue pour l'enfant un atout précieux puisqu'il sera non seulement en mesure de saisir les jeux de mots, les équivoques et les sous-entendus des conversations quotidiennes, mais aussi la richesse des métaphores littéraires, l'impasse dans laquelle se retrouvent parfois les relations humaines et les secrets de la nature. De plus, ces apprentissages permettent à l'enfant de composer avec les contradictions qui caractérisent souvent notre monde et d'établir plus aisément des liens entre les mots, entre les choses, et entre les mots et les choses.*

Ces quatre exemples tirés de la psychologie, des mathématiques, des sciences politiques et de l'éducation possèdent un point en commun: le raisonnement à lui seul ne suffit pas[7]. La comparaison de situations ou de relations semblables ou non s'impose, en vue de faire un choix. Impossible de contourner les ambiguïtés et les contradictions. Il est préférable d'en tenir compte dans la réflexion, de s'en inspirer, de relever les défis qu'elles posent ou encore de s'en servir pour trouver une solution. Voilà, en gros, ce qu'est le jugement. *Par définition, le jugement correspond au fait de réfléchir sur des situations ou relations semblables ou non. Juger consiste essentiellement à examiner les différences et les similitudes qui ne sautent pas nécessairement aux yeux.*

Le jugement, caractéristique essentielle, correspond à ce que les éducateurs désignent comme la pensée critique et créative. Enseigner aux enfants comment développer un jugement critique est une chose et leur enseigner la logique (les types de raisonnement) en est une autre. Dans une section ultérieure, nous présenterons dix moyens pour favoriser le développement d'un jugement sûr.

Jugement et raisonnement ne sont donc pas synonymes. Pourtant, le jugement fait appel au raisonnement ainsi qu'à l'intuition, à l'heuristique (faire de bonnes déductions et poser des hypothèses), à l'expérience et au gros bon sens. Un bon juge doit également développer d'autres aptitudes. Il doit, entre autres, avoir acquis des compétences pour prendre des décisions dans un contexte où la situation peut sembler relativement ou complètement nouvelle. Chez les enfants, l'acquisition de ces aptitudes a beaucoup de points communs avec l'acquisition de compétences dans des domaines où un jugement expert est requis pour la prise de décisions pratiques. Les infirmières, les sapeurs-pompiers, les psychothérapeutes, les techniciens de laboratoire et les enseignants doivent tous faire preuve de jugement dans leurs domaines respectifs – le plus souvent dans le feu de l'action – pour prendre d'importantes décisions. Les experts œuvrant dans ces domaines soutiennent[8] que ces jugements dépassent considérablement l'ensemble des règles qu'ils ont établies pour eux-mêmes ou pour les stagiaires et les praticiens moins expérimentés. Dans ce livre, nous traiterons plus particulièrement des jugements moraux, qui requièrent plus que du raisonnement.

LE JUGEMENT MORAL : PLUS QU'UN RAISONNEMENT

L'un des objectifs d'un programme d'éducation morale est d'aider les enfants à analyser adéquatement des situations et à porter un jugement moral éclairé. Par exemple, si un enseignant demande aux élèves de sa classe si la méchanceté est répréhensible, il est possible que tous les élèves soient d'accord, bien qu'une telle unanimité importe plus ou moins. Si l'enseignant décrit à ses élèves une situation dans laquelle un enfant a été puni et que les élèves soutiennent que cet enfant a été traité avec cruauté, la question à se poser serait si la punition infligée à l'enfant était une manifestation de cruauté. Nous nous permettons ici d'actualiser les propos d'Aristote[9] :

1. Toute cruauté est répréhensible.
2. Cette punition représentait un cas de cruauté.
3. Par conséquent, cette punition est répréhensible.

Il est possible que nous soyons tous d'accord avec la première prémisse (« Toute cruauté est répréhensible ») tout comme nous admettons généralement que l'amour est valable, que la justice est bonne, etc. Mais l'éthique cherche davantage à déterminer les faits énoncés dans la deuxième prémisse. Dans les faits, s'agit-il d'un cas de cruauté ? Si oui, c'est répréhensible. Mais, en réalité, était-ce vraiment un cas de cruauté? Ici, seul un *jugement* nuancé – seule la capacité de percevoir la situation et d'en saisir toute la complexité – peut nous être de quelque utilité. Les parents qui désirent soutenir leur enfant pour que ce dernier puisse à la fois comprendre ce qu'est la cruauté et s'y opposer doivent réaliser un travail similaire à celui de l'enseignant.

Un autre exemple de la primauté du jugement sur le raisonnement en matière de valeurs morales provient de la philosophie chinoise[10]. Le premier modèle (celui de Zhuangzi) comprend des règles ou principes généraux dont on peut tirer certains jugements (p. ex., un parent qui voit son enfant sur le point de tomber dans un puits se sentira désemparé et réagira en sonnant l'alerte pour obtenir une aide immédiate). Le deuxième modèle (celui de Mencius), en revanche, recommande de se fier aux jugements et sentiments que suscite une situation donnée (p. ex., on raconte qu'un roi avait regardé dans les yeux d'un bœuf qu'il avait l'intention de sacrifier et ce regard lui avait fait penser à celui d'un homme innocent sur le point d'être exécuté; le roi a donc décidé de sauver le bœuf). L'histoire du bœuf fait partie de cette légende bien connue de Mencius, qui rappelle au roi d'appliquer la compassion qu'il a ressentie à son propre peuple en diminuant leur impôt excessif et en ne les envoyant pas combattre. Nous pouvons encore une fois résumer cette approche par un syllogisme aristotélicien:

1. Le roi devrait éviter de faire souffrir le bœuf.
2. La situation dans laquelle le roi devrait agir pour atténuer les souffrances de ses sujets ressemble à celle dans laquelle le roi devrait éviter de faire souffrir le bœuf.
3. Par conséquent, le roi devrait éviter de faire souffrir ses sujets.

L'approche de Mencius relativement à la moralité se fonde essentiellement sur le jugement concernant la pertinence de deux cas, et de deux cas seulement. Cette approche diffère totalement de l'autre modèle susmentionné (Zhuangzi), parfois décrit comme un «raisonnement descendant». L'une des caractéristiques de ce modèle, comme Mencius l'a fait remarquer, c'est la confiance qu'une personne doit avoir envers le jugement d'une autre. Ainsi, dans le syllogisme présenté ci-dessus, je suis certain que les deux cas (celui du bœuf et celui des sujets du roi) sont tout à fait similaires. J'ai confiance en ce jugement, je m'y fie. De même, j'ai confiance en mon jugement dans des situations semblables: j'ai raison d'aider l'enfant qui est tombé dans un puits ou d'épargner de la mort une personne innocente sur le point d'être exécutée (rappelons que le roi, en voyant le regard du bœuf, s'est souvenu de cet innocent qui devait être exécuté). Cette confiance envers mon jugement est souvent plus forte que le sentiment de confiance que les règles ou les principes généraux peuvent inspirer.

JUGEMENTS MORAUX ET DILEMMES MORAUX : LES DIFFÉRENCES

Dans la section précédente, nous avons vu que le jugement est plus qu'un raisonnement. Le jugement est également plus que le recours à des dilemmes moraux hypothétiques, comme ceux proposés dans les travaux de Lawrence Kohlberg. Dans la théorie de Kohlberg, le raisonnement moral s'enclenche lorsque la personne se trouve en « déséquilibre ». Les enfants prennent un jour conscience que leurs modes de raisonnement habituels ne leur permettent pas de gérer certains problèmes moraux. Pour résoudre efficacement de tels problèmes, on doit être prêt à franchir l'étape suivante du raisonnement moral. Une situation pose un dilemme moral lorsque des valeurs morales entrent en conflit avec d'autres valeurs qui, dans la plupart des cas, sont déterminantes. Par exemple, le dilemme bien connu de Kohlberg : Heinz devrait-il voler un médicament contre le cancer dans le but de sauver sa femme ? Est-ce le seul moyen dont il dispose pour le lui procurer ? Ce dilemme présuppose que la propriété représente une valeur importante, le vol, un acte répréhensible et la volonté de sauver une vie, surtout celle d'un être cher, une obligation. Précisément en raison de toutes ces considérations morales non négligeables, Heinz est confronté à un dilemme moral.

Cependant, il n'y a pas que les dilemmes moraux qui provoquent de l'incertitude morale et exigent une réflexion approfondie. Par exemple, dans un extrait de la nouvelle intitulée *Lisa* (une des nouvelles du programme Philosophie pour enfants), les enfants se demandent quand il convient de « rendre la pareille » – et *pourquoi*, question tout aussi pertinente. L'extrait relate la riposte d'un enfant qui a subi un croc-en-jambe, les discussions d'enfants sur les échanges de timbres ou le prêt d'argent ainsi que sur les sentiments qu'a ressentis Lisa à qui son petit ami avait demandé de « payer » sa sortie au cinéma. En quoi les discussions portant sur des extraits de nouvelles diffèrent-elles d'une discussion sur un dilemme moral ? Comme nous l'avons déjà fait remarquer, lorsque nous faisons face à un problème d'ordre moral, nous sommes tiraillés. Nous pensons avoir des raisons pour réagir de telle ou telle manière ou encore pour ne rien faire du tout. Aucun de ces choix ne semble exempt de conséquences morales, ce qui inévitablement nous rend perplexes ou indécis quant au meilleur choix à faire, si un tel choix existe... Cependant, pour les enfants, de telles situations ne posent aucun dilemme. Ainsi, la plupart des enfants qui se font donner un croc-en-jambe trouvent normal de riposter et sont plutôt préoccupés par la manière dont ils vont se venger. D'autres enfants savent très bien que les représailles sont inappropriées, que l'échange de timbres est acceptable, que chacun doit rembourser l'argent qui lui a été prêté et que Lisa n'est pas obligée de se soumettre aux exigences de son petit ami pour le remercier. Comment expliquer les différences entre ces façons de « paiement en nature » ? Voilà la question qui embête vraiment les enfants[11] !

Bon nombre d'éducateurs et de philosophes ont souligné que les enfants sont très conscients des limites des théories traditionnelles en matière d'éthique, y compris les plus populaires, dont les approches utilitaires et non utilitaires. Les enfants qui s'intéressent aux questions morales, comme celles présentées ici, semblent prendre conscience que la description complète du cas dont ils discutent ne permet pas, sans une simplification excessive, l'application directe de tout principe général lié à ces deux principales traditions éthiques (utilitaires ou non utilitaires)[12].

POURQUOI AVONS-NOUS BESOIN DU JUGEMENT ? LES LIMITES DES RÈGLES

Tout le monde connaît l'expression « Les règles sont faites pour être transgressées ». Cependant, certaines règles ne doivent pas l'être, car elles ont été adoptées pour assurer la protection et la sécurité. Les règlements du Code de la route en constituent un bon exemple : le feu rouge indique à l'automobiliste qu'il doit immobiliser son véhicule (« Arrêtez ! »), tandis que le feu vert lui signale qu'il peut poursuivre sa route (« Partez ! »). Les enfants de la maternelle apprennent bien cette règle conventionnelle importante. Pour la plupart d'entre nous, les règles ne posent aucun problème ; elles sont permanentes, universelles et doivent être respectées. Les enfants comprennent cependant que ce n'est pas toujours le cas. En salle de classe, lors des discussions sur le sujet, les enfants se demandent souvent si certaines règles sont réellement les meilleures pour résoudre un problème donné. Les règles d'un jeu, le baseball, par exemple, ou celles d'un jeu où les enfants doivent faire des phrases – jeu pour lequel les enfants ont créé des règles – ne possèdent pas le même statut ; elles peuvent être temporaires, modifiées ou appliquées à plus long terme. *Lorsque les enfants posent des questions sur le fondement des règles, ils ne se montrent pas irrespectueux envers l'autorité* ; c'est simplement qu'ils sont plus enclins à respecter les règles qu'ils comprennent plutôt que celles qu'ils ne comprennent pas. Ils ne voient pas pourquoi ils ne demanderaient pas d'explications[13]. Dans les échanges sur les règles, il importe que parents et enfants conçoivent qu'il existe plusieurs sortes de règles. Certaines règles sont des conventions, pour l'intérêt commun (comme les feux rouges, par exemple), d'autres règles correspondent à des généralisations fondées sur l'expérience. Ne pas toucher un élément de la cuisinière encore chaud : voilà une règle pratique et concrète. D'autres règles, plus ou moins pertinentes dans une situation donnée (les règles d'étiquettes, par exemple), se présentent comme des recettes traditionnelles régissant la conduite[14]. La « stratégie personnelle » constitue un quatrième type de règles[15]. Je peux, par exemple, avoir pour règle de me lever à 6 heures chaque matin afin d'avoir le temps de prendre mon petit-déjeuner et de me rendre à mon lieu de travail. Moi qui déteste me lever tôt, je me suis imposé cette règle après avoir examiné toutes les possibilités.

Les règles ou les lois peuvent décrire la façon dont les choses fonctionnent ; il peut s'agir de règles conventionnelles (« Partez ! » au feu vert et « Arrêtez ! » au feu rouge, par exemple) ou de descriptions telles que « le soleil se lève chaque matin » ou « les objets obéissent à la loi de la gravité » ; il peut s'agir des règles d'un jeu, règles soit descriptives (« le fou se déplace en diagonale sur un jeu d'échecs »), soit prescriptives (« déplacer le pion du roi avant de déplacer le chevalier »). Enfin, il existe des règles morales (« Tiens tes promesses ! », par exemple). Tous ces types de règles simplifient la vie et doivent cependant être appliqués et interprétés au cas par cas, car nous vivons dans un monde de plus en plus complexe qui bouscule les certitudes. Les systèmes éthiques et les codes d'éthique donnent accès à des règles et des principes en matière de moralité, mais nous devons toujours interpréter ces règles et les mettre en application dans différentes situations et dans des contextes variés[16].

L'application des règles se complexifie lorsque d'autres éléments – y compris d'autres règles – doivent être pris en considération pour la prise de décision. Une règle peut sembler s'appliquer à une situation, fournir un point de départ pour prendre une décision ou donner une orientation générale ; mais pour être certains d'avoir pris la bonne décision, il nous faut tenir compte d'autres faits, idées, sentiments et règles afin de résoudre le problème. Appliquer une règle pour prendre une décision n'est qu'une façon de procéder parmi d'autres; si d'autres modes de pensée nous permettent d'arriver aux mêmes conclusions, c'est tant mieux.

Mais pour prendre une décision, nous ne pouvons réfléchir indéfiniment. La décision à prendre peut ne pas être très importante, de sorte qu'il ne vaut pas toujours la peine de faire un examen exhaustif de la voie à prendre, comme les règles le suggèrent. En outre, il se peut que nous ne connaissions pas suffisamment la situation pour envisager le problème sous d'autres angles. Cependant, si nous abrégeons nos réflexions par manque de temps ou de connaissances, nous devons être conscients des risques que cela comporte. De façon générale, nous ne devrions pas croire que l'application d'une règle nous permettra nécessairement de prendre la bonne décision.

Lors des discussions concernant les règles, il importe que les enfants se penchent sur les origines des règles, sur les punitions et les récompenses (s'il y a lieu) habituellement associées aux règles ainsi que sur les conséquences du respect ou du non-respect d'une règle pour une personne ou pour un groupe de personnes. En procédant ainsi, nous encourageons les enfants à décider de l'importance qu'auront les règles dans leur propre vie et de la nécessité d'en établir de nouvelles pour eux-mêmes.

Il importe d'établir une distinction entre les règles et les normes. Les règles dictent les comportements… une norme correspond à une mesure utilisée pour porter un jugement[17]. Autrement dit, on respecte les règles, mais il n'en va pas de même avec les normes. Les normes sont en fait des critères au moyen desquels une personne peut distinguer un élément d'un autre ou déterminer lequel est le meilleur. *Au fur et à mesure que les enfants se familiarisent avec les règles et les normes, ils peuvent les différencier et prendre conscience que les règles peuvent également être jugées à l'aide de certaines normes.* Ces normes doivent à leur tour être approuvées par d'autres critères, et tout ce processus fait appel au *jugement*.

JUGEMENT, VERTUS ET ÉMOTIONS MORALES

Les enfants savent très bien que, lorsqu'ils font face à un dilemme ou à un problème moral, les faits liés au cas précis vont les aider à déterminer l'action ou le bon geste à poser[18]. En ce qui concerne chacune des vertus morales, il ne suffit pas simplement d'éviter les vices qui leur correspondent, comme Aristote l'a démontré il y a 2500 ans déjà[19]. Une citation d'Aristote sur la colère (dans *Éthique à Nicomaque*) illustre bien ce propos :

> [...] *si se mettre en colère est à la portée de tout le monde et chose facile* [...], *en revanche, le faire en faveur de la personne qu'il faut, dans la mesure, au moment, dans le but qu'il faut, ce n'est plus à la portée de tout le monde ni chose facile*[20].

En ce XXIe siècle, nous osons reprendre cette citation d'Aristote en y substituant les valeurs morales et les émotions que nous estimons importantes. Le mot « colère » de la citation ci-dessus peut être remplacé par nos propres valeurs morales. Ainsi, nous pourrions dire : « Être honnête envers la personne concernée, dans une juste mesure, au moment opportun, dans un but approprié et de façon adéquate, ce n'est pas facile. »

Cette version actualisée peut servir pour d'autres valeurs morales ; il suffit de la prendre pour modèle et de remplacer le mot « honnête » de cette citation par « poli », « responsable » ou « coopératif », par exemple. Nous pourrions également reprendre cette citation avec différentes émotions. Ainsi, la citation pourrait être modifiée comme suit : « Être fier (ou humble) devant la personne concernée, dans une juste mesure, au moment opportun, dans un but approprié et de façon adéquate, ce n'est pas facile. »

Enfin, il est possible de s'inspirer de ces versions pour en créer une nouvelle relativement aux sujets plus délicats et plus difficiles à aborder dont les éducateurs veulent discuter avec les enfants. Prenons le toucher, par exemple, l'un des sujets délicats traité plus en profondeur au chapitre 11. La formulation pourrait ressembler à ceci : « Toucher la bonne personne, dans une juste mesure, au moment opportun, dans un but approprié et de façon adéquate, ce n'est pas facile. »

Aristote rejette, dans l'un de ses textes, les affirmations de son maître, Platon, et nous rappelle qu'il n'existe pas de règles fixes, immuables et facilement applicables dans la vie sociale et morale. Se dissociant de Platon, Aristote soutient que les calculs sont peut-être utiles en mathématiques, mais, en ce qui a trait aux valeurs morales et aux émotions, nous devons nous en remettre à notre jugement[21].

LES ENFANTS, LES RÈGLES ET LE JUGEMENT

Si la moralité se résumait à la connaissance et à l'observation de règles, l'éducation morale consisterait à favoriser, chez l'enfant, une conscientisation qui lui permettrait de respecter ces règles avec joie et de façon inconditionnelle. Mais ce n'est pas aussi simple. Nous ne pouvons affirmer qu'il existe des règles pour chaque situation, pas plus que ces règles contribuent au développement de l'enfant qui accepterait de les appliquer sans les remettre en question. Par conséquent, l'enfant doit être en mesure de faire face à des situations où les lignes de conduite ne sont pas clairement définies, situations qui exigent pourtant que des choix soient faits et qu'une personne accepte d'assumer les responsabilités et les conséquences liées à ces choix. Comme nous l'avons déjà relevé, les enfants peuvent élaborer des règles de leur propre chef, sans que personne le leur demande. Ils peuvent acquérir une certaine indépendance par rapport aux règles établies, à condition, cependant, qu'ils soient conscients des conséquences, pour eux-mêmes et autrui, de leur non-respect.

L'enfant vit diverses situations au cours d'une seule journée; certaines exigent qu'il intervienne, d'autres non. Mais l'enfant peut difficilement savoir quelles actions ou décisions sont appropriées, à moins de connaître tous les aspects d'une situation donnée, sa complexité, les nuances et les subtilités qu'elle peut présenter[22]. Dans la nouvelle intitulée *Lisa*, les enfants parlent de la complexité de certaines règles et situations (consulter l'exercice 2.5). Par exemple, ils excusent l'attitude de Marc quand il dit la vérité concernant les allées et venues de sa sœur même s'il a auparavant menti en répondant à la même question. Les enfants croient que, dans une situation donnée, une réponse honnête est souhaitable, tandis que dans une autre, une réponse honnête aurait été inappropriée puisque la sœur de Marc aurait pu alors subir des préjudices. La question suivante est soulevée: Marc est-il coupable pour ses réponses incohérentes? La réponse, évidemment complexe, suggère qu'il est parfois pertinent de faire preuve d'incohérence. (Nous reviendrons plus en détail au chapitre 3 sur la complexité des situations que pose l'honnêteté.)

COUNSELING ET THÉRAPIE : EXERCICE DU JUGEMENT

Dans les cours que Cynthia et moi donnons sur l'éthique à l'intention des conseillers en orientation et des thérapeutes, le jugement est la notion clé. Relativement aux questions d'éthique qui touchent des clients ou des patients, l'époque où les codes, les décrets, les lois et les règles ont été élaborés et mis en vigueur de même que – rappelons-le – leur interprétation créent des ambiguïtés et des contradictions flagrantes. Par exemple, l'article 38 du code de déontologie des psychologues[23] stipule que « Le psychologue est tenu au secret professionnel », mais un autre article précise que le psychologue clinicien a pour responsabilité de communiquer ce qui s'est passé dans le cadre d'une thérapie ou d'une consultation en counseling pour prévenir un acte de violence ou pour témoigner en cour. Les résultats des tests sont confidentiels, bien que le psychologue puisse être moralement ou légalement contraint de communiquer des renseignements dans les cas de litiges, de procédures civiles ou dans le cadre d'un processus pénal. Comment déterminer quelles mesures doivent être prises ? Un autre type de problème se pose lorsque, d'un côté, le psychologue doit continuer d'offrir ses services à un client sans les interrompre, même s'il subsiste un danger potentiel (le suicide, par exemple), alors que, d'un autre côté, le code l'oblige à posséder les compétences requises pour traiter le client, dont il doit connaître l'histoire particulière et la culture, y compris l'orientation sexuelle. Si le psychologue ne se sent pas suffisamment compétent, il doit adresser son client à un confrère. Encore une fois, les exigences du code sont contradictoires. Le clinicien du XXIe siècle est confronté à des problèmes qui ne peuvent être résolus qu'à la suite d'une réflexion approfondie et de l'amélioration de l'unique compétence susceptible de l'aider, soit un jugement sûr. Un psychologue ou un thérapeute doit tenir compte de ses propres expériences, de leur contexte et des expériences des autres professionnels afin de les comparer. Si les psychologues et les conseillers en orientation, avec tout le bagage d'expériences qu'ils possèdent, ont de la difficulté à composer avec les ambiguïtés, l'interprétation et l'application des règles, on peut se demander ce qu'il en est pour les enfants, dont les expériences de vie sont évidemment moins vastes.

POURQUOI LES ORDINATEURS NE PEUVENT JOUER AU BRIDGE : EXERCICE DU JUGEMENT

Le bridge, comme le jeu d'échecs, met au défi les programmeurs simplement en raison du grand nombre de possibilités. Le nombre de positions possibles au cours d'une partie d'échecs est estimé à 10^{120}. Le bridge offre également un nombre impressionnant de donnes possibles. Henry Francis, l'auteur de *The Official Encyclopedia of Bridge*, évalue à 5×10^{28} le nombre de donnes qu'un joueur peut obtenir (nombre probable pour 13 cartes sur 52 ; les probabilités augmentent en présence de quatre joueurs). Au bridge, le nombre de positions possibles est de 10^{80} environ. Ces probabilités, quoique élevées, ne sont pas infinies ou indéfinies. Cependant, en raison de leur nombre, aucun humain ou ordinateur ne pourrait disposer de suffisamment de temps pour étudier toutes les positions possibles dans un jeu d'échecs ou de bridge[24] : aucune partie ne se terminerait en moins de cent ans ! Ces caractéristiques du jeu d'échecs témoignent des progrès effectués, des premiers algorithmes aux heuristiques d'Herbert Simon[25] et des travaux d'autres chercheurs : en 1999, après environ quarante ans d'efforts concertés, la machine gagne enfin une première partie d'échecs contre un humain. Pourquoi ne pas oser anticiper ? Tôt au tard, le génie humain sera en mesure de concevoir une machine capable de jouer au bridge. En réalité, les programmes du jeu de bridge ne sont pas au point, comme je l'ai explicité dans un autre texte[26]. Les ordinateurs ne peuvent jouer au bridge comme les êtres humains le font. Il vaut la peine ici de résumer cette argumentation, puisque le bridge constitue un bon exemple des limites des règles de même que de l'importance du jugement humain dans un tout autre domaine que les valeurs et les sentiments.

Plus le joueur de bridge est expérimenté et compétent, plus les décisions prises relativement au fait de gager ou non et au type de pari se fondent sur des facteurs tels que son intuition (« l'atmosphère » autour de la table), ce qui englobe le langage non verbal des autres joueurs (pauses, hésitations des adversaires) lorsqu'ils choisissent de gager ou non. Ces facteurs ne sont pas extérieurs au jeu : ils font partie des compétences du joueur de bridge. Les meilleurs joueurs sont sans doute ceux qui peuvent tirer profit de ces aptitudes dans le cadre du jeu, au-delà du raisonnement, des idées implicites, des déductions, de la connaissance du système (mémoire) et de l'ensemble des règles prescriptives. Lors de la mise, comme dans certaines phases plus difficiles du jeu (défense et façon de jouer les cartes distribuées), ce quelque chose de plus se définit le mieux par la notion de « jugement ».

Un joueur de bridge doit exercer son jugement, et l'ordinateur ne possède pas cette capacité ; il ne peut donc pas jouer au bridge. L'ordinateur peut jouer à certains types de jeux, mais il ne pourra jamais jouer au bridge comme les humains. Le jugement diffère du raisonnement, comme nous l'avons déjà vu. Par conséquent, les ordinateurs, bien qu'ils excellent dans l'application des règles, sont dénués de jugement. En sachant cela, les éducateurs ont présenté le bridge aux enfants d'âge scolaire. De même que le jeu d'échecs favorise le raisonnement et la logique, le bridge stimule le développement du jugement. Mais, bien sûr, les professionnels qui s'intéressent de près à l'intelligence artificielle et les programmeurs qui cherchent à concevoir des robots joueurs de bridge doivent être prêts à parier que je me trompe. Ils ont d'ailleurs prédit que, dans quelques années, les ordinateurs et les robots pourront remporter une partie de bridge contre un être humain[27].

JUGEMENT ET ÉMOTION

Supposons que l'argument présenté ci-dessus soit valide. Les machines, y compris les ordinateurs les plus perfectionnés (et, tôt ou tard, les robots), ne peuvent faire montre de jugement comme les humains et, par conséquent, elles ne pourront jamais dépasser un certain niveau de jeu. La plupart des joueurs de bridge sont d'accord avec moi, mais la majorité des programmeurs qui s'intéressent à l'intelligence artificielle sont aussi convaincus que j'ai tort. Les jeux sont faits! Seul le temps nous dira si les ordinateurs réussiront à jouer au bridge (ou au jeu de Go)[28] comme ils jouent aux échecs... Les émotions suscitent le même type de controverse: de notre point de vue, les machines (et même les robots) ne peuvent ressentir des émotions comme les humains (exception faite du personnage interprété par Robin Williams dans le film intitulé *L'homme bicentenaire*).

Isaac Asimov décrit des robots dotés de jugement dans son livre intitulé *Les robots*, duquel a été tiré le film *I, Robot*. Ces robots sont également capables d'éprouver des émotions, ce qui les rend semblables aux humains. Dans le « cycle de fondation » d'Asimov, la capacité de déceler les émotions du mulet et de la seconde fondation (les « mentalistes ») est liée à leur capacité de les transformer. En général, cette capacité de transformation est réelle (si l'on fait abstraction de la science-fiction) et il est vrai que la capacité d'éprouver des sentiments est liée à la capacité d'influencer les autres. Le fait d'éprouver des sentiments de façon plus intense se traduit par une souffrance plus grande aussi, puisque la douleur causée par certaines émotions est du même coup amplifiée.

Évidemment, il convient de prendre la science-fiction avec un grain de sel. Dans la série télévisée et les films *Star Trek*, M. Spock prend des décisions morales alors qu'il exerce un jugement sans affect, comme ceux de sa race (les Vulcains). Ce personnage est décrit comme exerçant un raisonnement moral rigoureux (à la Kohlberg), sans émotions, contrairement aux êtres humains. Signalons qu'il s'agit là d'une fiction qui ne rend aucunement compte de ce que les humains peuvent être[29].

Peut-être que les robots pourront un jour ressentir des émotions et peut-être que les machines en ressentiront aussi. Les philosophes et les psychologues poursuivent le débat sur cette question[30]. Entre-temps, nous nous intéresserons à l'être humain dont les émotions sont inextricablement liées au corps et au cerveau.

Dans la troisième partie, nous traiterons des liens existant entre les émotions, d'une part, et les valeurs et vertus, d'autre part. Pour le moment, nous devons retenir que jugement et émotions vont de pair. Tout d'abord, comme nous l'avons vu, le jugement s'accompagne de certaines émotions, dont notamment le doute, l'incertitude et la confiance. Les sentiments éprouvés varient en intensité selon la situation, les valeurs et divers autres facteurs. Il est impossible de parler de jugement à un enfant, ou de développer son jugement, en négligeant cet aspect. À l'opposé, les émotions constituent souvent en elles-mêmes une forme de jugement[31]. Il ne s'agit pas simplement de sentiments ou de réactions physiologiques; sur le plan cognitif, les émotions donnent lieu à une évaluation de la situation, ainsi qu'à un examen de certains éléments, comme la pertinence et la priorité (voir le chapitre 7). Enfin, les émotions jouent un rôle dans nos décisions morales. Ainsi, la colère n'est pas seulement un sentiment ou une émotion possédant un aspect cognitif; c'est une émotion morale. Comme nous l'avons déjà mentionné, Aristote avance cet argument: nous devons savoir quand et comment exprimer notre colère, dans une juste mesure, devant la ou les personnes concernées. Nous y reviendrons au chapitre 8.

DIX MOYENS POUR DÉVELOPPER UN JUGEMENT SÛR, CHEZ LES ENFANTS ET CHEZ LES ADULTES

Chacune des suggestions suivantes pour améliorer le jugement se fonde sur les aspects théoriques présentés ci-dessus. Voici les concepts clés: l'ambiguïté, les limites des règles, l'incertitude, les similarités et les différences. Ces notions, de même que la définition du jugement (voir la section intitulée «Qu'est-ce que le jugement?»), sont considérées comme acquises. Il serait bon de commencer par le test de jugement (Exercices 2.1 à 2.5) dont il est question au tout début du présent chapitre. Tous les éléments pour développer un meilleur jugement sont réunis dans ces dessins. Pour chacune des 10 suggestions ci-dessous, nous ferons référence au test de jugement.

1. Classification, tri, dénomination, regroupement

Les parents peuvent faire beaucoup de choses pour développer le jugement de leur enfant dès son plus jeune âge, avant même qu'il puisse tenir une conversation. Bien entendu, plusieurs de ces activités solliciteront le langage non verbal, mais elles stimuleront l'enfant qui y prendra également un grand plaisir! Lorsque cela est possible, le parent regroupera les jouets selon leur forme et leur couleur, qu'il s'agisse de blocs, de crayons ou de tout autre jouet (et même d'aliments). Nous suggérons de nommer les regroupements, car cela permet à l'enfant de comprendre plusieurs notions au cours de la petite enfance, bien avant qu'il puisse prononcer une première phrase[32]. Voici quelques exemples: «Ces blocs sont rouges, ceux-là sont verts. Voici des animaux et ces animaux-là sont des chats.» Bien sûr, plusieurs parents font déjà ce genre d'activités avec leurs jeunes enfants, et les éducateurs qui travaillent auprès des tout-petits selon les principes théoriques de Montessori ou de Piaget sont parfaitement conscients de l'importance et des bienfaits de ces activités. Les parents et les éducateurs ont cependant tendance à oublier combien il est important de prendre le temps de jouer et de parler avec les bambins et les jeunes enfants. Au moment où l'enfant atteint l'âge de 2 ans, il est lui-même en mesure de classer et de faire des regroupements (Exercice 2.1) s'il participe à de telles activités. Dans les prétests, plusieurs des enfants âgés de 5 ans étaient meilleurs que les autres pour effectuer ces simples classifications (différencier les animaux des humains, distinguer l'animé de l'inanimé). Entre 2 et 4 ans, les enfants n'ont pas nécessairement été stimulés à faire des classifications simples, comme celles qui concernent les formes et les couleurs[33]. Les parents peuvent évidemment aider leurs enfants à classifier des choses autrement que par leur forme et leur couleur. Il ne faudrait surtout pas oublier les sons, les berceuses, les comptines et les fredonnements, toutes des choses que les parents peuvent aisément faire avec un enfant très jeune, même âgé de quelques jours!

2. Les similitudes

À partir de l'âge de 2 ans, le mode de communication est essentiellement verbal. À cet âge, l'enfant ne se contente pas de nommer ou de désigner ce qui l'entoure («Voici des blocs rouges», «Les animaux sont des êtres vivants»); nous pouvons nous attendre à ce qu'il commence à établir ces propres catégories verbales. Une partie du développement de l'identité se déroule au cours de cette période[34]; malheureusement, nous ne profitons pas toujours des occasions qui se présentent pour montrer aux enfants les ressemblances et les similitudes et pour les encourager à reproduire ces catégories. Il importe de souligner que le développement de l'enfant se déroule de telle sorte qu'il établit d'abord les similitudes, puis les différences; lorsque nous fournissons des informations à un enfant, il nous faut par conséquent donner priorité aux points de ressemblance de divers éléments pour ensuite démontrer les différences. Ainsi, l'enfant doit savoir qu'il existe différentes pièces de monnaie pour payer en argent, avant de comprendre la différence entre 5¢, 10¢ et 25¢.

3. Les différences

Au fil des conversations sur les ressemblances entre les choses, il est difficile de ne pas parler des différences et des distinctions. Cette activité type, qui consiste à « trouver l'intrus », représente un indicateur important du développement cognitif. La plupart des enfants âgés de 5 ans éprouvent de la difficulté à trouver la « bonne » réponse entre quatre éléments; il leur est encore plus difficile d'expliquer pourquoi ils ont choisi tel élément plutôt qu'un autre. En ce qui a trait au quatrième exemple de l'exercice 2.2 concernant la violence, aucun enfant de 5 ans ou moins n'a choisi l'image la plus pertinente et n'a été en mesure de justifier son choix. Cependant, après un an de rencontres dans le cadre du programme de Philosophie pour enfants, la plupart des enfants inscrits ont développé leur jugement; ils choisissent la troisième image et expliquent leur choix. Pour ce faire, les enfants ont participé à une discussion sur les papillons. Voir l'annexe en fin d'ouvrage où les enfants sont invités à discuter à propos d'un papillon dont l'une des ailes a été déchirée, et à comparer la situation à celle d'une poupée ou d'un ours en peluche auquel il manquerait un bras ou une jambe. Au cours de ces discussions philosophiques sur les sujets proposés, les enfants apprennent à faire des comparaisons et à établir des différences entre des éléments similaires. Ainsi, par exemple, ils expliquent d'abord pourquoi ils peuvent déchirer un morceau de papier mais non pas l'aile d'un papillon; ils peuvent dire pourquoi une personne peut se sentir mal à la vue d'un animal blessé et peut-être aussi à la vue d'une poupée devenue « manchote » ou « unijambiste », etc. Les discussions réalisées avec des centaines de jeunes enfants démontrent clairement que ces types de débats améliorent leurs capacités de jugement évaluées par le biais des dessins sur la violence. En tant que parents, nous pouvons stimuler nos enfants, à la maison, de la même manière qu'à l'école, à l'aide de ces exercices.

Les situations peuvent être similaires et, lorsqu'elles le sont, les règles qui ont généralement pu être appliquées dans des cas semblables peuvent l'être de nouveau. Ce que les parents doivent faire cependant, c'est d'outiller leur enfant afin qu'il puisse distinguer les types de situations qui se présenteront à lui : sont-elles pareilles ou différentes, habituelles ou extraordinaires, typiques ou atypiques ? L'enfant doit être prêt à faire face à des situations nouvelles avec courage et en utilisant ses ressources, plutôt que de tenter d'appliquer à une situation inhabituelle une règle vouée à l'échec.

Tant que l'enfant n'est pas en mesure de distinguer les situations semblables (situations auxquelles des règles connues peuvent s'appliquer) de celles qui ne le sont pas (ce qui suppose que l'enfant a perçu la différence), il ne peut tenir compte du rôle des règles relatives au comportement moral.

Les enfants sont tout à fait disposés à admettre que les cas spéciaux exigent des solutions particulières. Les élèves d'une classe peuvent réclamer de leur enseignant qu'il les traite tous de la même façon, mais s'il y a un enfant handicapé dans la classe et que l'enseignant le traite différemment, les autres élèves peuvent comprendre et accepter la situation, puisque cette différence de traitement est motivée par la différence qu'affiche l'élève handicapé par rapport aux autres élèves. Pour cela, les enfants doivent nécessairement avoir la capacité de percevoir les similitudes et les différences. L'un des principaux objectifs des parents est d'aider leur enfant à interpréter adéquatement les situations pour qu'ils soient conscients des points de ressemblance et de dissemblance.

Un exemple tiré de la nouvelle *Pixie* illustre l'importance de la « différence ». Miranda critique Pixie qui mange un bol de céréales pour son petit-déjeuner : elle a saupoudré du sucre sur ses céréales avant de verser du lait dans son bol. Pixie rétorque que Miranda la blâme pour son comportement qui n'est ni bon ni mauvais. En fait, Pixie définit les critères dont elle se sert pour déterminer la différence entre « bon » et « mauvais » lorsqu'elle pose la question suivante : « Si je mets le sucre en premier ou si je mets le lait en premier, qu'est-ce que ça change ? » En d'autres mots, si l'on affirme que telle action est « correcte », il faut prouver que les conséquences ne sont pas tout à fait les mêmes que celles d'une « mauvaise » action. Si les conséquences des deux actions sont identiques (ou si les différences ne sont pas significatives), alors il n'est pas justifié de juger différemment les deux actions.

4. L'ambiguïté

Nous devons fournir le plus grand nombre possible d'exemples de situations ambiguës. Si nous reprenons un exemple du test de jugement, nous pouvons constater que les dessins laissent planer une certaine incertitude, et ce, intentionnellement. Le choix de l'intrus est déterminé par différents moyens. L'un effectue son choix en fonction de la couleur (ces personnes portent des vêtements blancs ou jaunes) ou selon d'autres critères. Un deuxième a plutôt le réflexe d'examiner les différences physiques, alors qu'un troisième perçoit que le type de violence n'est pas le même que dans les autres dessins. Un quatrième, comme un adulte, pourrait y voir un «combat inégal» et faire référence aux notions de «domination et soumission» («dominant-dominé»). Les enfants ne disposent évidemment pas d'un tel vocabulaire. Pourtant, ceux qui trouvent l'intrus sont certains de leur choix, qu'ils justifient très clairement, dans leurs propres mots. «Cette façon de frapper est injuste», diraient-ils, ou encore «Ce n'est pas juste» ou «Je sais qu'il y a une différence, mais je ne suis pas capable de dire pourquoi». Peu importe les aptitudes linguistiques des enfants, parents et éducateurs les auront aidés en leur donnant des exemples de situations plus ou moins ambiguës et des contextes plus ou moins vagues, dont l'interprétation peut varier, d'où les différentes réponses obtenues.

Le jugement se fonde inévitablement sur une certaine ambiguïté et nous voulons aider les enfants à développer un meilleur jugement en leur fournissant plus d'exemples de ce genre.

5. Le langage

Nous avons déjà parlé du langage et de son rôle dans la classification, l'établissement de similitudes et de différences, ainsi que dans la reconnaissance des ambiguïtés. Les parents ont aussi une autre responsabilité importante: apprendre à leurs enfants les nuances subtiles de la langue pour en souligner le caractère conventionnel. Reprenons l'exemple du feu vert et du feu rouge. Les règles signifient: «Partez!» au feu vert et «Arrêtez!» au feu rouge. Supposons que l'inverse s'applique: «Partez!» au feu rouge et «Arrêtez!» au feu vert. Dans ce jeu, les enfants expérimentent les règles inverses, ce qui leur fait prendre conscience du caractère arbitraire du langage. L'un des avantages de ce jeu d'inversion est de minimiser certains stéréotypes et idées préconçues, comme le blanc est «bon» et le noir est «méchant[35]». Ce jeu autour de la langue offre également un deuxième avantage: il permet de développer la métacognition de l'enfant et l'autorégulation des règles linguistiques[36]. Par exemple, la plupart des enfants – et même bon nombre d'adultes – ont beaucoup de difficultés à dire que les «chiens miaulent» et que les «chats jappent», même s'ils sont habitués à faire semblant.

Nous pouvons bien entendu aider l'enfant à repérer les similitudes, les différences, à établir des comparaisons et à distinguer les contraires si nous attachons une importance à ces aspects de la langue le plus souvent ignorés au cours des premières années de vie. Dans le cadre du programme Philosophie pour enfants mis en œuvre dans plusieurs écoles[37], plus particulièrement grâce à la nouvelle intitulée *Pixie*, les enfants peuvent se familiariser avec les subtilités de la langue. Les enseignants se servent d'exercices pour apprendre aux enfants à distinguer les nuances. Les exercices de ce chapitre comprennent des exemples de contraires, de ressemblances, d'ambiguïtés, de comparaisons, de jonctions et de liens. Les parents peuvent également s'en servir après les avoir modifiés ou adaptés; ils peuvent aussi inventer leurs propres exemples. Ce qui importe, c'est que l'enfant prenne conscience des nuances et des subtilités de la langue. Comme les auteurs le mentionnent dans la présentation de la nouvelle intitulée *Pixie*:

> *Si l'enfant et le philosophe ont pour caractéristique commune la curiosité, ils manifestent également tous les deux un intérêt intellectuel à la nature des similarités et des différences. Soit que nous effectuons des comparaisons entre les choses, comme le dit Platon dans* La République, *soit que nous les comparons avec un idéal. Ce «nous» fait autant référence aux philosophes qu'aux enfants et à tout autre être pensant. Nous découvrons les similarités et les différences en réalisant des comparaisons; pour ce faire, nous devons déterminer quelles sont les différences et les similitudes. Ainsi, les jeunes enfants sont invités à examiner si les comparaisons sont vraies ou fausses (que les éléments de comparaison soient pris au sens littéral ou figuré) et, ce faisant, ils analysent ainsi les similitudes, les métaphores et les analogies*[38].

Nous devons proposer aux enfants des exercices de difficulté croissante pour qu'ils puissent s'entraîner à établir des comparaisons entre les «choses» ainsi qu'entre les «termes» et à préciser les rapports existant entre eux. Certains enfants sont plus doués lorsque vient le temps de faire des associations inattendues et saugrenues; d'autres sont au contraire plus timides ou inhibés. L'objectif demeure pourtant, pour tous les groupes d'âge, d'acquérir suffisamment de compétences pour percevoir les similitudes et les différences et les exprimer. Les enfants qui utilisent les métaphores avec une étonnante facilité n'hésiteront pas à dépasser ces compétences; ceux qui se sont moins exprimés découvriront probablement que l'établissement de comparaisons ouvre de nouveaux horizons sur le monde qui les entoure, pour mieux le décrire et l'expliquer.

La petite enfance correspond à la période au cours de laquelle le langage s'acquiert à un rythme très rapide. Nous avons tendance à nous montrer plutôt indulgents devant l'expansion du vocabulaire de l'enfant, même si cela signifie que l'enfant doit acquérir des termes de plus en plus « exotiques », alors qu'il utilise de façon parfois incertaine ou aléatoire des mots plus courants tels que « tout », « seulement », « parce que », « pareil » et « différent ». Cette indulgence face à la nouveauté traduit un manque de perspective, de sagacité et de connaissances : l'éducateur doit travailler avec les enfants afin qu'ils puissent être en mesure de comprendre les éléments de base du langage. L'ajout de nouveaux mots et de nouvelles terminologies risque d'aggraver le problème plutôt que le résoudre.

Les contradictions et les comparaisons nous permettent d'établir des rapports entre les éléments : « plus vite que », « plus pesant que », « égal à », « plus tard ». Nous distinguons également les liens familiaux : « mère de », « cousin de », « grand-père de ». Dans le même ordre d'idées, nous découvrons d'importants liens linguistiques; par exemple, certains verbes « s'appliquent » aux objets, d'autres aux personnes; les adjectifs « qualifient » les noms, les adverbes nuancent les verbes d'action et les adjectifs. Ce qui frappe dans tout cela, c'est l'existence de ressemblances surprenantes entre les mots, les personnes, les objets, les événements; entre les mots et les personnes, et entre les mots et les choses. Ces ressemblances, au « sens propre » ou au « sens figuré », sont déterminées par le biais de comparaisons, de métaphores et d'analogies.

La conscience de l'ambiguïté permet à l'éducateur d'établir un équilibre dynamique entre la capacité de l'enfant de saisir le sens figuré et le sens propre des mots. D'une certaine manière, la comparaison est l'inverse de l'ambiguïté. Un mot ambigu peut avoir plusieurs significations différentes dans un contexte donné, alors que la comparaison établit un rapport de ressemblance entre deux éléments différents. Par conséquent, l'ambiguïté permet de déceler des différences dans les similitudes et la comparaison, de percevoir des similitudes dans les différences.

La comparaison est explicite (quelqu'un peut dire : « X ressemble à Y » ou « X est aussi [...] que Y »). Cependant, dans une métaphore, la comparaison ne se fait pas de façon aussi manifeste. En ayant recours à la métaphore, une personne peut vouloir attirer l'attention non pas sur les points de ressemblance entre deux éléments habituellement considérés comme différents, mais plutôt sur l'essence de ces deux éléments différents. Dire que «Georges était fâché» constitue un constat objectif et impersonnel qui indique que Georges fait partie d'un groupe de personnes qui ressentent de la colère pour un motif quelconque. Affirmer que «Les yeux de Georges lancent des éclairs» traduit davantage l'émotion, bien que le lecteur doive lui-même établir la comparaison. Cette phrase est plus «dramatique», puisque la comparaison sous-entendue fait référence à deux choses complètement différentes réunies en une seule pour décrire l'état de Georges. Une phrase comme «Georges était fâché» risque d'être rejetée par les écrivains habitués à utiliser le sens figuré plutôt que le sens littéral, terne et anémique. Les écrivains qui privilégient davantage le sens littéral considèrent les métaphores comme des exemples de «négation» des lois linguistiques. Cependant, les deux formes d'expression sont utilisées dans des buts précis, et ce n'est que lorsqu'elles sont utilisées à mauvais escient qu'elles sont inappropriées ou inadéquates.

Une comparaison est un énoncé qui stipule que deux choses, normalement considérées comme différentes, possèdent, à certains égards, quelques points en commun; une analogie est un énoncé qui stipule que deux rapports sont de même nature. Ainsi, l'analogie la plus simple s'énonce sous cette forme: A est à B ce que C est à D. Il faut noter que les analogies, tout comme les comparaisons, mettent en parallèle les ressemblances ou les similitudes. Les comparaisons peuvent être radicalement modifiées lorsque l'énoncé de similarité est remplacé par un énoncé d'identité; elles se transforment en métaphores, de sorte que l'analogie se présente sous la forme «A:B:: C:D», où les liens comparés sont des rapports et que cette «comparaison» correspond en réalité à un énoncé d'équivalence. Mais le rapport d'équivalence est tout sauf révélateur, car 3:6:: 12:24 est simplement une tautologie, une autre façon de dire que ½ = ½. Il ne faut pas croire que les jeunes enfants – même ceux qui ne sont âgés que de 3 ou 4 ans – ont besoin de conseils concernant la création de telles comparaisons et métaphores: leurs capacités imaginaires et créatrices sont de beaucoup supérieures à celles des adultes. L'enfant doit cependant développer son sens critique qui lui permettra de juger de la pertinence des expressions complexes qu'il crée. L'amélioration du sens critique permet à l'enfant de mieux se rendre compte si ses raisonnements analogiques sont justes ou non. De plus, les comparaisons et les métaphores présentent l'avantage, en plus de stimuler la pensée critique et créative, de nous permettre de comprendre les émotions d'autrui: c'est l'empathie (voir le chapitre 6).

6. L'imagination

Les problèmes moraux constituent l'un des types de problèmes auxquels les humains sont confrontés. Cela prend de l'imagination pour envisager différentes façons de modifier une situation qui nous procure de l'insatisfaction. En effet, une personne doit être capable de se faire une idée des conséquences de son inaction ou de ce qui peut arriver si tel ou tel geste est posé. En d'autres mots, il faut de l'imagination pour anticiper les buts qu'une personne – ou un groupe de personnes – cherchera à atteindre. De plus, il faut aussi de l'imagination pour examiner d'autres possibilités qui permettront l'atteinte de ces mêmes buts. Quelles étapes doivent être franchies ? À qui faire appel ? Que faire dans un premier temps, dans un deuxième temps, etc. ? En matière d'imagination morale, il existe deux principaux types d'exercices : dans le premier, l'enfant doit prendre en considération les différentes relations de causalité (moyens et fins), alors que dans le second il doit déterminer les relations entre la partie et le tout[39]. Certains mettent plutôt l'accent sur le faire semblant et la narration d'histoires. Nous n'avons pas le même point de vue que ceux qui adhèrent sans discernement à certains dogmes de Maria Montessori. Certains disciples orthodoxes ont exprimé leur désaccord avec ce genre d'activités en citant Montessori comme une autorité en la matière. Tout comme pour Piaget (voir l'introduction), il faut tenir compte des réflexions originales et novatrices de Montessori et reconnaître qu'elle peut s'être trompée sur certains points. L'importance du rapport entre le « faire semblant » et le jugement est mieux mesurée en tenant compte de la notion d'herméneutique (ou des raisonnements de type « Si… alors…). Nous voulons amener les enfants à réfléchir aux conséquences que peuvent engendrer certaines actions, à se servir de leur imagination pour comprendre la réalité et ses apparences, et à envisager diverses possibilités. Des recherches ont démontré que les enfants qui ont acquis cette habileté auront un meilleur jugement, un sens critique plus développé et une imagination plus créatrice. Ils seront davantage en mesure d'évaluer les arguments évoqués et de prendre en considération les points de vue d'autrui tout en maintenant leurs propres points de vue. Ils feront preuve d'« autonomie morale[40] », c'est-à-dire qu'ils auront suffisamment de conviction et de caractère pour soutenir leur position morale, mais pas de façon péremptoire ou absolue. En outre, ils seront plus aptes à résister aux publicités, aux slogans et aux pressions des pairs.

Avant de conclure sur ce point, nous devons signaler les dangers potentiels liés à l'imagination. Bien que nous ayons souligné les avantages d'une imagination créatrice relativement au développement du jugement, une imagination trop vive ou puissante pourrait se traduire par des peurs irrationnelles[41]. Les parents doivent tracer la ligne, en établissant clairement les distinctions entre le monde réel et le monde imaginaire, sans dénigrer l'un ou l'autre monde. Il ne faut pas hésiter à dire: «Tu as rêvé à cela» ou «Tu as imaginé cela», mais il faut user de prudence pour ne pas discréditer l'expérience de l'enfant en affirmant, par exemple: «C'est juste ton imagination.» Évidemment, lorsque notre enfant nous dit qu'il a fait un cauchemar, nous cherchons à le calmer – et c'est normal! – en lui disant que «ce n'était qu'un rêve»...

7. La pertinence: bonne ou mauvaise distinction?

Comme nous l'avons vu, le jugement non seulement nous permet d'établir des distinctions, mais il nous incite en plus à le faire. Nous apprenons à faire des distinctions. Cependant, nous faisons ces distinctions en temps opportun, en situation appropriée et justifiée. Bref, il existe de bonnes et de mauvaises distinctions. Les garçons et les filles diffèrent sur certains points; sur d'autres, ils se ressemblent. Les enfants doivent comprendre que la plupart des activités sont accessibles aux filles autant qu'aux garçons. La vidéocassette de Marla Thomas, *Free to Be You and Me*, est un excellent outil pédagogique à l'intention de jeunes enfants pour entamer une discussion à propos de l'égalité des sexes. Cet outil fait prendre conscience qu'il n'y a rien qu'une fille ou un garçon ne puisse réaliser. Seules exceptions? Les filles peuvent devenir des «mamans» et les garçons des «papas», selon leur désir. Passons maintenant aux différences. Les parents doivent également reconnaître les différences lorsqu'il y en a. L'anatomie est un fait qui ne doit pas être nié ou ignoré[42]. De nos jours, nous avons des faits plus complexes à présenter, y compris les connaissances concernant le cerveau et les aspects physiologiques (dont le tempérament). Par exemple, les garçons sont plus actifs que les filles, et ce, dès leur plus tendre enfance. Si nous mettons de côté la neurophysiologie, il existe des conventions sociales relatives au sexe. Nous devons expliquer aux enfants, par exemple, que les restaurants possèdent des salles de bain distinctes pour les garçons et les filles, bien que ce ne soit pas le cas à la maison. Les parents doivent se préparer et savoir quoi dire lorsqu'un garçon affirme qu'il veut essayer des «vêtements de fille» ou désire se maquiller. Les réactions des parents dépendront grandement de l'âge de l'enfant ainsi que des circonstances. Les jeunes enfants (les 2 à 5 ans) expérimenteront davantage dans le cadre de jeux de simulacre et leur identité se forgera en imitant les adultes. D'un autre côté, si un garçon de 7 ans décide d'enfiler une robe et de se mettre du rouge à lèvres avant de partir pour l'école, cette situation est plus complexe. Une conversation s'impose. Cependant, un parent peut se montrer plus libéral devant cette situation, alors qu'un autre posera des questions sur les motivations de son enfant et se préparera à lui décrire les conséquences de son choix. Par exemple, il est possible que ce garçon soit victime d'extorsion, d'intimidation et de violence; ces risques doivent être envisagés. Un autre parent peut dire que les autres (enfants ou adultes) pourront se sentir mal à l'aise et qu'il doit être prêt à fournir des explications devant l'embarras que certains pourraient ressentir. En dernière instance, le choix ne peut être évité, même à la suite d'une conversation. Le parent devra en effet décider s'il permet au garçon d'aller à l'école ainsi vêtu ou s'il insiste pour que l'enfant reste à la maison. Il s'agit là de situations et de questions très complexes sur lesquelles des parents sensés peuvent avoir différents points de vue. Nous y reviendrons au chapitre 4. Pour le parent, l'essentiel est qu'il se sente prêt à parler de ces sujets avec son enfant.

Bien sûr, c'est précisément la situation à laquelle tout citoyen responsable doit réfléchir quand il est question de « mariage entre conjoints de même sexe » ou de « discrimination positive ». Il faut se demander si le traitement différent réservé à certains groupes de personnes est justifié ou non. Aux États-Unis, au nom des injustices antérieures, faut-il permettre à un plus grand nombre de Noirs de fréquenter les collèges ? Est-il justifié de traiter différemment les gays et les lesbiennes qui désirent se marier ? Ces questions importantes ne sont pas sans conséquences pour les enfants qui, très jeunes, adoptent des opinions concernant des groupes de personnes. Plusieurs attitudes et croyances peuvent être des préjugés. Pour assurer le développement d'un jugement sûr, il est fondamental d'analyser ces préjugés (« pré-jugés », justement) et de se demander s'ils sont justifiés ou s'ils se fondent uniquement sur des ouï-dire, de la propagande ou des preuves discutables. Un exemple que nous avons utilisé avec des enfants passablement jeunes concerne les enfants handicapés. Les enfants sont différents et certains n'ont peut-être pas les mêmes capacités physiques que les autres. Faut-il les traiter différemment pour autant ? Voilà un type de question que les très jeunes enfants comprennent. Un autre exemple a été donné dans le cadre d'un projet de recherche réalisé auprès d'enfants âgés de 7 et 8 ans[43]. On leur avait affirmé que les gauchers étaient de mauvais conducteurs. Ils devaient par la suite déterminer si Marie ou Jean, qui étaient gauchers, étaient de mauvais conducteurs. En étaient-ils certains ? La plupart des enfants ont d'abord répondu « Oui », sûrs de leur réponse. Cependant, après un certain nombre de mois pendant lesquels les enfants s'étaient penchés sur les préjugés et leur pertinence, bon nombre d'enfants ont indiqué qu'ils ne pouvaient pas dire si toutes les personnes gauchères étaient de mauvais conducteurs, même si c'était le cas pour plusieurs d'entre elles. De nombreux programmes d'enseignement permettant de parler des préjugés, de la violence à l'école, du racisme, du sexisme et des stéréotypes ont démontré avec un certain succès qu'ils pouvaient aider les enfants à tenir compte de la pertinence des affirmations et à faire la différence entre les bonnes et les mauvaises distinctions[44]. Les parents peuvent réaliser des activités similaires avec leurs enfants à la maison. Les « bonnes raisons », les critères et le fardeau de la preuve : nous avons tous besoin de ces notions un jour ou l'autre, et il est préférable d'en discuter le plus tôt possible avec les enfants.

8. Analogies

On dit de l'Américaine Helen Keller qu'elle est entrée en communication avec son éducatrice, Ann Mansfield Sullivan, au moyen du raisonnement analogique[45]. Elle a réussi ce tour de force sans l'aide de la langue, puisqu'elle était aveugle, sourde et muette. Heureusement, la plupart des êtres humains ne souffrent pas simultanément de tels handicaps et peuvent faire des analogies avec les mots, les situations et les relations. Certains exemples provenant du programme Philosophie pour enfants ont été repris ou adaptés et intégrés dans les exercices à la fin de ce chapitre. Le raisonnement analogique est souvent considéré comme l'un des meilleurs exercices pour améliorer le jugement. Évidemment, on ne pourra s'en servir à proprement parler que lorsque l'enfant sera un petit peu plus âgé – disons, en général, quand il aura 7 ou 8 ans – et qu'il pourra tirer profit des exemples donnés.

9. Débattre des valeurs et des sentiments, dialoguer, discuter

Cette suggestion est moins une stratégie qu'une attitude que les adultes devraient être disposés à adopter. En raison de la nature particulière du jugement comme compétence, où les règles ne peuvent s'appliquer à la lettre, il faut parfois accepter de prendre certains risques. Comparativement à d'autres époques, on doit aujourd'hui être prêt à parler de ses sentiments, d'une situation particulière ou de ses valeurs. Il ne suffit plus d'affirmer simplement « Fais ce que j'ai dit » ou « Parce que c'est comme cela », ou toute autre formule autoritaire, ni de rappeler les règles sans les expliquer (sauf en cas de danger).

Pour chacune des valeurs présentées dans les chapitres suivants, il faut s'attendre à de nombreux débats, discussions et dialogues. Ce qui est bien, c'est que, si l'enfant est honnête, poli, responsable et coopératif, en plus d'être affable et bienveillant, ce sera la suite d'une réflexion et d'une prise de conscience ancrées dans sa propre compréhension des choses. Il pourra ainsi plus facilement observer les règles et les principes plutôt que de céder aux tentations, précisément en raison de ses valeurs fondées non pas sur l'imposition et l'autorité, mais sur une série d'explications et de raisonnements patiemment forgés. Il sera souvent difficile de discuter de sujets délicats comme les promesses, les mensonges et la tricherie (consulter le chapitre 3). Certains pourraient être enclins à simplement s'imposer. Cependant, pour les effets positifs à long terme, il vaut vraiment la peine d'avoir ce type de discussions, surtout si ce qu'on dit est mis en application (consulter l'introduction pour en savoir plus sur l'apprentissage par imitation et le comportement).

Il n'y a rien de mal à admettre son incertitude face à des questions morales complexes. Cette attitude est au contraire tout à fait appropriée : il vaut mieux ne pas feindre d'être certain si on ne l'est pas. Premièrement, l'enfant s'en rend compte et on perd alors sa confiance. Deuxièmement, en affichant une attitude de certitude absolue en temps inopportun, l'enfant risque d'être happé par l'illusion, comme l'a fait remarquer Chopra[46]. La fausseté perçue alors par l'enfant pourra laisser une empreinte durable.

Il peut être difficile d'opérer un changement d'attitude, mais c'est fondamental. Une réelle ouverture d'esprit permet au parent de changer le point de vue d'autrui – et de son enfant – sur certains sujets, sur n'importe quelle valeur, ou encore sur des points sur lesquels une personne peut avoir une opinion presque « fossilisée ». Le parent doit véritablement tenir compte du point de vue et des arguments de l'enfant et envisager la possibilité de modifier ses principes ou de revenir sur sa décision. J'ai vécu des situations où j'ai dû effectuer de tels changements ; j'ai déjà cité deux exemples dans la préface de ce livre. Dans mon cas, les arguments de ma petite-fille m'ont incité à revoir mon opinion concernant la politesse (voir les chapitres 4 et 11). De même, il est possible que vos principes les plus chers concernant la sexualité, la religion ou les jurons soient remis en question.

10. Consulter d'autres « juges »

Peu importe le problème qui met en jeu des valeurs morales contradictoires, ambiguës ou difficiles à démêler, il est possible d'éclairer son propre jugement en consultant les personnes en qui nous avons confiance. En tant qu'adultes, lorsque nous devons faire un choix moral, nous demandons conseil à un ami (ou peut-être à deux ou trois amis) et profitons ainsi de ses réflexions sur ses expériences vécues. En dernière analyse, nous faisons nos propres choix et prenons nos propres décisions, mais les conseils obtenus jouent un rôle important. Peut-être avons-nous un jury informel composé de trois amis dont les points de vues diffèrent, par exemple, que nous pouvons consulter lorsque nous vivons une situation difficile (peut-être feront-ils de même à leur tour). Ainsi devons-nous être prêts à observer ce que d'autres parents pourraient dire ou faire, et à encourager les enfants à réfléchir à ce qu'un ami ferait en pareille situation. Nous devons cependant les encourager aussi à penser par eux-mêmes. Nous leur démontrerons qu'il n'y a pas de honte, au contraire, à demander l'opinion des autres.

En effet, les enfants et les éducateurs devraient consulter les autres bien avant que les discussions aient lieu. En réalité, la préparation est nécessaire pour savoir quoi dire quand surgissent des questions sur la sexualité (ce que Mogel décrit comme des «gros câlins[47]») ou sur tout autre sujet délicat, y compris sur Dieu (voir la quatrième partie, chapitre 12, sur Dieu, le père Noël, etc.). Cette préparation peut comprendre la lecture de livres portant sur ces sujets, en plus des conversations tenues avec des «juges».

Lors des discussions avec d'autres personnes concernant nos opinions, nous devons chercher à atteindre un juste équilibre, en évitant d'être trop sur la défensive ou trop déférent. Nous devrions collaborer à toute recherche de la vérité et, si toute opinion éclairée est la bienvenue, aucune opinion ne devrait être systématiquement adoptée.

Voici quelques trucs et astuces si vous choisissez de consulter d'autres personnes: trouver d'autres membres de la famille qui pourraient discuter de points de vue divergents; dresser la liste des amis qui vous inspirent confiance et qui pourraient être consultés, pour sonder une variété d'opinions. Par exemple, il serait intéressant d'avoir l'opinion d'un ami (ou d'un parent) qui se montrera plus prudent et conservateur, et celle d'un autre ami (ou d'un parent), plus libéral et plus enclin à prendre des risques calculés. Dans la liste des personnes à consulter, il serait peut-être pertinent d'obtenir l'opinion d'au moins une femme et d'au moins un homme, par exemple. Mais ce qui importe par-dessus tout, c'est que les quelques personnes consultées vous inspirent confiance et qu'elles soient à l'écoute de votre point de vue et comprennent votre situation familiale.

Les personnes dont le jugement est apprécié ont généralement confiance en elles-mêmes et inspirent confiance. Elles jugeront les questions sur le fond et ne craindront pas d'émettre une opinion même si elle est minoritaire ou ne respecte pas la rectitude politique. En général, on dit que ces personnes sont intelligentes et sages. Le roi Salomon était reconnu comme un grand juge et un homme sage; comme tous les «bons» juges, il était disposé à aller au-delà des règles. Les personnes sagaces qui exercent un jugement sûr sont également plus réceptives, plus à l'écoute de l'autre et en mesure de formuler un point de vue nuancé. Autrement dit, les meilleurs juges sont capables de faire preuve d'empathie, une qualité qui les distingue des autres juges (pour en savoir davantage, voir le chapitre 6).

Comme je l'ai relevé dans les remerciements, j'ai discuté de tous ces sujets en profondeur avec ma collaboratrice Cynthia Martiny. En outre, nous avons tous deux consulté des amis et des membres de la famille en ce qui concerne chacun des sujets abordés dans ce livre. Par exemple, pour répondre à la question : « Devons-nous demander aux enfants de faire preuve de gratitude ou de s'excuser, même s'ils n'agissent pas en toute sincérité ? », j'ai demandé l'opinion de ma fille Miriam, de mon petit-fils Joseph, de ma femme Carole et de deux de mes amis, l'un « libéral », l'autre, « conservateur ». « L'équipe » se composait de personnes qui appartenaient à différents groupes d'âge et qui avaient des points de vue différents sur la façon d'élever les enfants ainsi que sur d'autres questions relatives aux valeurs. Certains points ont fait l'objet d'un consensus, alors que les opinions divergeaient sur d'autres points. Les conseils que nous offrons ici (voir les chapitres 4 et 5) tiennent compte de cette diversité d'opinions. Enfin, il revient à chacun de nous de juger ce qu'il est préférable de faire.

EXERCICES

2.1. TROUVER L'INTRUS
(pour les enfants de mois de 2 ans)

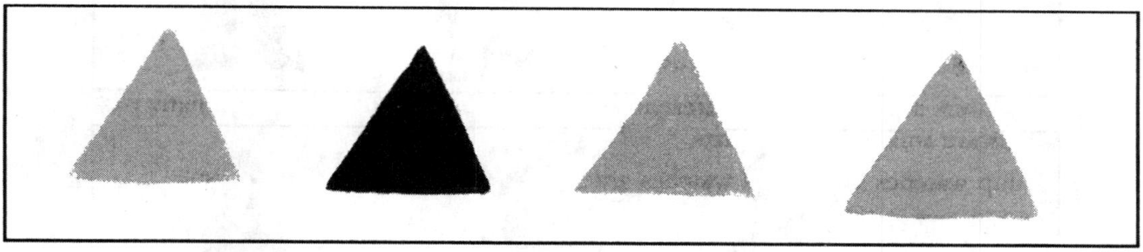

Réponses: Exemple 1 : le triangle foncé; exemple 2: le cœur.

2.2. TROUVER L'INTRUS
(pour les enfants de 3 à 5 ans)

Réponses : Exemple 1 : le cheval (un animal et non un humain); exemple 2 : le paon (être vivant); exemple 3 : le marteau (objet inanimé); exemple 4 : la violence (domination et soumission ou « dominant-dominé »).

2.3. TROUVER L'INTRUS
(pour les enfants de 5 ans et plus)

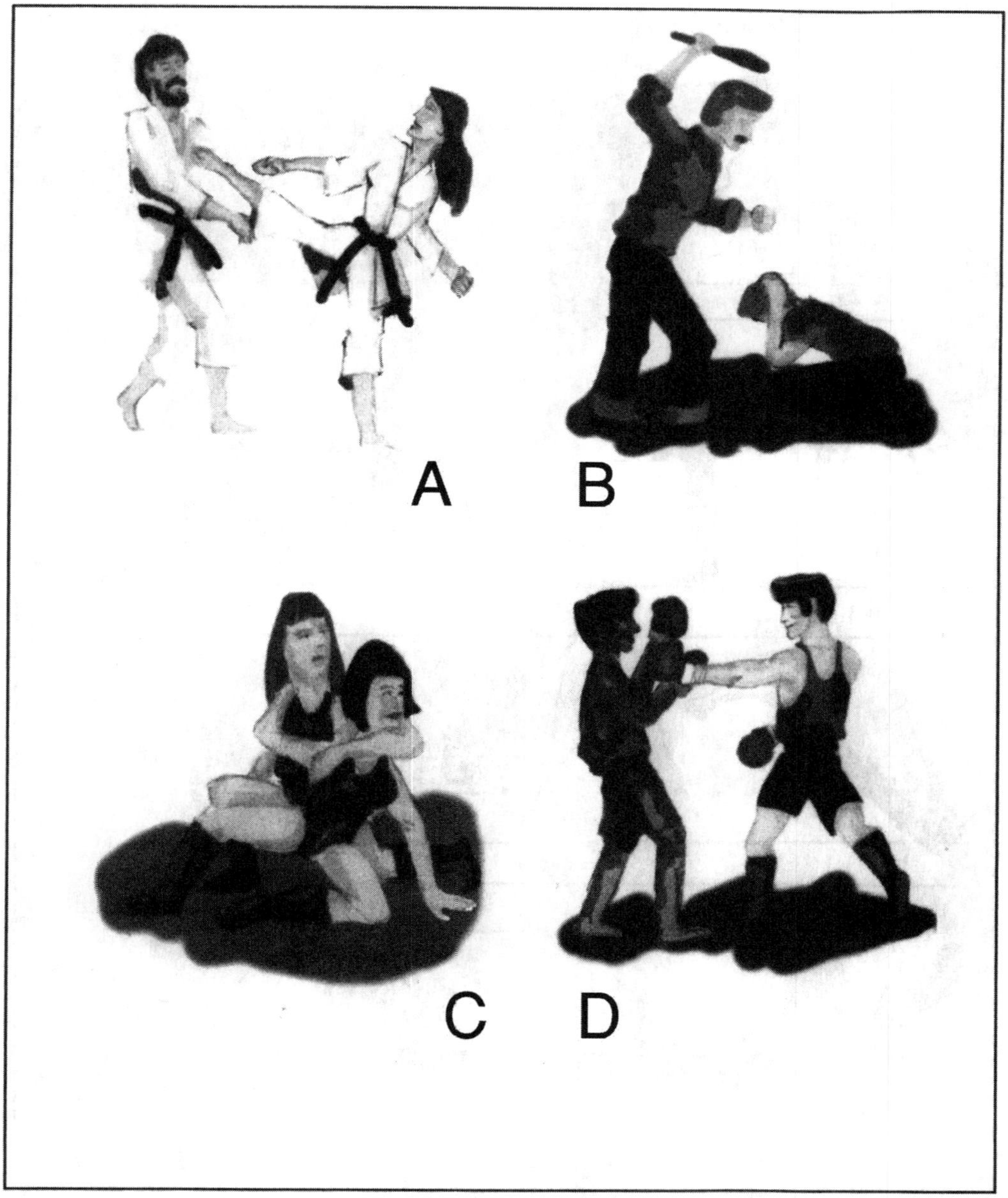

Réponse : image b (violence à l'égard d'une personne sans défense et soumise).

2.4. TROUVER L'INTRUS (pour les enfants de 5 ans et plus)

Réponse : image b (cette personne n'est pas un religieux ni une religieuse).

2.5. SIMILITUDES ET DIFFÉRENCES
(Programme Philosophie pour enfants)

Quand on essaie de comparer deux choses, ce sont tantôt les ressemblances qui sont importantes et tantôt les différences. Pourtant, ce ne sont pas *toutes* les ressemblances qui sont importantes... Par exemple, un camion et une baleine : ils sont gros tous les deux, mais ce n'est pas une ressemblance assez importante pour les comparer. De même, ce ne sont pas *toutes* les différences qui sont importantes... Un livre peut compter 120 pages, alors qu'un autre peut en compter 130, par exemple.

Peux-tu dire si les ressemblances et les différences sont importantes dans les exemples suivants ? Et peux-tu penser à d'autres ressemblances et différences qui seraient plus importantes ?

1. Les baleines et les poissons sont semblables parce qu'ils vivent tous les deux dans l'océan.
2. Les machines à écrire et les crayons sont différents parce que les machines à écrire sont grosses et comportent plusieurs parties, alors que les crayons sont petits et ont très peu de parties.
3. Les montres à ressorts et les montres à affichage numérique sont semblables parce qu'elles indiquent l'heure.
4. Les jumeaux identiques sont semblables parce qu'ils sont nés tous les deux en même temps.
5. Le baseball et le football sont différents parce qu'ils sont joués à des saisons différentes de l'année.
6. L'orthographe et l'arithmétique sont semblables parce que l'on doit mémoriser les réponses dans les deux cas.
7. Les enfants et les adultes sont différents à cause de leur âge.
8. Tous les animaux domestiques sont semblables parce que l'on doit en prendre soin.
9. Les jeux sont semblables parce qu'ils ont tous des règles.

Parmi les exemples suivants, quels sont les éléments semblables *et les éléments* dissemblables ?

	Semblables	*Dissemblables*	*?*
1. Tom-tili-dom et Tom-tili-dou	☐	☐	☐
2. Les deux lettres « o » dans Tom-tili-dom	☐	☐	☐
3. Deux boîtes de soupe aux pois Habitant	☐	☐	☐
4. Deux exemplaires de Pixie	☐	☐	☐
5. Deux flocons de neige	☐	☐	☐
6. Deux empreintes digitales de la même personne	☐	☐	☐
7. Deux grains de sable dans le désert	☐	☐	☐
8. Deux étoiles dans le ciel	☐	☐	☐
9. Les deux côtés de notre visage	☐	☐	☐
10. Isabelle et Miranda	☐	☐	☐

PLAN DE DISCUSSION – Les contrastes

- ✓ Faut-il être triste quelquefois afin d'être heureux à d'autres moments ?
- ✓ Est-ce que tout l'univers pourrait être rouge ?
- ✓ Serait-il possible que tous les gens soient grands ?
- ✓ Faut-il faire des erreurs en arithmétique pour faire des progrès ?
- ✓ Faut-il qu'il y ait des gens qui souffrent pour que les autres comprennent la chance qu'ils ont de ne pas souffrir ?
- ✓ Est-ce que tout le monde peut être riche ?
- ✓ Serait-il possible que tous les gens mentent toujours ?

2.6. LES AMBIGUÏTÉS (Programme Philosophie pour enfants)

Les phrases suivantes peuvent avoir deux sens différents. Donnez le sens dans chaque cas:

1. Vendeur: « Ce congélateur va rapidement se payer par lui-même. »
   Madame Bélanger: « Eh bien, aussitôt que ce sera fait, veuillez le livrer chez moi. »
2. Visiteur: « Monsieur, avez-vous vécu ici toute votre vie? »
   Arthur: « Non, pas encore. »
3. Georges: « Aimez-vous la visite de la parenté? »
   Ginette: « Oui, mais pas trop à la fois. »
4. Marguerite: « Conrad, que fais-tu ici dans ce grand magasin? »
   Conrad: « J'essaie d'avoir quelque chose pour mon petit frère. »
   Marguerite: « Combien penses-tu qu'on va te donner? »
5. Mariette (près d'une table de la cafétéria): « Bonjour Linda, je voulais justement te rejoindre. »
   Linda: « Je ne savais pas que je tombais en morceaux. »
6. Guy: « Je ne peux supporter les petits entre sept et neuf. »
   Ronald: « Quant à moi, le pire moment, c'est entre trois et six heures de l'après-midi. »
7. Hervé: « Mon chien est sûrement intelligent. »
   Mélanie: « Pourquoi penses-tu ça? »
   Hervé: « Je lui ai demandé combien font trois moins trois et il n'a rien répondu. »
8. Enseignante: « Suzie, qu'est-ce que un et un? »
   Suzie: « Une balle et une prise ».

Dans les phrases suivantes, trouvez les mots qui peuvent avoir deux significations différentes et dites quelles sont ces significations.

1. Le papa d'une petite luciole (mouche à feu) dit à la maman: « Elle est brillante pour son âge, n'est-ce pas? »
2. Je te dis que tu es Pierre et sur cette pierre je bâtirai mon Église.
3. Elle avait un chat dans la gorge.
4. Quand elle allait au bal, elle ne se séparait jamais de son loup.
5. Il était assis sur la banquise en compagnie d'un manchot.
6. Rien d'étonnant à ce que cet enfant soit bien développé, son père est photographe!
7. M'apporterais-tu un verre d'eau, mon chou?

2.7. LA THÉIÈRE

(Travailler avec les ambiguïtés)

Un mot est *ambigu* lorsqu'il peut signifier différentes choses dans une phrase donnée. Par exemple, si je dis: « Chaque matin, avant sa partie de golf, le docteur Gaudet s'adonne à sa *pratique* », cette phrase peut être comprise de deux façons différentes. Voici des mots qui peuvent avoir plusieurs sens. Vous pouvez sûrement penser à une foule d'autres mots semblables.

Solution	Campagne	Juste
Droit	Canal	Histoire
État	Excuse	Olive
Homme	Face	Partie
Chien	Général	Dessin

Un volontaire sort de la pièce et les autres personnes du groupe choisissent un mot qui peut avoir plusieurs sens. Quand le volontaire revient, les membres du groupe, à tour de rôle, disent des phrases dans lesquelles le mot mystère pourrait être utilisé, mais, au lieu de dire ce mot, ils utilisent toujours le mot « théière ». La personne dont la phrase conduit à la découverte du mot mystère devient celle qui sort ensuite de la pièce.

2.8. LES RÈGLES

Es-tu d'accord ou en désaccord avec les énoncés suivants? Si oui, pourquoi? Si non, pourquoi pas?

	D'accord	*En désaccord*	*?*
1. Toutes les familles ont les mêmes règles.	☐	☐	☐
2. Les règles sont établies uniquement par les parents.	☐	☐	☐
3. Les enfants inventent parfois des règles.	☐	☐	☐
4. Seuls les parents peuvent faire observer les règles.	☐	☐	☐
5. Il n'est jamais bien d'enfreindre une règle.	☐	☐	☐
6. Si quelqu'un ne veut pas observer une règle, cette règle s'applique à lui tout de même.	☐	☐	☐
7. Si quelqu'un est incapable d'observer une règle, cette règle ne s'applique pas à lui.	☐	☐	☐
8. Les règles de la famille ne changent pas, que les parents soient présents ou non.	☐	☐	☐
9. Certaines règles nous sont imposées par d'autres.	☐	☐	☐
10. Nous inventons certaines règles et nous les imposons aux autres.	☐	☐	☐
11. Nous inventons certaines règles et nous nous les imposons.	☐	☐	☐
12. Certaines règles sont inventées par d'autres, mais nous les acceptons et nous nous les imposons.	☐	☐	☐

PLAN DE DISCUSSION – Les règles

- ✓ Qu'est-ce qu'une règle?
- ✓ Toutes les familles ont-elles les mêmes règles?
- ✓ Dans les familles, les règles sont-elles toutes établies par les parents?
- ✓ Les enfants inventent-ils parfois des règles?
- ✓ As-tu jamais joué à un jeu dont tu avais inventé les règles?
- ✓ Y a-t-il des règles qu'il est normal de violer?
- ✓ Y a-t-il des règles vous disant de faire des choses que vous êtes *incapable* de faire? Si oui, devriez-vous être puni pour ne pas les avoir observées?
- ✓ Dans une famille, les règles demeurent-elles les mêmes, que les parents soient présents ou non?
- ✓ Qu'arrive-t-il aux règles que personne n'observe?
- ✓ Y a-t-il une bonne raison pour justifier l'existence de chaque règle?

PLAN DE DISCUSSION - Y a-t-il des exceptions aux règles?

- ✓ Jean se lève le matin avec un gros rhume. Doit-il aller à l'école?
- ✓ L'heure du coucher de Thomas est 21 heures, mais le film *La Guerre des étoiles* est présenté à la télévision de 19 h 30 à 21 h 30. Peut-il rester debout jusqu'à 21 h 30?
- ✓ Suzanne fait attention à son alimentation. Devrait-elle manger de la crème glacée et du gâteau le jour de son anniversaire?
- ✓ M. Poulain est seul sur l'autoroute. Devrait-il dépasser de 20 km/h la limite de vitesse prescrite?
- ✓ Le vendeur de crème glacée fait sa tournée et le père de Marie a laissé de la monnaie sur sa commode.
- ✓ La mère de Marie a laissé sur la table une assiette de biscuits qu'elle destine aux membres de son club. La mère de Marie lui a dit de ne pas en prendre.
- ✓ Jeanne a un gros mal de tête. Suzanne devrait-elle lui donner des médicaments?
- ✓ Le nouveau bébé de tante Lucie est un garçon et elle veut peindre sa chambre en rose.
- ✓ Si vous avez obtenu un « A » pour un test après avoir triché et que personne ne s'en aperçoit, le « A » compte-t-il?
- ✓ Pouvez-vous inventer de nouvelles règles pendant que vous jouez à la marelle?
- ✓ Pouvez-vous inventer une nouvelle façon de jouer à la « tag »?
- ✓ Devez-vous colorier en respectant les lignes du dessin dans un livre à colorier?
- ✓ Un tableau peint avec les doigts doit-il ressembler à quelque chose?
- ✓ Avez-vous le droit d'épeler votre nom d'une autre façon?
- ✓ Quand vous jouez au baseball, avez-vous le droit d'avoir 12 joueurs dans votre équipe?

PLAN DE DISCUSSION - La liberté

- ✓ Que pensez-vous que Pixie veut dire quand elle s'écrie: « Nous sommes libres! »?
- ✓ Sommes-nous libres quand il n'y a personne au-dessus de nous pour nous dire comment vivre?
- ✓ Sommes-nous libres quand nous devons inventer nos propres règles au lieu de suivre celles qui ont déjà été établies pour nous?
- ✓ Pixie et Miranda sont-elles libres lorsque leurs parents sont absents?
- ✓ Sommes-nous libres lorsqu'il n'y a rien pour nous empêcher de faire ce que nous voulons?

- ✓ Sommes-nous libres lorsque personne ne nous empêche de nous faire du mal?
- ✓ Serions-nous libres s'il n'y avait pas de lois empêchant les autres de nous faire du mal?
- ✓ Serions-nous libres si les lois ne s'appliquaient qu'à certaines personnes et pas à tout le monde?
- ✓ Si vous étiez la seule personne sur la terre, pourriez-vous vivre sans règles?
- ✓ Un groupe important de personnes peut-il vivre ensemble sur la terre sans avoir de règles?

2.9. RÈGLES ET PRINCIPES
(Programme Philosophie pour enfants)

M. Migeau dit à Raymond que son exemple n'était pas une règle, mais un principe. Cependant, M. Migeau n'explique pas la différence entre une règle et un principe.

Pixie a toutefois déjà suggéré quelle pourrait être cette différence : les règles nous indiquent comment on *devrait* agir ; les principes nous indiquent *comment* les choses se passent effectivement.

Ainsi, la gravitation est un principe de la science physique. Ce principe ne dit pas aux gens comment ils devraient se comporter. Il nous aide à comprendre, de façon générale, comment les choses fonctionnent dans l'univers. De la même façon, un principe mathématique aide à comprendre la façon dont les choses fonctionnent en mathématiques.

Classeriez-vous les commentaires suivants comme des exemples de règle *ou de* principe *?*

	Règle	*Principe*	*?*
1. M. Sonier : « Jean, je veux que tu sois au lit, chaque soir, à 9 h et pas une minute plus tard. »	☐	☐	☐
2. M. Sonier : « Habituellement, je me couche à 23 h 15 chaque soir. »	☐	☐	☐
3. Guylaine : « Voilà mon ballon parti ! Je l'ai rempli d'hydrogène et la ficelle s'est rompue. »	☐	☐	☐
4. Antoine : « Ce navire flotte sur l'eau même s'il transporte une grosse cargaison d'acier ! »	☐	☐	☐
5. Gabriel : « Ce sous-marin coule au fond de la mer même s'il est rempli d'air. »	☐	☐	☐
6. François : « Quand vous nagez, respirez par la bouche. »	☐	☐	☐
7. Suzie : « J'ai ceci à vous dire à propos de l'eau : il n'y a pas de doute, c'est mouillé. »	☐	☐	☐
8. Michel : « Quand on additionne un nombre impair à un autre nombre impair le résultat de l'addition est un nombre pair. »	☐	☐	☐
9. Loulou : « Fais attention aux courants d'air. »	☐	☐	☐
10. Nicolas : « Plus vous vivez longtemps, plus vous devenez vieux. »	☐	☐	☐

PLAN DE DISCUSSION - Vivre *avec* ou *sans* règles

- ✔ Jeanne dit qu'il n'y a pas de jeu sans règles. A-t-elle raison ?
- ✔ Peut-il exister une famille sans règles ?
- ✔ Peut-il y avoir une école sans règles ?
- ✔ Peut-il y avoir une amitié sans règles ?
- ✔ Est-ce possible qu'il y ait effectivement des règles dans l'amitié et que ces règles ne soient pas écrites ?
- ✔ Un pays peut-il avoir des règles mais pas de lois ?
- ✔ Un pays peut-il avoir des lois mais pas de règles ?
- ✔ Quand on est impoli, est-ce qu'on transgresse une règle ?
- ✔ Quand on n'agit pas comme on le doit, est-ce qu'on transgresse une règle ?
- ✔ Quand on commet un crime, est-ce qu'on transgresse une règle ?

2.10. LES TYPES DE RÈGLES (Programme Philosophie pour enfants)

Différentes sortes de règles

Avant la visite au zoo, M. Migeau et les élèves de la classe discutent des règles. M. Migeau est d'accord avec Catherine : les règles de l'école et celles du zoo sont différentes. Il fait aussi remarquer que plusieurs règles s'appliquent autant aux adultes qu'aux enfants et il donne comme exemple les règles de grammaire.

Jeannette dit qu'il n'y a pas de jeu sans règles. Cela est probablement vrai, mais on ne devrait pas en conclure que les règles sont une caractéristique définissant les jeux, parce que les jeux ne sont pas les seules choses qui ont des règles.

Les enfants de la classe donnent des exemples de règles à suivre dans chacune des matières qu'ils étudient. Pixie s'élève contre l'exemple fourni par Raymond disant que les règles nous indiquent comment agir. Elle ajoute que l'exemple de Raymond ne dit pas quoi faire, mais tout simplement comment les nombres se comportent. M. Migeau explique alors que Pixie a raison et que ce que Raymond propose n'est pas une règle mais un principe d'arithmétique.

Règles et principes

Chantal souligne la distinction entre règle et principe et soulève la question de savoir lequel des deux s'applique en orthographe.

Chose assez étonnante, M. Migeau élude la question, probablement parce que la distinction entre règle et principe est très subtile. Par exemple, l'orthographe est une discipline à la fois descriptive et prescriptive. Les principes sont descriptifs : ce sont des lois qui décrivent les comportements naturels ou humains. Il y a des principes de magnétisme et de combustion dans la nature, et probablement aussi des principes de comportements sociaux, psychologiques et linguistiques chez les êtres humains. Lorsqu'on apprend à épeler, on suit des pratiques traditionnelles propres à notre culture qui sont à la fois descriptives et prescriptives.

Plan de discussion – De qui est cette règle?

- ✓ Ne jouez pas avec les allumettes.
- ✓ Il est interdit de parler pendant les répétitions des exercices relatifs aux incendies.
- ✓ Les garçons et les filles nettoient le tableau à tour de rôle.
- ✓ Les enfants mettent le couvert.
- ✓ Limite de vitesse : 50 km/h.
- ✓ Défense de donner à manger aux animaux.
- ✓ Aime ton prochain comme toi-même.
- ✓ Tous les humains sont créés égaux.
- ✓ Ne dites pas « toé ».
- ✓ Ne traversez la rue qu'au carrefour.

2.11. LA LIBERTÉ
(Programme Philosophie pour enfants)

Es-tu d'accord ou en désaccord avec les énoncés suivants? Si oui, pourquoi? Si non, pourquoi pas?

	D'accord	*En désaccord*	*?*
1. Je suis libre si personne ne me dit comment vivre ma vie.	☐	☐	☐
2. Je suis libre si j'établis et suis mes propres règles de vie.	☐	☐	☐
3. Je suis libre si rien ne me bloque la route.	☐	☐	☐
4. Je suis libre si je pense que je suis libre.	☐	☐	☐
5. Je suis libre si je fais ce que je crois le mieux.	☐	☐	☐
6. Je suis libre si je suis en santé.	☐	☐	☐
7. Je suis libre si je suis intelligent.	☐	☐	☐
8. Je suis libre si tout le monde est libre.	☐	☐	☐
9. Je suis libre si je suis moi-même.	☐	☐	☐
10. Je suis libre si toutes les situations décrites ci-dessus sont combinées.	☐	☐	☐

PLAN DE DISCUSSION – Les règles

- ✓ Pourquoi n'y a-t-il pas de règle pour nous empêcher de « voler comme un oiseau » dans le salon?
- ✓ Pourrait-il y avoir une règle pour nous empêcher d'éternuer quand nous avons le rhume?
- ✓ Avons-nous besoin d'une règle pour nous obliger à respirer?
- ✓ Pourquoi n'y a-t-il pas de règle pour nous empêcher de prendre le petit-déjeuner?
- ✓ Quand avons-nous besoin d'une règle pour avoir du plaisir à une fête?
- ✓ Devrait-il y avoir des règles pour nous obliger à garder notre chambre en ordre?
- ✓ Avez-vous besoin de règles pour vous dire comment dépenser votre allocation?

PLAN DE DISCUSSION – Liberté

- ✓ Êtes-vous libre d'embrasser votre coude?
- ✓ Êtes-vous libre de jouer au hockey professionnel?
- ✓ Êtes-vous libre de devenir premier ministre du Canada?
- ✓ Êtes-vous libre de ne pas faire vos devoirs?
- ✓ Êtes-vous libre d'arrêter de manger?
- ✓ Êtes-vous libre de dévaliser une banque?

2.12. LA RÈGLE D'OR (MODIFIÉE)

(Questions tirées du programme Philosophie pour enfants)

Pixie joue un tour à Thomas en lui suggérant la licorne comme créature mystère. Mais elle est très fâchée quand Normand semble dévoiler l'identité de *sa* créature mystère. Cela lui a peut-être donné une leçon, mais l'a-t-elle vraiment comprise?

PLAN DE DISCUSSION - La façon de traiter les autres doit-elle ressembler à la façon dont on aimerait qu'ils nous traitent?

Supposons que la leçon soit que nous devrions traiter les autres comme nous aimerions qu'ils nous traitent. Y a-t-il des circonstances où cette règle ne s'appliquerait pas? La règle pourrait-elle alors être formulée autrement? Peut-être seriez-vous plus en mesure de répondre à ces questions si vous discutiez d'abord des points suivants:

1. Les autres vous traitent-ils de la même façon que vous les traitez?
2. Traitez-vous les autres de la même façon qu'ils vous traitent?
3. Faites-vous ce que vous *devriez* faire?
4. *Aimeriez*-vous faire ce que vous devriez faire?
5. *Aimeriez*-vous faire ce que vous *aimeriez* que les autres fassent?
6. *Devriez*-vous agir comme les autres *devraient* agir?
7. *Devriez*-vous agir comme vous aimeriez que les autres agissent?
8. *Devriez*-vous ne pas faire ce que vous ne voudriez pas que les autres fassent?
9. *Devriez*-vous ne pas faire ce que les autres ne font pas?
10. *Devriez*-vous ne pas faire ce que les autres ne *devraient* pas faire?
11. Lequel des énoncés suivants préférez-vous? (Placez-les par ordre de préférence si vous le pouvez.)
    a) Traitez les autres comme ils vous traitent.
    b) Ne traitez pas les autres comme ils vous traitent.
    c) Ne traitez pas les autres de la façon dont ils ne vous traitent pas.
    d) Traitez les autres comme vous aimeriez qu'ils vous traitent.
    e) Ne faites pas aux autres ce que vous n'aimeriez pas qu'ils vous fassent.
    f) Traitez les autres comme ils devraient vous traiter.
    g) Ne faites pas aux autres ce que vous aimeriez leur faire.

PARTIE

LES VALEURS DE BASE

Les trois chapitres suivants porteront sur les valeurs de base, soit l'honnêteté, la politesse et la responsabilité. Chacune d'entre elles est liée à d'autres. Ainsi, l'honnêteté va englober la confiance, la vérité, le mensonge, la tricherie, le vol, le respect des promesses formulées, le tact, la diplomatie, l'hypocrisie, le sarcasme et l'humour ; la politesse fera référence à la notion de respect et de considération ; enfin, la responsabilité comporte diverses facettes, dont le blâme, les éloges (ou félicitations), la récompense, la punition, l'autonomie et l'obéissance.

Dans le premier chapitre de ce livre, nous avons précisé dans quelle perspective les valeurs seront abordées ici, c'est-à-dire en mettant l'accent sur leurs aspects universels. Toutefois, les aspects culturels nous aideront à mieux distinguer les caractéristiques propres et universelles de chacune des valeurs et notions explorées.

La notion de jugement approfondie dans le deuxième chapitre du livre sera appliquée à chacun des concepts de base dans les chapitres 3 et 5. Les moyens généralement utilisés pour développer le jugement seront décrits pour chacune des valeurs de base (honnêteté, politesse, responsabilité), de même que pour les autres valeurs.

CHAPITRE

3

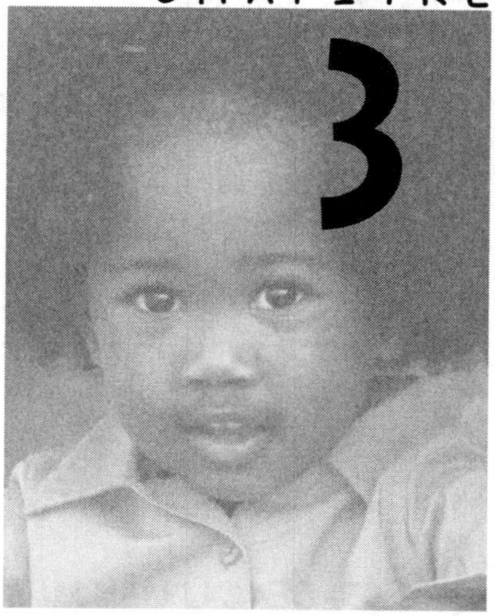

L'honnêteté

Deux commerçants en concurrence se rencontrent à l'aéroport.
– « Où allez-vous ? », demande le premier.
– « À Francfort », répond l'autre.
– « Menteur !, s'écrie le premier commerçant, vous dites que vous allez à Francfort pour me faire croire que vous allez à Amsterdam, mais je sais parfaitement que vous allez à Francfort, alors n'essayez pas de m'induire en erreur. »

Cette historiette démontre que nous pouvons tenter d'induire une personne en erreur (lui mentir) en lui disant la stricte vérité[1]. Voici un exemple plus réaliste, quoique stéréotypé, souvent relevé au théâtre ou dans les films. Un mari dit à sa femme : « J'ai rencontré ma maîtresse aujourd'hui » pour lui faire croire qu'il était en train de faire autre chose, alors que, dans les faits, il était vraiment avec sa maîtresse.

EST-CE MAL DE MENTIR ? POURQUOI EST-CE MAL DE MENTIR ?

On m'a récemment demandé de participer à un débat télévisé sur les effets psychologiques du mensonge[2]. Deux psychiatres ont exposé leurs théories sur la psychopathologie du mensonge et celle des menteurs. Une brillante étudiante du collégial a ensuite pris la parole pour affirmer d'abord que « Tout le monde ment ! », ce qui a quelque peu déplu aux psychiatres. Sur ce point, j'étais d'accord avec elle. Lorsque j'ai pris la parole en tant que philosophe et psychologue, j'ai insisté sur le fait que la première question à se poser est la suivante : « Qu'est-ce qu'un mensonge ? » Avant de discuter des questions morales que soulève le mensonge (Est-ce mal ?, Dans quelles circonstances ?...), nous devons en effet tenter d'en donner d'abord une définition.

QU'EST-CE QU'UN MENSONGE ?

Avant de répondre à cette question, ou de définir le terme « mensonge », examinons les deux exemples suivants provenant d'une recherche sur le développement[3].

Exemple A

Sally, marchant le long d'une cour clôturée, aperçoit un éléphant qui s'y promène. Sally croise alors Jimmy, qui lui demande : « Quel animal se cache derrière la clôture ? » Elle répond : « Un chien. » S'agit-il d'un mensonge ? Ensuite, Jimmy rencontre Annie qui lui demande : « Quel animal se promenait dans la cour ? » Jimmy répond alors : « Un chien. » Jimmy a-t-il menti ?

Exemple B

Sally entrevoit un éléphant à travers une clôture. Elle rencontre Jimmy et lui dit que c'était un chien. Jimmy tombe ensuite sur Annie et lui dit que c'était un éléphant. Qui a menti ? Jimmy a-t-il menti quand il a affirmé qu'il s'agissait d'un éléphant ? Qu'en pensez-vous ?

En fait, la chose la plus importante est d'être conscient que la plupart des personnes (peu importe leur âge) à qui ces exemples ont été soumis ne parviennent pas à s'entendre pour déterminer si Jimmy a menti ou non dans l'exemple B, ou même si Sally ou Jimmy a menti dans l'exemple A. Les enfants âgés de moins de 5 ans vont tout de suite penser que Sally a menti dans le premier exemple et que Jimmy n'a pas menti dans le deuxième exemple. Pour ces enfants, le mensonge, pris dans son sens propre, correspond au fait de « ne pas dire la vérité » (car c'était bel et bien un éléphant). Sur ce sujet, les opinions des enfants et des adultes de tous âges divergent. J'ai repris ces exemples dans mes cours d'éducation morale et ils ont suscité des débats très animés. Faut-il nécessairement connaître les intentions d'une personne pour déterminer si elle a dit un mensonge ? Le tort – ou la nuisance – constitue-t-il un facteur crucial ? Comment s'assurer que Sally ou Jimmy ne se sont pas trompés ? qu'ils ne plaisantaient pas ?

POURQUOI EST-CE MAL DE MENTIR ? (DEUXIÈME TENTATIVE)

Lorsque nous tentons délibérément de tromper quelqu'un ou de lui nuire, nous adoptons une conduite répréhensible (nous pouvons dire à notre enfant « ce n'était pas bien »), car cela peut avoir des conséquences fâcheuses. La personne peut avoir besoin de savoir ce qu'il en est vraiment et nous ne faisons rien pour l'aider. La situation peut même devenir dangereuse pour cette personne ; comme nous lui avons dit qu'il y avait un chien derrière la clôture, elle peut être blessée par l'éléphant qui s'y trouve réellement (exemples A et B). De surcroît, les conséquences peuvent être fâcheuses pour nous-mêmes, comme dans l'histoire du petit garçon qui criait « Au loup ! ». Ainsi, quand une personne a menti à quelques reprises, au moment où elle court vraiment un danger et appelle à l'aide, personne ne vient à son secours. Ce qui nous amène à parler de la confiance. Si nous nous en tenons aux faits, en les décrivant tels qu'ils se présentent et en disant généralement la vérité, les autres nous croiront sur parole et c'est très important. Si une personne ne dit généralement pas la vérité, elle aura la réputation d'être menteuse, de ne pas être fiable ou digne de foi, et ses amis et les membres de sa famille n'aimeront guère ce côté de sa personnalité. Les enfants – et du reste tous les adultes – disent des « mensonges » parce qu'ils veulent se protéger eux-mêmes, par égocentrisme ou dans leur propre intérêt, dans le but d'échapper à leurs responsabilités, à un blâme ou encore pour éviter une punition. Nous refusons parfois d'avouer ce que nous avons fait. Cette question mérite d'être approfondie, c'est pourquoi j'y consacrerai un chapitre entier (voir le chapitre 5, « La responsabilité »). En fait, nous devrions dire la vérité aux autres, comme nous nous attendons à ce que les autres agissent à notre égard. Ainsi, dans cette adaptation de la règle d'or qui prévaut ici, c'est une question d'équité et de justice. Mentir à ses amis et aux membres de sa famille ne correspond probablement pas à la façon dont on souhaite être traité par eux.

Chacune des quatre explications d'ordre général proposées ci-après justifie pourquoi il est mal de mentir. Ces énoncés peuvent servir de point de départ pour des discussions avec les enfants et même de très jeunes enfants.

1. Le mensonge peut causer du tort et mettre la vie de quelqu'un en danger.
2. Le mensonge peut miner la confiance mutuelle.
3. Le mensonge témoigne du refus de prendre ses responsabilités.
4. Le mensonge peut être injustifié.

Il convient de noter que nous n'approuvons pas certains philosophes comme Kant et saint Augustin qui considéraient le mensonge comme étant résolument mal et toujours injustifié[4]. Nous estimons que la vérité demeure une valeur précieuse, mais non pas une valeur absolue[5]. Cependant, se préparer pour expliquer aux enfants pourquoi il n'est pas bien de mentir devient compliqué (hélas!), parce qu'il existe parfois de bonnes raisons de mentir et qu'il est alors légitime d'agir ainsi, comme nous le verrons dans les deux sections suivantes.

HUMOUR, SARCASME, EXAGÉRATION, THÉÂTRE, IMAGINATION

Les enfants aiment entendre des blagues et en raconter eux-mêmes. Il est d'ailleurs important de les y encourager, car cela favorise leur développement tant sur le plan émotionnel que cognitif. Mais raconter des blagues suppose nécessairement de ne pas dire la vérité (ou de la déformer quelque peu). Prenons un exemple évident (mais pas très drôle). Quelqu'un peut regarder la pluie tomber en s'exclamant: «Quelle belle journée ensoleillée!», ce qu'un adulte peut interpréter comme une phrase sarcastique ou ironique. Pour les jeunes enfants, cette affirmation est fausse. En aucun cas, nous ne pouvons ici conclure à un réel mensonge, en raison de certaines caractéristiques propres au concept de «mensonge». Ici le but du mensonge ne consiste pas à nuire délibérément à quelqu'un.

Tous les jeux basés sur le faire semblant font appel à l'imagination de l'enfant; de tels jeux doivent être encouragés dès le plus jeune âge. Ici aussi, nous aurons affaire à des mensonges délibérés, mais qui ne peuvent en aucun cas être jugés répréhensibles. Il s'agit alors de distinguer les cas où l'on fait usage de mensonges justifiés d'autres cas où ils sont injustifiés. Seul le jugement, au cas par cas, permet de résoudre ce problème. Les règles ne seront jamais suffisamment claires pour nous indiquer si la situation à laquelle nous sommes confrontés est grave ou critique, où il est mal de mentir, ou si la situation est plutôt neutre ou sans importance, où le mensonge peut être plus approprié et justifié.

Les enfants sont assez habiles pour faire la différence entre, d'une part, un mensonge concernant un méfait et, d'autre part, une exagération ou une mauvaise déduction. Les enfants, mais aussi les adultes, prennent souvent une exagération ou une mauvaise déduction pour un mensonge intéressé. Une remarque peut être mal interprétée lorsqu'elle est présentée sous forme de blague; prise au sérieux, cette remarque se transforme en une tentative pour nuire à l'autre, lui en faire accroire ou encore en un mensonge pur et simple. Malgré ces difficultés, les très jeunes enfants sont relativement aptes à faire des distinctions pertinentes. Les travaux de Jean Piaget, réalisés en 1932 et portant sur les mensonges, sont très importants même si le théoricien a commis quelques erreurs[6]. Sa plus grande erreur a été d'affirmer que les enfants (avant l'âge de 9 ans environ) ne pouvaient pas saisir l'importance des intentions liées aux mensonges pernicieux. Piaget pensait que, pour déterminer si un énoncé était mensonger, les enfants se demandaient si l'on pouvait le croire ou s'il entraînait une punition. *De nos jours, nous pouvons affirmer catégoriquement que les enfants, même ceux âgés de 5 ans, sont parfaitement capables d'établir ces distinctions*[7]. Comme pour toutes ses recherches sur les notions morales, Piaget a établi des liens entre sa théorie des stades de développement de l'enfant et les conversations qu'il a eues avec des enfants concernant le mensonge. À ce sujet, Piaget nous apprend que, au premier stade de son développement (soit de 2 ans à 5 ou 6 ans), l'enfant sait que mentir n'est pas bien si c'est ce qu'on lui a appris et s'il connaît les punitions qui y sont associées. Au deuxième stade (entre 7 et 8 ans), l'enfant est capable de juger si un mensonge est préjudiciable, malgré l'absence d'une punition ou d'une sanction. Cependant, selon Piaget, les enfants entre 7 et 11 ou 12 ans considèrent toujours le mensonge comme absolument blâmable de la part d'un adulte ou de Dieu. Selon Piaget, un enfant parvenu au troisième stade de son développement (à partir de 11 ou 12 ans) commence à établir des liens entre l'immoralité d'un mensonge et la méfiance, la confiance et l'affection. J'ose rappeler encore une fois que, de nos jours, un enfant âgé de 5 ans est parfaitement en mesure de faire ces distinctions même si Piaget pensait que ce processus cognitif n'était possible qu'à partir de 11 ans environ.

Le psychiatre (à son patient) : Vous êtes stupide !
Le patient : J'exige une autre opinion !
Le psychiatre : D'accord, je vous en donne une deuxième : vous êtes laid.

TACT ET DIPLOMATIE : PETITS « MENSONGES PIEUX »

Lorsqu'une femme demande à un ami s'il aime sa nouvelle robe ou sa dernière peinture (qu'elle aime beaucoup et qu'elle s'est procuré à un prix fort), il est possible que ce dernier ne partage pas son enthousiasme. S'il trouve la peinture horrible ou n'aime pas vraiment la robe, il peut le lui dire avec des mots qui ne blesseront pas l'amour-propre de son amie, car il a appris à faire preuve de tact pour exprimer sa pensée. L'attitude adoptée peut dépendre du lien existant entre les deux personnes concernées. S'agit-il d'une amie qui désire une opinion claire ou d'une amie qui préférerait un « pieux mensonge » ? Par ailleurs, même si cette personne exprime vraiment ce qu'elle pense et dit la vérité, jusqu'à quel point doit-elle dire « toute la vérité » ? Devant un tribunal, c'est une obligation ; mais dans la vie de tous les jours, sur le plan moral, on est souvent appelés à déterminer ce qui doit être dit ou non. Que l'on révèle trop de détails ou trop peu, dans les deux cas l'interprétation peut être faussée. Ces éléments complexes surgissent tôt alors que, en tant qu'éducateurs (parents ou enseignants), nous devons décider comment répondre aux questions des enfants à propos de leur habillement ou des dessins qu'ils font. Les enfants doivent apprendre à être conscients des sentiments d'autrui et, parfois, à mentir si la situation l'exige. Encore une fois, seul le jugement porté sur une situation donnée permet d'entrevoir la bonne réponse à formuler.

Outre les motifs déjà évoqués, d'autres raisons justifient les mensonges. Parmi celles-ci, mentionnons le cas où le mensonge a pour but de protéger la vie privée de quelqu'un ou de paraître plus humble et éviter de « pécher par excès de fierté[8] ». Comme chacun de ces points, le respect de la vie privée et l'humilité par opposition à la fierté, soulève des questions complexes, nous allons les étudier en profondeur (pour le respect de la vie privée, au chapitre 11, pour la fierté et l'humilité, au chapitre 8).

HYPOCRISIE

Nous devons à l'occasion faire preuve de tact et de diplomatie, attitude qu'il est parfois justifié d'adopter, mais loin de nous l'idée d'encourager l'hypocrisie! Qu'est-ce que l'«hypocrisie»? Selon le *Petit Robert*, l'hypocrite ne s'exprime pas avec sincérité: «Attitude qui consiste à déguiser son véritable caractère, à manifester des opinions, des sentiments, et spécialement des vertus qu'on n'a pas». Dans la tragédie grecque, un acteur était appelé «un hypocrite» (notons que l'acteur, par son jeu de faire semblant, ne fait pas nécessairement le mal). De nos jours, l'hypocrisie concerne le fait de dire une chose et d'en faire une autre. Par exemple, si un parent demande à son enfant de ne pas voler et qu'il vole lui-même un oreiller ou un cendrier dans une chambre d'hôtel en sa présence, cet enfant pourrait l'accuser d'être hypocrite. Parmi d'autres exemples, on pourrait citer celui d'une personne qui, dans ses discours, met l'accent sur la santé, une alimentation saine et une vie sans fumée, alors qu'elle se nourrit plutôt mal et fume. Dans un sens plus péjoratif, il s'agit là aussi d'hypocrisie.

Bien que la plupart d'entre nous s'efforcent de ne pas être hypocrites (peu importe le sens accordé à ce qualificatif), les éducateurs ne sont pas unanimes. Judith Shklar a récemment publié un livre intitulé *Ordinary Vices*[9], dans lequel elle soutient qu'il faut encourager l'hypocrisie. Elle affirme que, dans une démocratie libérale, ce trait de caractère est, jusqu'à un certain point, utile. Shklar cite les propos d'un philosophe du XVIIIe siècle, David Hume, qui fait valoir à propos de l'hypocrisie que les obligations sociales en requièrent l'usage et qu'il est impossible de ne pas y recourir. Shklar décrit une scène d'hypocrisie en donnant un exemple détaillé provenant de l'autobiographie de Benjamin Franklin[10], qui maintenait qu'au sein d'une démocratie libérale personne ne pouvait être parfaitement sincère en société. Franklin s'était prononcé contre l'honnêteté, source d'humiliation, et plaidait en faveur d'un compromis au sein d'une société politique composée de personnes dont les croyances et les intérêts diffèrent grandement et s'opposent parfois[11]. Nous pouvons admettre ce point de vue, étant donné la nature des politiciens... Néanmoins, le fait que la plupart d'entre eux sont hypocrites (ils disent souvent le contraire de ce qu'ils pensent) ne signifie pas, selon nous, que l'hypocrisie est une bonne chose à apprendre aux enfants.

LA TROMPERIE : UNE APTITUDE COGNITIVE

Les recherches ont démontré de manière irréfutable que les enfants (même ceux âgés de 3 ans) qui mentent lorsqu'ils ont désobéi ont atteint un stade de développement supérieur sur les plans cognitif et émotionnel. Mentir exige une certaine dose de créativité, car on doit inventer un mensonge plausible en fonction d'une situation donnée. Si le mensonge a pour but de protéger l'amour-propre d'une personne, nous devons avoir suffisamment d'empathie envers les autres. Les aptitudes sur lesquelles repose le mensonge (même celui auquel l'enfant recourt pour éviter un blâme ou une punition) ne représentent qu'une des nombreuses facettes de l'intelligence d'une personne, tout comme son degré d'empathie, c'est-à-dire sa capacité à « se mettre dans la peau de l'autre » et de ressentir ce que l'autre ressent (chapitre 6). L'enfant plus habile dans la tromperie ou la duperie interprète mieux les tons de voix et l'expression faciale que d'autres enfants ; ces aptitudes relèvent de l'« intelligence émotionnelle » (chapitre 7).

ET LA TRICHERIE, EST-CE MAL ?

La tricherie constitue une autre forme de malhonnêteté et, bien sûr, nous voulons que nos enfants comprennent qu'ils ne doivent pas tricher. Pourquoi ? Nous devons tout d'abord définir ce terme, comme nous l'avons fait jusqu'à maintenant pour les autres.

QU'EST-CE QUE LA TRICHERIE ?

Le *Petit Robert* précise que tricher consiste à « Enfreindre discrètement les règles d'un jeu en vue de gagner ». Au Québec, il existe un jeu de cartes qui s'appelle « le paquet voleur » : si un enfant jette un coup d'œil furtif sur les cartes du joueur à sa gauche, plutôt que de simplement « deviner » quelle carte demander, il triche. Mais qui a élaboré les règles du jeu ? L'enfant qui y joue connaît-il ces règles ? Nous devons donc en conclure que la tricherie est synonyme du non-respect des règles, à supposer qu'elles soient connues. Mais certains jeux sont basés sur le mensonge, comme dans le jeu de cartes « Le menteur » où le joueur peut déposer une carte en affirmant qu'il possède un roi, par exemple, alors qu'il s'agit en réalité d'une dame ; la tricherie (et le mensonge) est permise et même encouragée dans un tel contexte. Signalons au passage que les enfants adorent jouer avec leurs parents, et que ces activités favorisent leur développement cognitif. Il est bien sûr toujours possible de changer les règles de n'importe quel jeu. En jouant à un jeu avec un jeune enfant, l'adulte peut constater si ce dernier joue honnêtement ou s'il tente d'entrevoir les cartes du joueur voisin. Il faut un « arbitre » pour rappeler aux joueurs (à un enfant et un adulte ou à deux enfants) qu'ils doivent respecter les règles, ce qui pose la question de la justice et de l'équité (une autre version de la règle d'or ?). J'ai souvent joué à des jeux de cartes simples avec de très jeunes enfants, ainsi qu'à des jeux plus complexes, comme *Mastermind*, avec des enfants plus âgés, pour expérimenter différents types de règles, de la tricherie avouée (en regardant à sa guise les cartes du voisin) au respect des règles édictées par le concepteur d'un jeu. Les parents peuvent tolérer la tricherie jusqu'à un certain point. Néanmoins, ils doivent être prêts à fournir des explications sur les avantages que présente le respect des règles du jeu, à savoir la satisfaction qu'un joueur peut tirer d'avoir gagné une partie « honorablement ».

ET LA TRICHERIE, EST-CE MAL ? POURQUOI ? (DEUXIÈME TENTATIVE)

Est-ce vraiment mal de tricher ? Cela dépend. Si quelqu'un tire un avantage indu en ne respectant pas les règles, en jetant un coup d'œil furtif sur les cartes du joueur adverse par exemple, alors il ou elle triche, et c'est mal parce que c'est injuste. Ce comportement devrait être désapprouvé. Mais si tous les joueurs se sont entendus pour tricher, alors c'est probablement plus acceptable. Cependant, l'aspect compétition peut créer des difficultés. Ainsi, il n'est pas souhaitable que les joueurs s'entendent pour ne pas respecter les règles, surtout si certaines d'entre elles, prescrites par des instances sportives, s'appliquent en priorité pour assurer leur uniformité. Au cours des dernières années, les scandales bien connus de tricherie lors des tournois internationaux de bridge (le patinage sur glace en constitue un autre exemple) dénonçaient la connivence des joueurs (et parfois aussi celle des arbitres) pour enfreindre les règles. En outre, le fait que des personnes, ou des groupes de personnes, trichent ainsi peut nuire à l'image du sport ou de l'activité en question, et accroître la frustration de milliers de personnes qui participent aux tournois et qui observent les règles officielles. Les sœurs Williams (Serena et Venus), joueuses de tennis renommées, ont été stimulées par leur père, Richard Williams (qui a aussi été leur entraîneur), à compétitionner avec des joueurs de tennis qui avaient tendance à tricher, en annonçant que la balle avait rebondi à l'extérieur du court quand elle était tombée en réalité à l'intérieur, et vice versa. Dans une récente entrevue avec un journaliste du réseau CNN, Richard Williams a défendu cette pratique en affirmant que, selon lui, cela préparait ses filles à affronter la réalité du monde du tennis.

LE VOL

Le vol, comme la tricherie, est une façon de s'en sortir, d'obtenir quelque chose sans efforts. L'enfant peut commencer par prendre de la gomme ou des bonbons dans le magasin du quartier, sans payer, comportement observé chez plusieurs enfants. Il est en général conscient des fortes émotions que cela va lui procurer. En tant que parents, il faut le reconnaître et en parler. Les enfants doivent savoir que les adultes ont peut-être volé ou fait quelque chose de semblable quand ils étaient enfants.

Saint Augustin, dans sa parabole des poires volées, relate un incident qui s'est produit lorsqu'il était adolescent, incident qu'il a regretté jusqu'à sa dernière heure. Il avait volé quelques poires, un fruit qu'il n'aimait pas particulièrement. La recherche de sensations fortes (ou l'idée de voler sans se faire prendre) était peut-être une motivation suffisante, mais la pression des pairs a probablement accru cette motivation.

Les philosophes ont cherché pendant plus de mille ans à comprendre ce passage de saint Augustin, surtout parce qu'il disait que cet épisode permettait de mieux appréhender son système éthique de même que la vertu, le vice et le péché[12]. Voilà une petite leçon pour les adultes, en tant que parents : discuter franchement et ouvertement, comme saint Augustin, des tentations de ce monde. Nous avons la possibilité de parler avec nos enfants de ce qui peut les pousser à s'emparer d'un objet qui ne leur appartient pas. En plus des émotions qui peuvent être ressenties au moment du vol, l'enfant tire de la satisfaction de la possession de l'objet volé. Quel est le revers de la médaille ? En matière de vol, les parents ont la responsabilité de faire en sorte que les enfants sachent ce qui les attend. Ainsi, le parent doit avertir l'enfant que, tôt ou tard, le voleur, comme le tricheur, peut être pris sur le fait. Mais par-dessus tout, même si le voleur ne se fait jamais « pincer », la question d'injustice persiste. Un parent pourrait poser la question suivante : « Est-ce que tu aimerais cela que quelqu'un te vole quelque chose ? » (une autre bonne illustration de la règle d'or). En outre, la satisfaction liée au fait d'avoir mérité l'objet désiré est évidemment absente, puisqu'on l'a volé. Travailler pour obtenir quelque chose, économiser de l'argent pour se procurer l'objet convoité et le payer avec les économies réalisées peut être gratifiant et source de fierté, ce qui peut faire contrepoids au désir de voler un bien. Enfin, la tricherie, le vol et les mensonges risquent de miner la confiance d'autrui envers le « fautif ». Si une personne triche plus d'une fois, ou tout le temps, ou si elle cherche constamment à s'approprier le bien des autres, elle perdra la confiance d'autrui. Les enfants n'apprécient-ils pas davantage la confiance de leurs amis, des membres de leur famille ou de leurs voisins... qu'un bonbon volé ou une partie d'un jeu quelconque gagnée en trichant ?

TENIR SES PROMESSES

Ah ! quelle dupe que l'honnêteté !
Et que la confiance, sa sœur inséparable, est une sotte fille !

WILLIAM SHAKESPEARE,
Le conte d'hiver, Acte IV, scène 3

Les promesses énoncent les intentions de faire quelque chose, le plus souvent pour quelqu'un d'autre, mais parfois aussi pour soi-même. D'habitude nous disons « Je te le promets », phrase qui signale une intention et crée des attentes chez l'interlocuteur parce qu'il sait que nous agirons en conséquence, ce qui correspond à un contrat, au sens de la loi. Les promesses que les parents font, et que leurs enfants feront à leur tour en suivant leur exemple, n'ont rien de légal. Les promesses, toutefois, créent une obligation morale. L'obligation morale a pour principale composante la confiance. Si nous ne tenons pas nos promesses, les autres risquent de ne pas avoir confiance en nous. En certaines occasions, rompre sa promesse peut se révéler la meilleure chose à faire, ce qui complique parfois les choses. C'est le cas par exemple d'une personne qui, en tenant sa promesse de ne pas divulguer un secret, risque de causer un sérieux préjudice. Nous analyserons plus en détail ces enjeux au chapitre 11.

Le non-respect d'une promesse peut être interprété comme une sorte de mensonge ; de nombreux éducateurs et philosophes ont d'ailleurs abordé la question du respect et du non-respect des promesses formulées en fonction du mensonge[13]. Dans le film *Les mensonges que mon père me contait* (1976), inspiré d'un roman de Ted Allan, les « mensonges » sont en réalité des promesses faites par le père à son fils, promesses qui ne sont pas honorées. La plupart des enfants, jusqu'à l'âge de 9 ans, considèrent les promesses non tenues comme une sorte de mensonge. Malgré cela, nous devons tâcher de distinguer les promesses qui sont une forme de mensonges de celles qui n'en sont pas. Si un parent promet à son enfant qu'il l'accompagnera au parc alors qu'il n'en a aucunement l'intention, la promesse s'apparente en effet à un mensonge. En revanche, s'il avait réellement l'intention d'aller au parc avec son enfant mais qu'un événement imprévu l'en a empêché, il n'a pas menti ; il a plutôt été dans l'impossibilité de tenir sa promesse, peut-être en raison des circonstances ou de la malchance. Quand un parent fait une promesse à son enfant, il devrait apporter le plus de précisions possible concernant le moment où se déroulera l'activité ainsi que sa durée, par exemple. Par conséquent, si un parent dit à son enfant : « Je te promets que nous irons au cirque », il est préférable de préciser le moment auquel nous pensons : aujourd'hui ? cette semaine ? ce mois-ci ? cette année ? Il est important d'essayer de donner ces précisions aux enfants dès leur plus jeune âge, car, comme nous l'avons déjà vu, dès l'âge de 5 ans ils sont capables de comprendre des valeurs morales complexes et de saisir ces distinctions.

LE RÔLE DU JUGEMENT : RÉCAPITULATION

Il existe peu de règles relativement à l'honnêteté, ou à tout le moins peu de règles simples qui pourraient fournir des points de repère. Tout éducateur souhaite que l'enfant possède cette vertu et il est important d'en discuter. Cependant, il ne suffit pas de dire : « Sois honnête ! Dis la vérité. Ne mens pas ! Ne triche pas ! » Ces formules stéréotypées peuvent parfois nous être utiles, mais beaucoup de travail reste à faire. Notre jugement (et celui des enfants au fur et à mesure qu'ils acquièrent de la maturité) nous permet de réfléchir sur chacun des cas ou chacune des situations, tout en gardant à l'esprit la nécessité d'apporter les nuances dont nous avons déjà discuté. Nous devrons déterminer s'il s'agit d'un mensonge ou d'une tricherie ; évaluer s'il s'agit d'un « bon » et d'un « mauvais » mensonge, d'une « bonne » tricherie ou d'une tricherie préjudiciable ; examiner quelles étaient les intentions et quels pourraient être les risques encourus par le menteur ou le tricheur ou encore par les « victimes ». Nous devons établir dans quelle mesure cette situation ressemble (ou diffère), d'une part, à des situations antérieures où nous n'avons pas toléré le mensonge ni la tricherie (situations que nous avons nous-mêmes vécues ou auxquelles nos enfants ont été confrontés) et, d'autre part, à des situations antérieures où nous les avons tolérés. Comme nous l'avons vu au chapitre 2, nous pouvons nous servir de toutes les stratégies connues pour obtenir l'évaluation la plus juste possible de la situation. Mais ce qui importe avant tout, c'est de dialoguer, de débattre de certains sujets et d'avoir des discussions avec les enfants ainsi qu'avec d'autres personnes dont nous respectons généralement les opinions et les points de vue. Encore une fois, il peut être bon de consulter deux ou trois amis sur les sujets qui nous préoccupent, et de demander l'avis de deux ou trois amis de l'enfant concerné, pour savoir ce qu'ils pensent du mensonge découvert ou de la tricherie démasquée, et leur demander pourquoi ils estiment que c'est bien ou mal.

EXERCICES

3.1. DIRE LA VÉRITÉ OU MENTIR ?

Mélanie échappe à des ennuis

Ce jour-là, Harry, Marc et Lucas sortirent de l'école juste au moment où la pluie cessait. Ils s'élancèrent gaiement sur le trottoir. Tous les trois remarquèrent alors que le coin de la rue était inondé.

– « L'égout est bouché », observa Lucas.

– « Ouais, répondit Marc, je vais essayer de le dégager avec une branche. »

Mais les feuilles mouillées formaient un bouchon si compact que Marc ne put les enlever. Lucas trouva un morceau de bois solide et se mit à l'aider.

Au même moment, deux garçons plus âgés arrivèrent. Marc les reconnut : c'étaient eux qui avaient embêté Mélanie en rentrant de l'école, la semaine précédente. Les garçons ne savaient pas que Marc était son frère. L'un d'eux demanda : « Vous n'avez pas vu Mélanie, par hasard ? »

Lucas et Harry firent non de la tête.

L'autre garçon dit : « On voudrait s'amuser un peu avec elle. » Son camarade pouffa de rire.

Marc intervint : « Je crois que je l'ai vue quitter l'école il y a environ dix minutes. Elle a dit qu'elle rentrait chez elle. »

Les deux garçons regardèrent curieusement Marc un moment, puis ils continuèrent leur chemin. Lucas se remit à s'acharner sur les feuilles.

Peu de temps après Lili arriva. Elle demanda à Marc de sa voix aiguë : « Tu n'a pas vu Mélanie ? » Marc hocha la tête. « Mais oui, dit-il, elle est encore à l'école. Elle fait une sorte de devoir spécial avec Lisa et Marie-France. » Lili fit demi-tour et retourna à l'école.

– « Hé ! Ils t'ont posé exactement la même question, dit Lucas à Marc, et pourtant tu as donné deux réponses exactement contraires ! »

Marc hocha la tête : « Situations différentes... », dit-il.

Au même moment, Mélanie, Marie-France, Lili et Lisa sortirent de l'école. Marc raconta à Mélanie ce qui s était passé pendant que les autres écoutaient attentivement. Puis Lucas dit : « C'était drôle de voir Marc se faire poser la même question deux fois de suite et y répondre avec assurance, une fois par un mensonge et l'autre fois par la vérité. »

Lisa ne put s'empêcher de taquiner Marc. « Tu as bien fait, Marc. Mais on ne peut pas dire que tu as beaucoup de cohérence. »

Marc devint tout rouge et plus personne ne semblait avoir autre chose à ajouter. Finalement, Harry bredouilla : « Mais... »

Lisa le regardait d'un air perplexe. Lentement, en pensant bien à ce qu'il avait à expliquer, Harry poursuivit : « Je pense que Marc aurait été incohérent, en contradiction avec lui-même, seulement si les deux situations avaient été semblables. Mais ce n'était pas le cas, elles étaient, au contraire, très éloignées l'une de l'autre ! »

– « Combien de kilomètres ? » demanda Lisa, toujours taquine. « Tu comprends ce que je veux dire : quels sont tes critères ? »

Harry se creusait la tête. Il était sur le point d'abandonner quand il se souvint des trois têtes du géant. Mais avant qu'il ait pu dire un mot, Lili s'exclama : « À mon avis, ces garçons ne cherchaient rien de bon. Ils ne méritaient pas d'avoir une réponse honnête ! Il n'y a qu'une question honnête qui mérite une réponse honnête ! »

– « Tu veux dire, demanda Marie-France, qu'avant de répondre à la question de quelqu'un, il faut savoir si ses intentions sont bonnes ou mauvaises ? »

Harry ne pouvait se taire plus longtemps. « Un instant ! » s'écria-t-il en levant les mains en l'air. « Ce n'est pas si compliqué ! Oui, en effet, il y a des critères : la vérité, les conséquences et les intentions. »

Tous les yeux étaient tournés vers lui. « Tenez, ajouta-t-il, prenons le cas de ces deux garçons. Ils ont posé une question mais leur intention – ce qui les motivait – n'était pas bonne. Leur mauvaise intention enlevait toute valeur à leur question. De ce point de vue-là, je suis d'accord avec Lili. Si Marc avait répondu en disant la vérité, les conséquences auraient pu être très fâcheuses pour Mélanie. »

– « D'accord, dit Lisa, et qu'est-ce que tu penses de sa réponse à la question de Lili ? »

– « Les critères sont les mêmes », répondit Harry. « Les intentions de Lili étaient bonnes et les conséquences à prévoir, si Marc lui donnait une réponse honnête, semblaient acceptables ; alors Marc a dit la vérité. Je ne vois donc rien de mal dans ce qu'il a fait. »

– « Mais il y avait contradiction dans ses réponses, non ? Il n'a pas été très cohérent », insista Lisa.

Harry insista : « Je ne pense pas qu'il ait été incohérent. Il me semble que c'est clair ici que les deux situations étaient complètement différentes. Si elles avaient été identiques et si Marc avait répondu une fois dans un sens et une fois dans l'autre, alors là, il aurait été incohérent. »

Un peu plus tard, alors qu'elles faisaient route ensemble pour rentrer chez elles, Lisa dit à Marie-France : « Tu sais, je n'avais rien contre ce que Marc a dit ; je voulais juste qu'il nous explique pourquoi il a répondu comme il l'a fait. »

– « Veux-tu dire que mentir n'est pas un problème pour toi ? »

– « C'est ça. Pour moi ce n'est pas un problème personnel, répondit Lisa avec spontanéité Je veux dire que je suis rarement tentée de mentir ; j'aime mieux dire la vérité. Mais pourquoi on fait ça ? »

– « Pourquoi on fait quoi ? »

– « Pourquoi on dit la vérité ? C'est curieux, je ne me souviens pas d'avoir entendu mes parents me dire qu'on ne doit jamais mentir et qu'il faut toujours dire la vérité. »

– « Toi, tu te demandes pourquoi on dit la vérité. Moi, je me demande plutôt comment on peut dire si une chose est vraie », dit Marie-France. Puis, après avoir réfléchi un instant, elle ajouta : « De toutes manières, peut-être bien qu'on apprend davantage de nos parents en les regardant vivre plutôt qu'en écoutant ce qu'ils disent. »

Lisa sourit. « Et peut-être bien que moi, je pense trop. C'est d'ailleurs ce que mon père me dit toujours. »

Marie-France se rappela soudain qu'elle avait un devoir de biologie à rendre le lendemain. « Lisa, dit-elle, tu veux bien me faire penser à quelque chose que je ne dois pas oublier demain ? »

– « J'essayerai d'y penser, répondit Lisa. Mais est-ce que je serai la même demain ? »

Source : Une histoire extraite du programme Philosophie pour enfants.

PLAN DE DISCUSSION – Inventer des choses

- ✓ Si vous inventez une excuse, est-ce que c'est un mensonge ?
- ✓ Si vous inventez une histoire, est-ce que c'est un mensonge ?
- ✓ Si vous dessinez le portrait de quelqu'un mais que votre dessin ne ressemble pas du tout à cette personne, est-ce que votre dessin est un mensonge ?
- ✓ Peut-on inventer une histoire à propos de personnes qui existent réellement ?
- ✓ Est-ce qu'il peut y avoir une histoire vraie à propos de personnes inventées ?
- ✓ Peut-on inventer une histoire dans laquelle il n'y a pas de personnes du tout ?
- ✓ Peut-on inventer une histoire où il ne se passe rien ?
- ✓ Serait-il possible qu'une histoire inventée par quelqu'un soit vraie ?
- ✓ Si quelqu'un vous raconte une histoire inventée, pouvez-vous ne pas y croire ?
- ✓ Si quelqu'un vous raconte une histoire vraie, pouvez-vous ne pas y croire ?

3.2. HISTORIETTES ET QUESTIONS SUR L'HONNÊTETÉ (pour les enfants de 2 à 5 ans)

Présentation générale

Chacun des thèmes devrait être présenté sous forme de dialogues (entre des marionnettes ou des personnages de bandes dessinées). L'adulte manipule les marionnettes tout en racontant l'histoire (ou les histoires) et en adaptant le niveau de langue aux capacités de compréhension des jeunes spectateurs. Il est toujours possible de répéter l'histoire pour que tous les enfants saisissent bien les éléments fondamentaux de l'histoire: qui est qui? (nom de chacun des personnages), qui a dit quoi? qui a fait quoi?... L'éducateur peut alors poser quelques questions d'ordre général. Au cours de la discussion, tous les enfants doivent être appelés à prendre la parole; certains s'exprimeront probablement plus que d'autres, alors qu'un certain nombre d'enfants préféreront se taire et porter attention aux paroles des autres. S'ils n'ont rien dit alors que la période de classe s'achève (après quarante minutes, par exemple), l'éducateur peut gentiment leur demander leur opinion concernant les sujets abordés.

Pour chacun des thèmes, nous avons dressé une liste de directives et nous donnons des exemples de questions à poser, dans le but de stimuler la réflexion et les discussions en profondeur. Chaque thème (la gratitude, par exemple) pourrait faire l'objet d'une discussion prolongée sur plus d'une période, et ce, sans problème! Les enfants, peu importe leur âge, demanderont sans aucun doute à leur éducateur: « Qu'est-ce que tu en penses? » Un éducateur pourrait répondre ainsi, avec sincérité: « Je suis encore en train de réfléchir à ce sujet; j'ai des incertitudes. Peut-être que... et peut-être aussi que... ». Un autre pourrait juger bon de donner son point de vue sur chacun des thèmes, mais pas trop tôt dans la discussion afin d'éviter que les enfants acceptent simplement l'avis de l'adulte comme étant le « bon », ce qui risque d'empêcher toute réflexion approfondie chez l'enfant. S'il y a des différences d'opinion, l'éducateur en parlera d'une façon respectueuse, tout en reprenant ce que les enfants ont dit ou essayé de dire. L'animateur (ou les animateurs) de la discussion devra répéter souvent ce qui a été dit et en faire une synthèse. Par exemple, il pourrait intervenir ainsi: « Billy pense que Petit Ours devrait toujours dire "Merci!", mais Sally n'est pas du même avis. Qu'en pensent les autres? »

Qu'y a-t-il derrière la clôture?

Un premier personnage aperçoit un éléphant derrière une clôture. Il rencontre un ami qui lui demande: «Quel animal se cache derrière cette clôture?» Le premier répond à son ami: «C'est un chien.» Cet ami rencontre un troisième personnage, qui pose la même question: «Quel animal se cache derrière cette clôture?» L'ami affirme: «Un chien.» Le troisième personnage regarde derrière la clôture et, l'air surpris, s'écrie: «Ce n'est pas un chien, c'est un éléphant!»

Questions préliminaires

- ✓ Le premier personnage a-t-il menti à son ami?
- ✓ Cet ami a-t-il menti au troisième personnage?
- ✓ L'un des trois personnages a-t-il fait quelque chose de mal?
- ✓ Qu'en avait conclu le troisième personnage?
- ✓ Pourquoi est-il surpris?
- ✓ S'agit-il d'un mensonge?
- ✓ Les trois personnages ont-ils dit la vérité?

Qu'as-tu vu derrière la clôture?

Le premier personnage aperçoit une autruche derrière une clôture. Il croise un deuxième personnage qui lui demande: «Quel animal se trouve derrière la clôture?». Le premier répond au deuxième: «C'est un chat.» Le deuxième rencontre un troisième personnage qui lui demande à son tour: «Quel animal vit derrière la clôture?» Le deuxième dit au troisième personnage: «C'est une autruche.» Le troisième personnage regarde à travers la clôture et aperçoit alors l'autruche.

Questions préliminaires

- ✓ Le premier personnage a-t-il menti au deuxième?
- ✓ Le deuxième personnage a-t-il menti au troisième?
- ✓ Qu'en avait conclu le troisième personnage?
- ✓ Le premier personnage a-t-il fait quelque chose de mal?
- ✓ Le deuxième personnage a-t-il fait quelque chose de mal?
- ✓ En quoi a-t-il menti?
- ✓ Les trois personnages ont-ils dit la vérité?

?! Questions secondaires

- ✓ Comment déterminer si quelqu'un a menti ?
- ✓ Est-ce acceptable de mentir parfois ? Avez-vous déjà menti ou dit un « petit mensonge », ce qui s'est avéré la meilleure chose à faire ?
- ✓ En racontant une blague, est-ce que nous mentons ? Comment déterminer si quelqu'un ment ou s'il raconte une blague ?
- ✓ Si l'une de vos amies vous demande ce que vous pensez de son nouveau jouet, de sa nouvelle robe, ou de quoi que ce soit, allez-vous lui dire la vérité ? Si vous n'aimez pas l'objet en question, allez-vous le lui dire ? Comment se sentira-t-elle (ou réagira-t-elle) si votre franchise vous fait dire ce qu'elle ne veut pas entendre ? Comment se sentira-t-elle si vous ne lui dites pas la vérité ?
- ✓ Existe-t-il d'autres façons de dire la vérité ? Est-ce acceptable de dire une partie de la vérité mais pas toute la vérité ?
- ✓ Si quelqu'un ne répond pas à une question, est-ce qu'il ou elle ment ?
- ✓ Les gens peuvent-il douter de notre parole lorsque nous disons la vérité ?
- ✓ Si quelqu'un de mal intentionné demande à une personne : « Où est ton ami ? », celle-ci devrait-elle lui dire la vérité, si elle sait où se cache son ami ? Vaut-il mieux parfois ne pas dire la vérité si cela fera du tort à quelqu'un ?
- ✓ Si quelqu'un a fait quelque chose de mal, faut-il dire la vérité ?
- ✓ Est-ce qu'il arrive aux parents, aux enseignants et aux adultes de ne pas dire la vérité ? Pouvez-vous en donner des exemples ?
- ✓ Qu'est-ce qu'un « pieux mensonge » ?
- ✓ Les « bons » mensonges : est-ce que cela existe ?
- ✓ Est-ce que dire la vérité est toujours bon ?
- ✓ Est-il plus important de dire la vérité à un ami qu'à une autre personne que l'on connaît moins ? Qu'en est-il par rapport à un parfait étranger ? Que signifie l'expression : « A beau mentir qui vient de loin » ?
- ✓ Connaissez-vous le mot « confiance » ?
- ✓ Faut-il avoir confiance en un ami, en un membre de la famille, en d'autres personnes ?
- ✓ Si une personne fait une promesse, doit-elle la tenir ? Pourquoi ? Si elle fait une promesse qu'elle ne peut tenir, est-ce sa faute ? Si elle ne tient pas sa promesse, doit-on en conclure qu'elle a menti ? Pouvez-vous donner un exemple où quelqu'un a fait une promesse qu'il n'a pu tenir ? S'agit-il d'un mensonge ? Faut-il se demander si cette personne a tout fait pour tenir sa promesse ? Faut-il se demander si elle a tout essayé, tout envisagé ? Faut-il que la personne parle sincèrement et franchement lorsqu'elle dit « Je te le promets » ? Peut-elle dire ces paroles sans y croire ? A-t-elle menti ? Peut-elle changer d'idée ?
- ✓ Une personne devrait-elle exprimer ce qu'elle ressent ? en tout temps ? Ne risque-t-elle pas de blesser quelqu'un en exprimant ses sentiments ? Pouvez-vous donner des exemples ?

CHAPITRE 4

La politesse

POURQUOI ÊTRE POLI ?

Nous rappelons souvent à nos enfants d'être polis et nous leur disons souvent : « Ne sois pas grossier » ou « Ne sois pas impoli ». Pourquoi devraient-ils être polis ? Pourquoi désirons-nous qu'ils ne soient pas grossiers et fassent preuve de savoir-vivre ? Encore une fois, nous devons nous demander ce que nous entendons par « politesse » ou « grossièreté ».

QU'EST-CE QUE LA POLITESSE ?

Selon le *Petit Robert*, la politesse renvoie à la délicatesse ou au bon goût. Pour bien des parents, la politesse (ou le respect) signifie traiter quelqu'un avec déférence (comme le salut militaire, une marque de respect). Lorsqu'il est question de politesse, c'est-à-dire de « considération respectueuse », il est possible que certains d'entre nous y associent l'obéissance, même aveugle, voire la servilité.

Si c'est le cas, nous devrions carrément éviter la politesse. Dans le Sud des États-Unis, ce type de politesse ou de respect équivalait à du racisme, puisqu'il était entendu que les Noirs devaient s'adresser aux Blancs d'une certaine manière, et vice versa. Dernièrement, dans le cadre d'un séminaire sur la politesse[1], des participantes ont contesté les arguments du conférencier en matière de politesse et de règles d'étiquette en invoquant le fait que ces « règles » asservissaient les femmes, alors victimes de discrimination et d'humiliations, ou justifiaient le recours à la violence. La politesse (ou toute forme d'étiquette) peut masquer une forme de sexisme ou de racisme.

En fait, tout ce que nous souhaitons c'est que les enfants disent « S'il vous plaît » et « Merci ! » quand il le faut ; nous voulons tout simplement que nos enfants respectent ces conventions. Mais le problème, c'est que l'ensemble des rites et des conventions de politesse ont un ancrage culturel et peuvent varier d'une personne à l'autre, d'un pays à l'autre. Par conséquent, il importe de tenir compte des facteurs culturels et des difficultés que peut nous poser la politesse.

FACTEURS CULTURELS ET POLITESSE

Dans certaines cultures, le rot représente un moyen d'exprimer sa satisfaction après un repas, tandis que dans d'autres un silence respectueux sera de mise. Dans certaines sociétés, l'étudiant silencieux est perçu comme étant poli, alors que dans d'autres c'est celui qui s'exprime davantage. Certains jugent impoli le fait de proférer des jurons, mais cela peut ne pas être le cas pour d'autres, puisque ce qui est considéré comme un juron ou un blasphème diffère d'une culture à l'autre, d'un groupe à l'autre. Pour certains, les mots tabous sont ceux ayant une connotation sexuelle, pour d'autres, ceux qui renvoient à des fonctions corporelles et, pour d'autres encore, ceux qui font référence à la religion. Dans tous ces cas, ce qui est devenu un tabou ou un interdit ou encore un mot qu'il vaut mieux ne pas prononcer correspond en réalité à ce que les gens trouvent « dégoûtant[2] ». Ainsi nous devons être prudents dans le choix du type de politesse que nous préconisons et accepter le fait que différentes formes peuvent être bien accueillies par certains et rejetées par d'autres.

Deux formes de politesse sont considérées comme plus appropriées parce qu'elles semblent universelles et mises en application dans toutes les cultures : il s'agit de la gratitude et des salutations. Comment démontrer de la gratitude ? Ces manifestations varient grandement d'une culture à l'autre. Les démonstrations non verbales de gratitude (étreintes, baisers, contacts physiques) sont mieux acceptées dans certaines cultures que dans d'autres.

La façon de saluer a également un ancrage culturel. Ainsi, au Japon, certains rites de salutation font appel à différents types de révérences; dans divers pays (dont la Grèce et l'Italie) et dans des régions du Sud des États-Unis, certains types de poignées de main et de salutations sont considérés comme appropriés pour différentes personnes dans différentes circonstances. Il semble qu'à l'origine les poignées de main et les rites de salutation visaient à prouver à un ennemi potentiel qu'on ne transportait pas d'arme (ma petite-fille, Hannah, qui est gauchère, prétend que cela s'appliquait uniquement aux droitiers; puisque les gauchers pouvaient tenir un couteau ou un revolver, même en faisant une révérence, en donnant une poignée de main ou en saluant). En ce qui a trait aux salutations, ainsi qu'à la gratitude, on insistera davantage sur les aspects universels que sur les aspects culturels.

LA GRATITUDE

Nous avons déjà relevé l'importance, dans toutes les sociétés et dans toutes les cultures, de la gratitude ou de la reconnaissance envers autrui, peu importe la façon dont elle est démontrée au sein d'une culture donnée.

Les éducateurs peuvent demander aux enfants de faire preuve de gratitude. Ils peuvent leur expliquer que le langage non verbal ne suffit pas – comme un sourire (ou un rot, au Japon) – pour témoigner de la gratitude et que, s'ils l'expriment verbalement, la personne qui leur a rendu service comprendra à quel point ils apprécient vraiment son geste. Rappelons en outre que cette gratitude ne doit être ni feinte ni fausse, mais plutôt sincère et authentique. Les philosophes et les psychologues ont d'ailleurs exploré la question[3]. Les philosophes ont souligné l'importance de la gratitude en tant que valeur morale, comportement qui atteste le respect de l'autre en tant que personne libre, digne et moralement responsable[4]. Les psychologues ont pour leur part démontré les bienfaits de la gratitude sur le bien-être psychologique et physique (la ressentir et l'exprimer)[5].

LES PIÈGES DE LA GRATITUDE

Témoigner sa gratitude peut soulever certains problèmes lorsqu'on veut le faire avec des gestes. Nombreux sont les parents et les grands-parents qui trouvent tout à fait normal de demander à l'enfant de remercier par un petit baiser une tante, ou quiconque, qui lui a offert un cadeau, que ce présent lui plaise ou non. D'aucuns pourraient dire que « C'est l'intention qui compte », mais jusqu'à quel point l'intention de la tante est-elle délicate si l'enfant déteste son cadeau ? Quoi qu'il en soit, plusieurs enfants, particulièrement les filles, ont confirmé qu'ils gardaient de mauvais souvenirs de ces « bécots » obligatoires, souvent sources de conflits lorsqu'ils atteignent l'âge de la puberté (préadolescents et adolescents). Étant donné qu'ils ont accepté les gestes d'affection en signe de gratitude (même sur demande), ils sont chaque fois de nouveau confrontés à cette question à l'adolescence dans des situations où les insinuations à caractère sexuel les troublent. L'histoire de *Lisa*[6] relate le cas d'une jeune fille qui refuse de donner un baiser à son copain en guise de remerciement pour avoir payé son billet de cinéma ; le garçon lui dit alors qu'elle est impolie. Ce scénario a suscité de vives discussions dans mes cours d'éducation morale et de philosophie ; il nous a fait prendre conscience, à moi et à mes petites-filles, que même les enfants de 4 ou 5 ans ont raison de prétendre qu'ils ne sont pas *obligés* de témoigner de l'affection et, surtout, de poser des gestes d'affection. Mais que se passe-t-il si quelqu'un n'a même pas envie de dire « S'il vous plaît » ou « Merci ! », comme mes petites-filles le proposaient ? Nous suggérons de ne pas obliger l'enfant à exprimer verbalement sa gratitude et de lui permettre, à l'occasion, d'offrir simplement un sourire en signe de reconnaissance.

Outre le sourire ou une gratitude non exprimée verbalement, les enfants devraient cependant être incités à se servir du mot « Merci ! » parce que cela fait plaisir aux autres. C'est ce qu'il faut expliquer aux enfants le plus tôt possible. En d'autres termes, encourageons les enfants à dire « Merci ! » en leur explicitant les motifs. Cela fait du bien de dire « Merci ! » et la personne qui entend ce « mot magique » peut en ressentir une grande satisfaction.

Mais exprimer trop de gratitude n'est pas toujours bon. Ainsi, chez certains enfants, cela peut engendrer de la passivité, un manque d'initiative et les empêcher d'éprouver une fierté juste et appropriée à l'égard de leurs propres réalisations. En outre, manifester trop de gratitude peut pousser quelqu'un à ne plus distinguer ce qui peut être contrôlé de ce qui est causé par des facteurs externes incontrôlables. La gratitude peut prendre diverses formes : nous pouvons être reconnaissants envers nos parents, nos amis, ou encore envers Dieu (si nous sommes croyants), voire envers une chance inespérée (consulter le chapitre 12 pour plus de détails). Toutes ces formes de gratitude sont extérieures et ne permettent pas d'attribuer aux efforts personnels ou aux habiletés le mérite qui leur revient. Dans le domaine de la psychologie, un large ensemble de recherches a démontré que les sources de détermination externes représentent un piège, surtout pour les filles, qui risquent d'être moins performantes. Voir l'exercice 4.1 pour prendre connaissance des cas et des questions concernant la gratitude (pour les très jeunes enfants).

PEANUTS.
by Schulz
Alors, grand frère... C'est l'heure d'écrire des lettres de remerciement.
Bien ! Je suis content de constater que tu as des petites attentions.
« Chère grand-maman »
Quelle grand-maman ?
Je ne sais pas... Celle qui a des cheveux gris.
Elles ont toutes les deux des cheveux gris.
© 1998 United Feature Syndicate, Inc.
www.unitedmedia.com
Alors... Ah ! Ça n'a pas d'importance.
12-29
« Chère Grand-Maman, merci beaucoup pour le joli chandail... »
Le chandail ? Elle t'a donné un livre... Le chandail c'était l'année dernière.
Je sais... Je le porte en ce moment.
Nous écrivons des lettres de remerciement pour les cadeaux de cette année.
DE CETTE ANNÉE ?!
Schulz

LES SALUTATIONS

Les enfants devraient apprendre à dire « Bonjour ! », « Au revoir ! », et « Comment ça va ? » lorsqu'ils croisent ou quittent une personne qu'ils connaissent[7]. Cette règle de politesse élémentaire s'applique également aux conversations téléphoniques. En plus de dire « Allô ! », on peut normalement s'attendre à ce qu'un enfant prononce une phrase amicale, surtout avec une personne qu'il connaît. L'enfant qui ne prend pas l'habitude de saluer les autres risque de passer pour quelqu'un de renfrogné et de devenir impopulaire auprès de ses camarades de classe qui pourraient ensuite chercher à l'éviter. Les parents et les enseignants doivent être préparés à fournir des explications aux enfants pour les informer que les salutations d'usage ont leur utilité, même à titre de pures conventions. Les très jeunes enfants sont en mesure de comprendre qu'ils peuvent faire plaisir aux autres en observant ces conventions. Bien que de telles conventions n'aient pas le statut de règles morales, elles demeurent relativement importantes dans les relations sociales. Comme nous l'avons vu au chapitre 1 consacré aux valeurs, les très jeunes enfants (2 ou 3 ans) peuvent comprendre l'utilité des règles conventionnelles ainsi que des règles morales[8].

POURQUOI ÊTRE POLI ? (DEUXIÈME TENTATIVE)

Pour répondre à cette question, nous pouvons dire que cela dépend de ce qu'on entend par « politesse ». Si on associe la politesse à la déférence et à la soumission, elle ne devrait pas être encouragée ; en revanche, si on l'associe à la sollicitude, à la gratitude et aux salutations, elle doit être stimulée. Nous devons par-dessus tout être prêts à expliquer le comment et le pourquoi d'une attitude polie qui soit appropriée, en tenant compte de la situation particulière actuelle et réelle à laquelle nous faisons référence. En d'autres termes, nous ne voulons pas que nos enfants soient impolis envers les autres. Interrompre quelqu'un qui converse avec un ami ou se glisser dans une file d'attente sans respecter les autres sont des exemples d'impolitesse. Les enfants imitent les adultes et leurs bonnes manières ; ces dernières peuvent être expliquées et justifiées aux enfants en invoquant la justice et l'équité, ce qui nous ramène à la règle d'or (par exemple : « Si tu es en train de parler, aimerais-tu que quelqu'un t'interrompe ? » ou « Si tu attends en rang, aimerais-tu que quelqu'un s'impose et se place entre toi et celui ou celle qui te précède ? »). Bien entendu, une urgence justifie l'interruption d'une conversation ou le fait de ne pas « faire la file ». Ainsi, encore une fois, nous devons appliquer la règle d'or, quelque peu modifiée par le jugement. Une autre forme d'impolitesse souvent manifestée par les adultes est le retard. Pour certains, être ponctuel n'a pas une grande importance. Pourtant, arriver en retard est une forme d'impolitesse, et certaines personnes pensent qu'il s'agit d'une sorte de vol : le retardataire « vole » le temps d'une personne pour qui il est peut-être précieux[9].

CONSIDÉRATION ET RESPECT ENVERS LES AUTRES : UNE RÈGLE D'OR MODIFIÉE

Nous voulons que nos enfants respectent la propriété d'autrui, l'environnement et la vie privée des autres enfants, notamment leurs frères et leurs sœurs, ainsi que celle de leurs parents, de leurs enseignants et des autres adultes. Comme nous l'avons déjà mentionné, les enfants doivent comprendre et respecter le droit de parler sans craindre d'être interrompu (« Laisse-moi parler » ou « Laisse-moi finir mon histoire », une requête courante que nous avons tous sûrement déjà formulée). Comme pour les valeurs morales, il nous incombe d'expliquer pourquoi ces règles devraient être observées et pourquoi ces comportements devraient être adoptés. La règle d'or est ici appropriée parce que nous pouvons illustrer, par des exemples ou des gestes, le type de respect qu'ils souhaitent obtenir en retour. Bien sûr, la règle d'or de la Bible nous le rappelle : « Ne fais pas à autrui ce que tu ne voudrais pas qu'on te fît ». Cette phrase doit être modifiée. Les gens ont des besoins variés et se distinguent les uns des autres par leur tempérament, leurs désirs, leur histoire personnelle, les contextes et les situations dans lesquelles ils vivent, etc. Alors voici la règle d'or, une fois modifiée : « Ne fais pas à autrui ce que tu ne voudrais pas qu'on te fasse, tout en tenant compte des différences et des ressemblances entre les autres et toi-même, et entre les diverses situations. » En somme, il faut appliquer la règle d'or tout en exerçant son JUGEMENT !

JURONS ET BLASPHÈMES : « LES VILAINS MOTS »

Tout le monde doit surveiller ses paroles. Les parents sont des modèles pour leurs enfants. Dire une chose et en faire une autre, c'est souvent ce qui se passe avec les jurons. Nous incitons nos enfants à ne pas jurer ou blasphémer, et ils prennent un malin plaisir à nous faire remarquer que nous venons de dire un « vilain mot ». Il faut également tenir compte de la pression exercée par les pairs. Au chapitre 3, nous avons cité l'exemple de saint Augustin qui a volé des poires. La plupart des adultes se souviennent de la première fois où ils ont juré ou blasphémé, parce que les gens autour d'eux le faisaient. De nos jours, les enfants entendent beaucoup blasphémer dans les émissions de télévision. Nous ne pouvons cependant ignorer l'attrait des enfants pour les mots qu'il est interdit de prononcer; l'idée de faire quelque chose de «vilain» les excite beaucoup. Bien que les parents tâchent de ne pas blasphémer en présence de leurs enfants, nous savons bien que le blasphème ou le juron sert à atténuer quelque peu la douleur ou la frustration ressentie. Chacun de nous sait le bien que cela peut faire de jurer lorsqu'un marteau atterrit sur l'un de nos doigts au lieu d'enfoncer le clou comme prévu. Par conséquent, nous ne devrions pas trop nous en faire lorsque de jeunes enfants profèrent un juron. Nous devrions plutôt expliquer de notre mieux pourquoi certains mots peuvent offenser les autres. L'enfant pourra alors prendre conscience que certaines paroles risquent de blesser certaines personnes et qu'il convient de s'abstenir de les prononcer en leur présence. Encore une fois, la situation se complexifie lorsque des considérations liées à des facteurs culturels entrent en jeu. En anglais, les mots tabous sont généralement associés à la sexualité et aux fonctions corporelles. En français, au Québec, les jurons font référence à la religion catholique. Certains mots représentent plus qu'une impolitesse dans le cadre d'une culture donnée: ils sont blessants, voire humiliants, en toute occasion. Je pense ici au langage à caractère raciste ou sexiste. Certains philosophes qui s'intéressent à la pédagogie estiment que ce type de langage devrait être considéré comme une forme de violence[10] et nous sommes d'accord avec eux. D'autres philosophes allèguent que le langage raciste et sexiste peut être vulgaire, mais que ce langage doit être protégé par la liberté d'expression. Nous croyons que ce deuxième groupe de philosophes a poussé un peu trop loin la rectitude politique. La tolérance envers les points de vue exprimés est une valeur très importante, certes, mais il y a des limites à ce qu'une personne ou un groupe de personnes, voire une collectivité, peut tolérer.

ROTER, PÉTER OU METTRE SON DOIGT DANS LE NEZ: «QUE C'EST DÉGOÛTANT!»

Cent ans auparavant, il n'était pas question de discuter de ces sujets, et encore moins avec les enfants. Au XXIe siècle, nous nous montrons moins réticents à les aborder. Les livres mettant en vedette un chien surnommé Walter acquièrent une popularité grandissante auprès des enfants du monde entier depuis 2001. Le premier s'intitule *Walter, le chien qui pète*[11]. Lors d'une récente rencontre à laquelle assistaient des psychologues, des philosophes et des éducateurs, en présence du dalaï-lama, ces sujets ont fait l'objet de discussions[12]!

Les parents doivent être préparés à parler de ces « choses dégoûtantes » avec leurs enfants. Il ne suffit pas simplement de leur ordonner de s'excuser à la suite d'un rot ou d'un pet. Certains enfants pourraient demander à leurs parents pourquoi ils doivent s'excuser ; d'autres n'oseront pas poser la question, mais ils y pensent. Les parents peuvent répondre à cette question en évoquant plusieurs motifs justifiant la nécessité de s'excuser. Comme pour tous les autres sujets, les parents doivent se préparer en y réfléchissant eux-mêmes. Ils peuvent dire à leurs enfants que leur santé est en cause ; cette réponse peut servir à expliquer aux enfants pourquoi ils devraient se servir d'un papier-mouchoir ou aller à la toilette. Les parents peuvent aussi parler d'intimité ; sans nécessairement tenir compte des aspects liés à la santé, la plupart des sociétés reconnaissent que ces activités doivent se dérouler dans l'intimité. À cet égard, nous pouvons encore une fois évoquer les notions de « conventions » et de comportement socialement accepté et acceptable. Nous devrions rappeler à nos enfants, même à ceux qui sont très jeunes, que beaucoup de gens pensent que ces comportements sont répugnants ou offensants. Le dégoût demeure néanmoins un sujet à la fois universel et complexe.

LE RÔLE DU JUGEMENT : RÉCAPITULATION

Dans le chapitre 3, sur l'honnêteté, nous avons souligné l'importance de la confiance mutuelle dans les relations avec autrui. Nous devons analyser soigneusement chacune des situations individuellement parce qu'une trop grande confiance peut avoir des conséquences néfastes. Le même argument s'applique à la politesse : *être trop poli, ou trop respectueux, peut être aussi inconvenant que de manquer de politesse ou de respect.* Par exemple, nous devons témoigner de la gratitude d'une façon appropriée, c'est-à-dire sans excès, surtout si cela implique des comportements considérés comme inacceptables, telle l'obligation de faire la bise à une tante qui a offert un cadeau ou de donner un baiser à un copain qui a payé le billet d'entrée au cinéma. Il convient même d'éviter d'être poli dans des circonstances où cela peut être dangereux. Les enfants doivent apprendre à faire la différence entre le comportement qu'il leur faut adopter en présence d'étrangers et celui, très différent, qu'ils auront avec les membres de leur famille.

Des situations qui peuvent paraître relativement semblables au premier abord peuvent se révéler par la suite fort différentes. Dans l'un des exemples cités, il était question de l'expression verbale de la gratitude et des salutations. Nous devrions encourager nos enfants à saluer les autres, presque tout le temps, même s'ils n'en ont pas particulièrement envie, et cela inclut la courtoisie au téléphone. Au début des conversations téléphoniques, ces règles élémentaires de courtoisie s'appliquent. Par conséquent, dès leur petite enfance, nous devons entraîner nos enfants à dire «Allô!» en décrochant le téléphone et à répondre à des questions simples, car les enfants qui raccrochent le combiné au nez de leur interlocuteur risquent d'être perçus comme des impertinents... Les salutations diffèrent des témoignages de gratitude, puisque ces derniers peuvent prendre la forme d'un sourire ou d'une joie contenue.

En ce qui concerne toutes les valeurs que nous avons définies dans le présent chapitre, nous avons encouragé les parents à donner des explications sur le comportement «poli» qu'ils espèrent. Au risque de nous répéter, rappelons qu'il faut faire preuve de jugement pour déterminer s'il est nécessaire de fournir certains détails lorsque nous donnons des explications aux enfants. Nous aurons naturellement tendance à fournir plus d'explications à un enfant de 9 ans qu'à celui qui n'a que 6 ans ou que 3 ans. Même si les détails fournis varieront en fonction de l'âge, le recours au dialogue et à la discussion doit commencer le plus tôt possible.

EXERCICE

4.1. HISTORIETTES ET QUESTIONS SUR LA GRATITUDE (pour les enfants de 2 à 5 ans)

Présentation générale

Chacun des thèmes devrait être présenté sous forme de dialogues (entre des marionnettes ou des personnages de bandes dessinées). L'adulte manipule les marionnettes tout en racontant l'histoire (ou les histoires) et en adaptant le niveau de langue aux capacités de compréhension des jeunes spectateurs. Il est toujours possible de répéter l'histoire pour que tous les enfants saisissent bien les éléments fondamentaux de l'histoire : qui est qui ? (nom de chacun des personnages), qui a dit quoi ? qui a fait quoi ?... L'éducateur peut alors poser quelques questions d'ordre général. Au cours de la discussion, tous les enfants doivent être appelés à prendre la parole ; certains s'exprimeront probablement plus que d'autres, alors qu'un certain nombre d'enfants préféreront se taire et porter attention aux paroles des autres. S'ils n'ont rien dit alors que la période de classe s'achève (après quarante minutes, par exemple), l'éducateur peut gentiment leur demander leur opinion concernant les sujets abordés.

Pour chacun des thèmes, nous avons dressé une liste de directives et nous donnons des exemples de questions à poser, dans le but de stimuler la réflexion et les discussions en profondeur. Chaque thème (la gratitude, par exemple) pourrait faire l'objet d'une discussion prolongée sur plus d'une période, et ce, sans problème ! Les enfants, peu importe leur âge, demanderont sans aucun doute à leur éducateur : « Qu'est-ce que tu en penses ? » Un éducateur pourrait répondre ainsi, avec sincérité : « Je suis encore en train de réfléchir à ce sujet ; j'ai des incertitudes. Peut-être que... et peut-être aussi que... ». Un autre pourrait juger bon de donner son point de vue sur chacun des thèmes, mais pas trop tôt dans la discussion afin d'éviter que les enfants acceptent simplement l'avis de l'adulte comme étant le « bon », ce qui risque d'empêcher toute réflexion approfondie chez l'enfant. S'il y a des différences d'opinion, l'éducateur en parlera d'une façon respectueuse, tout en reprenant ce que les enfants ont dit ou essayé de dire. L'animateur (ou les animateurs) de la discussion devra répéter souvent ce qui a été dit et en faire une synthèse. Par exemple, il pourrait intervenir ainsi : « Billy pense que Petit Ours devrait toujours dire "Merci !", mais Sally n'est pas du même avis. Qu'en pensent les autres ? »

Tante Minnie

Tante Minnie (personnage adulte) offre un cadeau à Petit Ours (second petit personnage). Disons que le cadeau contient un bout de ficelle. Tante Minnie dit qu'elle l'a choisi rapidement: « J'étais pressée, je n'avais pas le temps de choisir un cadeau. » Petit Ours espérait recevoir un livre, un jouet ou un autre objet, mais il reçoit ce bout de ficelle. Il est évident qu'il n'aime pas son cadeau et exprime son mécontentement et sa déception en marmonnant. Intervient alors le père de Petit Ours (troisième personnage) qui rappelle à son fils qu'il doit dire « Merci ! », mais ce dernier n'obtempère pas. « Je ne veux pas remercier tante Minnie », dit Petit Ours. Dame Tortue (quatrième personnage) fait son apparition : « Serre tante Minnie dans tes bras ou donne-lui un bisou sur la joue », dit-elle. Petit Ours n'en fait rien. Il réfléchit à la situation et se demande ce qu'il devrait faire.

Questions préliminaires

- ✓ Que ressent Petit Ours quand il reçoit le cadeau de sa tante ?
- ✓ Que ressent tante Minnie lorsque Petit Ours ne la remercie pas ?
- ✓ Que ressent-elle lorsque Petit Ours ne lui donne pas une étreinte ou un baiser sur la joue, comme elle pouvait s'y attendre ?
- ✓ Petit Ours devrait-il dire « Merci ! » même s'il n'apprécie pas son cadeau ?
- ✓ Pourquoi ? Pourquoi pas ?
- ✓ Devrait-il donner un baiser sur la joue de sa tante Minnie ou la serrer dans ses bras ?

Questions secondaires

- ✓ Y en a-t-il parmi vous qui ont déjà reçu un cadeau qu'ils n'ont pas apprécié ?
- ✓ Vous est-il déjà arrivé de donner à quelqu'un un cadeau qu'il n'a pas aimé ? (Chacun des exemples fournis peut donner lieu à une discussion approfondie.)
- ✓ Est-ce que les gens s'embrassent ou s'étreignent ? Quand ? Qui ?
- ✓ Si nous n'avons pas envie de dire « Merci ! », devrions-nous le dire tout de même ?
- ✓ Devrions-nous dire quelque chose qui ne reflète pas réellement notre pensée ? Devrions-nous tout de même remercier si nous ne sommes pas sincères ?
- ✓ Serions-nous fâchés ou tristes si nous étions à la place de la personne qui a offert un cadeau et qui n'est pas remerciée ? Que ressentirions-nous ?
- ✓ Deux personnes donnent un cadeau à un enfant à l'occasion de son anniversaire : en pensant à ce que ce dernier préfère, l'une offre un objet qu'il convoite ; l'autre ne tient pas compte de ses préférences. Quelle est la différence entre ces deux personnes ?
- ✓ Pourquoi disons-nous « Merci ! » ?

- ✓ Si une personne demande à un enfant de dire [...] (remplacer ces trois petits points par n'importe quel mot ou n'importe quelle phrase, même par quelque chose d'absurde...), est-ce que l'enfant devrait nécessairement le dire?
- ✓ Si un adulte demande à un enfant de dire «Merci!», est-ce qu'il devrait obéir?
- ✓ Si on demande à un jeune d'embrasser sa tante, devrait-il l'embrasser? Peut-il faire quelque chose d'autre? Si les enfants n'apportent pas de suggestions, l'éducateur peut poser la question suivante: Pourrait-il la regarder dans les yeux et lui donner une bonne poignée de mains?
- ✓ Faut-il rappeler à quelqu'un qu'il doit dire «Merci!»? Faut-il lui rappeler quand il ou elle doit remercier autrui? La personne (l'enfant) serait-elle embarrassée si ce «rappel» est fait à haute voix devant celui ou celle qui lui a offert un cadeau? Quel serait le meilleur moment pour rappeler à quelqu'un de dire «Merci!»? Est-il préférable de faire ce type de rappel discrètement (ou tout bas) avant ou après réception du cadeau plutôt que de rappeler tout haut immédiatement (tout de suite après réception du cadeau)?

Michel perd son chien

Un personnage qui se prénomme Michel perd son chien (il est mort, ou disparu, peu importe). L'un de ses amis, Bob, songe à lui offrir un chien en cadeau pour son anniversaire. Une autre de ses amis, Cindy, croit que ce n'est pas une bonne idée. Bob doit prendre une décision à ce sujet. Il décide finalement d'acheter un chien et de le donner ensuite à Michel. Ce dernier se montre triste et peut-être aussi un peu fâché (émotions dites «négatives», envers lui-même ou envers les autres). Il ne veut pas dire «Merci!» Dame Oie (un autre personnage) lui dit: «Tu devrais remercier ton ami», mais Michel ne veut toujours pas dire «Merci!». Dame Tortue pourrait quant à elle lui suggérer: «Serre-le contre ton cœur.» Il hésite.

Questions préliminaires

- ✓ Le chien rendra-t-il Michel content ou plus triste encore?
- ✓ Que ressent Michel? Comment réagit-il?
- ✓ Que ressent Bob? Comment réagit-il?
- ✓ Michel devrait-il remercier son ami?
- ✓ Quelqu'un peut-il donner un exemple où une personne n'a pas aimé ce qu'on lui avait offert? Ou encore un exemple d'une personne attristée par un cadeau qui lui rappelait un événement malheureux. La personne qui reçoit un tel cadeau devrait-elle dire «Merci!» même si elle n'en a pas envie ou ne se sent aucune véritable gratitude?

Questions secondaires

- ✓ Quelqu'un peut-il dire « Merci ! » même s'il n'a pas reçu de cadeau ?
- ✓ En songeant à ce qui s'est passé aujourd'hui (hier ou au cours de la semaine), peut-on donner des exemples où une personne aurait voulu remercier quelqu'un pour ce qu'il a fait ?
- ✓ Peut-il arriver que quelqu'un ne dise pas « Merci ! », même s'il aurait voulu prononcer cette phrase magique ? Pourquoi ne l'a-t-il pas fait ? Était-il trop pressé ? Est-ce parce qu'il n'y a pas pensé ? Craignait-il de paraître trop poli, soumis... ?
- ✓ Quelqu'un peut-il exprimer de la gratitude même si ce n'est pas son anniversaire, même s'il n'a reçu aucun cadeau ?
- ✓ Vous est-il arrivé d'éprouver de la reconnaissance envers quelqu'un qui ne vous a pas offert un cadeau ? Si aucun enfant ne peut donner d'exemple, l'éducateur pourrait poser les questions suivantes : Est-ce que quelque chose de très agréable s'est produit aujourd'hui, pour vous, autour de vous, ou encore dans le cadre d'une activité amusante ? Pouvons-nous éprouver de la reconnaissance même si nous ne remercions personne en particulier ? Si l'éducateur n'obtient pas de réponse et que les enfants ne peuvent mentionner au moins une chose pour laquelle ils pourraient être reconnaissants cette journée-là, il pourrait demander des suggestions à d'autres personnes.
- ✓ Lorsque nous sommes malades ou tristes, devons-nous faire preuve de reconnaissance ?
- ✓ Quels sentiments peuvent être ressentis par quelqu'un que l'on remercie ? Si l'éducateur n'obtient pas de réponse (en présence de jeunes enfants entre 3 et 5 ans... et même 7 ans) il peut poser les questions suivantes : Avez-vous déjà entendu le mot « gratitude » ou « reconnaissance », ou l'expression « être reconnaissant » ? Comment dit-on « Merci ! » en anglais, en espagnol, en italien ? Quelqu'un pourrait écrire les mots au tableau et les enfants pourraient s'exercer à les prononcer. Pouvons-nous dire « Merci ! » en d'autres langues ? Le mot « merci » existe-t-il en plusieurs langues ? dans *toutes* les langues ?
- ✓ Quand quelqu'un dit « Merci ! », que devrions-nous répondre ? Dans certains cas, nous répondons : « De rien. » Existe-t-il d'autres réponses possibles ?
- ✓ Est-ce nécessaire de répondre à quelqu'un qui dit « Merci ! » ? Un sourire est-il suffisant ? Est-ce qu'un sourire vaut mille mots ? Vaut-il mieux sourire *et* répondre à celui ou celle qui remercie ? Est-il important de regarder la personne qui a remercié lorsqu'on lui répond ? Peut-on répondre par une étreinte ? Ou peut-on poser une main sur l'épaule de son interlocuteur ? Est-ce acceptable d'agir ainsi ? Une personne peut-elle en toucher une autre et risquer de la mettre dans l'embarras ? Le toucher peut-il être interprété différemment selon les pays ? ou encore dans différentes régions d'un même pays ? Est-il possible que certaines personnes, plus que d'autres, aiment être touchées ? Est-il possible que certaines personnes, plus que d'autres, aiment être prises dans les bras de la personne reconnaissante ?
- ✓ Les animaux peuvent-ils faire preuve de reconnaissance ?

- ✓ Un chien ne peut pas parler, mais peut-il être reconnaissant et dire « Merci ! » ? Un hamster peut-il dire « Merci ! » ?
- ✓ En est-il de même pour les êtres humains ou est-ce différent ? Un chien, un chat ou un hamster peuvent-ils montrer quelque gratitude, au même titre que les humains ? Pourquoi ou pourquoi pas ?
- ✓ Existe-t-il des émotions (l'éducateur peut donner une définition du mot : une sorte de sentiment spécial suscité par quelque chose) que les animaux (dont les chiens) ne peuvent ressentir, et que seuls les humains peuvent éprouver ? Les chiens (les hamsters, les insectes, etc.) peuvent-ils ressentir de la tristesse, de la solitude, de la colère ? Qu'en est-il de la honte, de la culpabilité, du dégoût, de l'espoir ? Les animaux peuvent-il ressentir de l'amour ? de la fierté ? de la jalousie ?
- ✓ Certaines émotions supposent-elles la compréhension de la notion de temps, de l'avenir ?
- ✓ Outre les êtres humains, les animaux peuvent-ils ressentir des émotions plus complexes ?
- ✓ La gratitude va-t-elle de pair avec l'admiration ou l'émerveillement ? Pouvons-nous être impressionnés ou émerveillés ?
- ✓ Avez-vous déjà entendu le mot « merveilleux » ? Un animal peut-il être impressionné par quelque chose ou ressentir de l'émerveillement ? Pourquoi ou pourquoi pas ?

CHAPITRE

5

La responsabilité

ÊTRE RESPONSABLE, C'EST QUOI ?

Quand nous disons que nous voulons que nos enfants soient responsables, qu'entendons-nous par là ? La responsabilité est une notion complexe comportant différents éléments d'ordre moral, légal et psychologique[1]. Dans le présent chapitre, nous tâcherons de répondre à la question suivante : quelles valeurs voulons-nous inculquer aux enfants, en tant que parents et enseignants ? Pour y répondre, on pourrait résumer la plupart des textes philosophiques et légaux de la façon suivante : *être responsable c'est « accepter et subir les conséquences de ses actes, en répondre »*, définition corroborée par la racine latine *respondere*, « répondre », pour « engagement en retour[2] ». Rendre compte de nos actes, c'est précisément ce que nous avons à l'esprit : nous désirons que nos enfants comprennent qu'ils sont les auteurs de leurs actes ; par conséquent, s'ils ont une mauvaise conduite, ils peuvent en être blâmés et, dans le cas contraire, ils en seront louangés et parfois récompensés. Nous voulons qu'ils comprennent qu'ils sont parfois responsables de certaines choses, que d'autres fois ce sont les autres qui le sont et qu'en parallèle il existe des causes naturelles ou inexpliquées. Dès la naissance, les parents donnent un prénom à leur enfant et s'en servent ensuite pour désigner son espace propre, les objets qui lui appartiennent, les parties de son corps (la chambre de Marie, l'ourson en peluche de Marie, le nez de Marie), ainsi que toute action qu'il ou elle accomplit (Marie marche, Marie fait la bise, Marie pique une colère, Marie s'est fait mal au doigt). Les parents indiquent ainsi à l'enfant que c'est lui, et non pas son père ni son frère, qui est en train de marcher, de faire la bise, de se mettre en colère ou de se blesser. L'identité personnelle et l'autonomie, deux composantes de la responsabilité, apparaissent dès la petite enfance. Avant même qu'il prononce ses premières phrases, l'enfant est parfaitement conscient de ses réalisations (marcher en constitue le meilleur exemple) et nous sommes particulièrement fiers (de même que l'enfant lui-même), de le voir franchir cette étape fondamentale du développement[3]. L'enfant de 2 ans, comme tous les parents et les éducateurs de la petite enfance le savent, insiste pour faire les choses tout seul et persistera longtemps dans une tâche pour réussir à l'accomplir. C'est souvent frustrant de voir que le jeune enfant refuse toute aide pour enfiler ses vêtements. Comme tout bon parent, nous avons appris à faire la part des choses entre notre désir de favoriser chez notre enfant, dès son plus jeune âge, l'autonomie et la nécessité de l'aider afin d'assurer sa sécurité ou simplement d'accélérer les choses car nous ne pouvons plus nous permettre d'attendre qu'il ait fini de mettre lui-même ses souliers. Nous devons bien sûr faire preuve de jugement pour choisir l'attitude à privilégier selon les circonstances.

L'AUTONOMIE

Chaque fois que nous faisons quelque chose que l'enfant peut faire lui-même, nous ne favorisons pas son autonomie et ne tenons pas compte de son besoin d'estime de soi. La notion d'autonomie provient du monde politique et renvoie à l'autonomie et à l'indépendance. Sur le plan individuel, les textes des philosophes font état de deux principales tendances. La première est principalement associée à Emmanuel Kant, qui affirme que l'autonomie est synonyme de contrôle des désirs et des pulsions (nous y reviendrons au chapitre 8). La deuxième interprétation, celle de Jean Piaget, fait référence aux capacités de l'enfant à prendre des décisions qui le concernent et à être responsable[4]. Les éducateurs souhaitent encourager ce type d'autonomie chez les enfants. Quelques-uns des outils utilisés dans le cadre de nos travaux de recherche sur cette forme d'autonomie ont été intégrés à la fin du chapitre. Nous avons demandé aux enfants ce qu'ils feraient face à un dilemme où, par exemple, ils auraient à choisir entre deux attitudes: être loyal envers un ami ou le dénoncer auprès d'une personne en position d'autorité. Leur autonomie morale se mesure dans leur capacité à respecter la décision qu'ils ont prise et à faire preuve d'ouverture d'esprit face aux idées et aux arguments des autres.

« CE N'EST PAS MOI QUI AI FAIT ÇA ! »

Avant de commencer à parler de questions plus complexes liées à la responsabilité morale – le blâme et les éloges, la punition et la récompense –, nous devons nous préparer à traiter de la question de la causalité. Tous les aspects relatifs aux méfaits, que ce soit au regard de la loi ou de la moralité, doivent être d'abord explorés en fonction de la responsabilité causale[5]. Dans le cas d'une « bonne action » ou d'un événement positif, la question de savoir qui est responsable (ou qui en est la cause) est tout aussi pertinente. Par exemple, « Qui a peint ce (beau) tableau ? » : l'éducateur veut savoir quel enfant l'a réalisé et, peut-être, aussi savoir s'il y a d'autres enfants qui ont participé à sa création. Il y a cependant des événements qui ne sont pas liés aux activités humaines, et nous les attribuons alors à des causes naturelles, à Dieu, aux circonstances ou encore à la chance[6]. Il s'agit de sujets plus délicats, mais les parents et les enseignants doivent être prêts à en parler aux enfants, ce qui suppose qu'ils y ont réfléchi un tant soit peu. Nous devons cependant admettre le principe qu'aucun reproche (ou éloge) ne sera formulé sans que la ou le responsable n'ait été découvert. Ce faisant, nous saurons que nous tenons compte des modèles universels de responsabilité qui semblent appliqués dans presque toutes les cultures[7].

« JE N'AI PAS FAIT EXPRÈS. CE N'EST PAS MA FAUTE ! »

Lorsque l'éducateur a identifié l'enfant qui a posé un acte (ou qui a omis de le faire), il doit s'attarder à la question du blâme, en supposant que le comportement de cet enfant était inadéquat (c'est-à-dire qu'il a fait quelque chose d'interdit, a désobéi aux règles clairement établies et créé ainsi une situation qui aurait pu lui faire du tort ainsi qu'à d'autres personnes). Supposons, par exemple, que cet enfant a pris des biscuits dans une jarre à moitié pleine avant l'heure du dîner (contrairement aux règles établies), qu'il en a mangé une bonne poignée et que, lorsque l'éducateur lui pose des questions au sujet de la jarre à biscuits maintenant presque vide, l'enfant répond : « Ce n'est pas moi. » Les preuves étant évidentes (c'est bien *lui* qui a mangé les biscuits), cela nous amène à parler de la réprimande. Nous pouvons dire que, dans ce cas-ci, l'éducateur doit exprimer sa désapprobation et expliquer pourquoi l'enfant doit être réprimandé (il peut être fâché, déçu et se sentir un peu triste ; nous reviendrons sur les émotions au chapitre 7). Le reproche joue un rôle fondamental en matière de responsabilité morale ; l'éducateur exprime son jugement pour faire savoir à l'enfant que ce dernier a agi incorrectement. Il doit exprimer son désaccord et expliquer pourquoi il réprimande l'enfant. Pour réprimander un enfant, ce dernier doit avoir agi en toute liberté, ce qui signifie qu'il aurait pu agir autrement, mais qu'il ne l'a pas fait, contrevenant ainsi aux règles ou aux règlements établis, qui ont déjà été présentés et expliqués à l'enfant, qui avait pour intention réelle de ne pas les respecter. Ainsi, quelqu'un peut dire, par exemple : « Tu t'es mal conduit en mangeant des biscuits avant le repas alors que je t'avais déjà expliqué que tu pouvais en manger comme dessert au dîner et que c'était pour ton bien. » Le parent pourrait poursuivre ainsi : « Tu as menti en refusant d'avouer ce que tu as fait. C'est un exemple de mensonge intéressé. »

Dans le cas de l'enfant qui a mangé une poignée de biscuits, ce dernier ne peut affirmer « Ce n'était pas ma faute, je n'ai pas fait exprès », tentant de fournir ainsi une excuse ou de justifier d'autres actes que nous pouvons, à titre d'éducateurs, juger répréhensibles. Pour citer un deuxième exemple, supposons qu'une petite fille a pris un livre de bandes dessinées appartenant à son frère.

Elle peut nier en affirmant qu'elle ne savait pas que ce livre appartenait à son frère ou qu'elle pensait qu'elle avait la permission de le prendre, et ainsi de suite. Dans ce cas, les parents doivent, exactement comme devant un tribunal, prendre sérieusement en considération l'excuse invoquée et juger chacune des situations sur le fond. La règle et son application sont peut-être quelque peu ambiguës. L'enfant mérite peut-être quelques reproches ou peut-être aucun. Évidemment, un enfant pourrait répondre, dans l'exemple des biscuits ou dans celui de la bande dessinée: «J'avais très faim et je ne pouvais attendre au souper» ou «Je devais lire cette bande dessinée pour faire mon devoir» ou «Je n'avais rien d'autre à lire». Ces justifications plus complexes diffèrent de l'excuse plus classique «Je n'ai pas fait exprès». Encore une fois, elles peuvent être tantôt acceptables, tantôt inacceptables. Il revient aux parents de juger mais, comme les juges au tribunal, ils doivent rendre un jugement clair et bien l'expliquer à l'enfant, comme le ferait un juge avec un accusé.

Nous devons faire remarquer que tout ce qui a été dit jusqu'ici s'applique à un acte que l'enfant a délibérément choisi de poser, alors qu'il aurait pu agir autrement (nous ne prendrons pas en considération les nombreux débats philosophiques pour déterminer si la liberté est possible; dans ce livre, nous présumons que oui). Pour notre propos, nous allons poser que l'enfant est libre de ses choix. Au chapitre 8, nous verrons qu'il est possible de prendre des responsabilités, et ce, même en l'absence de liberté ou de contrôle. En outre, nous ne pouvons parler des actes sans parler des oublis ou des omissions. Par exemple, si un éducateur demande à un enfant de ranger son verre après lui avoir expliqué pourquoi il est important de le faire, et que l'enfant n'agit pas en conséquence, il attribuera la responsabilité causale à l'enfant, en supposant que les faits sont clairs; l'enfant sera blâmé pour sa négligence ou son inattention. Si quelqu'un tombe en trébuchant sur le verre et se blesse, les conséquences sont évidentes. Même si personne ne trébuche ni ne tombe, la possibilité d'un accident ne peut être écartée. Dans ce cas, rappelons que le rôle parental consiste à faire respecter la «loi». Osons établir un parallèle avec un automobiliste en état d'ébriété qui ne respecte pas les limites officielles de vitesse et qui blesse un piéton: ce conducteur ivre peut être blâmé, mais il en est de même pour toute autre personne qui conduit en état d'ébriété et qui dépasse les limites de vitesse légale sans blesser personne (peut-être grâce à la chance). Les probabilités de blesser quelqu'un étaient tout aussi grandes pour les deux conducteurs et leur comportement est donc répréhensible[8].

INSOUCIANCE, NÉGLIGENCE ET PRÉVISIBILITÉ

Les très jeunes enfants comprennent qu'ils sont responsables des conséquences de certains de leurs gestes, même si ceux-ci étaient totalement involontaires. En tant qu'éducateurs ou parents, notre colère peut être légitime si nous leur avions préalablement demandé de faire attention et qu'ils n'en ont pas tenu compte. Dans sa théorie classique et ses travaux de recherche, Jean Piaget a ignoré cette zone grise en matière de sanction. Cependant, ici comme ailleurs, il est clair que Piaget a sous-estimé les capacités de l'enfant. De nos jours, *nous sommes certains que les enfants, même ceux qui ne sont âgés que de 3 ans, comprennent parfaitement les enjeux liés à la nonchalance et à la négligence. En outre, chez les enfants comme chez les adultes, l'élément clé pour estimer le caractère répréhensible d'un acte est la capacité d'en prévoir les conséquences*[9]. La question que nous devons nous poser concernant le comportement des enfants pourrait l'être devant un tribunal : est-il raisonnable de présumer que la personne pouvait prévoir les conséquences de ses actes ? Il faut noter qu'aucun parallèle ne peut être établi entre la fierté (les « bonnes actions ») et la prévisibilité ou la négligence[10]. En général, les éloges et les blâmes supposent des logiques totalement différentes. Les psychologues se sont davantage intéressés au reproche et à la punition qu'à la fierté et aux récompenses, ce qui s'explique sans doute par le fait que la loi vise essentiellement les comportements indésirables. De la même façon, les parents sont plus souvent confrontés à l'indiscipline de leurs enfants. La responsabilité demeure cependant une notion très large, comme nous l'avons souligné au début du présent chapitre. Toutefois, les éducateurs devraient porter autant d'attention aux éloges qu'au blâme, car ce sont deux aspects importants de la responsabilité.

LA PUNITION

Il convient de signaler que la question de savoir si le conducteur en état d'ébriété ou l'enfant gourmand devrait être puni (quel genre de punition, punition sévère ou non, etc.) n'a aucun lien avec le blâme ou le reproche. La punition relève en réalité d'un troisième type de responsabilité, après les responsabilités causale et morale. La décision de punir ou non, de quelle manière ou par quel moyen (prison ou travaux communautaires ?) ne fait pas partie du blâme en lui-même. Parfois, le simple fait pour un parent attentionné de désapprouver le comportement de son enfant en lui disant « Tu t'es mal comporté » ou encore « Je suis triste, déçu et fâché » peut constituer en soi une punition. Certains diront que le blâme exprimé verbalement représente une punition. Nous savons bien entendu que les automobilistes qui conduisent en état d'ébriété méritent une sanction réelle, que ce soit pour punir ou, plus important encore, pour dissuader. Dans les pays scandinaves, les conducteurs surpris en état d'ébriété vont en prison, qu'ils aient blessé ou non quelqu'un; il y a donc moins de conducteurs ivres qu'en Amérique du Nord. Avec les enfants, des sanctions appropriées peuvent être appliquées: aller réfléchir dans sa chambre, se voir interdire de regarder la télévision, etc. Je ne prendrai pas la peine de relever les châtiments corporels (la fessée), presque toujours inacceptables. Je sais que cette mesure corrective suscite la controverse – la Cour suprême du Canada a déjà rendu sa décision en cette matière[11]. D'ailleurs, je ne m'attarderai pas davantage sur la punition, car c'est un sujet traité dans d'autres livres sur l'éducation des enfants[12]. Je me contenterai de faire remarquer que, peu importe la punition, s'il y a lieu d'en donner, certains peuvent juger pertinent de poser des limites. D'autres préfèrent prendre le temps d'expliquer pourquoi il faut poser des limites, même si de telles explications ont déjà été fournies et qu'elles semblent évidentes. Ces explications doivent être apportées au cours de la petite enfance, dès les premières années de vie de l'enfant. N'oublions pas que l'enfant qui ne parle pas encore comprend généralement beaucoup plus qu'on ne l'imagine.

« JE SUIS DÉSOLÉ. »

Comme l'illustre Linus dans la bande dessinée de la page suivante, le repentir, les remords et les regrets sont importants. Ces divers éléments sont non seulement des vertus nécessaires pour le développement, mais ils seront aussi très utiles lors de la prise de décisions pour déterminer si une personne doit être blâmée et éventuellement punie et jusqu'à quel point. La principale préoccupation des parents est de pouvoir déterminer si les excuses de leur enfant sont crédibles et sincères. Cette tâche n'est pas aisée pour le parent ni pour le juge siégeant au tribunal. Les juges se servent de l'expérience qu'ils ont des criminels, tandis que les parents et les éducateurs de la petite enfance sont habituellement en assez bonne position pour connaître les enfants dont ils s'occupent. Quoi qu'il en soit, une personne peut décider de faire preuve de compassion et d'humanité, de pardonner, d'accorder aux enfants le bénéfice du doute, au moins les premières fois qu'ils transgressent les règles. À l'instar du juge qui se montre parfois clément, nous devrions être indulgents avec nos jeunes enfants, attitude qui offre l'avantage supplémentaire suivant: le pardon

PEANUTS.
© 1996 United Feature Syndicate, Inc.
Ne fais pas ça, le chien!
Si tu touches à cette doudou, tu le regretteras pour le restant de tes jours.
Tu auras des regrets et des remords, et peut-être aussi que tu voudras t'en repentir.
Mais, surtout, tu t'en mordras les doigts éternellement!
Il a raison. Je pourrais avoir des regrets, des remords et je pourrais même m'en repentir...
Mais les chiens ne se mordent jamais les pattes!
2-25

et la compassion correspondent, à part entière, au genre d'émotions morales et de vertus que nous voulons mettre en pratique en espérant que nos enfants nous imiteront[13].

En matière d'éducation morale, le type de pardon que nous préconisons ne correspond pas nécessairement au repentir et à la contrition. Comme le propose Patricia White, le genre de pardon accordé aux enfants ne se limite pas à des réponses du type: «C'est correct, ce n'est pas grave[14].» À la maternelle, à la maison et dans la vie en général, il est possible d'observer les nombreuses formes que peut prendre le pardon. En outre, le pardon est inextricablement lié aux excuses[15]. Si un adulte ou un enfant accroche accidentellement quelqu'un, il convient de dire «Je suis désolé», «Excusez-moi» ou «Pardon!». Si un sport se pratique avec un partenaire, le double au tennis par exemple, il est important qu'un joueur dise à son partenaire «Désolé» lorsqu'il rate la balle; son partenaire répliquera probablement «Ce n'est rien» ou «Ce n'est pas grave». Les parents et les entraîneurs devraient non seulement montrer le comportement à adopter, mais expliquer également les effets positifs que certaines paroles peuvent avoir sur les autres. Nous devons ajouter que les excuses doivent être sincères et chaleureuses. Comme un éducateur se plaisait à le rappeler, il ne suffit pas de dire «Je suis désolé, mais...[16]». Si les excuses sont authentiques et que la personne concernée se montre prête à pardonner, il n'y a pas de «mais» qui tienne. Il faut également souligner que les paroles doivent être prononcées de façon que l'interlocuteur soit convaincu de la sincérité de l'autre. Dire, par exemple, «Désolé, désolé, désolé, désolé» sur un ton sarcastique ou hypocrite est pire que de ne présenter aucune excuse; l'autre enfant ne sera pas dupe. Une autre excuse facile à laquelle les adultes ont recours consiste à dire: «Je suis désolé que tu sois fâché», excuse dont les enfants ont tôt fait de s'inspirer... Cela est avantageux pour la personne qui présente une telle excuse puisqu'elle n'a pas à reconnaître sa faute; il s'agit seulement d'une expression de tristesse. Cela peut parfois marcher pour obtenir un accord temporaire entre deux individus qui acceptent de ne pas être d'accord. Enfin, *nous devons insister sur l'obligation qu'ont les parents et les éducateurs de s'excuser auprès des enfants*. Les résultats d'une récente enquête en Amérique du Nord ont révélé que la majorité des personnes interviewées n'avaient aucun souvenir lié à des excuses faites par leurs parents[17].

D'autres aspects peuvent éclairer les liens entre les excuses et le pardon. Ainsi, lorsqu'on présente des excuses, il convient d'être le plus précis possible et d'expliquer ce qu'on a fait ou omis de faire. Par conséquent, de dire «Je suis désolé pour ce que j'ai fait» ne suffit pas. Comme nous l'avons déjà vu, il est parfois très difficile de présenter des excuses, parce que cela signifie qu'on reconnaît avoir complètement tort, alors qu'on ne peut accepter qu'une partie du blâme pour la situation engendrée. D'ailleurs, dans la plupart des conflits, il est plutôt rare qu'une seule personne soit à blâmer. Même si l'on ne croit pas avoir entièrement tort, on peut avouer avoir tort en partie; de tels aveux aideront l'autre à pardonner.

Selon une expression française, « tout comprendre, c'est tout pardonner » ; en anglais, on dit plutôt que « tout comprendre, c'est ne rien pardonner ». Ces deux expressions font ressortir un aspect important du pardon. En règle générale, si nous pouvons trouver des raisons pour expliquer le comportement d'une personne qui nous a offensés ou vexés, il y a de fortes chances que nous lui pardonnions. C'est ce que montre l'exemple du piéton qui heurte un autre passant et qui s'excuse aussitôt en disant « Désolé ». Les mots sont importants et indiquent qu'il s'agit d'un accident. L'autre piéton répondra sans aucun doute « Ne vous en faites pas », « Ce n'est pas grave », « Pas de problèmes » ou quelque chose du genre. Toutefois, chercher des explications d'ordre psychologique pour chacun des comportements dans le but d'atténuer la responsabilité n'est pas conseillé. Peu importe les explications fournies pour justifier un comportement donné, il convient toujours de traiter les autres en tenant compte de la responsabilité morale, y compris le rôle joué par les excuses et le pardon[18].

En ce qui a trait aux excuses, nous désirons apporter deux autres précisions. Premièrement, la personne qui s'excuse devrait toujours regarder son interlocuteur dans les yeux, comme si elle formulait des félicitations ou exprimait sa gratitude. Les enfants peuvent facilement apprendre à faire cela et ainsi montrer que leurs excuses (ou leurs félicitations ou leur gratitude sont *sincères*. Deuxièmement, il faut se rappeler que les excuses sont toujours de mise, même si on a l'impression qu'on ne pouvait agir autrement. L'important, c'est qu'on reconnaisse qu'on a blessé une autre personne, qu'on soit sincèrement désolé et qu'on souhaite avoir pu agir autrement.

Pour mieux illustrer les interactions dynamiques complexes entre les excuses et le pardon, voici deux citations tirées du *Time Magazine* (octobre 2004, juste avant les élections présidentielles aux États-Unis) :

> *Je ne me rappelais pas que Mme Bush avait travaillé à titre d'enseignante et de libraire; il ne peut y avoir d'emploi plus important* (Teresa Heinz Kerry, épouse du candidat John Kerry, qui se présente aux élections présidentielles, s'excusant pour avoir dit au cours d'une entrevue qu'elle ignorait si la première dame, Laura Bush, avait déjà occupé un véritable emploi).

Elle s'est excusée, mais ses excuses n'étaient pas vraiment nécessaires. Je sais combien c'est difficile, je connais ces questions pièges (Laura Bush, acceptant les excuses de Teresa Heinz Kerry).

LES ÉLOGES ET LES RÉCOMPENSES

Louanger n'est pas le contraire de blâmer (ou reprocher). Nous réunissons souvent les termes éloges et blâme, en partie parce que nous avons adopté d'emblée le vocabulaire psychologique de Skinner (« positivement renforçant » ou « négativement renforçant »). Cependant, si nous laissons de côté le conditionnement pour focaliser sur la responsabilité morale, nous découvrons que les questions visant à déterminer quand une personne doit être louangée ne sont pas symétriques à celles relatives au blâme. Au cours d'une journée, nous – les parents et les éducateurs, ainsi que les enfants – accomplissons une multitude de bonnes actions. Non seulement il ne convient pas de louanger tous ces actes, mais cela peut parfois même être dangereux. De nombreuses recherches ont révélé que le degré de motivation des enfants du niveau préscolaire pour peindre, dessiner et créer baissait lorsque l'enseignant les complimentait trop souvent[19]. La théorie de l'attribution (soit la théorie sur la façon dont les gens perçoivent les causes des événements, des circonstances ou des actions) explique ce résultat par le contrôle externe et le contrôle interne (locus de contrôle)[20]. Par conséquent, on doit veiller à *louanger* les réalisations qui se distinguent réellement de celles normalement attendues. Une autre importante asymétrie touche la négligence et l'insouciance. En ce qui a trait au blâme, comme nous l'avons déjà vu, omettre de faire un geste qui s'imposait dans une situation donnée peut être condamnable, même si ce n'est pas intentionnel. On peut même sentir le besoin de punir un enfant négligent ou insouciant. Avec les bonnes actions, il est impossible d'établir un tel parallèle : on ne peut recevoir d'éloges pour une conduite négligente ou insouciante qui a eu des conséquences heureuses. Il faut tout simplement l'interpréter comme le fruit du hasard. Par exemple, si quelqu'un tombe à l'eau et que sa ceinture s'accroche à une personne en train de se noyer, il s'agira d'une bonne action ayant pour origine une négligence. Cependant, cette action ne peut faire l'objet d'éloges si l'on n'a déployé aucun effort (par crainte de se noyer ou par paresse) pour porter secours à la personne sur le point de se noyer.

Enfin, les récompenses constituent un sujet tout à fait différent, comme les punitions. Ainsi, déterminer quelle récompense on donnera à un enfant (un autocollant ou de l'argent) qui a accompli une « bonne action » et juger s'il mérite d'être félicité sont deux choses complètement différentes.

L'OBÉISSANCE

L'enfant responsable, tout comme le citoyen responsable, n'obéit pas aveuglément aux règles, aux règlements ni même aux ordres d'un parent. La responsabilité dont il est ici question suppose la réflexion et la prise de conscience dans un contexte où les règles ont été explicitées et justifiées. Les règles peuvent être injustes, tout comme les lois, et nous souhaitons que nos enfants puissent les reconnaître. Bien entendu, certaines situations exigent que nous soyons plus autoritaires, pour assurer la sécurité et la protection de l'enfant. Nous n'avons pas toujours le temps d'expliquer ou de justifier l'existence d'une règle interdisant d'aller dans la rue avec un tricycle, alors que c'est ce que s'apprête à faire notre bambin de 2 ans... Cependant, comme le dit si bien Piaget, il s'agit là des obstacles inévitables à l'autonomie et à la prise de responsabilités. En outre, nous sommes d'avis qu'il importe de commencer très tôt à favoriser chez notre enfant l'acquisition d'un niveau élevé de responsabilité morale. Contrairement à Piaget, nous ne croyons pas qu'il faille attendre que l'enfant ait atteint un certain âge (ou stade de développement) pour le sensibiliser aux responsabilités morales; cela est possible dès l'âge de 2 ans. Mais Piaget a raison de rappeler l'importance de changer de point de vue concernant les règles, considérées de prime abord comme rigides et émanant d'une autorité (Dieu ou un adulte), vers un autre où elles sont considérées comme susceptibles d'être débattues et modifiées par le groupe. Piaget a également raison d'affirmer que les règles des jeux peuvent aussi être modifiées, de même que les règles morales les plus fondamentales. Il a cependant tort de penser que seuls les enfants plus âgés (en fait les adolescents) sont capables d'avoir les pensées formelles nécessaires pour atteindre un degré plus élevé d'autonomie et de responsabilité. *De nos jours, nous savons que, dès l'âge de 5 ans, l'enfant est capable de réfléchir à des problèmes de moralité complexes.* Nous savons également que bien des aspects relatifs au dialogue et aux explications doivent être proposés aux enfants de moins de 5 ans (à partir de 2 ans).

JUGEMENTS MORAUX DES GESTES POSÉS PAR AUTRUI

Dans son livre *Le jugement moral chez l'enfant* (1932), la bible de tous les psychologues et philosophes qui désirent réfléchir sur la responsabilité, Piaget ne propose pas de juger uniquement les actes que nous avons posés, mais aussi ceux des autres. Non seulement les parents ont pour tâche de réagir aux actes (« bons » ou « mauvais ») de leurs enfants, ils doivent également leur apprendre comment juger les gestes posés par les autres. Le modèle de responsabilité que nous offrons aux enfants lorsque nous discutons de ce qu'ils ont fait est celui qu'ils peuvent appliquer lorsqu'ils jugent les actions des autres. Les enfants se familiariseront – en même temps que nous – avec la complexité que recèlent le blâme et les éloges, les intentions et les conséquences, la gratitude et le ressentiment, les excuses et le pardon, la punition et la récompense, et bien d'autres aspects liés à la responsabilité. Il est souhaitable également que nos enfants apprennent à nous juger en tenant compte de ces concepts ou critères complexes. S'ils sont en colère contre nous, nous blâment ou veulent même nous punir, nous espérons qu'ils adopteront une attitude conforme au modèle que nous leur avons offert et qu'ils feront de même avec leurs amis et leurs camarades de classe.

LE RÔLE DU JUGEMENT : RÉCAPITULATION

En ce qui a trait à l'autonomie, dont nous avons discuté au début du présent chapitre, les parents doivent établir le degré d'autonomie qu'il est approprié d'accorder à leurs enfants. Par exemple, il convient d'inciter nos enfants, très jeunes (dès l'âge de 3 ans), à aviser eux-mêmes leurs amis s'ils n'ont pas l'intention de se rendre à une fête auquel à laquelle ils ont été invités. Les enfants doivent également avoir la permission de prendre certains risques lors d'activités physiques ; nous devons donc éviter de les surprotéger. Cependant, il faut se garder de rendre les enfants « trop responsables ». Certains enfants héritent du lourd fardeau de prendre des décisions que leurs parents ne peuvent ou ne veulent pas prendre. L'histoire d'un enfant de 7 ans, par exemple, qui agit de façon plus responsable que l'un de ses parents est souvent reprise dans le cadre de films contemporains, de livres ou encore de séries télévisées. En tant que parents, nous devons nous demander si le niveau de risque est approprié pour l'enfant concerné, si les responsabilités ne constituent pas un fardeau trop lourd pour lui et tenter de trouver un équilibre entre la dépendance et l'indépendance suivant les situations.

Enfin, le jugement est également requis pour faire des éloges ou une critique. Jusqu'à quel point les éloges, par exemple, peuvent-ils être favorables ou nuisibles ? Comme nous l'avons déjà vu, les éloges peuvent être tantôt bienfaisants, tantôt néfastes. Comme d'habitude, nous disposons de lignes directrices générales pour nous guider ; cependant, encore une fois, rien ne remplace un bon jugement.

EXERCICES

5.1. TEST DE L'AUTONOMIE MORALE
(Inspiré des travaux de Saltzstein, 1994)

Histoire de moquerie

Les enfants de la classe rient tout le temps de Pascal qui est nouveau à l'école. Daniel est l'ami de Pascal et ça lui fait de la peine. Parce que Daniel est son ami, il lui promet de le soutenir en disant la même chose que lui. Pascal est vraiment troublé et dit: «Moi, j'ai gagné un gros prix à mon ancienne école.» Les enfants commencent à rire et demandent à Daniel si c'est vrai que Pascal a gagné un prix. Daniel sait bien que Pascal n'a pas gagné de prix à son ancienne école.

Qu'est-ce que Daniel devrait faire? Pourquoi?

1. Si l'enfant répond: «Tenir sa promesse» (ou mentir)
   - ✓ «Que penserais-tu si Daniel mentait aux autres enfants?» (1er niveau)
   - ✓ «Es-tu certain que Daniel devrait mentir aux autres enfants? (2e niveau)
   - ✓ «Tu ne penses pas que Daniel devrait dire la vérité aux enfants?» (2e niveau)
   - ✓ «Mais que penses-tu du fait que Daniel est aussi l'ami des autres enfants?» (2e niveau)
   - ✓ «Mais que penses-tu du fait que les autres enfants ont confiance en Daniel?» (2e niveau)
2. Si l'enfant répond: «Rompre sa promesse» (ou ne pas mentir)
   - ✓ «Mais que penses-tu du fait que Daniel a promis d'aider Pascal en disant la même chose que lui?» (1er niveau)
   - ✓ «Mais es-tu certain que Daniel devrait rompre la promesse faite à Pascal?» (2e niveau)
   - ✓ «Tu ne penses pas que Daniel devrait tenir sa promesse de dire la même chose que Pascal?» (2e niveau)
   - ✓ «Mais que penses-tu du fait que Daniel et Pascal sont amis?» (2e niveau)
   - ✓ «Mais que penses-tu du fait qu'on rit de Pascal?» (2e niveau)
   - ✓ «Mais que penses-tu du fait que Pascal a confiance en Daniel?» (2e niveau)

Histoire de cachette

Emmanuel dit à son frère jumeau qu'il a une cachette secrète à la maison et lui demande de ne le dire à personne. Frédéric le lui promet. Plus tard dans la journée, leurs parents ne savent pas où est Emmanuel, qui a disparu. Ils sont inquiets et demandent à Frédéric s'il sait où se trouve Emmanuel.

Qu'est-ce que Frédéric devrait faire ? Pourquoi ?

1. Si l'enfant répond : « Tenir sa promesse » (ou mentir)
   - ✓ « Que penserais-tu si Frédéric mentait à ses parents ? » (1er niveau)
   - ✓ « Es-tu certain que Frédéric devrait mentir à ses parents ? » (2e niveau)
   - ✓ « Tu ne penses pas que Frédéric devrait dire la vérité à ses parents ? » (2e niveau)
   - ✓ « Mais que dis-tu du fait que ses parents ont confiance en Frédéric ? » (2e niveau)
2. Si l'enfant répond : « Rompre sa promesse » (ou ne pas mentir)
   - ✓ « Que penses-tu du fait que Frédéric a promis de ne pas dire où se trouve la cachette d'Emmanuel ? » (1er niveau)
   - ✓ « Mais es-tu certain que Frédéric devrait briser la promesse faite à son frère ? » (2e niveau)
   - ✓ « Tu ne crois pas que Frédéric devrait tenir sa promesse ? » (2e niveau)
   - ✓ « Mais que penses-tu du fait que Frédéric et Emmanuel sont frères ? » (2e niveau)
   - ✓ « Mais que penses-tu du fait qu'Emmanuel ne veut pas que quelqu'un connaisse sa cachette secrète ? » (2e niveau)
   - ✓ « Mais que penses-tu du fait qu'Emmanuel a confiance en son frère ? » (2e niveau)

Histoire de tricherie

Gabriel dit à son meilleur ami René qu'il pensait échouer le test qu'ils venaient de passer en classe, alors il a triché. Gabriel demande à René de ne le dire à personne. René promet de garder son secret. Le lendemain, comme l'enseignant se doute que Gabriel a triché, il demande à René si Gabriel a triché.

Qu'est-ce que René devrait faire ? Pourquoi ?

1. Si l'enfant répond : « Tenir sa promesse » (ou mentir)
   - ✓ « Que penserais-tu si René mentait à l'enseignant ? » (1er niveau)
   - ✓ « Mais es-tu certain que René devrait mentir à l'enseignant ? » (2e niveau)
   - ✓ « Tu ne penses pas que René devrait dire la vérité à l'enseignant ? » (2e niveau)
   - ✓ « Mais que penses-tu du fait que l'enseignant a confiance en René ? » (2e niveau)

2. Si l'enfant répond : « Rompre sa promesse » (ou ne pas mentir)
   - ✓ « Que penses-tu du fait que René a promis de ne rien dire ? » (1er niveau)
   - ✓ « Mais es-tu certain que René devrait rompre la promesse faite à Gabriel ? » (2e niveau)
   - ✓ « Tu ne penses pas que René devrait tenir sa promesse de ne rien dire à personne ? » (2e niveau)
   - ✓ « Mais que penses-tu du fait que Gabriel et René sont amis ? » (2e niveau)
   - ✓ « Mais que penses-tu du fait que Gabriel a triché ? » (2e niveau)
   - ✓ « Mais que penses-tu du fait que Gabriel a confiance en René ? » (2e niveau)

5.2. HISTORIETTES ET QUESTIONS SUR LES EXCUSES (pour les enfants de 2 à 5 ans)

Présentation générale

Chacun des thèmes devrait être présenté sous forme de dialogues (entre des marionnettes ou des personnages de bandes dessinées). L'adulte manipule les marionnettes tout en racontant l'histoire (ou les histoires) et en adaptant le niveau de langue aux capacités de compréhension des jeunes spectateurs. Il est toujours possible de répéter l'histoire pour que tous les enfants saisissent bien les éléments fondamentaux de l'histoire: qui est qui? (nom de chacun des personnages), qui a dit quoi? qui a fait quoi?... L'éducateur peut alors poser quelques questions d'ordre général. Au cours de la discussion, tous les enfants doivent être appelés à prendre la parole; certains s'exprimeront probablement plus que d'autres, alors qu'un certain nombre d'enfants préféreront se taire et porter attention aux paroles des autres. S'ils n'ont rien dit alors que la période de classe s'achève (après quarante minutes, par exemple), l'éducateur peut gentiment leur demander leur opinion concernant les sujets abordés.

Pour chacun des thèmes, nous avons dressé une liste de directives et nous donnons des exemples de questions à poser, dans le but de stimuler la réflexion et les discussions en profondeur. Chaque thème (la gratitude, par exemple) pourrait faire l'objet d'une discussion prolongée sur plus d'une période, et ce, sans problème! Les enfants, peu importe leur âge, demanderont sans aucun doute à leur éducateur: « Qu'est-ce que tu en penses ? » Un éducateur pourrait répondre ainsi, avec sincérité: « Je suis encore en train de réfléchir à ce sujet; j'ai des incertitudes. Peut-être que... et peut-être aussi que... ». Un autre pourrait juger bon de donner son point de vue sur chacun des thèmes, mais pas trop tôt dans la discussion afin d'éviter que les enfants acceptent simplement l'avis de l'adulte comme étant le « bon », ce qui risque d'empêcher toute réflexion approfondie chez l'enfant. S'il y a des différences d'opinion, l'éducateur en parlera d'une façon respectueuse, tout en reprenant ce que les enfants ont dit ou essayé de dire. L'animateur (ou les animateurs) de la discussion devra répéter souvent ce qui a été dit et en faire une synthèse. Par exemple, il pourrait intervenir ainsi: « Billy pense que Petit Ours devrait toujours dire "Merci!", mais Sally n'est pas du même avis. Qu'en pensent les autres ? »

> **Bousculade dans le train**
>
> Un groupe de personnages[21] est à bord d'un train ou d'un autobus. L'autobus est secoué et Petit Ours heurte son voisin, Petit Lapin. Dame Oie prend alors la parole: « Tu dois t'excuser et dire que tu es désolé. » Petit Ours ne sait pas s'il devrait s'excuser. Il n'a rien fait de mal, après tout: c'est le mouvement de l'autobus qui lui a fait involontairement pousser son voisin, Petit Lapin.

Questions préliminaires

- ✓ Petit Ours devrait-il dire « Pardon ! » ?
- ✓ Pourquoi devrait-il s'excuser?
- ✓ Que ressent Petit Lapin?

- ✓ Comment risque-t-il de réagir si Petit Ours ne s'excuse pas ?
- ✓ Comment risque-t-il de réagir si Petit Ours dit « Pardon ! » ?
- ✓ Pourquoi Petit Ours devrait-il dire qu'il est désolé s'il n'a rien fait de mal (c'est l'autobus qui l'a fait involontairement heurter Petit Lapin) ?
- ✓ Que ressent Petit Ours lorsque Dame Oie lui dit de s'excuser ?
- ✓ Petit Ours se sent-il mal à l'aise ?
- ✓ Dame Oie devrait-elle expliquer à Petit Ours pourquoi il devrait s'excuser ?

Jouer ensemble

Deux personnages jouent ensemble. Le deuxième « vole » au premier un morceau de casse-tête. Le premier le reprend, non sans faire un peu mal au deuxième. Dame Oie recommande au premier personnage de s'excuser et de dire : « Désolé. » Mais il ne se sent pas désolé.

Questions préliminaires

- ✓ Petit Ours devrait-il s'excuser quand même ?
- ✓ Pourquoi devrait-il suivre les recommandations de Dame Oie ?
- ✓ Ou pourquoi ne devrait-il pas les suivre ?
- ✓ Comment le deuxième personnage peut-il se sentir si le premier s'excuse ?
- ✓ Comment le deuxième personnage se sentira-t-il si le premier ne s'excuse pas ?

Questions secondaires

- ✓ Devrait-on dire « Désolé », même si l'on n'est pas sincère ? Est-ce que les autres devraient être désolés lorsque vous dites « Désolé » ? Pouvez-vous donner des exemples de situations où vous avez tenu à vous excuser ? Pouvez-vous donner des exemples où vous avez refusé de vous excuser ? Pouvez-vous donner des exemples de situations où vous avez dit que quelqu'un d'autre devait s'excuser ?
- ✓ Quand quelqu'un parle, devrait-il être sincère ou non ? Pouvez-vous en donner des exemples ?
- ✓ Quand quelqu'un s'excuse du bout des lèvres et que vous savez qu'il n'est pas sincère, que ressentez-vous ? Si vous vous excusez, mais que vous ignorez pourquoi vous le faites, pouvez-vous vous excuser sincèrement ?
- ✓ Avez-vous déjà entendu les mots « excuses » et « pardon » ?

- ✓ Si quelqu'un s'est mal conduit envers vous ou a fait quelque chose de mal, lui pardonnerez-vous ? Serez-vous en colère ou triste pendant plusieurs jours ? Est-il plus facile de pardonner lorsque la personne s'est excusée ? Que ressentez-vous lorsque vous dites à quelqu'un « Je te pardonne » ou « Ce n'est pas grave » ? Est-ce qu'un ami est toujours un ami même s'il a fait quelque chose de mal ?
- ✓ Est-ce que les parents et les enseignants disent aux enfants « Désolé », « Excuse-moi » ou « Pardon » ? Pouvez-vous donner des exemples de situations où un adulte s'est excusé auprès d'un enfant ? Pouvez-vous donner des exemples de situations où un adulte ne s'est pas excusé auprès d'un enfant ? Que ressentez-vous quand un adulte s'excuse ou quand il ne le fait pas ?
- ✓ Faut-il s'excuser immédiatement ou est-il préférable d'attendre et de s'excuser plus tard ? Combien de temps faut-il attendre pour s'excuser ?
- ✓ Si vous pensez n'avoir rien fait de mal, devriez-vous tout de même vous excuser ?

5.3. HISTORIETTES ET QUESTIONS SUR LA RESPONSABILITÉ (pour les enfants de 2 à 5 ans)

Présentation générale

Chacun des thèmes devrait être présenté sous forme de dialogues (entre des marionnettes ou des personnages de bandes dessinées). L'adulte manipule les marionnettes tout en racontant l'histoire (ou les histoires) et en adaptant le niveau de langue aux capacités de compréhension des jeunes spectateurs. Il est toujours possible de répéter l'histoire pour que tous les enfants saisissent bien les éléments fondamentaux de l'histoire : qui est qui ? (nom de chacun des personnages), qui a dit quoi ? qui a fait quoi ?... L'éducateur peut alors poser quelques questions d'ordre général. Au cours de la discussion, tous les enfants doivent être appelés à prendre la parole ; certains s'exprimeront probablement plus que d'autres, alors qu'un certain nombre d'enfants préféreront se taire et porter attention aux paroles des autres. S'ils n'ont rien dit alors que la période de classe s'achève (après quarante minutes, par exemple), l'éducateur peut gentiment leur demander leur opinion concernant les sujets abordés.

Pour chacun des thèmes, nous avons dressé une liste de directives et nous donnons des exemples de questions à poser, dans le but de stimuler la réflexion et les discussions en profondeur. Chaque thème (la gratitude, par exemple) pourrait faire l'objet d'une discussion prolongée sur plus d'une période, et ce, sans problème ! Les enfants, peu importe leur âge, demanderont sans aucun doute à leur éducateur : « Qu'est-ce que tu en penses ? » Un éducateur pourrait répondre ainsi, avec sincérité : « Je suis encore en train de réfléchir à ce sujet ; j'ai des incertitudes. Peut-être que... et peut-être aussi que... ». Un autre pourrait juger bon de donner son point de vue sur chacun des thèmes, mais pas trop tôt dans la discussion afin d'éviter que les enfants acceptent simplement l'avis de l'adulte comme étant le « bon », ce qui risque d'empêcher toute réflexion approfondie chez l'enfant. S'il y a des différences d'opinion, l'éducateur en parlera d'une façon respectueuse, tout en reprenant ce que les enfants ont dit ou essayé de dire. L'animateur (ou les animateurs) de la discussion devra répéter souvent ce qui a été dit et en faire une synthèse. Par exemple, il pourrait intervenir ainsi : « Billy pense que Petit Ours devrait toujours dire "Merci !", mais Sally n'est pas du même avis. Qu'en pensent les autres ? »

À qui la faute ?

Un grand personnage dit à un autre, plus petit, de lancer une pierre. Le plus petit lance donc une pierre et casse une vitre. Le plus petit s'exprime ainsi : « Ce n'est pas ma faute, c'est toi qui m'as dit de lancer une pierre. » Un troisième personnage constate les dommages.

Questions préliminaires

- ✓ Est-ce qu'un des personnages a mal agi ? Qui ? Pourquoi ? Qui a mal agi ? Le plus grand ou le plus petit ? (L'éducateur doit continuer de poser les questions peu importe le choix des jeunes enfants – le plus grand ou le plus petit personnage.)
- ✓ Est-ce que le deuxième personnage a mal agi ? Qui est le plus fautif ?

- ✓ Que ressent le troisième personnage? S'il est fâché, est-ce davantage envers le plus grand ou le plus petit? Pourquoi?
- ✓ Si un enfant répond aux questions de l'éducateur en mentionnant que l'un des personnages doit être puni, ce dernier peut poser les questions suivantes: Qui devrait être puni? Comment? Pour combien de temps? Qui doit avoir une punition plus sévère, le plus grand ou le plus petit? Pourquoi?

Une mauvaise influence (inspirée de saint Augustin)

Cinq personnages se réunissent autour d'un poirier qui se trouve sur une terre appartenant à un fermier. Quatre d'entre eux désirent voler des poires. Ils veulent que le cinquième, le plus petit d'entre eux, en prenne une et ils l'encouragent à la voler. Ce dernier n'aime pas les poires, mais il en saisit une après avoir hésité. Le fermier les aperçoit et les cinq voleurs quittent aussitôt la ferme.

Questions préliminaires

- ✓ Qui est fautif? Pourquoi?
- ✓ Est-ce que les quatre premiers personnages ont mal agi?
- ✓ Comment se sent le plus petit, le cinquième?
- ✓ Comment se sentent les autres personnages?
- ✓ Que ressent le fermier? S'il est fâché, envers qui l'est-il?
- ✓ Si le fermier décide de punir les voleurs, lesquels doivent être punis ou lequel?
- ✓ Si ces voleurs sont tous fautifs, lequel est le plus fautif?
- ✓ Qui doit avoir une punition plus sévère?

Questions secondaires

- ✓ Si un groupe de personnes fait quelque chose de mal, qui doit être blâmé? Si une personne pousse une autre à faire quelque chose de mal, qui doit être blâmé? Qui devrait être puni? Qui devrait recevoir une punition plus sévère?
- ✓ Pouvez-vous donner des exemples où une personne en a dénoncé une autre?
- ✓ Que faire si un adulte pousse un enfant à faire quelque chose de répréhensible? Devons-nous punir l'enfant ou l'adulte? Qui devrait être puni plus sévèrement? Qu'en est-il quand le capitaine d'un bateau ou un général de l'armée exerce une influence négative sur un subalterne (ou un groupe de subalternes)? Que faire si un directeur d'école, un enseignant ou un président de classe exerce une telle influence négative sur un enfant?

- ✓ Connaissez-vous le mot « responsable » ? Que signifie-t-il ? L'éducateur peut expliquer que la personne qui accomplit une action est « responsable », ce qui signifie qu'elle peut recevoir des éloges ou des blâmes ou encore qu'elle peut être punie ou récompensée, s'il y a lieu. Elle doit assumer les conséquences de ses actes.
- ✓ Que penser des personnes qui disent aux autres quoi faire ? Sont-elles responsables ? Dans quelle mesure ou jusqu'à quel point ? Si une personne agit à titre d'autorité (un adulte devant un enfant, un capitaine devant son équipage, etc.) et donne des ordres aux autres, ces derniers peuvent-ils refuser d'obéir et dire « Non » ?

INTERLUDE

Tout ce qu'il me manque pour me rendre heureux c'est que quelqu'un me dise «Je t'aime bien»...
En es-tu certain?
Bien sûr que j'en suis certain!
Tu veux dire que tu serais heureux si quelqu'un te disait tout simplement qu'il ou elle t'aime bien?
Est-ce que tu veux dire que quelqu'un a le pouvoir de te rendre heureux juste en faisant une chose aussi simple?
Oui! C'est exactement ce que je veux dire!
Bien, je pense que ce n'est pas beaucoup demander... Je ne sais vraiment pas...
En es-tu toujours aussi certain? Tout ce que tu veux c'est que quelqu'un te dise : «Je t'aime bien Charlie Brown»...
... et tu seras alors heureux?
Et je serai heureux!
Je ne peux pas te le dire!

UN TEMPS POUR SE TAIRE, ET UN TEMPS POUR PARLER

Nous avons analysé les valeurs de base (l'honnêteté, la politesse et la responsabilité) et nous nous attarderons aux sentiments dans la troisième partie. Tous les chapitres antérieurs portant sur les valeurs soulèvent une question qui, en outre, permet d'établir un lien avec le sujet de la partie qui suit: comment apprendre à nos enfants quand il convient de se taire ou de parler? Dans le chapitre sur l'honnêteté, nous avons expliqué qu'il est parfois nécessaire de se taire et de ne pas faire état de ses croyances, parfois pour faire preuve de tact. Dans le chapitre sur la politesse, en ce qui touche la gratitude et son expression, nous avons également parlé de la nécessité de se taire par opposition à celle de s'exprimer. Et, enfin, dans le chapitre sur la responsabilité, à propos des excuses, nous avons souligné l'importance de la manière dont les excuses verbales sont formulées ainsi que du moment choisi pour le faire.

En ce qui concerne la politesse (la gratitude et les salutations) de même que les excuses, l'essentiel de notre propos pourrait se résumer comme suit: si nous demandons aux enfants de dire «Merci!», «Allô!», «Bonjour!» ou «Je suis désolé», ils doivent être sincères en prononçant ces paroles, c'est-à-dire éprouver un sentiment réel. Par conséquent, un «Merci!» prononcé en ronchonnant, sans le moindre sourire, ou encore un «Je suis désolé» accompagné d'un langage non verbal signalant que la personne n'est ni reconnaissante ni désolée sont plus offensants que de n'exprimer aucune gratitude ou excuse. Alors quoi dire aux enfants dans ces cas? Tout d'abord, les éducateurs ne devraient pas insister pour que les enfants disent «Désolé», «Merci!» ou «Bonjour!» sans leur avoir expliqué pourquoi ils devraient faire des excuses, remercier ou saluer les autres. Comme d'habitude, les détails des explications varieront en fonction de l'âge des enfants à qui l'on s'adresse. Par exemple, avec un enfant de 9 ans, l'éducateur peut expliquer pourquoi ces conventions verbales sont nécessaires, de quelle manière elles sont liées aux attentes d'autrui et, enfin, que l'utilisation des mots appropriés évite de blesser les gens inutilement. On pourrait aussi dire que la mauvaise humeur ne dispense pas de répondre adéquatement aux salutations. Nous ne voulons pas ici encourager la politesse feinte ou affectée, parce qu'on espère que celui ou celle qui dit «Bonjour, comment ça va?» à un membre de sa famille, à un élève de sa classe ou à un ami le fait parce qu'il en a vraiment envie. Peu importe si l'on est triste, en colère, distrait par un événement, on devrait tout de même saluer une personne que l'on connaît. En tant qu'adultes, nous comprenons tous qu'une personne très éprouvée par un deuil ne veuille pas s'engager dans une longue conversation avec un ami ou un collègue. Nous apprécierons toutefois qu'elle nous salue et pensons qu'elle se sentira probablement aussi un peu réconfortée.

Même les enfants de 5 ans peuvent comprendre ce type de situation complexe. Pour les enfants de 2 à 5 ans, nous ne devons proposer uniquement que des explications simples, sans entrer dans les détails. Par exemple, nous pouvons dire que « Merci ! » peut signifier « Je suis content du cadeau que tu m'as offert » ou « Je suis content que vous ayez pensé à moi sans savoir si ce cadeau me plairait ou non ». Quant aux tout-petits de moins de 2 ans, nous nous limiterons la plupart du temps à leur apprendre à dire « Merci ! », « Bonjour ! », etc., tout en veillant cependant à accompagner ces mots du comportement non verbal approprié.

En insistant uniquement sur le « comportement approprié », nous commettons presque toujours une erreur. Si un enfant ne reçoit jamais d'explications sur le comportement que l'on attend de lui lorsqu'il est très jeune, cet enfant « poli » risque de devenir, tôt ou tard, un adolescent bourru et impoli que tous chercheront à éviter. Certains parents s'opposeront à cette recommandation de toujours fournir des explications. Ils croient que leurs jeunes enfants doivent seulement prendre l'habitude d'utiliser les mots appropriés pour saluer et exprimer leur gratitude et présenter des excuses. Tout ce qu'ils veulent, c'est de préparer leurs enfants pour qu'ils acquièrent des habiletés sociales, s'entendent bien avec leurs enseignants et leurs camarades et s'intègrent à la société dans son ensemble. Aristote[1] n'a-t-il pas insisté, comme certains philosophes et psychologues, sur l'importance d'inculquer à l'enfant des comportements appropriés et ensuite de lui fournir des explications ? Voici notre réponse : inculquer à l'enfant l'habitude de dire « Désolé », « Pardon » ou « Merci ! », sans qu'il éprouve les sentiments correspondants ou comprenne dans quel contexte il doit le faire, ne lui permettra pas d'acquérir des aptitudes sociales ni de s'intégrer plus facilement. Les jeunes enfants sont aussi habiles que les adultes à reconnaître la contradiction entre le message verbal et le message non verbal. À l'exemple des adultes et des enfants d'âge scolaire, les très jeunes enfants se servent de l'expression faciale comme principal signal pour déterminer si le message verbal est sincère ou faux. Comme le dit Shakespeare par la bouche de Donalbain : « Ici, je vois des poignards dans les sourires » (*Macbeth*, Acte II, scène 3). Les enfants peuvent, comme l'indique Shakespeare, détecter les sourires contraints. Prenons un exemple plus près de nous de message empreint de fausseté : à l'épicerie du quartier (ou encore dans un dépanneur), un commis dit à un client : « Bonne journée ! » ou encore « Bonne fin de journée », sans lui sourire ni établir un contact visuel avec lui. Pire encore, parfois les salutations sont faites avec une grimace ou un froncement de sourcils. Il vaut certainement mieux ne pas être salué que d'être salué de façon hostile. C'est ce que nous devons essayer de montrer à nos jeunes enfants.

Des recherches récentes ont révélé que les enfants de 2 à 5 ans réagissent davantage au message non verbal qu'au message verbal en cas de contradiction. Ce qu'il faut retenir, c'est que les enfants habitués à dire les mots appropriés, sans nécessairement les ressentir, auront beaucoup de difficulté à se faire des amis. Il est tout à fait normal de rappeler à un enfant de dire « Merci ! », « Bonjour ! », « À la prochaine ! », etc., lorsqu'il l'oublie. Dans une garderie, par exemple, si l'éducateur dit « Bonjour ! » et que l'enfant ne lui répond pas, il convient de presser l'enfant de lui répondre. On fera ainsi comprendre à l'enfant qu'il est essentiel de saluer cordialement en plus de lui montrer que l'on se soucie des sentiments de l'éducateur. Bien qu'il soit bon de faire de tels rappels à un jeune enfant, ils ne peuvent remplacer les explications qui lui permettront de comprendre pourquoi les salutations et l'expression de la gratitude sont importantes pour les autres. En fait, nous pouvons rappeler à notre enfant de saluer, mais aussi pourquoi c'est important. Il nous faut ajouter que nous devrions toujours tâcher d'accueillir les autres avec le sourire. Le *Talmud* (principale référence rabbinique fournissant des commentaires sur la Bible et l'éthique) traite d'ailleurs de ce sujet : peut-on s'attendre à ce qu'une personne de mauvaise humeur en salue une autre en affichant un certain entrain ? À cette question, le *Talmud* répond affirmativement : le fait qu'une personne se sente plus ou moins en forme ne l'autorise pas à imposer sa mauvaise humeur aux autres. Même si parfois elle ne peut contrôler ses émotions, cela ne signifie pas qu'elle ne puisse contrôler son *comportement*[2]. Les enfants doivent apprendre et comprendre qu'ils devraient saluer les autres de la même manière qu'ils souhaiteraient l'être : d'une manière enthousiaste et agréable.

Même si nous insistons pour que les enfants émettent des messages sincères, qu'ils soient verbaux ou non verbaux, une place de choix doit être réservée aux jeux de faire semblant et au théâtre. Si nos enfants sont bons acteurs, ils seront capables de feindre la tristesse ou la colère et d'y prendre plaisir. Notre rôle en tant que parents consiste alors à faire remarquer qu'il y a un temps pour faire semblant et un temps pour exprimer des émotions réelles.

Si l'éducateur insiste auprès de l'enfant pour que les mots reflètent des sentiments réels, celui-ci pourra rester fidèle à lui-même : l'authenticité et la sincérité sont des qualités fort intéressantes en elles-mêmes. Reportons-nous à la bande dessinée présentée au début de cette section. Lucy ne peut se résoudre à dire « Je t'aime bien Charlie Brown ». Comme il en a l'habitude, Schulz a saisi une caractéristique fondamentale de nos relations interpersonnelles. Le lecteur peut très bien se mettre dans la peau de Lucy, qui croit qu'elle se trahira elle-même en prononçant une phrase qui n'exprime pas ses sentiments réels. Tous les adultes – et tous les enfants ! – pourraient citer des exemples personnels similaires où ce qu'ils ont dit ne reflétait pas leur pensée ; la situation la plus fréquente est probablement celle où les excuses sont faites « du bout des lèvres ». Dire « Je suis désolé », en s'excusant vraiment, c'est aussi admettre qu'on a eu tort. Plusieurs romans et pièces de théâtre dépeignent ce dilemme, où le personnage principal hésite à s'excuser, puisque cet acte s'oppose à ses convictions[3].

Nous pouvons ainsi résumer l'essentiel à propos des excuses : s'excuser, c'est dire « Je suis désolé » (ou une formule semblable). Mais il ne suffit pas d'articuler les mots ; les excuses doivent être sincères. La même remarque s'applique aux salutations et aux remerciements : il est nécessaire de dire ces mots, mais ils doivent avoir du poids... En outre, il est toujours possible de joindre le geste à la parole (serrer quelqu'un dans ses bras, donner une accolade ou un baiser, un sourire), mais cette démonstration d'affection ne doit jamais être imposée (consulter la préface ainsi que le chapitre 11 portant sur les accolades et les étreintes).

Dans le but d'illustrer le principal sujet de la présente section, c'est-à-dire la nécessité de s'exprimer avec sincérité, j'ai choisi de réunir dans une seule partie du livre les salutations, les remerciements et les excuses. Si ces sujets présentent des similitudes, ils comportent aussi des différences qui ne feront pas ici l'objet d'une analyse[4]. Deux autres sujets seront abordés dans les chapitres ultérieurs : la fierté et l'humilité. Bien que ces sujets diffèrent considérablement des valeurs que nous avons étudiées jusqu'à maintenant, l'enjeu lié au fait de se taire ou de parler y demeure central. Nous croyons qu'il faut encourager le sentiment de fierté, de même que son expression ; cependant, dans certaines circonstances, il est préférable de manifester de l'humilité.

Il arrive souvent qu'une personne ait à choisir entre se taire ou parler, et ce, dans diverses circonstances. Nous devrions peut-être nous préparer à en parler avec nos enfants. Quand j'étais jeune, l'adage « Sois sage et tais-toi » prévalait ; cet adage devrait résolument être ignoré. Les enfants ont le droit de parler, autant que les adultes ; la question est de savoir quand ils peuvent prendre la parole. Voici une liste de situations en vrac où le choix de se taire ou de parler peut être difficile à faire. En général, la personne choisit de parler.

1. Nous désirons que nos enfants saisissent l'importance de se faire entendre et de s'exprimer. Nous voulons qu'ils interviennent lorsqu'ils sont témoins de harcèlement, ou de toute autre forme de violence, envers eux ou envers les autres. S'ils ont une opinion, les enfants devraient pouvoir l'exprimer, en espérant qu'ils auront le courage de dénoncer toute remarque « déplacée » (raciste ou sexiste). Contrairement à ce que

pensent certains éducateurs et philosophes, les remarques racistes ou sexistes ne sont pas simplement des propos «grossiers»; ces propos ne devraient pas être ignorés au nom de la «rectitude politique[5]». En tant qu'adultes, nous sommes conscients que nous devons souvent choisir entre parler ou nous taire. Nous pouvons apprendre à nos enfants à adopter la meilleure conduite possible et les aider à développer leur jugement en cette matière. Nous savons, malheureusement, qu'il n'est pas toujours bon de parler et que celui ou celle qui désire se faire écouter doit choisir soigneusement le moment où il ou elle interviendra. Il est parfois difficile de distinguer entre le bon samaritain et l'importun. Cependant, cela fait partie des vicissitudes de la vie et nous devons examiner chacune des situations au fur et à mesure qu'elles surviennent.

2. Si l'un de mes amis vient tout juste de perdre un être cher, il est approprié de lui dire: «Je t'offre mes condoléances.» Cependant, si nous nous sommes perdus de vue, et que je viens tout juste d'apprendre la mort de cet être cher et qu'il a dû surmonter une grave dépression en raison de ce chagrin, dois-je lui dire «Je suis désolé d'apprendre la mort de ta femme», bien qu'il y ait de fortes chances que mes paroles l'attristent? Difficile de répondre à une telle question... Lorsqu'il est difficile de décider s'il convient de parler ou de se taire, parler est généralement préférable. Dans le cas d'un décès et de sympathies à offrir, parler sera probablement moins dommageable que de ne rien dire du tout. Quant à la personne endeuillée, il faut prendre le risque de la replonger dans la tristesse car, même si elle préférerait ne pas recevoir de condoléances de votre part à cet instant précis, elle appréciera les sentiments exprimés à travers les mots entendus. Les enfants peuvent, quant à eux, être affectés par la mort d'un animal. Comment devraient-ils réagir à la mort du chien, d'un lapin ou d'un hamster appartenant à l'un de leurs amis? Nous analyserons cet exemple plus en profondeur au chapitre 6.

3. Tournons-nous maintenant vers un sujet moins grave – certains le trouveront même frivole – qui a fait l'objet de discussions dans le cadre d'une émission radiophonique sur les sports...! Devrait-on faire remarquer à quelqu'un qu'il a de la laitue coincée entre les dents ou des traces de nourriture autour de la bouche? Est-il préférable de risquer de mettre un convive dans l'embarras en le lui disant ou de se taire et tolérer la vue de traces de nourriture pendant tout le reste du repas? Cet invité, en plus d'être fâché ou embarrassé de s'apercevoir que son sourire laissait voir un morceau de laitue coincé, que son chandail était taché, ou encore qu'il avait oublié de remonter sa braguette, ne serait-il

pas contrarié de constater que personne n'a jugé bon de l'en aviser? Quel degré d'intimité entre les personnes pourrait justifier le fait qu'il a été jugé plus approprié de parler plutôt que de se taire? Serions-nous plus enclins à passer une remarque à un ami, un collègue de travail et à nous taire avec un parfait étranger? Et comment procéderions-nous? En chuchotant, en y faisant allusion par une parole ou un geste? Les participants à cette tribune téléphonique avaient de nombreuses opinions, plutôt divergentes; certains soutenaient qu'il était toujours préférable de parler dans de telles situations, d'autres, qu'il fallait toujours garder le silence.

4. Faut-il parler ouvertement de l'orientation sexuelle? À quel âge, de quelle manière et à quelle occasion? Nous savons que dans certaines circonstances le silence s'impose. Tôt ou tard, les enfants poseront des questions concernant les gais et les lesbiennes. Comment parler de ces sujets délicats? Nous y reviendrons dans un chapitre ultérieur.

5. La jalousie et l'envie, le dégoût, la honte et la culpabilité sont des émotions morales fondamentales. Au chapitre 8, nous expliquerons comment parler de ces émotions.

6. Il vaut mieux parler de ses sentiments aux autres, exprimer ses doutes, ses désirs et faire part de ses émotions. En général, dans la plupart des relations, il est bon de communiquer ces choses plutôt que de les garder pour soi. Cela est vrai pour les relations de couple[6], entre amis et certainement pour les relations établies dans un contexte thérapeutique. En cas de situation conflictuelle, se taire contribue souvent à aggraver les problèmes. Nous attribuons des sentiments et des pensées hypothétiques à une personne, sentiments et pensées qui risquent d'être bien pires que ce qu'ils sont en réalité. Dans le cadre de la consultation de groupes pour hommes violents, animée par Cynthia Martiny, coauteure de ce livre, le moment crucial pour ces hommes en thérapie est l'expression des émotions, parfois accompagnée de larmes, ainsi que de la prise de conscience, exprimée verbalement, de l'importance de ce moment. Cette combinaison de l'expression verbale et de l'expression non verbale se retrouve dans d'autres formes de psychothérapies réalisées en groupe ou individuellement[7].

7. Les adultes ont appris à parler de certaines situations qui supposaient l'abnégation de soi ou encore le refus de céder aux tentations. Lorsqu'on surveille son poids ou tente d'arrêter de fumer, il peut être judicieux

d'en parler avec ses amis et les membres de sa famille. Dans la pratique clinique, les clients sont invités à parler avec les personnes de leur entourage de leur lutte contre leur dépendance (à des substances intoxicantes, au jeu, etc.) afin qu'elles puissent les encourager à poursuivre dans cette voie. Un autre exemple, moins sérieux mais qui me touche davantage: la rédaction d'un livre. L'auteur peut en parler avec ses amis et les membres de sa famille, un moyen de poursuivre son travail tout en résistant aux distractions. Qu'il s'agisse de l'écriture d'un livre ou du contrôle de la consommation de nourriture et de drogues, par exemple, il est préférable d'en parler dans une juste mesure afin de ne pas ennuyer les personnes de l'entourage et d'éviter de devenir un «casse-pieds» pour elles. Ici, comme dans la plupart des cas, seul un jugement sûr permet de déterminer cette «juste mesure».

8. Il est important de reconnaître ses propres lacunes, mais aussi d'en parler ouvertement et sincèrement aux autres. Dans la vie, il est toujours bon de prendre conscience de ses difficultés à accomplir certaines tâches et de son manque de compétence dans certains domaines. Si pour une personne le français est une langue seconde, il est essentiel qu'elle fasse part à ses amis ou collègues qu'elle peut éprouver des difficultés avec la syntaxe française. Nous voulons montrer à nos enfants à exprimer ce genre de situations.

9. Qu'en est-il de la charité? Lorsqu'on donne de l'argent à un mendiant, il importe de le faire d'une façon convenable. Les enfants doivent apprendre qu'un don fait avec réticence – perceptible par le langage non verbal – est pire que ne rien donner du tout. On devrait normalement parler au mendiant et lui apporter une certaine consolation ou lui témoigner de la sympathie. Si l'on n'a pas d'argent à lui donner, on pourrait au moins s'adresser à lui gentiment et l'encourager en lui disant, par exemple, «J'espère que votre situation va s'améliorer[8]».

10. On doit encourager les enfants à s'exprimer en classe. La participation, habituellement verbale, est évaluée de façon positive. Certes, pendant un certain temps, un élève peut écouter attentivement, mais tout enseignant s'attend à ce qu'il prenne la parole à un moment donné.

11. De nombreux adultes – et un nombre certainement plus élevé encore d'enfants – ne savent pas quelle attitude adopter lorsqu'ils sont invités à partager un repas chez quelqu'un. Que faire lorsqu'un aliment qu'ils n'aiment pas leur est servi? Faut-il être poli et se taire ou risquer d'être

perçu comme impoli en confirmant ne pas aimer un aliment en particulier? Les parents rappellent souvent à leurs enfants qu'il est plus poli de manger le plat servi sans faire de remarque. Ce conseil peut avoir l'une des trois conséquences suivantes: l'enfant mange son plat, manifeste un certain dégoût (langage non verbal) ou fait une indigestion; l'hôte tient pour acquis que l'invité a apprécié le mets servi et qu'il peut le recevoir ultérieurement avec le même menu, pensant ainsi lui faire plaisir (cette situation peut durer pendant des années); enfin, l'invité doit composer avec l'inconfort de cette tromperie au sujet d'une chose somme toute banale. En général, il serait préférable de conseiller plutôt à l'enfant de dire ce qu'il pense, de façon agréable, et ce, même s'il risque de décevoir son hôte ou de l'offenser. Quoi qu'il en soit, tout hôte attentionné devrait prévoir ce genre de situation en demandant à ses invités (y compris aux enfants), au moment de lancer l'invitation, s'ils aiment tel mets ou aliment qu'il a prévu de servir. Avec un enfant plus timide et qui a de la difficulté à exprimer ses préférences, le défi est encore plus grand...

Dans la liste ci-dessus, le choix entre parler et se taire peut sembler prédéterminé... Nous voulions démontrer qu'il était préférable de parler dans ces cas. Pour faire contrepoids, voici une liste de situations où la meilleure attitude à adopter est de garder le silence.

1. Il vaut mieux se taire, à moins d'avoir quelque chose à dire. Le rabbin Joseph Telushkin relate une histoire qu'il vaut la peine de citer ici[9].

   Un nouveau membre du Parlement demande conseil à Benjamin Disraeli, premier ministre de l'Angleterre au XIXe siècle, pour savoir s'il devrait parler ou non d'un problème suscitant la controverse.

   Disraeli lui demande: «Avez-vous quelque chose à ajouter à ce qui a déjà été dit?»

   «Non, avoue le député. Je veux seulement que les gens du comté que je représente, ainsi que les autres députés, sachent que j'ai pris part au débat».

   Disraeli lui répond: «Il vaut mieux se taire et que les gens se disent "Je me demande à quoi il pense" plutôt que de parler et que les gens se disent "Je me demande pourquoi il a parlé".»

2. On ne devrait pas dire *tout* ce qu'on pense ou décrire tout ce qu'on ressent. Les enfants doivent apprendre que certains mots peuvent offenser les autres. Il peut être bon parfois d'avoir un franc parler, mais il faut

être conscient des sentiments que l'on suscite chez les autres. Tout en soulignant qu'il vaut mieux éviter les mots exprimés sous le coup de la colère, nous devons toutefois rappeler que la pire forme de violence verbale n'est jamais aussi dommageable que n'importe quelle manifestation de violence physique.

3. La plupart du temps, le silence vaut mieux qu'un discours lorsque nous apprécions la beauté de la nature, un morceau de musique ou la compagnie d'une personne. Parler peut gâcher le plaisir des gens qui savourent le moment présent. « Le silence est d'or » : cet adage prend tout son sens dans ces situations.

4. Pour prier ou méditer, on garde habituellement le silence. Certaines congrégations religieuses exigent des vœux de silence (pensons aux carmélites, par exemple).

5. De temps à autre, les éducateurs et les parents demandent aux enfants d'être silencieux parce qu'ils trouvent cela important et commode. Pour Maria Montessori, ces périodes de silence et de méditation étaient particulièrement importantes dans sa *Casa dei bambini*[10] (maison pour enfants).

6. Le silence est recommandé lorsque nous voulons éviter d'obliger les autres à nous mentir, comme l'illustre la situation décrite par le rabbin Telushkin :

   Si vous voyez des gens parler en aparté et que vous voulez savoir de quoi ils parlent, il vaut mieux réprimer votre curiosité et ne pas leur poser de questions, de crainte d'en faire des menteurs. S'ils avaient voulu que vous sachiez de quoi ils parlaient, ils vous l'auraient dit. Comme il est évident qu'ils ne désirent pas vous dire leur secret, ils vous mentiront.

7. Un autre cas où il convient de se taire est lorsqu'un ami vous fait une confidence et vous demande de garder le secret. Le respect d'un secret et les questions relatives à la confiance mutuelle et à la loyauté doivent faire l'objet de discussions entre parents et enfants. Bien entendu, il n'est pas toujours possible de tenir les promesses, notamment lorsque nous avons de bons motifs pour les dévoiler.

8. Par souci de tact ou de discrétion, le silence est de mise lorsque, par exemple, une femme demande à son mari : « Est-ce que j'ai engraissé ? » Dans la plupart des cas, il vaut mieux faire preuve de diplomatie en ne

révélant qu'une partie de la vérité, ou en minimisant les « effets négatifs ». Toutes ces stratégies visent à ménager l'amour-propre des gens qui nous entourent. De même, une fillette peut demander à sa meilleure amie : « Trouves-tu que ma robe est belle ? »...

9. Au cours d'un concert, de la projection d'un film ou de la lecture d'un texte, les spectateurs ou l'auditoire sont souvent priés de ne pas parler, d'éviter tout bruit nuisible et de fermer leurs téléphones cellulaires.

10. Il importe de respecter une personne qui parle à son tour; ne pas interrompre l'interlocuteur constitue une leçon importante à apprendre aux jeunes enfants. Il s'agit là d'une forme de politesse ou de courtoisie dont la justification pourrait prendre la forme de la règle d'or suivante : « Aimerais-tu que quelqu'un t'interrompe constamment ? ».

Lorsque nous cherchons à aider les enfants à déterminer s'ils doivent parler ou se taire, nous faisons souvent face à une antinomie, c'est-à-dire à deux messages contradictoires ou incohérents. En voici des exemples.

1. Nous disons parfois aux enfants : « Si tu n'as rien de gentil à dire, il vaut mieux que tu te taises. » Cet énoncé traduit bien la notion de tact : ne pas blesser l'amour-propre de quelqu'un. D'un autre côté, un autre principe contredit le premier : « Un ami doit toujours être honnête avec son ami ». Comme nous l'avons déjà vu, nous sommes parfois obligés de dire la vérité. Un philosophe a déjà dit que nous avons tous besoin d'au moins un ami pour nous dire les choses comme elles sont, et ce, sans détour[11]...

2. Nous disons parfois « Ne sois pas indiscret ! », sous-entendant par là qu'il vaut mieux se tenir tranquille, même si nous sommes curieux de savoir ce qui se passe ou tentés d'intervenir dans une situation donnée. D'un autre côté, nous sommes encouragés à nous comporter en « bons samaritains ». Les adultes, mais aussi les enfants, doivent apporter leur aide lorsqu'ils peuvent être de quelque utilité, même s'ils n'y sont pas obligés. Les recherches effectuées démontrent que les enfants d'environ 5 ans comprennent parfaitement le concept de blâme et d'éloge dans ce type de situation[12].

3. En ce qui concerne l'antinomie relative à l'expression des sentiments, (voir le point 6 de la première liste et le point 2 de la deuxième liste). Le premier conseil souligne l'importance de parler des sentiments et le deuxième, de les taire.

Se taire ou parler? Cette question démontre l'importance de développer un jugement sûr pour prendre une décision. Il est évident que nulle règle n'explicite les choix que les enfants doivent faire. Nous pouvons formuler certaines règles qui peuvent servir de guides ou de points de repère comme «Ne dis pas des choses blessantes», «Il vaut mieux se taire que de blesser quelqu'un» ou «Il est bon de dénoncer tout acte cruel pour freiner la violence». Il nous faut cependant toujours interpréter ces règles et les appliquer, comme n'importe quelle autre règle, selon le contexte et les circonstances. Ainsi, nous devons en tout temps exercer notre jugement.

EXERCICE

LA TAQUINERIE
(Programme Philosophie pour enfants)

Est-ce que vous vous mêlez de ce qui ne vous regarde pas si vous dites :

1. ... à l'enseignant que Jean triche ?
2. ... à votre sœur de se brosser les dents ?
3. ... à vos parents de commencer à préparer le repas ?
4. ... à l'enseignant que vous avez déjà appris les divisions ?
5. ... à votre grande sœur que vous n'aimez pas son « amoureux » ?
6. ... à une jeune fille d'arrêter de taquiner son chien ?
7. ... à une femme de cesser de gronder sa fille ?
8. ... à un homme de ne pas fumer au cinéma ?
9. ... au médecin que vous n'aimez pas le médicament ?
10. ... à votre mère que vous ne prendrez pas votre médicament ?

Devrait-on taquiner les personnes suivantes ?

1. Jean est le meilleur joueur de l'équipe, mais il rate la balle.
2. Samuel, comme d'habitude, a la note la plus basse pour le test d'orthographe.
3. Jean achète un peigne sans dents à son père qui est chauve.
4. Le frère de Nancy, un adolescent, a sa première moustache.
5. Thomas est le seul élève de 4e année à devenir oncle.
6. Marie veut un lecteur de disques compacts pour son anniversaire et vous découvrez qu'on lui a acheté un ordinateur.
7. Samuel jongle avec des œufs crus et il en échappe un sur ses souliers.
8. Alain est convaincu qu'il va gagner le gros lot à la loterie.
9. Juliette est convaincue qu'elle va obtenir le premier rôle dans la pièce de théâtre de son école.
10. En cette journée de « poisson d'avril », la farce de Jean lui retombe sur le nez et il se fait prendre à son propre piège.

PARTIE 3

LES SENTIMENTS

Dans le chapitre 6, nous définirons ce qu'est pour nous un enfant soucieux des autres. Nous analyserons plus particulièrement la bienveillance, le partage et la coopération, toutes des attitudes morales qui reposent sur des sentiments. En outre, nous ferons état de sentiments essentiels au développement du sens moral, soit la compassion et l'empathie. Qu'est-ce que l'empathie et pourquoi estimons-nous qu'elle est plus importante que la compassion ? Nous expliquerons comment développer cette faculté et comment la combiner avec un jugement sûr.

Dans le chapitre 7, nous verrons comment il est possible d'éduquer l'enfant sur le plan émotionnel. Qu'est-ce que les enfants savent à propos des émotions de base et de celles que l'on qualifie de « conflictuelles » ? Devrions-nous faire la distinction entre émotions « positives » et émotions « négatives » ? Comment aider nos enfants à mieux comprendre les émotions qu'ils ressentent ?

Les sentiments et la moralité sont les principaux sujets du chapitre 8. Les sentiments ont une importance cruciale pour les valeurs morales, particulièrement en ce qui touche les enjeux liés au contrôle et à la responsabilité. Lorsqu'il sera question de vertus, de vices et de modération, le jugement jouera un rôle primordial. Qu'est-ce qu'une émotion « morale » ? La honte, la jalousie et la fierté feront l'objet d'une analyse plus approfondie.

CHAPITRE

6

La sollicitude

Nous souhaitons que nos enfants aient une attitude bienveillante envers les autres, c'est-à-dire qu'ils fassent preuve de générosité en prêtant leurs choses ou leurs jouets, mais aussi en jouant et en coopérant avec les autres. En tant que parents, nous voulons, bien sûr, donner le bon exemple. Cependant, outre les comportements, nous devons inculquer à nos enfants les sentiments correspondants. Le partage doit être fait de la bonne façon, avec sincérité[1]. La coopération peut être une bonne chose, mais présenter des inconvénients. Avant de parler du partage, de la générosité et de la coopération comme tels, nous allons faire quelques remarques sur les sentiments.

Ces dernières années, les psychologues et les éducateurs ont introduit une nouvelle notion, soit l'« éthique de la sollicitude[2] ». Les concepteurs de programmes d'enseignement moral, insatisfaits de l'accent mis sur le raisonnement et les problèmes moraux, conseillent aux enseignants d'aborder cette matière sous l'angle de l'éthique relationnelle[3]. L'enseignement est axé sur l'attention portée aux autres et sur les situations impliquant des relations entre les êtres humains. Au lieu de tenter de faire abstraction de la dimension affective et de n'agir que par devoir, la personne se centre délibérément sur les obligations basées sur l'affection et la sollicitude. Au début, cela était considéré comme un aspect du mouvement féministe, où le souci pour les autres était l'apanage des femmes et la justice, celui des hommes[4]. Nous pouvons affirmer catégoriquement que rien ne prouve que le souci des autres ou la justice soit l'apanage des femmes ou des hommes[5]. Si les parents et les éducateurs de la petite enfance décident de suivre les nouvelles tendances en enseignement moral, qui consistent à parler du souci des autres autant que de la justice, ils peuvent le faire aussi bien avec les garçons qu'avec les filles. Voici un exemple de l'une de ces situations qui peuvent faire l'objet de discussions en classe :

> *Nicole et Jason ont été invités par leurs amis respectifs, Jeanne et Éric, pour souper le vendredi suivant, après l'école. Le lendemain, Pam et Danny invitent aussi leurs amis Nicole et Jason ce même vendredi pour assister à un spectacle de leur groupe rock favori : chacun d'eux a des billets pour deux sièges près de la scène. D'après vous, qu'est-ce que Nicole et Jason devraient faire ? Pourquoi ?*

C'est là un exemple représentatif d'un sujet que les éducateurs peuvent (et devraient) facilement adapter, pour en discuter avec des enfants beaucoup plus jeunes. Les enfants de 3 et 4 ans devraient commencer à réfléchir sur les problèmes que posent certaines situations et développer cette bienveillance envers les autres que nous préconisons.

LA BIENVEILLANCE

Les enfants sont, par nature, bienveillants et non pas cruels. Les chercheurs ont observé des comportements empreints de bienveillance, même chez des enfants très jeunes comme des bambins âgés de 6 mois qui cherchaient à aider d'autres bambins en détresse, parfois en attirant l'attention de leur propre mère pour qu'elle les console[6]. Cette « sympathie » précoce est susceptible d'engendrer une plus grande empathie et bienveillance envers les autres en général. La sympathie se manifeste par le « mimétisme sympathique » (*motor mimicry*[7]) ; Une recherche récente a démontré que le mimétisme sympathique est inscrit dans le cerveau des bébés ; cette disposition innée fait partie du système nerveux[8]. Ces recherches ont également démontré que les nouveau-nés n'ayant que 18 heures sont parfaitement capables de reproduire les mouvements de la bouche et du visage des adultes qui s'occupent d'eux[9]. Des bébés de 3 mois dont les mères sont dépressives peuvent prendre à leur compte les humeurs de leur mère lorsqu'ils jouent ensemble et manifester davantage de sentiments de colère et de tristesse que de curiosité et d'intérêt, par comparaison avec les nouveau-nés dont les mères ne souffraient pas de dépression[10].

La bienveillance est aussi naturelle que les gazouillis chez les enfants. Tout comme les gazouillis se transformeront graduellement en syllabes, en mots et en phrases de plus en plus complètes et complexes, la sympathie élémentaire sera remplacée par une bienveillance générale. Dans les deux cas, les éducateurs ont un rôle à jouer. Le parent s'adresse à son enfant en utilisant sa langue maternelle et l'enfant, vers l'âge de 2 ans, s'exprimera à son tour facilement dans la langue qu'il a apprise et peut-être aussi dans d'autres langues. En ce qui a trait à la bienveillance, le rôle des parents est de favoriser les apprentissages de l'enfant et d'aiguiser sa conscience sur ce qui se passe autour de lui, dans son environnement. Les adultes peuvent souligner les occasions où les enfants peuvent se montrer bienveillants et gentils. Un animal domestique procure maintes occasions à l'enfant de faire preuve de bienveillance, de bonté et de douceur. Si l'on ne peut en avoir, on lira au moins pour son enfant des histoires relatant les aventures d'animaux ou d'enfants bienveillants les uns envers les autres, en y apportant les précisions nécessaires. En outre, le parent doit être vigilant et profiter de toutes les occasions qui se présentent pour faire preuve de bienveillance. Citons deux exemples : un piéton s'aperçoit qu'une personne frêle transporte un colis manifestement trop lourd pour elle ; un passant tombe sur une connaissance qui semble fâchée ou préoccupée et qui aurait besoin de se confier à quelqu'un. Tant des adultes que des enfants peuvent être tentés d'ignorer ces deux personnes, de continuer leur chemin ou de poursuivre leurs activités. Nous pouvons cependant tous tâcher de donner un peu de notre temps et de notre cœur. Il est alors plus facile de comprendre pourquoi la bienveillance est considérée comme le type de don le plus généreux, pourquoi elle est plus appréciée même que la charité. La charité consiste en un don d'argent, alors que la bienveillance peut se traduire par un don d'argent ou un don de soi. Seuls les pauvres reçoivent la charité alors que chacun de nous peut profiter de la bienveillance d'autrui[11]. Anne Frank était une petite fille heureuse jusqu'à ce qu'elle fût obligée de rester enfermée avec certains membres de sa famille dans la pièce secrète (l'Annexe) d'une maison appartenant à des amis de ses parents pendant que l'armée d'Hitler déportait les Juifs vers les différents camps de la mort où elle mourra à son tour du typhus, peu avant la fin de la guerre. C'est dans cette Annexe qu'elle a rédigé son journal intime dans lequel elle valorise ainsi le don de soi-même : « [...] vous pouvez toujours donner quelque chose à quelqu'un, même si ce n'est que de la bienveillance[12] ».

De nombreuses histoires pour enfants fournissent également des exemples de cruauté. En les relatant, les éducateurs peuvent bien sûr formuler leurs commentaires en conséquence. On y trouvera des exemples non seulement de lutte enjouée entre les animaux, mais aussi d'agression et de violence tant entre des animaux d'une même espèce (un lion se mesurant à un autre lion) qu'entre des espèces différentes (un lion qui attaque une hyène ou est en train de dévorer un zèbre). Qu'il s'agisse d'un livre ou d'un film – *Le Roi Lion* ou *Le Livre de la jungle* –, les occasions ne manquent pas pour parler de ce sujet avec le jeune enfant et pour formuler des commentaires appropriés.

Les très jeunes enfants peuvent parfois mordre ou tirer les cheveux d'un adulte ou d'un autre enfant. Il ne faut pas y voir pas des gestes de cruauté ou des comportements agressifs; néanmoins, les parents dissuaderont leurs enfants d'adopter de tels comportements, soit par un geste ou une intervention verbale. Ces avertissements doivent être donnés lorsque l'enfant est très jeune (même s'il n'a que quelques mois). Les parents et les éducateurs peuvent être témoins de comportements agressifs à la maison, à la garderie ou à la maternelle. Au besoin, l'éducateur prendra les mesures disciplinaires qui s'imposent. Cependant, il doit veiller à expliquer à l'enfant fautif pourquoi il doit cesser de frapper, de pousser les autres ou de cracher. En général, on observera plus de comportements « agressifs » chez les garçons que chez les filles[13]. On aura parfois affaire à des enfants dont l'hyperactivité et les comportements agressifs sont d'origine neurologique[14]. Avant l'âge de 5 ans, il est rare que les enfants aient besoin de médicaments pour l'hyperactivité ou les comportements agressifs; si l'on a des doutes, il faut consulter un psychologue clinicien ou un psychiatre. La grande majorité des enfants qui présentent des comportements agressifs ou des signes d'hyperactivité au cours des premières années de leur vie verront leur comportement s'atténuer s'ils vivent dans un environnement calme et apaisant comme une bonne garderie (milieu familial ou autre) ou un bon centre de la petite enfance (CPE)[15]. Au cours de nos recherches menées auprès d'enfants âgés de 2 à 4 ans qui ont reçu un diagnostic d'hyperactivité, nous avons découvert que la plupart avaient des besoins que les parents ne parvenaient pas à combler. Les mères stressées ou souffrant elles-mêmes d'hyperactivité n'étaient pas en mesure de s'occuper de leurs enfants de façon appropriée. Les médicaments pour ces enfants tout simplement actifs ont accentué les symptômes d'irritabilité, d'agressivité et d'hyperactivité; la thérapie des parents ainsi que les soins donnés à l'enfant à la garderie ont permis d'éradiquer tous les symptômes en deux mois[16]. *Un environnement sain à la garderie, voilà un remède beaucoup plus approprié que le Ritalin®!*

Sur 35 enfants, 3 souffraient réellement d'hyperactivité d'origine neurologique et réagissaient bien aux médicaments. Les études longitudinales menées auprès de ces enfants, de l'âge préscolaire à l'adolescence, jusqu'à ce qu'ils soient de jeunes adultes, ont prouvé l'importance d'un diagnostic clair de réelle hyperactivité par opposition à un comportement réactionnel. Les premières données que nous avons relevées auprès d'enfants de 2 et 3 ans possédaient une bonne valeur prédictive quand à la possibilité que ces enfants éprouvent des problèmes psychologiques plus tard dans la vie[17].

À notre grande surprise, nous avons découvert que les pédiatres prescrivent encore du Ritalin® aux enfants d'âge préscolaire[18]. Les éducateurs sont sur la première ligne pour défendre les intérêts des enfants; ils devraient être conscients de cette pratique et prendre des mesures pour s'assurer que des interventions plus appropriées sont tentées.

Il existe une forme de cruauté que les enfants exercent; elle se manifeste habituellement par des moqueries, et ce, même à la maternelle. Ce comportement a presque toujours pour source la jalousie ou l'ignorance. La jalousie, comme il s'agit d'une émotion morale fort complexe, sera analysée plus loin. Dans un premier temps, nous pouvons certainement faire remarquer aux enfants combien une moquerie peut être cruelle et blesser celui qui la subit. La plupart des enfants ne se rendent pas compte du tort qu'ils font lorsqu'ils s'amusent aux dépens d'un enfant handicapé ou obèse. Nous devrions toujours tenter d'expliquer pourquoi ce type de comportement est néfaste. Encore une fois, une version modifiée de la règle d'or s'applique: «Comment te sentirais-tu si quelqu'un te traitait ainsi?»

Moquerie et blague peuvent parfois s'amalgamer. Les adultes ou les enfants peuvent dire: «Je ne me moquais pas de toi, je blaguais seulement.» Faire la différence entre une blague et une affirmation sérieuse est difficile à tout âge. Je connais bien des adultes qui ont leur propre code non verbal pour signifier à leur interlocuteur qu'ils ne parlent pas sérieusement, qu'ils blaguent. Ainsi, certaines personnes rient pour signaler qu'elles blaguent. Quelques-uns de mes amis et moi avons convenu d'un autre geste: lever la main; cela signifie: «Ne sois pas insulté, ne prends pas ça au sérieux, je plaisantais.» Il peut être très utile d'expliquer ce genre de nuances aux enfants.

Comme nous l'avons déjà relevé, tous les enfants sont naturellement bienveillants. Nous pourrions cependant nous demander pourquoi certains enfants sont plus naturellement bienveillants ou «bons» que d'autres. Nous disons souvent que certains enfants ont «bon cœur». Nous avons remarqué que ces enfants portent plus spontanément assistance à un animal blessé ou à un ami qui est tombé. Pourquoi cela semble-t-il plus facile pour certains et plus difficile pour d'autres? C'est en partie dû au tempérament et à une prise de conscience précoce.

LA COMPASSION

En termes simples, nous pouvons affirmer que la compassion est la peine ressentie par quelqu'un qui prend pleinement conscience des malheurs d'autrui[19]. Lorsqu'on parle de compassion, il s'agit d'une émotion bien plus profonde que la réaction que peuvent avoir des bambins face à la détresse de leurs pairs. Cette première réaction est parfois désignée comme étant de la «sympathie»; la compassion est donc une émotion partiellement voisine de la sympathie. Autrement dit, lorsque nous parlons de compassion, nous devons nous intéresser aux questions de valeur et de jugement. Ainsi, les émotions formeraient un sous-ensemble particulier de sentiments. Plusieurs philosophes soutiennent que la compassion est une émotion fondamentale en ce qui concerne les débats éthiques[20]. Bien entendu, d'autres philosophes contestent le rôle de la compassion dans la vie morale; en réalité, certains considèrent que tous les sentiments (y compris les émotions) font obstacle au raisonnement moral et au jugement moral. Il s'agit là d'un débat complexe et, comme d'habitude, nous préférons renvoyer le lecteur à d'autres ouvrages[21]. Nous nous contenterons ici de dire qu'à notre avis les émotions sont au centre de l'éducation morale; la capacité des enfants à respecter des règles, même avec de la «bonne volonté», est insuffisante.

D'autres émotions morales sont importantes, et la «pitié» en est un exemple[22]. Bien qu'elle fasse partie intégrante de la bienveillance que montreront nos enfants, la pitié n'est pas synonyme de compassion, sans doute parce que sa définition est entachée de condescendance et de supériorité envers celui qui souffre. Nous préférons utiliser un autre terme : l'empathie.

L'EMPATHIE

L'empathie désigne la faculté d'imaginer l'expérience vécue par une autre personne. Nous préférons parler du développement de l'empathie plutôt que de celui de la compassion parce que l'empathie peut être mise à contribution dans d'autres situations que celles où les personnes sont en détresse. Nous devons aider les enfants à développer leurs capacités de comprendre, de ressentir et de partager la joie ainsi que la tristesse d'autrui. Lorsque nous faisons preuve d'empathie devant la joie d'une personne, nous nous gardons ainsi d'éprouver de la jalousie.

Certains philosophes, éducateurs et psychologues prétendent qu'il faut éviter de parler d'empathie. Ils estiment qu'une personne faisant preuve de beaucoup d'empathie peut s'en servir pour blesser ou manipuler les autres[23]. Selon nous, la personne vraiment « empathique » (qu'il s'agisse d'un adulte, d'un enfant, d'un psychologue, d'un enseignant ou d'un ami) prendra nécessairement en considération les besoins d'autrui de même que ses propres besoins. Nous croyons en outre que l'empathie n'est pas uniquement une compétence ou une technique qui tient compte de l'expression verbale et non verbale ainsi que des facteurs cognitifs et affectifs. Pour nous, l'empathie est une notion morale[24]. Nous estimons qu'il est impossible pour des psychologues cliniciens, des conseillers, des psychiatres ou encore des enseignants d'être vraiment « empathiques » en donnant préséance à leurs propres besoins plutôt qu'à ceux de leurs clients ou de leurs élèves. Même dans des situations où quelqu'un fait preuve d'empathie pour son propre intérêt, ce ne sera jamais en vue de nuire ou de léser l'autre. Lors d'une partie de poker, par exemple, un joueur peut essayer de « se mettre à la place » de l'un de ses adversaires, en recourant aux dimensions cognitives de l'empathie. Cette attitude égocentrique augmente ses chances de gagner. Il s'agit là d'un bon exemple illustrant la nécessité de lire dans les pensées et les sentiments des autres pour tenter de découvrir ce qu'ils ressentent. Si cette « stratégie » peut aider certains à combler leurs propres besoins, nous ne pouvons pas automatiquement la qualifier de machiavélique ou de manipulatrice.

En somme, l'empathie représente la capacité de se « mettre à la place de l'autre[25] » : aptitude à comprendre l'autre, à réfléchir sur l'autre et à décoder les pensées et les sentiments de l'autre. Ce n'est pas uniquement de la « sympathie » – comme lorsque nous commençons à pleurer en voyant quelqu'un verser des larmes (comme un bébé pourrait le faire). Chez les enfants plus âgés et les adultes, y compris les psychologues et les conseillers, il convient de faire la distinction entre empathie et projection et « contagion émotionnelle[26] ». En tant que thérapeute, je dois posséder les compétences nécessaires pour bien comprendre le point de vue de mon client, ses pensées, ses sentiments et ses opinions, tout en demeurant moi-même : ne pas perdre de vue ma propre conscience, mon identité et mes propres points de vue. Il faut aider les enfants à comprendre les multiples facettes de l'empathie et les amener à envisager des points de vue différents des leurs, une habileté qui a été reconnue essentielle au développement d'un jugement moral et à l'acquisition d'une conduite morale[27].

Les enfants peuvent appliquer plus efficacement les variantes de la règle d'or s'ils ont acquis l'empathie cognitive requise. Ils seront plus disposés à partager et à coopérer s'ils sont capables de faire montre d'empathie affective, de lire et de comprendre les émotions des autres, ce qui suppose bien entendu qu'ils aient d'abord appris à distinguer leurs propres émotions, à les nommer et à les comprendre. Enfin, c'est seulement en tâchant de faire de leur mieux, comme nous les adultes, qu'ils développeront un authentique souci d'autrui. Cette dernière facette morale de l'empathie est sans doute la moins facile à saisir.

LE DÉVELOPPEMENT DE L'EMPATHIE

L'empathie peut être développée en trois étapes, les mêmes que celles décrites lors de la formation des thérapeutes et des conseillers. Tout d'abord, puisque l'empathie comporte inévitablement une part d'affectivité, il faut faciliter la reconnaissance et la désignation des émotions ressenties. La deuxième étape consiste à augmenter la sensibilité aux sentiments d'autrui, par le biais, entre autres, de récits ou d'histoires et par des discussions ouvertes concernant les sentiments et les pensées des personnages (animaux ou humains). L'éducateur peut également faire référence à ses expériences personnelles. De la même manière, les parents pourront échanger avec leurs enfants sur leurs propres sentiments dans des situations ou des contextes semblables. Enfin, la troisième étape consiste à suggérer des stratégies pour mieux comprendre les sentiments des autres.

Voici un exemple : l'aînée (une fillette de 4 ans) est en train d'assembler les morceaux d'un casse-tête. Son frère (âgé d'un an et demi) lui « vole » un morceau. Sa sœur le reprend et continue à jouer, tout en ignorant les cris et les pleurs de son frère. On pourrait expliquer à la fillette qu'elle aurait pu s'y prendre autrement avec son frère, lui laisser le morceau de casse-tête ou lui en donner un autre, par exemple, ou lui expliquer ce que ressent son frère. Mais pourquoi cette enfant de 4 ans devrait-elle se préoccuper des sentiments d'autrui ? Nous souhaitons que notre enfant soit conscient des conséquences de ses actes. La fillette peut prévoir et comprendre que non seulement son petit frère se fâchera, mais que son père et sa mère feront de même. Ainsi, la prise en compte des sentiments des autres représente une bonne stratégie qui se traduira par une valorisation personnelle accrue. Nous cherchons à inculquer des valeurs à nos enfants, car nous ne voulons pas qu'ils agissent sans se soucier des sentiments de leurs camarades.

En résumé, les enfants développent l'empathie selon les trois étapes utilisées dans la formation des conseillers : la reconnaissance des émotions, la conscience des autres et la considération des stratégies possibles et de leurs conséquences. Un parent peut développer l'empathie chez son nouveau-né seulement cinq jours après sa naissance. Jusqu'à 2 ans, bien avant que le tout-petit sache former des phrases qui lui permettront d'appliquer les stratégies susmentionnées, le parent peut stimuler son enfant à l'aide de jeux. L'un d'eux consiste à imiter les expressions faciales ; le parent imite alors les expressions faciales du tout-petit et vice versa. Le parent peut également faire une autre activité amusante : produire des sons, la bouche fermée, avec l'enfant, en imitant les bruits et les sons. Ces interactions non verbales permettent de comprendre les sentiments de l'enfant et ses propres sentiments. L'enfant expérimente alors l'intersubjectivité où les premiers indices d'empathie se concrétisent. Les parents peuvent avoir recours à ces jeux dès la naissance du bébé. Vers l'âge de 8 mois, les jeux se complexifient parce que l'enfant comprend suffisamment ce que le parent exprime verbalement sans que ce dernier ait à recourir au langage non verbal. Le parent peut donc dire : « Tu es triste », « Je suis triste », etc., paroles accompagnées ou non de l'expression faciale pertinente.

Supposons, par exemple, qu'un jeune enfant essaie de tirer les cheveux de son père ou de sa mère (ou de mordre quelqu'un). Plutôt que de chercher à le discipliner (l'avertir ou le punir), le parent pourrait prendre délicatement la main de l'enfant et dire « Doucement, tout doux ». Signalons que le ton apaisant, ainsi que les mots et les gestes, inculque déjà des valeurs à l'enfant. Le lecteur remarquera la différence entre le dressage d'un chat ou d'un chien et ce début d'éducation morale où nous commençons à parler avec l'enfant. Au cours des premiers mois de la vie du nouveau-né, le parent ne fait que parler à son enfant. Cependant, quand ce dernier a atteint l'âge de un an environ, il comprend déjà beaucoup de choses. Par conséquent, il est préférable que le parent fournisse toujours des explications : « Tu me fais mal quand tu me mords », « Tu me fais mal quand tu me tires les cheveux », par exemple. Au cours de la deuxième année de l'enfant, le parent peut commencer à discuter de tous les sujets abordés dans le présent ouvrage. Par exemple, les questions délicates concernant le corps peuvent être déjà explorées à cet âge. Nous pouvons parler de sujets tels que les accolades, les baisers, le toucher, etc., à un enfant de 2 ans, afin de le préparer à des conversations plus approfondies sur ces sujets ultérieurement.

Comme nous l'avons déjà mentionné, l'empathie est plus qu'une réaction à la détresse d'autrui. Les jeux théâtraux des enfants, de même que ceux qu'ils font à tout âge, comportent une part d'empathie. Chacun des joueurs observe les autres pour juger de la rigueur avec laquelle les règles du jeu (ou de l'histoire imaginaire) sont respectées et pour déterminer jusqu'à quel point les signaux envoyés sont captés par les participants. L'humour est également basé sur l'empathie. La majorité des textes littéraires et populaires pour enfants regorgent d'exemples de personnages « empathiques ».

Il est intéressant de noter que Jean Piaget a de nouveau sous-estimé les capacités des jeunes enfants (revoir l'introduction). Selon Piaget, les enfants ne peuvent faire preuve d'empathie avant d'avoir atteint l'âge de 8 ou 9 ans parce qu'ils ne possèdent pas les capacités cognitives requises[28].

LE PARTAGE

En général, les parents encouragent leurs enfants à partager leurs jouets et leurs choses avec les autres enfants, et ce, dès le plus jeune âge. Que ce soit à la maison ou à la garderie, diverses stratégies permettent l'apprentissage de ce partage. Les très jeunes enfants, avant même qu'ils ne soient en mesure de parler, ont déjà observé et remarqué qu'un gâteau peut être coupé en deux, ou qu'un paquet de dix bonbons peut être divisé en deux paquets de cinq bonbons chacun, par exemple. Ils peuvent même participer à l'activité et couper le gâteau ou diviser le paquet de bonbons. Lorsqu'ils sont un peu plus vieux (à partir de 2 ans et demi), ils sont capables de franchir une autre étape : un enfant peut couper le gâteau et les autres enfants peuvent choisir la grosseur du morceau qu'ils désirent. Par le biais de ces activités, les enfants se familiarisent avec la notion d'équité, une forme de « justice distributive », pour reprendre le terme qu'utilisent les philosophes.

Nous voulons montrer à nos enfants pourquoi le partage est une bonne chose, comment il peut rendre heureux tant celui qui donne que ceux qui reçoivent. On devrait également expliquer aux enfants, à la maison ou à la garderie, qu'il y a des endroits « communs », des espaces réservés aux membres de la famille et aux groupes, des jouets et des objets qui peuvent servir à plus d'un enfant. De même, nous avons déjà souligné l'importance de l'identité personnelle et du respect de la vie privée en désignant les choses d'une certaine manière (« le nez de Marie », « la poupée de Marie »). Ainsi, nous dirons : « Ce camion est à nous » ou « Cette pièce est réservée à Marie et Jean ». De la même manière, comme nous disons parfois « C'est à mon tour » ou « C'est à ton tour », nous pourrions dire « C'est maintenant au tour du groupe ! ».

L'une des traditions juives, nommée *Tsedaka* (charité), vise à encourager les enfants lors du rite de la *Bar Mitsva* (pour les garçons) ou de la *Bat Mitsva* (pour les filles) à donner dix pour cent de l'argent reçu en cadeau. Il est clair que nous pouvons commencer beaucoup plus tôt à mettre de côté une certaine somme d'argent. En outre, les parents devraient inciter leur enfant à faire des choix: garder l'argent ou le partager, déterminer quel montant garder ou partager, etc. Ils devraient également discuter avec leur enfant pour l'aider à choisir l'organisation qui bénéficiera de sa générosité: un organisme s'occupant des enfants pauvres d'une collectivité voisine, ou n'importe où dans le monde, par exemple.

Il convient enfin de souligner que le partage doit être sincère. Comme l'explique le philosophe Maïmonide:

> *Quiconque fait la charité à un homme pauvre de façon impertinente et avec condescendance, ne mérite pas d'être remercié, même s'il donne mille pièces d'or. Tout donneur devrait traiter le pauvre homme de bonne grâce et avec joie et devrait faire connaissance avec lui et s'enquérir de ses souffrances... il devrait lui parler, lui donner des conseils et faire preuve de sympathie*[29].

LA COOPÉRATION : EST-CE UNE BONNE CHOSE ?

Un temps pour lancer des pierres,
et un temps pour les ramasser;

(ECCLÉSIASTE 3, 5)

Un temps pour déchirer,
et un temps pour recoudre;

(ECCLÉSIASTE 3, 7)

Pourquoi souhaitons-nous que nos enfants coopèrent ? Arrêtons-nous d'abord à la définition du terme « coopération », comme nous l'avons fait pour les termes traités précédemment.

QU'EST-CE QUE LA COOPÉRATION ?

Une recherche a démontré que nombreux sont les très jeunes enfants qui croient que la coopération est synonyme d'obéissance[30]. Ils ont entendu le mot « coopérer » et peut-être que leurs parents (ou leurs enseignants) ont en fait voulu dire « Obéis, respecte les règles ». Si ce sens est attribué au terme coopération, ce n'est pas le genre de valeur morale que nous voulons inculquer. La coopération peut cependant avoir un autre sens, associé au partage: travailler avec les autres, non sans une certaine interdépendance, au sein d'un groupe ou d'une équipe de travail. Si la coopération correspond à cette dernière définition, il s'agit alors vraiment d'une valeur morale comme celle que nous désirons promouvoir.

POURQUOI LA COOPÉRATION EST-ELLE UNE BONNE CHOSE ?

Nous retiendrons les principes de Piaget qui considérait la coopération comme étant non seulement une bonne chose, mais aussi une valeur morale essentielle au développement de l'enfant. Certains théoriciens ont présenté la coopération comme un moyen pour atteindre certains buts –par exemple, obtenir de meilleurs résultats en mathématiques ou en français –, alors que d'autres perçoivent la coopération comme un antidote à la compétition féroce. À l'instar d'autres philosophes, éducateurs et psychologues, Piaget croit que la coopération est une fin en soi[31]. Selon Piaget, la coopération constitue une sorte de respect mutuel et correspond à une forme plus évoluée de responsabilité et d'autonomie. Malheureusement, comme nous l'avons vu, Piaget croyait qu'une entière coopération n'était possible que lors de la préadolescence ou au début de l'adolescence. Ainsi, même si nous reconnaissons que la coopération est une valeur morale dans le sens donné par Piaget, nous avons quelque peu modifié son point de vue: la coopération doit être promue et prendre les formes les plus complexes très tôt dans la vie de l'enfant.

LA COOPÉRATION EST-ELLE NÉFASTE ?

Il existe un certain nombre de risques associés à la coopération, particulièrement en ce qui a trait à la tendance populaire qui prévaut dans les écoles et qui met l'accent sur les travaux et les projets réalisés en équipe, selon le modèle de « l'apprentissage collaboratif ». Malgré les avantages indéniables de ce type de travail, notamment l'obtention de meilleurs résultats scolaires et l'amélioration des relations entre les groupes de différentes ethnies, cette méthode d'enseignement comporte certains inconvénients. D'abord, la plupart des activités basées sur ce type de coopération sont menées en vue d'obtenir des résultats et les groupes entrent souvent en compétition les uns avec les autres, ce qui semble contraire à une réelle coopération, telle que nous l'avons définie ici. Sur le plan pédagogique, plusieurs s'inquiètent du fait que de tels travaux, trop souvent réalisés en équipe ou en groupe, ne prépareront pas l'élève à affronter la «vraie vie», où la compétition est la norme et où la préparation en équipe en vue d'un examen d'étape est souvent perçue comme une forme de tricherie. En ce qui concerne les très jeunes enfants (de 2 à 5 ans), on note une tendance à trop souvent recourir au travail réalisé en groupe, souvent au détriment du travail autonome et du jeu[32]. Manifestement, il faut rétablir l'équilibre entre les activités réalisées en coopération et celles réalisées seul, parce que le jeune enfant, de même que l'enfant plus âgé et l'adulte, peut en tirer des avantages significatifs[33]. Le jeu individuel a aussi pour avantage de permettre à l'enfant de se calmer lui-même, un atout lorsque les personnes qui s'en occupent n'ont pas adéquatement comblé ses besoins affectifs[34]. Les parents doivent être conscients de cela et se servir de leur jugement pour déterminer à quel type de jeu (solitaire ou en équipe) l'enfant peut jouer, et pendant combien de temps.

Si les enfants sont invités à fabriquer une carte de prompt rétablissement pour l'un de leurs parents ou l'un de leurs enseignants, ils peuvent travailler seuls ou ensemble. S'ils travaillent ensemble, ils peuvent définir le rôle de chacun, les différentes tâches à accomplir, discuter du projet, etc. La coopération offre évidemment des avantages, dont certains ont été reconnus pour leur rôle dans le développement de l'enfant sur les plans cognitif et émotionnel. Sur le plan cognitif, la coopération permet d'améliorer les aptitudes à communiquer, tant pour l'expression orale que pour la communication non verbale. Le concept qui englobe à la fois cette dimension cognitive et le développement émotionnel correspondant s'appelle l'«empathie».

LE RÔLE DU JUGEMENT : RÉCAPITULATION

Nous avons déjà mentionné qu'il peut s'avérer tout aussi malsain de jouer constamment avec les autres que de jouer (ou de travailler) trop souvent seul. Nous devons exercer notre jugement, et permettre à nos enfants d'exercer le leur, pour déterminer ce qu'il est préférable de faire. Outre la coopération, dans le travail ou le jeu, nous espérons que nos enfants feront preuve d'empathie et apprendront à partager. Nous souhaitons que nos enfants soient généreux, qu'ils partagent leurs biens et leur espace et que les autres puissent profiter de leurs aptitudes et compétences. La générosité, comme toute autre vertu morale, peut cependant être excessive[35]. Un enfant (ou un adulte) qui donne aux autres pose un geste aussi insensé que celui qui ne partage jamais rien. Il faut par conséquent faire appel à notre jugement pour tempérer et chercher à atteindre un juste équilibre. Les enfants doivent apprendre que la générosité, en tant que valeur morale, se situe au milieu de deux extrêmes, comme le soutenait Aristote il y a 2500 ans. Aristote signalait également que ce «juste milieu» ne peut être calculé avec précision et que seul le jugement peut nous aider à le trouver. Quelques règles peuvent nous faciliter la tâche, mais elles doivent être interprétées en fonction de chacune des situations à analyser.

Nous devons encourager les enfants à travailler et à jouer, et ce, en dépit de ce que pensait Montessori (contrairement à Froebel et à son concept de garderie) pour qui le travail devait être la priorité dans les services de garde. Nous avons également parlé du jeu en équipe par opposition au jeu individuel. Il y a un temps et un espace pour chaque type d'activité (en équipe ou seul) et nous devons déterminer dans quelle mesure il faut encourager l'enfant à travailler et à jouer en équipe ou seul.

Les discussions sur le développement de l'empathie ont également mis en lumière le rôle important joué par le jugement. Comme nous l'avons vu, nous devons chercher à développer l'empathie chez l'enfant, de même que sa compassion envers le plus de personnes possible. Nous ne voudrions pas que nos enfants commencent à exclure certaines personnes pour des motifs blâmables. La couleur de la peau ne constitue pas un critère pertinent pour déterminer si une personne mérite notre empathie ou non ou si l'on doit se soucier d'elle ou non. Un jugement sûr fera en sorte que l'empathie deviendra une valeur universelle. C'est encore le jugement qui nous permet de distinguer les différences pertinentes de celles qui ne le sont pas. Notre imagination est un autre élément qui peut nous aider à mieux exercer notre jugement. Les garçons peuvent essayer d'imaginer ce que les filles ressentent; les enfants de race blanche peuvent chercher à envisager les choses comme le feraient des enfants de race noire; les enfants de parents mieux nantis peuvent essayer de comprendre ce que vivent les enfants de parents de milieux défavorisés.

Qu'est-ce qui est si différent? Tantôt c'est le point de vue des autres, tantôt leurs croyances, tantôt leurs besoins. Les exercices d'empathie cognitive se révèlent utiles pour mieux comprendre les points de vue et les croyances[36]. Ces exercices peuvent être combinés avec ceux portant sur le jugement pour mieux cerner les différences. En ce qui concerne les besoins, l'éducateur peut faire appel aux capacités de jugement et à l'empathie de l'enfant. Pour donner un exemple de partage, l'éducateur pourrait demander à des enfants comment ils s'y prendraient pour partager équitablement une barre de chocolat pour en donner à dix enfants. Certains répondraient en termes mathématiques: il faut diviser la barre en dix morceaux. La sensibilité de certains enfants aux besoins d'autrui pourrait les amener à répondre qu'il faut diviser la barre de chocolat en morceaux pas nécessairement égaux. Un enfant pourrait être content même s'il recevait un plus petit morceau; un deuxième, allergique au chocolat, préférerait s'abstenir; un troisième enfant pourrait refuser sa part de chocolat tout simplement parce qu'il n'a pas envie d'en manger à ce moment précis. Vers l'âge de 5 ans, les enfants sont parfaitement capables de faire des nuances dans ce genre de situations; ainsi, ils peuvent très bien admettre que certains enfants pourraient recevoir plus de chocolat, tandis que d'autres pourraient vouloir une autre friandise.

EXERCICES

6.1. TEST ET QUESTIONS SUR L'EMPATHIE
(Adapté de Selman, 1971 et 1974)

Que ferais-tu ?

Michel et Laurent se demandent ce qu'ils pourraient bien offrir à leur ami Jacques pour son anniversaire. Laurent a déjà acheté un jeu de dames à Jacques, tandis que Michel n'arrive pas à se décider entre un ballon de football et un camion miniature. Tous les deux rencontrent Jacques et essaient de savoir ce qu'il aimerait avoir pour sa fête.

Laurent et Michel demandent à Jacques s'il aimerait avoir un camion ou un ballon de football, mais rien ne semble l'intéresser. Il est très triste parce qu'il a perdu son chien Fido il y a deux semaines. Les parents de Jacques ont mis une annonce dans le journal pour essayer de le retrouver, mais sans succès. Quand Laurent lui a suggéré de s'acheter un nouveau chien, Jacques a répondu que cela ne remplacerait jamais son chien Fido. Il dit qu'il n'a même pas envie de regarder les autres chiens parce que cela lui rappelle qu'il a perdu le sien. Très triste, il quitte finalement Michel et Laurent pour rentrer chez lui.

Michel ne sait toujours pas ce qu'il doit acheter pour Jacques. En allant au magasin de jouets, Michel et Laurent passent devant une boutique qui affiche « Chiens à vendre ». Il n'en reste plus que deux et ils sont très mignons. Michel devrait-il offrir à Jacques un petit chiot pour son anniversaire ?

Laurent se souvient que Jacques ne voulait même pas regarder les autres chiens mais Michel, quant à lui, pense que Jacques serait bien content d'avoir un petit chien parce qu'il serait à lui tout seul. Laurent pense qu'offrir un tel cadeau à Jacques ne ferait qu'augmenter sa peine et finalement gâcher sa fête. Michel dit : « Je sais ce que je vais faire… »

Consignes

Expliquer à l'enfant la tâche à accomplir.

- ✓ Je vais commencer par te raconter l'histoire.
- ✓ En écoutant l'histoire, tu feras bien attention à ce que les personnes pensent et comment elles se sentent, car c'est important.
- ✓ Quand tu auras bien compris l'histoire, je vais te demander ce que tu en penses.

S'assurer que l'enfant a bien compris les éléments pertinents en lui demandant de redire dans ses mots ce qu'il a retenu de l'histoire.

- ✓ Pourrais-tu me raconter l'histoire dans tes mots ?
- ✓ Un garçon nommé Michel doit décider s'il devrait acheter un chien à son ami Jacques pour son anniversaire.
- ✓ Le chien de Jacques a disparu depuis deux semaines et Jacques est tellement triste qu'il a dit que jamais un autre chien ne pourrait remplacer Fido et qu'il n'a même pas envie de regarder les autres chiens.

Si l'enfant oublie un des détails susmentionnés, il faudra les répéter.

Par la suite, poser à l'enfant les questions suivantes :

- ✓ Que ferais-tu à la place de Michel ?
- ✓ Pourquoi ?

À ce moment, indiquer textuellement la réponse de l'enfant sur la feuille de réponse et lui attribuer la cotation correspondante (1 à 4).

Clé de correction

1. Perspective égocentrique (de 4 à 6 ans environ)
   - ✓ L'enfant ne fait pas de distinction entre son point de vue et celui des autres. Il ne considère que son point de vue, car il ignore que les autres peuvent avoir un point de vue différent du sien (p. ex., « Michel devrait donner un petit chien à Jacques. C'est amusant (*l'fun*) des chiens »).
   - ✓ L'enfant ne considère pas la possibilité que Jacques ne veuille peut-être pas de chien.
2. Perspective axée sur les informations (de 6 à 8 ans environ)
   - ✓ L'enfant considère que lui et les autres peuvent avoir différentes interprétations plausibles d'une même situation, et ce, en fonction de l'information que chacun possède. Toutefois, il ne peut pas se mettre à la place de l'autre, car il ne conçoit pas qu'une autre personne ait accès à ce qu'il pense (p. ex., « Jacques a dit qu'il ne voulait pas de chien. Michel aime les chiens, mais il ne devrait pas en acheter un pour Jacques. »)

3. Perspective axée sur les sentiments (de 8 à 10 ans environ)
   - ✓ L'enfant commence à être conscient que les autres pensent différemment ou ressentent d'autres émotions, non seulement parce qu'ils possèdent des informations différentes mais aussi parce qu'ils ont des valeurs différentes. L'enfant peut se mettre à la place de l'autre et, ce faisant, il peut se voir à travers les autres. Il comprend qu'une personne puisse envisager le point de vue de l'autre.
4. Perspective mutuelle (de 10 à 12 ans environ)
   - ✓ L'enfant prend conscience que les autres peuvent réfléchir à son point de vue et vice versa, et ce, au même moment. L'enfant peut percevoir ses relations avec autrui comme s'il était une tierce partie ou avec une certaine distance. Dans la perspective mutuelle, un enfant pourrait penser ainsi : « Alors, si Tom achète un petit chien pour Michel et que Michel ne l'aime pas, Tom sait que Michel en conclura que Tom ne cherchait qu'à faire plaisir à son ami. » Dans cette perspective, l'enfant, conscient de ses motivations et de celles d'autrui, sait que les personnes qui l'entourent peuvent être tout aussi conscientes, au même moment, de leurs propres motivations que de celles de l'enfant.

6.2. HISTORIETTE ET QUESTIONS SUR L'EMPATHIE
(Tirées de la nouvelle intitulée *Lisa*, Philosophie pour enfants)

***Lisa* [extraits]**

Après le souper, Lisa sortit prendre l'air. Elle n'était pas encore rendue sur le trottoir lorsque monsieur Johnson arriva, tenant son chien en laisse. Monsieur Johnson était nouveau dans le quartier et Lisa le connaissait à peine. En arrivant devant la maison des Thériault, le chien aperçut un écureuil à côté d'un arbre et il fonça dans sa direction.

Monsieur Johnson tira sur la laisse, mais le chien s'écrasa par terre. Puis il se remit debout, grondant et tirant lui aussi, en direction de l'écureuil qui se cachait maintenant derrière l'arbre. Monsieur Johnson essaya de se remettre à marcher, mais le chien ne bougea pas. Il tirait sur la laisse tant qu'il pouvait, mais plus il tirait, plus le chien résistait. Il appelait, criait, ordonnait, mais le chien restait immobile. À la fin, monsieur Johnson ramassa une petite branche dans un buisson tout près et se mit à frapper l'animal qui se coucha par terre, encaissant les coups sans broncher.

Lisa regardait la scène avec horreur; elle ne pouvait même pas crier. Soudain, elle s'élança vers l'homme et essaya d'attraper la branche. « Arrêtez! Arrêtez ça! » commanda-t-elle, furieuse. Surpris, monsieur Johnson reprit la branche d'un geste vif et dit, d'un ton brusque: « Qu'est-ce que ça peut bien te faire, à toi? » Folle de rage, Lisa lança: « Je suis un chien, moi aussi! »

Monsieur Johnson, exaspéré, haussa les épaules et se remit à tirer sur la laisse. Alors, le chien, oubliant de résister, se mit à marcher à côté de son maître. Bientôt, ils furent hors de vue.

Par une curieuse coïncidence, le lendemain, à l'école, Lisa entendit cette conversation: « Ah! mon vieux, disait Robert Garneau, j'ai passé une fin de semaine super! Mon père m'a amené à la chasse aux canards. »

– « Ah, oui! Ça prend vraiment beaucoup de courage pour chasser les canards », dit Marc Jacob d'un ton ironique; « ils sont armés jusqu'aux dents, c'est bien connu! »

– « Très drôle », répliqua Robert.

– « Écoute, dit Marc, vous ne les mangez même pas ces canards, alors pourquoi vous les tuez ? »

– « Il y en a trop », dit Robert d'un ton assuré. « S'il n'y avait pas les chasseurs pour nous en débarrasser – du surplus au moins –, il y aurait des canards partout. Nous serions littéralement envahis par les canards ! »

– « Oui, oui ! Je te parie que ce sont les chasseurs eux-mêmes qui les ont comptés et qui ont décidé qu'il y en avait trop. Juste pour pouvoir continuer à les chasser et jusqu'à ce qu'il n'y en ait plus un seul. »

– « Et alors ? » intervint Mathieu. « Bon débarras ! »

– « Les gens ont tout à fait le droit de chasser. C'est même permis par la loi », dit Robert à Marc.

– « Très bien », dit Marc. « Et tu vas me dire aussi qu'on a le droit de chasser tout ce qu'on veut, je suppose, même les êtres humains ? Un jour, j'ai vu un film là-dessus. Je ne l'ai jamais oublié. »

– « Complètement ridicule, répondit Robert, tuer les gens, ce n'est absolument pas la même chose que tuer les animaux… »

– « … mais, d'un autre côté, ajouta-t-il, je reconnais qu'on peut se poser des questions à propos de ce que tu viens de dire : s'il est permis d'exterminer les animaux, sous prétexte qu'il y en a trop, qu'est-ce qui nous empêcherait d'exterminer les gens, si on pensait qu'il y en a trop ? »

Lisa avait écouté la conversation sans dire un mot, mais là, elle ne put s'empêcher d'intervenir : « C'est vrai, parce que si on a l'habitude de tuer les animaux, on trouvera peut-être difficile de s'arrêter quand il s'agira des êtres humains. »

Robert secoua la tête énergiquement : « Les humains et les animaux, c'est complètement différent. Ce qu'on fait aux animaux, ce n'est pas important. Mais il faut comprendre qu'il n'est pas permis de faire les mêmes choses aux humains. C'est tout. »

La conversation glissa sur d'autres sujets. Lisa, elle, était troublée. « Pourquoi les choses ont-elles souvent l'air si simples et puis, lorsqu'on veut en parler, cela devient si compliqué et si difficile ? Marc a raison. C'est horrible d'assassiner les animaux tout le temps. Mais si on veut les manger, il faut d'abord les tuer. Je ne comprends pas. Comment puis-je être contre le fait de tuer les animaux alors que j'aime tant manger le poulet rôti et le rosbif ? Est-ce que je devrais refuser de toucher à cette sorte de nourriture ? Je ne sais vraiment plus quoi penser ! »

* * *

Le père de Lisa était dans son bureau, en train d'écouter de la musique. Lisa, assise sur un coussin à côté de son fauteuil, attendait que la musique finisse. (Quand elle s'asseyait comme ça, en classe, les genoux appuyés sur le menton, ses longs cheveux tombant tout droit dans son dos, Harry Stott disait qu'elle ressemblait à la lettre M.)

– « Beethoven », dit monsieur Thériault.

Lisa ne disait rien.

– « Quatuor à cordes », précisa monsieur Thériault.

Lisa ne disait toujours rien. Mais elle pensait : « Il sait bien que je ne sais pas faire la différence entre un morceau de musique et un autre. Pourtant, je me souviens de tout ce qu'il me dit. J'aimerais tellement qu'il m'en dise davantage. »

Soudain son problème lui revint à l'esprit. « Je devrais peut-être devenir végétarienne », se dit-elle.

Elle raconta à son père la conversation qu'elle avait eue avec Robert, Mathieu et Marc.

– « Si je te comprends bien, dit monsieur Thériault, tu aurais deux bonnes raisons pour devenir végétarienne : premièrement, tu as de la peine pour ces pauvres animaux et, deuxièmement, tu crois que si on peut se permettre de tuer les animaux, on pourrait aussi bien penser que tuer les êtres humains, c'est bien aussi. »

– « Oui, c'est ça. Mais est-ce que ce sont de bonnes raisons ? Robert dit que non. »

– « Oh ! Et pourquoi ? »

– « Il dit qu'il faut tuer les animaux parce qu'il y en a trop. Il dit aussi que si nous n'avions pas d'animaux à tuer, nous aurions probablement envie de tuer les êtres humains. »

– « Est-ce que Robert prétend que les animaux ne ressentent rien ? »

– « Il n'en a rien dit. »

– « Et toi, crois-tu que les animaux ont le droit de vivre ? »

– « Moi ? Comment le saurais-je ? Le droit des animaux ? Je n'ai jamais entendu parler de ça ! »

Monsieur Thériault fit une pause : « Ta mère t'appelle », dit-il à Lisa.

Lisa s'étira puis, d'un bond, quitta la pièce. Son père la suivit des yeux d'un air affectueux jusqu'à ce qu'elle eut disparu dans le long corridor qui mène à la cuisine.

* * *

– « Toi, Marie-France, est-ce que tu crois que les animaux ont des droits ? »

Marie-France se mit à rire. « Des droits ? Presque personne au monde n'accepte que les humains aient des droits, alors qui va penser que les animaux ont des droits ! Tu me vois avocate essayant de défendre les droits d'un chat qui se serait fait marcher sur la queue ? »

– « Et les enfants, eux ? Crois-tu qu'ils en ont des droits ? » demanda Marc.

Essayer de trouver ce que la personne peut penser ou ressentir dans les situations suivantes.

1. Hier, on t'a grondé pour quelque chose que tu n'avais pas fait. Tu étais très fâché. Aujourd'hui, Jean s'est fait gronder pour rien. Qu'est-ce qu'il ressent à ton avis ?
2. La semaine dernière, tu as obtenu un E pour ton examen de maths. Tu étais très déçu, mais tu savais que tu n'avais pas étudié. Ce matin, Irène obtient un E pour son examen de maths. Elle t'avoue à la récréation qu'elle n'avait pas étudié. Que crois-tu qu'elle ressent ?
3. Aujourd'hui, durant le cours d'éducation physique, tu as joué au basketball et tu as lancé le ballon cinq fois dans le panier. Tu t'es senti très fier. Carole l'a lancé six fois dans le panier. Comment penses-tu qu'elle s'est sentie ?

4. Lundi dernier, ta mère t'a demandé d'aller à l'épicerie et de rapporter diverses choses. Tu t'es souvenu de tout, sauf du lait. Aujourd'hui, tu rencontres Robert. Il te dit qu'il retourne chez lui après avoir fait l'épicerie pour sa mère. Pendant qu'il te parle, il se souvient qu'il a oublié d'acheter des œufs. Comment crois-tu qu'il s'est senti ?
5. Tu es arrivé en retard à l'école ce matin. Quand tu es entré en classe, l'enseignante n'était pas de bonne humeur. Elle t'a demandé si tu avais un billet de retard de tes parents. Tu n'en avais pas et tu te sentais très coupable. Quelques instants plus tard, Charles est entré en classe. L'enseignante lui a demandé s'il avait un billet pour expliquer son retard. Il en avait un et l'a présenté à l'enseignante. Comment penses-tu qu'il s'est senti ?
6. Mardi dernier, c'était l'anniversaire de ta mère. Tu lui as acheté six œillets et tu les as mis sur la table accompagnés d'une carte de vœux. À son retour du travail, elle les a vus et s'est exclamée : « Ah ! quelles belles fleurs ! Merci ! Merci ! » Aujourd'hui, tu croises Charles qui revient de sa pratique de basketball, et il dit qu'hier c'était l'anniversaire de sa mère, mais il l'avait complètement oublié. Qu'a-t-il éprouvé à ton avis ?
7. Caro est ta meilleure amie. Elle t'a promis que vous iriez voir le prochain film *Star Trek* aussitôt qu'il prendra l'affiche. Samedi, il prend l'affiche au cinéma de ton quartier. Tu lui téléphones et elle t'apprend qu'elle ne peut pas y aller parce qu'elle doit rendre visite à sa grand-mère. Qu'est-ce que tu penses que Caro ressent ?
8. Tous les élèves de ta classe ont l'intention d'aller au party organisé pour l'anniversaire de Gérard. Ils en ont parlé toute la semaine. La veille, Samuel, ton camarade de classe, tombe malade de sorte qu'il ne peut venir au party. D'après toi, comment se sent Samuel ?
9. En revenant de l'école, tu croises ton frère aîné qui paraît avoir pleuré. Tu lui demandes ce qui ne va pas. Il te répond que quelqu'un a volé sa bicyclette. Qu'est-ce que tu penses qu'il ressent ?
10. Tu invites ton amie Jennifer chez toi. Elle accroche accidentellement un des vases de cristal de ta mère : il tombe par terre et éclate en morceaux. Qu'est-ce que tu penses que Jennifer ressent ?

6.3. SE METTRE À LA PLACE D'AUTRUI

(Tiré de la nouvelle intitulée *Lisa*, Philosophie pour enfants)

Moi aussi je suis un chien

Dans l'histoire de l'exercice 6.1, Lise est si troublée par le traitement que monsieur Johnson inflige à son chien qu'elle tente de l'arrêter et lui dit : « Moi aussi, je suis un chien ! »

Lisa s'identifie avec la victime, en l'occurrence un chien, de façon claire et nette. Elle se met à la place du chien et témoigne d'une habileté à considérer le point de vue d'autrui. Une telle habileté peut être considérée comme un acte d'empathie si l'on tient compte de son caractère psychologique et affectif. L'habileté qui consiste à se mettre à la place d'autrui est, pour une large part, constitutive de l'expérience éthique. Le fait de considérer le point de vue d'autrui est capital pour la recherche éthique, car il permet à la personne qui chemine dans cette recherche de tendre vers une plus grande objectivité, de la même manière que les astronomes peuvent observer une planète à partir de différentes positions terrestres pour en obtenir une connaissance plus objective et globale.

Parfois, nous nous mettons à la place d'une autre personne pour nous demander comment nous nous sentirions si nous étions cette autre personne. Parfois, nous disons que c'est ce que nous faisons, mais ce n'est pas vraiment le cas.

Dans chacun des exemples suivants, chaque individu prétend qu'il (ou elle) s'est mis à la place de l'autre. Dites si vous êtes d'accord ou non et pourquoi.

			D'accord	*En désaccord*	*?*
1.	Sonia :	« Depuis que Marguerite et moi avons changé de place, je comprends parfaitement ce qu'elle ressent pour les mathématiques. »	☐	☐	☐
2.	Philippe :	« Marguerite et moi semblons nous habiller toujours de la même façon. Alors ce qu'elle pense de la mode doit être pareil à ce que j'en pense. »	☐	☐	☐
3.	Jourdain :	« Je sais ce que Marguerite ressent pour moi. Elle m'aime énormément. Après tout, je suis très aimable et, si j'étais elle, comment pourrais-je faire autrement ? »	☐	☐	☐
4.	Georges :	« J'aime faire rire Marguerite et, lorsqu'elle rit, Ève rit. Alors Ève doit ressentir la même chose que moi envers Marguerite. »	☐	☐	☐
5.	Albert :	« Un jour, j'ai donné une poignée de main à Marguerite. Je lui ai écrasé les doigts et elle a fait de même. Cela m'a beaucoup appris sur ce qu'elle ressent pour moi. »	☐	☐	☐
6.	Lorraine :	« Un jour, j'ai aperçu Jacques en train de se moquer de la façon dont Karine était vêtue. Je me suis sentie tellement mal pour elle, car il aurait pu en faire tout autant avec n'importe qui d'entre nous. »	☐	☐	☐

PLAN DE DISCUSSION – Les enfants et les animaux

- ✓ As-tu déjà cherché chaleur et réconfort auprès d'un chat, d'un chien ou d'un cheval à un moment où tu t'es senti incompris de tous ?
- ✓ N'as-tu jamais senti que les animaux qui aiment s'amuser et avoir du plaisir sont plus proches des enfants que des adultes ?
- ✓ N'as-tu jamais pensé que les êtres humains ne sauront jamais ce qu'est être un animal ?

- ✓ N'as-tu jamais senti que les animaux ne sauront jamais ce qu'est être un humain?
- ✓ Crois-tu que les jeunes animaux pensent à ce qu'ils deviendront plus tard comme le font toutes les jeunes personnes?
- ✓ Crois-tu que les chatons veulent devenir des chats et que les chiots sont impatients de devenir des chiens?
- ✓ Crois-tu que les animaux aimeraient être d'autres animaux – le chaton, un chiot; le chiot, un chaton, par exemple?
- ✓ Crois-tu que les jeunes animaux peuvent souhaiter savoir lire et écrire?
- ✓ Quand les animaux font des choses que nous appelons «bien» – quand ils sont aimables, gentils, affectueux –, est-ce parce que nous les avons dressés ainsi?
- ✓ Quand les animaux ne se comportent pas de manière que nous appelons «bien» – quand ils sont menaçants et font des dégâts –, est-ce toujours à cause de leur nature?

PLAN DE DISCUSSION - Le raisonnement analogique en éthique

Lisa est sans doute en mesure d'imaginer ce que le chien ressent. Cela est parfois désigné comme l'imagination morale. Or, l'imagination morale peut fort bien comporter un raisonnement analogique. Examinez et discutez les situations suivantes. Comportent-elles des analogies?

- ✓ Lorsque quelqu'un échappe accidentellement une corbeille à papier sur l'orteil de Nicole, Isabelle essaie de se rappeler ce qu'elle a éprouvé lorsqu'elle s'est coincé le pouce dans la portière de l'auto.
- ✓ Le père de Thomas a perdu son emploi et sa famille vit dans la misère. Janette dit: «Je ne peux m'imaginer ce qu'ils vivent. Mes parents n'ont *jamais* été en chômage!»
- ✓ Le frère de Chita a marché sur la queue du chat par accident et le chat a lancé un cri strident. Chita l'a ensuite pris dans ses bras pour le calmer tout en reprochant à son frère de lui avoir fait mal. «Mais non, répliqua-t-il, les animaux ne ressentent pas la douleur.»
- ✓ Cathy parle affectueusement à ses plantes tous les matins. Sa sœur lui demande pourquoi elle fait ça. «Bizarre, répliqua Cathy, on pose le même genre de questions à notre professeur d'anglais.»

6.4. LE PARTAGE

PLAN DE DISCUSSION – Accepter de l'aide et en demander

Qui devriez-vous aider ? Pourquoi devriez-vous accepter l'aide de quelqu'un ?

- ✓ Devriez-vous aider un compagnon de classe à trouver un sujet pour son devoir ?
- ✓ Devriez-vous laisser quelqu'un copier vos devoirs ?
- ✓ Devriez-vous laisser quelqu'un regarder le devoir que vous êtes en train de préparer ?
- ✓ Devriez-vous expliquer à un autre élève de la classe comment vous faites votre devoir ?
- ✓ Si votre meilleur ami veut copier votre devoir, devriez-vous le laisser faire ?
- ✓ Votre grand-mère vous a donné six photos pour un devoir et il vous en faut seulement quatre. Devriez-vous donner les deux autres à vos amis ?
- ✓ Vous devez recueillir des articles de journaux pour un devoir et votre mère vous en donne dix.
- ✓ Au bureau où elle travaille, votre tante obtient cent commandes de bonbons pour l'école.

PLAN DE DISCUSSION – Partager

Deux personnes peuvent-elles partager :

- ✓ … la même chambre ?
- ✓ … le même livre ?
- ✓ … le même corps ?
- ✓ … la même idée ?
- ✓ … les mêmes amis ?
- ✓ … les mêmes parents ?
- ✓ … les mêmes plaisirs ?
- ✓ … les mêmes douleurs ?
- ✓ … le même animal domestique ?
- ✓ … le même esprit ?

Comment répondriez-vous à ces questions ?

- ✓ Supposez que, votre ami et vous, vous partagiez un reste de tarte. Si vous demandez une portion plus grande, est-ce que cela veut dire que celle de votre ami devra être plus petite ?
- ✓ Supposez que, vous et votre ami, vous lisiez en classe dans le même livre. Est-ce que cela veut dire que plus vous lisez, moins votre ami en aura à lire ?

- ✓ Est-ce que certaines choses peuvent être partagées seulement si chacun prend des *portions*? Donnez des exemples.
- ✓ Est-ce que certaines choses peuvent être partagées seulement si on procède à *tour de rôle*? Donnez des exemples.
- ✓ Est-ce que certaines choses peuvent être partagées de sorte que chaque personne obtienne la même part que si elle était toute seule? Donnez des exemples.

PLAN DE DISCUSSION - Le zoo

- ✓ Quelles sortes d'animaux y a-t-il dans le zoo?
- ✓ Pourquoi n'y a-t-il pas de chiens dans les zoos?
- ✓ Pourquoi est-ce une bonne chose pour les gens qu'il y ait des zoos?
- ✓ Est-ce une bonne chose pour les animaux d'être dans des zoos?
- ✓ Est-ce préférable pour les animaux d'être dans un zoo plutôt que dans leur habitat naturel?
- ✓ Devrait-on garder les animaux dans des cages?
- ✓ Devrait-on laisser les animaux se battre au zoo?
- ✓ Devrait-on apprendre quelque chose aux animaux dans les zoos?

CHAPITRE 7

Pour mieux comprendre les émotions...

Un temps pour pleurer,
et un temps pour rire;
un temps pour gémir,
et un temps pour danser.

(ECCLÉSIASTE 3, 4)

Un temps pour aimer,
et un temps pour haïr;

(ECCLÉSIASTE 3, 8)

LES ÉMOTIONS, C'EST QUOI?

Les émotions représentent le sous-ensemble de sentiments qui nous concerne le plus en matière d'éducation morale. Le domaine des sentiments (le «domaine affectif») couvre un territoire qui englobe la souffrance et le plaisir, la motivation et les appétits (comme la soif et la faim), les attitudes et les dispositions. En général, nous pensons que les sentiments font obstacle aux valeurs morales. Platon et Kant sont les principaux défenseurs de ce point de vue, suivant lequel les passions (impulsions et désirs) doivent être contrôlées pour que nous puissions être bons et agir correctement[1]. Un philosophe n'est pas de cet avis: Aristote, qui considère que les sentiments ne s'opposent pas aux valeurs morales, mais en forment plutôt l'essence. Nous adoptons le point de vue de ce philosophe grec en cette matière, comme plusieurs philosophes actuels qui s'intéressent aux émotions[2].

Certains philosophes ont aussi relevé le rôle d'autres sentiments dans la moralité, notamment la souffrance et le plaisir, les attitudes, les désirs, les appétits, les passions et la motivation. La façon la plus courante de relier ces sentiments au raisonnement moral consistait à les considérer comme des éléments de la psychologie morale humaine[3]. La connaissance d'ordre moral permettait de déceler ce qui est bien et les sentiments devenaient alors les instruments du bien[4]. Les sentiments remplaçaient ainsi la «volonté» pour expliquer ce qui pousse les enfants, ainsi que les adultes, à faire ce qu'ils croient devoir faire. Dans cette optique, les sentiments «nous poussent» à agir, comme toute motivation, et nous encouragent à faire ce qu'il faut en cas de tentation. En d'autres mots, certains sentiments nous incitent à commettre de mauvaises actions et d'autres, au contraire, à faire de bonnes actions.

À l'opposé de ces deux points de vue philosophiques – où les sentiments sont perçus comme des obstacles à la moralité ou comme une sorte de «motivation» –, les philosophes modernes adoptent de plus en plus la position d'Aristote suivant laquelle les sentiments sont au cœur de la moralité. Comme Sharon Bailin l'explique, en parlant de l'éducation: «L'opposition entre l'intuition et la rationalité repose sur une fausse opposition entre la raison et l'émotion. La raison et l'émotion ne s'opposent pas l'une à l'autre, elles sont en réalité intimement liées[5].»

Un autre éducateur apporte le même argument, mais de manière quelque peu différente. Dans son livre sur l'imagination et l'éducation, Kieran Egan décrit un certain nombre d'erreurs liées à l'application des méthodes pédagogiques auprès des jeunes enfants, notamment le manque de reconnaissance de l'importance de l'imagination, la sous-estimation des capacités des enfants à comprendre des concepts abstraits fondamentaux (comme l'amour, la haine, l'oppression) et l'oubli de la dimension affective[6]. Margaret Somerville, professeure à la Faculté de droit et à la Faculté de médecine de l'Université McGill, et experte en matière d'éthique, a les mêmes réticences que Bailin et Egan: «Je crois que l'intuition et l'émotion sont les mécanismes sur lesquels reposent nos décisions... Une personne peut dire: "Tu dois t'en méfier, car ils ne sont pas rationnels." Je dirais plutôt ceci: "Tu dois t'en méfier, car ils ne sont que rationnels"[7]»

Les émotions, indissociables des valeurs, sont souvent les mêmes que certaines vertus et certains vices, comme la jalousie, la pitié, la fierté et la honte. Comment définir les émotions? Nous pourrions d'abord dire ce qu'elles ne sont pas. Elles ne sont pas uniquement des désirs, des pulsions ou des motifs, ou ce qui nous pousse à agir. Elles diffèrent de l'appétit (la faim et la soif, au sens littéral – manger apaise toujours uniquement la faim, boire apaise toujours uniquement la soif). À l'opposé, les émotions telles que l'amour peuvent s'appliquer à un objet, à des personnes ainsi qu'à des animaux, des livres, de la musique, etc. En outre, les émotions ne peuvent être réduites à des désirs et à des passions, y compris le désir sexuel. Le plaisir et la douleur ne sont pas des émotions, bien que les émotions puissent procurer de telles sensations. Maintenant que nous savons ce que les émotions ne sont pas, tentons d'en donner une définition positive.

Tous les textes publiés dans le domaine de la philosophie et de la psychologie au cours des trente dernières années[8] pourraient se résumer ainsi: «Les émotions concernent le monde qui nous entoure.» Si nous avions à dresser la liste de ce que nous appelons des émotions, elle serait passablement longue: peur, colère, joie, tristesse, deuil, jalousie, pitié, honte, culpabilité, fierté, espoir, émerveillement, amour, haine, etc. Sur quels critères repose cette liste d'émotions? Toutes ces émotions ont pour dénominateur commun une certaine (re)connaissance, une appréciation (ou estimation, sans doute attribuable à l'expérience de vie). Toutes les émotions supposent l'analyse des situations en fonction de certains aspects qui sont agréables ou désagréables, avantageux ou nuisibles sous divers angles. Ainsi, pour ressentir de la peur, on doit percevoir le danger d'une situation donnée; pour ressentir de la fierté, on doit éprouver la satisfaction de posséder quelque chose ou d'avoir contribué à sa réalisation. Dans une analyse exhaustive récemment publiée, Martha Nussbaum soutient que les émotions provoquent des «bouleversements de la pensée», tout comme certains phénomènes terrestres (avalanches, inondations, tremblements de terre, etc.). *Les émotions sont des jugements à travers lesquels les gens reconnaissent la grande importance, pour leur propre épanouissement, de choses qu'ils ne contrôlent pas totalement, reconnaissant du même coup leur impuissance face au monde et à ses événements*[9]. À l'instar des stoïciens (le stoïcisme – doctrine selon laquelle le bonheur est dans la vertu, et qui professe l'indifférence devant ce qui affecte la sensibilité), Nussbaum croit que les émotions sont des jugements.

Dans le cadre du présent ouvrage, nous adhérons à l'analyse cognitiviste des émotions proposée. Essentiellement, à la suite d'Aristote et de Nussbaum, nous sommes d'avis que les émotions constituent une forme de jugement. Mentionnons cependant que certains philosophes ne le voient pas du même œil : ils prétendent que les émotions doivent être définies non pas en fonction de la cognition (pensée rationnelle) mais bien en fonction des changements physiologiques qu'elles provoquent[10].

Quant à savoir si les émotions sont propres à l'être humain ou si d'autres animaux peuvent ressentir des émotions, les scientifiques et les chercheurs de divers domaines ne parviennent pas à un consensus. Comme Nussbaum le fait observer, les stoïciens étaient convaincus qu'aucun animal ne pouvait ressentir d'émotions. Nussbaum – de même qu'un autre philosophe (également propriétaire d'un chien), George Pitcher[11] – soutient fermement que certains animaux manifestent des émotions telles que le chagrin, la colère et l'amour. La seule émotion qui suscite l'unanimité entre les philosophes et les psychologues est la peur. Toute créature dotée d'un cerveau semble être capable de ressentir de la peur. C'est sans doute pour cette raison que la plupart des recherches récentes dans le domaine de la physiologie se sont intéressées à cette émotion[12]. Selon nous, le dégoût est probablement une émotion propre à l'être humain – de même que l'espoir, la honte et la fierté – parce que seul l'humain est capable d'avoir des pensées abstraites extrêmement complexes. Parmi les autres notions nécessaires aux émotions, citons la conscience du temps (du passé et du futur), une faculté que seuls les humains semblent posséder. La fierté est ressentie à propos de choses que nous avons réalisées dans le passé au prix d'un certain effort, et que nous considérons comme un accomplissement personnel[13]. La honte est liée à l'image idéalisée de soi-même et par rapport à laquelle nous ne parvenons pas à nous conformer[14]. L'espoir nous permet d'anticiper l'avenir de même que les appréhensions inhérentes.

QU'EST-CE QUI DISTINGUE LES ÉMOTIONS DES HUMEURS?

Nussbaum propose d'établir une distinction conceptuelle entre les émotions et les humeurs. D'après son analyse[15], les émotions portent sur quelque chose ou sur quelqu'un, ce qui n'est pas le cas des humeurs. Bien qu'elle reconnaisse que les émotions et les humeurs peuvent toutes deux nous perturber, Nussbaum soutient que leurs caractéristiques communes ne sont pas suffisamment importantes pour qu'on les regroupe sous le terme « affect », comme certains l'ont suggéré[16]. Les émotions sont toujours liées à un événement important dans la vie d'une personne ; Nussbaum affirme que toutes les émotions portent donc sur un objet, de façon similaire. La joie, la tristesse, l'espoir, la peur, l'anxiété (ou l'angoisse), la honte, la culpabilité, le dégoût et le deuil sont des émotions qui sont nécessairement suscitées par un événement, par quelque chose ou par quelqu'un, que ce soit dans la réalité ou dans l'imaginaire. D'un autre côté, les humeurs sont sans objet, selon Nussbaum. La dépression (du moins la dépression endogène), l'euphorie, l'exaltation, le pessimisme et la sérénité sont des humeurs qui, d'après Nussbaum, ne portent pas même sur l'ombre d'un objet[17]. Elle admet qu'en pratique il est parfois peu aisé de distinguer une humeur sans objet d'une émotion portant sur un objet vague ; mais elle maintient tout de même que cette distinction conceptuelle de base est valable[18].

Nussbaum nous rappelle également que Lucrèce a souligné qu'il était possible que nous ayons des émotions inconscientes. Ainsi, nous pouvons ressentir une peur diffuse, sans objet (une humeur ?) mais dont l'objet réel serait la mort (il s'agit donc d'une émotion). L'argument de Lucrèce a bien sûr été actualisé avec l'inconscient de Freud[19], et les plus récents consensus dans le domaine de la neurologie sur l'existence d'une intelligence émotionnelle[20].

Ces « émotions de fond », c'est ainsi que Nussbaum les a baptisées, sont en effet inconscientes ; elles ne sont ni des humeurs ni des émotions[21]. Même si Nussbaum analyse l'exemple de Lucrèce relatif à la peur de la mort, il y en a d'autres dont elle ne fait aucun cas. L'une de ces émotions « de fond » serait la peur envahissante de la dépression[22]. En outre, il existe des peurs universelles (ou phobies) engendrées par les serpents, les araignées, les hauteurs, les catastrophes, la noirceur, le sang, les gros animaux carnivores, les étrangers, les espaces restreints (ascenseurs), l'eau profonde et les humains (phobie sociale)[23]. La lourdeur générale (pression ressentie dans la poitrine) décrite par Lucrèce n'est pas nécessairement liée à la peur de la mort ; l'inconscient est trop complexe pour que l'on fasse de telles généralisations. En fait, la peur de la mort (relativement à la phobie des transports aériens, par exemple) pourrait s'interpréter de manière plus plausible par la peur de sa propre disparition. Parmi ceux qui souffrent d'une phobie des transports aériens, plusieurs sont prêts à voyager sous l'effet de sédatifs ou d'une substance quelconque qui les « assommeront » afin d'atténuer leur crainte face au désastre envisagé. Cela prouve jusqu'à un certain point la justesse de l'interprétation de la « peur de sa propre disparition» par rapport à la «peur de la mort». La peur de la dépression, comme nous l'avons déjà relevé, est aussi une émotion de fond cruciale, et elle est liée à la conscience de soi. Ce point n'est soulevé ni par Lucrèce ni par Nussbaum.

Nussbaum soutient que son analyse est valide, dans la mesure où elle rend fidèlement compte d'un «phénomène»[24]. Nous acceptons ses critères qui respectent le point de vue d'Aristote, que nous avons fait nôtre. Toutefois, en ce qui concerne plusieurs sphères de l'expérience humaine, son analyse ne respecte pas ce critère[25]. C'est le cas en psychopathologie, en particulier en ce qui a trait à la dépression clinique. Nous avons déjà avancé que l'analyse de Nussbaum devrait être modifiée pour tenir compte du fait que les émotions et les humeurs, bien que différentes, ont souvent des liens de causalité[26]. Examinons brièvement deux ensembles où l'émotion et l'humeur sont associées. La première «paire» est constituée par la tristesse (une émotion) et la dépression (une humeur); la seconde par la peur (une émotion) et l'angoisse (une humeur).

LA TRISTESSE ET LA DÉPRESSION

La tristesse est l'une des émotions de base et chaque enfant apprendra très vite ce que signifie «être triste». Comme pour les autres émotions, les éducateurs aideront les enfants à déterminer ce qu'est la tristesse, à la nommer en temps opportun et à reconnaître les causes de cette émotion et ses manifestations. L'enfant peut être triste à cause d'un événement particulier, parce qu'il éprouve de la sympathie ou parce qu'il fait preuve d'empathie envers une personne, un animal ou l'un des personnages d'une historiette (consulter le chapitre 6). *La tristesse est souvent confondue avec la peur ou la colère; les éducateurs et les parents ont pour rôle d'aider les jeunes enfants à distinguer ces émotions.* Il importe de distinguer la tristesse, émotion fréquemment ressentie, et la dépression clinique, qui peut parfois affecter certains enfants. La tristesse et la dépression possèdent des caractéristiques communes, mais il est possible de les distinguer de diverses manières. Ainsi, il importe que les éducateurs parviennent à faire cette distinction parce qu'ils peuvent avoir à décider si un enfant doit consulter un psychologue clinicien ou un psychiatre. Résumons ainsi l'essentiel de l'analyse de Nussbaum (à laquelle nous adhérons): la dépression «endogène» (causée par un déséquilibre chimique dans le corps humain) nécessite un traitement médical (par prise de médicaments); c'est une humeur. La tristesse, une émotion, constitue une dépression réactionnelle à la suite d'un événement imaginaire ou qui s'est réellement produit. Même si cette distinction nous convient passablement, nous croyons, avec d'autres, que nous devrions lui apporter certaines modifications. Notre principale suggestion de modification consisterait à réunir les émotions et les humeurs sous un même terme : l'affect ; Stocker et d'autres sont du même avis[27]. La principale raison qui nous motive à faire ce changement est le lien souvent étroit qui existe entre les émotions et les humeurs. Si, par exemple, un enfant est de bonne humeur, il ressent donc plus de joie que de tristesse dans certaines situations. La musique est un excellent moyen pour influencer à la fois les humeurs et les émotions.

Même si Nussbaum utilise le terme « dépression endogène » comme un exemple d'humeur[28] – par opposition à la dépression réactionnelle (une émotion) –, elle propose un témoignage personnel faisant état de la relation entre le chagrin causé par le décès de sa mère et la dépression qui s'ensuivit[29]. Elle ne précise cependant pas la durée de cette dépression, ni sa gravité ni si elle avait dû prendre des médicaments. Quoi qu'il en soit, ces considérations nous sont plus utiles que les distinctions entre dépression « endogène » et un autre type de dépression. Que faut-il retenir ici ? La distinction que propose Nussbaum entre dépression endogène et dépression réactionnelle (émotion) est non seulement difficile à établir dans la pratique, comme le reconnaît Nussbaum elle-même[30], mais en outre elle soulève des doutes. La plupart de ceux qui doivent établir un diagnostic de dépression et déterminer le traitement approprié ont laissé tomber cette distinction entre les dépressions essentiellement causées par un déséquilibre de certaines substances chimiques et les dépressions entièrement attribuables à l'environnement ou à des conditions externes qui engendrent le stress, la frustration et l'affliction[31]. Parallèlement à ce vieux débat sur l'inné et l'acquis, on s'accorde de plus en plus pour dire que les interactions entre l'environnement et le cerveau humain sont complexes[32]. Comme l'a relevé Nussbaum, non seulement ces deux types de dépressions peuvent être traités soit à l'aide de médicaments soit par diverses psychothérapies, mais on doit également considérer les cas de dépression grave[33] comme étant le résultat d'une combinaison de facteurs externes et internes, et ce, à partir du moment où le diagnostic a été posé.

Le raisonnement de Nussbaum repose en grande partie sur les travaux de Seligman sur l'« impuissance acquise », principal élément à partir duquel elle établit une distinction entre dépression « endogène » (un de ses exemples sur les « humeurs ») et la tristesse ou la dépression réactionnelle (une émotion). Cependant, des recherches et des travaux plus récents, réalisés auprès d'animaux et d'êtres humains, ont permis d'aller beaucoup plus loin que les conclusions de Seligman. On a ainsi établi une distinction dans le domaine de la psychopathologie entre l'état de détresse et le désespoir, ce dernier jouant un rôle plus grand dans les types de dépressions les plus graves qu'ont à traiter les cliniciens[34].

LA PEUR ET L'ANGOISSE

La peur est l'une des émotions de base. Comme toutes les créatures vivantes, les enfants ressentiront de la peur, un jour ou l'autre. La peur constitue une réaction universelle face à une situation que tout animal, y compris l'être humain, perçoit comme étant menaçante. La peur engendre deux principaux comportements: la lutte ou la fuite. En outre, il existe une abondante littérature scientifique qui décrit les diverses réactions physiologiques qu'elle provoque[35]. De toutes les émotions, la peur est celle qui a été le plus souvent étudiée, tant par les psychologues que par les philosophes qui s'intéressent à la signification des sentiments. Par exemple, parmi les philosophes, citons William James qui a avancé il y a environ un siècle que l'humain avait peur parce qu'il courait, contrairement à ses opposants et à la plupart des gens qui pensent que l'humain court parce qu'il a peur[36]. Dans les plus récents débats concernant les émotions, on a accordé du crédit à la thèse de James en raison des découvertes concernant le fonctionnement du cerveau et du corps humains. Nous savons maintenant que les gens ont peur dans certaines situations parce qu'ils remarquent que leur corps a réagi d'une certaine manière. Il existe plusieurs exemples de cas de phobies enfantines (peurs) qui peuvent être cliniquement traitées, en tenant compte de nos connaissances sur les interactions entre les sentiments, les pensées et les réactions physiologiques. Nous citons un exemple concret tiré de la pratique clinique auprès d'adultes afin de mieux illustrer notre propos.

Par exemple, un homme souffrant de la phobie des transports aériens remarquera qu'il transpire davantage, que son cœur bat plus fort et qu'il réagit au moindre bruit. Ces signes physiologiques déclenchent une peur extrême, une panique, peu importe si l'événement relève de la réalité ou de l'imagination. Le contrôle de ce genre de peur est basé sur la reconnaissance du bien-fondé de l'analyse de William James, du moins en partie.

L'anxiété, comme la dépression, est une humeur plutôt qu'une émotion. Il serait bon que les éducateurs puissent reconnaître l'anxiété du point de vue clinique. Elle peut se présenter sous forme d'une inquiétude générale, qui ne porte sur rien en particulier, ou à propos de tout plutôt que relativement à une situation donnée. Si l'éducateur pense qu'un jeune enfant souffre d'anxiété généralisée, il est préférable de consulter un médecin, comme il est recommandé pour un cas de dépression clinique.

QUE FAUT-IL SAVOIR AU SUJET DU TEMPÉRAMENT ?

La tendance à être mélancolique ou optimiste – ou à être timide ou hardi – se manifeste dès les premières années de vie, un fait qui laisse croire que ces traits de caractère sont inscrits dans les gènes[37]. Les chercheurs ont découvert que le niveau d'activité des lobes frontaux des bambins âgés de 10 mois permettait de prédire si ces derniers allaient pleurer lorsque leur mère sortait de leur chambre[38]. Dans le cadre de ces recherches, la corrélation était presque de 100 %: tous les bébés qui pleuraient avaient une activité cérébrale plus élevée du côté de l'hémisphère droit, alors que l'activité cérébrale de l'hémisphère gauche était plus élevée chez les bébés qui ne pleuraient pas.

Même si certains aspects de base du tempérament se dessinent dès la naissance (ou peu après la naissance), le tempérament ne scelle pas le sort d'un individu, comme le signale Goleman[39]. Les enfants ayant « hérité » d'un tempérament morose ne sont pas nécessairement condamnés à se faire du souci ou à être grincheux, de même ce ne sont pas tous les enfants craintifs qui resteront en retrait toute leur vie. Les enfants qui ont peur ne grandissent pas tous sans profiter eux aussi de la vie. Les apprentissages affectifs réalisés au cours de l'enfance peuvent avoir de profondes incidences sur le tempérament, en amplifiant ou en atténuant une prédisposition innée. La plasticité psychologique (propriété du système nerveux de se modifier) de l'enfant explique pourquoi les expériences vécues en garderie, ou encore à la maternelle, peuvent avoir des effets durables sur l'organisation du réseau de connexions synaptiques.

Prenons pour exemple un enfant timide, dont la timidité naturelle des premiers mois de vie s'estompe vers l'âge de 5 ans. Les parents ou les éducateurs (dans le cadre de cette recherche, il s'agit principalement des mères) jouent un rôle majeur : la timidité innée de l'enfant s'atténue au fil du temps ou s'accentue au fur et à mesure que l'enfant découvre des nouveautés et ne parvient pas à relever certains défis. Les mères qui étaient trop protectrices, qui prenaient leur bambin dans leurs bras lorsqu'il se blessait ou pleurait, et ce, plus longtemps que d'autres mères, avaient des enfants plus timides. À l'opposé, les mères qui ont cherché à contrer la timidité de leur enfant ont clairement établi des limites et ont «gentiment» poussé leur enfant à s'exprimer davantage[40]. La timidité demeure l'un des traits du tempérament les plus difficiles à changer, mais tous s'accordent pour dire que toute caractéristique humaine peut être modifiée[41].

Le tempérament peut être considéré comme un terme général qui fait référence à la manière dont on se comporte. Il s'oppose aux habiletés qui insistent sur le *faire* et le *savoir-faire*, ainsi qu'à la motivation, qui renvoie au *pourquoi* du comportement d'une personne. Deux enfants pourraient enfiler leurs vêtements avec la même habileté ou faire de la bicyclette en faisant preuve d'autant de maîtrise l'un que l'autre, et réaliser ces activités pour les mêmes motifs. Mais ces deux enfants pourraient être très différents à certains égards: la vitesse à laquelle ils se déplacent à bicyclette, l'aisance avec laquelle ils pénètrent dans un nouveau milieu, entretiennent des relations sociales ou exécutent des tâches, l'intensité avec laquelle ils extériorisent leur humeur, et les efforts que les autres doivent faire pour attirer leur attention lorsqu'ils sont absorbés dans une activité quelconque. Ces différences illustrent ce que peut être le tempérament[42]. Le niveau d'activité cérébrale est l'une des caractéristiques qui ont fait l'objet du plus grand nombre d'études. Elles font état d'écarts considérables entre les sexes, et ce, dès la naissance[43], les garçons étant plus actifs que les filles (la science confirme ainsi ce que les parents et les éducateurs savent depuis longtemps).

Par ailleurs, la manière dont nous jugeons et raisonnons sur le plan moral ne peut être dissociée du «tempérament[44]», c'est-à-dire du genre de personne que nous sommes, que nous soyons généralement vertueux – terme qu'utilise Aristote dans *Éthique à Nicomaque* – ou que nous manifestions certaines vertus morales comme la tempérance, la générosité, le courage ou la «douceur». Nussbaum n'a pas vraiment tenu compte de l'importance accordée par Aristote au tempérament. Nous tenons, au contraire, à relever un exemple de cette analyse d'Aristote; il est tiré de l'argumentaire sur le manque de volonté (*akrasia*): l'incontinence (l'incontinent est celui qui cède au plaisir). Le philosophe distingue deux types d'incontinence: «la précipitation» et la «faiblesse».

> *Par ailleurs, l'incontinence est tantôt de la précipitation, tantôt de la faiblesse. Certaines personnes en effet, lorsqu'elles ont délibéré* [réfléchi ou parlé avec d'autres personnes], *ne se tiennent pas aux conclusions de leur délibération par suite de leur affection* [sentiments], *tandis que d'autres,*

> *c'est parce qu'elles n'ont pas délibéré qu'elles se laissent conduire par leur affection.* [...] *Au reste, ce sont surtout les personnes vives et celles d'humeur sombre* [mélancoliques] *qui perdent leur contrôle et font preuve d'incontinence par précipitation*[45].

Nous pourrions citer un autre exemple, cette fois à propos de la vertu, où Aristote classe les gens selon le type de colère qu'ils font. Ces quatre types de personnes coléreuses (irascible, colérique, amer et irritable) décrits par le philosophe grec, malgré les connaissances accumulées jusqu'à maintenant sur les interactions chimiques du cerveau ainsi que sur la physiologie, demeurent toujours pertinents et donnent un portrait remarquablement juste des différents tempéraments tout en précisant leurs répercussions sur les manifestations de la colère. Nous identifions facilement les personnes dites « irascibles », qui se distinguent par leur promptitude à s'irriter, à s'emporter, alors que d'autres expriment différemment leur colère. Aristote compare les divers tempéraments aux différences entre des personnes qui sont chatouilleuses ou non. La colère peut-elle être contrôlée ? Nous devrons poursuivre notre réflexion à ce sujet.

EXISTE-T-IL DES ÉMOTIONS DE BASE QUI SOIENT UNIVERSELLES ? COMBIEN Y EN A-T-IL ?

Le consensus concernant l'universalité des émotions est lié à l'expression faciale. Dans les premières recherches psychologiques sur les émotions, l'accent a été mis sur quatre émotions universelles de base : la colère, la peur, la joie et la tristesse[46]. Par la suite, deux autres émotions ont été ajoutées à cette liste : la surprise et le dégoût (voir les exercices en fin de chapitre). Certains philosophes, dont Nussbaum, ont remis en question le bien-fondé de cette liste et soutenu que les expressions faciales ne sont pas universelles, car elles peuvent avoir une composante culturelle. Le débat est lancé... ! Il faudra réaliser d'autres recherches pour confirmer ou infirmer cette thèse.

« ÉMOTIONS COMPLEXES » : DE QUOI S'AGIT-IL ?

Les émotions complexes, comme la nostalgie, constituent un mélange d'émotions de base comme la joie et la tristesse[47]. L'espoir est un autre exemple d'émotion complexe, qui comprend une part de joie et une part de peur. La frustration et la déception (un mélange de tristesse et de colère) sont des émotions que les enfants commenceront à mieux comprendre entre 2 et 5 ans. Vers l'âge de 5 ou 6 ans, les enfants peuvent discuter de ces émotions complexes, ainsi que d'autres comme la honte, la culpabilité, la jalousie et la fierté.

Les émotions peuvent être entremêlées dans un sens encore plus fondamental. Les enfants confondent souvent colère, tristesse et peur, même après l'âge de 5 ans. Dans le cadre de notre projet de recherche sur la prévention de la violence, nous avons évalué la capacité des enfants de 5 ans à reconnaître les quatre émotions de base. La plupart des enfants ont éprouvé de la difficulté à discerner la colère de la peur, la peur de la tristesse et la tristesse de la colère. Il importe de souligner que cette confusion peut se manifester sur une longue période de temps et qu'elle peut avoir des incidences considérables à l'âge adulte. Les intervenants de centres accueillant des hommes violents travaillent également sur cette confusion entre les émotions de base. L'efficacité des interventions et la réussite des thérapies pour les hommes violents reposent en partie sur la prise de conscience de leur confusion à propos des émotions de base, soit la tristesse, la peur et la colère. Les éducateurs jouent donc un rôle non négligeable auprès des jeunes enfants quant à la reconnaissance de ces émotions mélangées.

EST-IL JUSTE DE PARLER D'ÉMOTIONS « POSITIVES » ET « NÉGATIVES » ?

Les philosophes et les psychologues sont en désaccord à ce sujet. Ainsi, certains philosophes, comme Nussbaum et Stocker, reconnaissent que certaines émotions comme l'émerveillement, une forte impression, la joie, l'espoir et l'amour sont des émotions qualifiées de « positives », alors que la jalousie et la honte sont des émotions dites « négatives ». D'un autre côté, Robert Solomon soutient qu'il faut cesser de faire ces distinctions entre les émotions « positives » et « négatives »[48]. Avec d'autres, il souligne que toutes les émotions jouent un rôle dans la vie morale. Ce même débat divise aussi les psychologues. En effet, Paul Ekman, contrairement à d'autres comme Daniel Goleman, préfère ne pas parler d'émotions « destructives » ni d'émotions qui « guérissent[49] ». Pour Ekman, une émotion comme la jalousie existera toujours ; le travail des éducateurs consistera à faire en sorte que les enfants en prennent conscience. Pour Goleman, comme pour le dalaï-lama d'ailleurs, la jalousie est une émotion qui doit être complètement éradiquée[50]. Pour notre part, nous croyons que certaines émotions provoquent de la douleur ou un malaise, alors que d'autres sont plus plaisantes. Parmi celles qui sont moins agréables, citons la haine et le dégoût; parmi celles qui sont plus agréables, mentionnons l'émerveillement et l'amour (même si certaines histoires d'amour finissent par nous blesser). Pour terminer, nous offrons quelques suggestions pour discuter de ces quatre émotions avec de jeunes enfants.

LA HAINE

La haine est un mot puissant qui désigne un sentiment violent qui pousse à vouloir du mal à quelqu'un et à se réjouir du mal qui lui arrive, qui peut aller jusqu'à souhaiter la mort de celui qui inspire cette haine. L'enfant, et même le très jeune enfant, lancera un «Je te déteste» lorsqu'il sera fâché ou frustré. Nous devrions alors profiter de cette occasion pour l'aider à reconnaître ses sentiments de tristesse, de colère, de frustration ou de peur. En outre, il est bon d'expliquer à l'enfant que le fait qu'il s'est emporté ne veut pas dire qu'il déteste vraiment celui ou celle que l'a mis en colère ou lui a fait de la peine.

LE DÉGOÛT

Lorsque l'enfant atteint l'âge de 2 ans, habituellement lorsqu'il est entraîné à la propreté, l'émotion du dégoût fait son apparition. Comme nous l'avons déjà vu, des expressions faciales d'ordre universel signalent le dégoût ressenti, une émotion souvent considérée comme l'une des émotions de base. Bien sûr, l'enfant n'utilise pas nécessairement le terme «dégoût», mais il le remplacera par des expressions comme «Beurk!» ou «Yeurk!» empruntées aux éducateurs ou entendues à l'école ou ailleurs. En général, le dégoût est exprimé face à des substances organiques, plus particulièrement les «déchets organiques» ou les excrétions telles que l'urine, les vomissures, les selles et les mucosités (enfants, nous dirons plutôt «pipi», «vomi», «caca» et «morve»). Certaines théories tentent d'éclaircir l'origine de cette émotion, surtout liée au désir de l'être humain de se distinguer des autres animaux. Il importe de parler de l'utilisation du mot «dégoûtant», pour éviter qu'un enfant se serve de ce mot pour décrire une personne. Nussbaum croit que le dégoût est peut-être l'un des principaux obstacles à la compassion d'ordre universel. En gros, elle soutient que les enfants apprennent à ressentir du dégoût face à d'autres groupes de personnes, ce qui expliquerait les préjugés, la haine et la violence. Selon Nussbaum, la honte et la fierté, deux émotions morales fondamentalement humaines, sont les deux principaux obstacles à la compassion, à l'amour et à la moralité.

L'ÉMERVEILLEMENT

L'émerveillement pourrait être défini comme l'admiration devant le monde. Le jeune enfant manifeste de l'émerveillement devant certains éléments du monde qui n'ont rien à voir avec son état ou sa condition. Ces éléments incluent les personnes qui l'entourent ainsi que certaines parties de ces personnes, qui font en sorte que la gratitude et l'émerveillement sont étroitement liés. Nussbaum, ainsi que d'autres théoriciens, affirme que l'émerveillement joue un rôle important dans le développement des capacités de l'enfant à aimer et à éprouver de la compassion. Nussbaum pense que l'émerveillement diffère des autres émotions puisqu'il est « non eudémoniste ». Cela veut dire que l'émerveillement peut être suscité par autrui, et n'avoir aucun rapport avec ses propres objectifs ou ses projets. Toutes les autres émotions sont « eudémonistes », ce qui signifie qu'elles sont liées à nos priorités.

Dans le programme Philosophie pour enfants, dont nous avons ici adopté les orientations, l'émerveillement représente une émotion clé. Les enfants sont naturellement curieux du monde qui les entoure et de la signification des mots employés pour le décrire. Les discussions philosophiques menées en classe ont pour principal but de satisfaire les besoins de l'enfant qui s'émerveille devant ce monde. Le présent livre contient des exercices et des documents qui peuvent servir à approfondir cette émotion. Notons que les éducateurs de la petite enfance et les parents peuvent s'en servir de la même façon que les enseignants en classe dans le cadre du programme Philosophie pour enfants.

L'AMOUR

Un enfant peut parler de l'amour qu'il ressent pour ses parents, ses amis, un animal de compagnie, une poupée, un bonbon ou toute autre chose qui éveille chez lui un intérêt particulier. Au cours des premiers mois de sa vie, bien avant qu'il ne soit en mesure d'énoncer ses premières phrases complètes, l'enfant est néanmoins capable de manifester une forme élémentaire d'amour, une sorte de gratitude ou de reconnaissance, qui traduit une conscience diffuse du fait que les autres sont là pour assurer sa survie. Lorsque l'enfant atteint l'âge de 2 ans, nous sentons que nous pouvons commencer à lui parler de ce sujet en donnant plus de détails. Entre l'âge de 3 et 5 ans, nous voulons que nos enfants puissent faire la distinction entre « aimer » et « aimer bien ». Nous devrons également apporter des précisions concernant les différentes formes d'amour dont, essentiellement, l'amour entre parents et enfants, particulièrement entre une mère et son nouveau-né, l'amour entre amis et l'amour romantique qui unit habituellement les deux parents. Pour l'enfant d'âge préscolaire, il est préférable de ne pas parler, pour le moment du moins, de l'amour romantique unissant des personnes autres que les parents. Les Grecs ont été plus inventifs : ils disposaient de trois mots pour désigner différentes sortes d'amour : *agapê*, *philia* et *eros*. Les parents peuvent regarder un film comme *Réellement l'amour* avec leurs enfants dans lequel une douzaine de personnages témoignent de l'amour sous différentes formes.

Une condition nécessaire pour affirmer qu'il y a de l'amour entre deux personnes est le fait de se languir en l'absence de l'être aimé ; un enfant peut aisément comprendre cela. Inversement, si l'absence de quelqu'un ne suscite pas un tel manque chez une autre personne, on peut en conclure que le lien qui les unit n'est pas de l'amour. Outre le manque en l'absence de l'être aimé, bien d'autres facteurs dénotent l'amour et c'est pourquoi ce « manque » est une condition nécessaire mais insuffisante pour dire qu'un tel sentiment existe.

LES ÉMOTIONS : LES ENFANTS PEUVENT-ILS LES COMPRENDRE ET LES RECONNAÎTRE ?

Les émotions, après avoir été ignorées pendant une assez longue période, suscitent à nouveau l'intérêt des scientifiques, surtout dans le domaine de la psychologie. Au cours de la première période de l'histoire de la psychologie (de 1860 à 1913), les théories et les recherches de William James ont été prédominantes avant d'être contestées par Walter Cannon. Au cours de l'ère dite « scientifique » – soit de 1913 jusqu'à aujourd'hui –, les émotions ont été reléguées à l'arrière-plan, d'une part, à cause du behaviorisme et, d'autre part, en raison de l'accent mis sur les processus cognitifs. Les vingt-cinq dernières années du XXe siècle ont vu un regain d'intérêt à l'égard des émotions. Paradoxalement, la plupart des plus récents débats sur la signification et la définition de l'émotion ne font que reprendre le vieux débat entre James et Cannon, qui pourrait se résumer à ces deux questions : « Avons-nous peur de quelque chose parce que nous prenons la fuite ? » (James) ; ou « Est-ce que nous fuyons parce que nous avons peur de quelque chose ? » (Cannon). Le débat s'est maintenant enrichi des informations fournies par le développement de la neurologie en ce qui concerne le cerveau émotionnel, dont James et Cannon ignoraient l'existence, ainsi que des nombreuses recherches scientifiques effectuées auprès des animaux et auprès de jeunes enfants. Quoi qu'il en soit, la controverse fait toujours rage entre, d'une part, ceux pour qui les émotions augmentent la motivation (ou la productivité, dirait un dirigeant d'entreprise) et, d'autre part, ceux qui mettent l'accent sur les aspects cognitifs. Pour Nico Frijda, les émotions se définissent comme étant des « changements dans l'empressement à agir », alors que Nussbaum les définit comme des « jugements de valeur ». Selon Frijda, les émotions nous stimulent ; selon Nussbaum, elles nous sollicitent. Ces théoriciens, à l'instar d'autres philosophes et psychologues, ont réfléchi sur la façon de mieux définir l'émotion ; ils reconnaissent tous la complexité des émotions. Les théories diffèrent par le choix de la condition *sine qua non* que chacun des théoriciens considère comme essentielle à sa définition de l'émotion[51].

Les recherches dans le domaine du développement de l'enfant et sur les émotions ont permis de faire une découverte, plutôt surprenante : la confusion des enfants, même les plus âgés, et des adultes dans la reconnaissance des émotions de base, soit la colère, la tristesse, la peur et la joie, sans oublier les émotions plus complexes comme l'espoir, la culpabilité, la honte, la fierté et l'ennui. À partir de 3 ans, les enfants commencent à ressentir plusieurs émotions, à les comprendre et à les reconnaître ; ils cherchent cependant toujours à mieux comprendre et à exprimer leurs propres émotions et, grâce à l'empathie, celles des autres. Selon nous, l'empathie est une notion complexe, qui peut se manifester de façon verbale et non verbale. Plutôt que de penser qu'il n'y a que les émotions « négatives » qui peuvent stimuler l'empathie, notre approche inclut l'observation et la projection de toutes les émotions que peut éprouver un individu, y compris celles dites « positives ». En réalité, comme nous l'avons déjà mentionné, certains suggèrent d'évacuer du débat tout aspect relatif à la polarité et à la valence, soit les dimensions « positives » et « négatives » des émotions.

Certains ont réaffirmé dernièrement que les enfants, avant l'âge de 5 ans, sont en mesure de reconnaître et d'anticiper les émotions chez les autres, de même que de nommer les émotions ressenties en eux-mêmes et chez les autres. Toutefois, notre expérience clinique nous indique que – et les données des recherches effectuées le certifient – les enfants, ainsi que les adultes, éprouvent des difficultés à nommer les émotions de base ressenties et qu'ils les confondent les unes avec les autres. La première période de développement importante correspond à la période de la petite enfance (de 2 à 5 ans), suivie des stades cruciaux de 5 à 9 ans et de 9 à 11 ans. Paul Harris prétend que, en ce qui concerne les émotions, aucun changement significatif ne se produit après l'âge de 11 ans ; nous croyons, pour notre part, que ce développement se poursuit tout au long de la vie. Parallèlement aux recherches sur les émotions dans le domaine de la psychologie, l'importance accordée aux émotions dans le développement moral et l'éducation morale s'est accrue. La dimension affective a été considérablement négligée en raison de l'intérêt des scientifiques pour le raisonnement, à partir des années 1960. Évidemment, cet intérêt pour l'aspect cognitif, inspiré par Piaget, constituait une réaction nécessaire aux behavioristes pour qui la moralité n'était qu'une façon d'assurer sa survie dans des situations de tentation. Il n'y a rien d'étonnant que le raisonnement moral ait mis de côté les émotions puisque, en philosophie, une longue tradition a opposé la raison aux émotions. Cette opposition est davantage liée au fait que les émotions sont perçues comme des « motivateurs » qui, comme le désir ou les impulsions, entrent souvent en conflit avec la raison (Kant, Platon). Cependant, si les émotions sont considérées comme étant plus en lien avec le jugement (Aristote), il est plus facile de voir le rôle central qu'elles jouent dans la vie morale. En réalité, Aristote estimait que les émotions étaient essentielles au raisonnement moral. Selon lui, par exemple, la colère est liée à de nombreux choix moraux que pose une personne : il nous rappelle qu'« On peut s'irriter en effet contre ceux qu'il ne faut pas, pour les motifs qu'on ne doit pas, plus qu'il ne faut ou moins qu'il ne faut, et plus de temps qu'on ne doit[52] » et qu'il est difficile de « définir comment, contre qui, pour quels motifs et pour combien de temps il faut s'irriter, et aussi jusqu'à quel point on le fait correctement ou non[53] ». C'est une question de jugement, comme le dit Aristote. Même dans le cadre de ce regain d'intérêt pour les émotions, tant dans le domaine de la psychologie que dans celui de l'éducation, on relève un aspect novateur, soit la conscience du besoin de s'intéresser aux émotions des enfants de façon très précoce. Bien sûr, les émotions comme la peur, l'angoisse, la colère et l'amour commencent à s'esquisser, comme l'ont démontré Winnicott et Bowlby, et ce, dès les premiers jours suivant la naissance de l'enfant ; en raison de la présence (et parfois aussi de l'absence) de la mère ou de la personne qui s'en occupe. Pour tenir compte des préoccupations des parents, précisons que les tout-petits, à partir de l'âge d'environ 2 ans, commencent à mettre en mots certaines de ces émotions et, bientôt (vers 3 ans environ), d'autres émotions font leur apparition : le dégoût, la surprise, l'espoir, la culpabilité, la honte, la jalousie, l'envie, l'amour et la haine.

POUR AIDER LES ENFANTS À MIEUX COMPRENDRE LES ÉMOTIONS

Bien que les recherches dans le domaine du développement de l'enfant et sur les émotions soient relativement récentes, les résultats obtenus sont similaires à ceux de la majorité des recherches cliniques, notamment que de nombreux adultes, et pas seulement des adolescents et de jeunes enfants, ne sont pas en mesure de désigner correctement leurs propres émotions et celles des autres, surtout en ce qui concerne la colère, la tristesse et la peur. *En outre, cette difficulté à reconnaître les émotions est peut-être le principal mécanisme explicatif de certains cas de violence et d'abus, en plus de constituer un repère pour les interventions cliniques.* Grâce à l'exploration des émotions des jeunes enfants afin de les aider à mieux comprendre leur signification, leurs causes et leurs conséquences, nous espérons contribuer à prévenir des manifestations ultérieures de taxage, de violence, d'abus et d'inceste. Ces problèmes ont capté l'attention non seulement du public, mais aussi des psychologues, des travailleurs sociaux, des enseignants et des thérapeutes qui sont appelés à faire face à ces phénomènes. De plus en plus d'éducateurs et de parents souhaitent que les enfants puissent explorer leurs émotions et en apprendre davantage sur elles à un âge de plus en plus précoce. En fait, certains programmes d'intervention ont été récemment élaborés afin d'éduquer les jeunes enfants (ainsi que leurs parents) en matière d'émotions. L'un de ces programmes est parvenu à aider des enfants à comprendre et à décrire certaines émotions comme la fierté et la honte. Un autre programme – Science and Mathematics Initiative for Learning Enhancement (SMILE), appliqué en Oregon – a permis à des enfants de 9 ans d'améliorer leur compréhension des émotions au moyen d'instructions données en classe. Francisco Pons, l'un des professeurs d'université qui ont collaboré à notre projet de recherche sur la prévention de la violence, a recommandé que de tels efforts soient déployés auprès des plus jeunes enfants en classe. L'un de nos projets de recherche, dont nous venons tout juste de compiler les résultats, prouve que les discussions philosophiques menées auprès d'enfants âgés de 5 ans ont des incidences significatives sur leur compréhension des quatre émotions de base – la peur, la colère, la joie et la tristesse – ainsi que sur leurs capacités à reconnaître les émotions des autres. Cette étude a également démontré qu'après un an de participation au programme Philosophie pour enfants ces enfants de 5 ans ont obtenu des résultats significatifs aux tests utilisés pour évaluer le niveau d'empathie (capacité à comprendre le point de vue des autres) et leur jugement relativement à des situations de conflit et de violence. Certains de ces tests ont été inclus dans les exercices du présent ouvrage. D'autres chercheurs, qui ont aussi appliqué le programme Philosophie pour enfants, ont démontré que le travail auprès d'enfants de 3 à 5 ans a permis d'augmenter leur confiance en eux-mêmes et leur estime de soi. Malgré certains progrès des recherches portant sur les émotions et leur reconnaissance, et les résultats que nous avons nous-mêmes obtenus dans le cadre de notre projet de recherche, il faut bien admettre que ces progrès sont limités. Un nombre élevé d'enfants confondent toujours la colère, la tristesse et la peur, selon les résultats des post-tests, et un certain nombre ne peuvent discerner la joie des autres émotions de base. Bien que les parents, les enseignants et les chercheurs tiennent souvent pour acquis que les enfants de 5 ans ont une maîtrise minimale des émotions de base (être content, fâché ou triste), les enfants (et plusieurs adultes) ont plus de difficultés que nous ne le croyons habituellement à discerner non seulement les nuances des différentes émotions, comme le dégoût, mais aussi les émotions «primaires» ou de base telles que la joie, la peur, la colère et la tristesse. Certains peuvent plus aisément comprendre pourquoi Izard, psychologue américain, suggère d'intervenir dès la naissance. Le projet en cours sur la prévention de la violence est réalisé auprès d'enfants âgés de seulement 3 ans (consulter les exercices du chapitre 2 pour plus de détails).

Certains résultats obtenus auprès d'enfants d'âge préscolaire révèlent que leur sensibilité aux émotions constitue un bon indicateur du type de relations qu'ils ont avec leurs parents et avec leurs pairs. Par exemple, certains chercheurs se sont penchés sur les relations entre l'exactitude avec laquelle des enfants d'âge préscolaire désignaient leurs émotions et leur popularité auprès de leurs pairs. Il a été prouvé que les enfants ayant une meilleure compréhension des causes externes des émotions sont plus populaires, même lorsque les effets liés à l'âge et au sexe ont été contrôlés. Dans une étude réalisée auprès d'enfants plus «turbulents», âgés de 3 et 4 ans, les chercheurs ont découvert un lien important entre la compréhension des émotions et les troubles de comportement (attitude antisociale, agressivité, empathie restreinte, comportement social inadéquat ou peu adapté): les problèmes de comportement étaient inversement proportionnels à la compréhension des émotions. Cette même équipe de chercheurs a pu relever l'existence d'un lien significatif entre la compréhension des émotions chez des enfants de 4 ans et la qualité des jeux avec un ami intime (bonne coopération, communications plus efficaces). Quant aux études longitudinales menées auprès d'enfants de 4 et 5 ans, des chercheurs ont démontré que l'exactitude de la reconnaissance des émotions à partir des expressions faciales était corrélée avec la popularité de l'enfant, un ou deux ans plus tard, même lorsque la popularité initiale avait été prise en considération.

EXERCICE

7.1. TESTS SUR LES ÉMOTIONS
(Inspiré de Pons, Harris et Doudin, 2002)

Test sur la compréhension des émotions (Test of Emotion Comprehension - TEC)

Le test sur la compréhension des émotions se réalise à l'aide d'un livre d'images, dont la première portion de chaque page (la partie du haut) présente une histoire simple (sous forme de bande dessinée). Sous chacun des scénarios (ou chacune des histoires), dans la deuxième portion de la page (la partie du bas), quatre expressions faciales représentent des émotions qui peuvent être ressenties par le personnage principal de l'histoire.

Ce test doit être réalisé individuellement. La procédure générale comprend deux étapes: 1) lors de la présentation du scénario pour une bande dessinée donnée, l'administrateur du test lit l'histoire des personnages (les visages des personnages de la bande dessinée sont laissés en blanc); 2) après avoir entendu l'histoire, l'enfant doit attribuer une émotion au personnage principal, en choisissant l'une des quatre expressions faciales, celle la plus appropriée (les réponses de l'enfant ne sont pas verbales). Le test comprend neuf parties présentées dans un ordre prédéterminé. Chacune de ces parties permet l'évaluation d'une facette particulière de la compréhension des émotions:

i) reconnaître une émotion à partir de l'expression faciale (reconnaissance de la gaieté sur le visage d'une personne, par exemple);

ii) comprendre les éléments externes qui peuvent susciter une émotion (attribution d'une émotion à un personnage poursuivi par un monstre, par exemple);

iii) comprendre les émotions liées à un désir (attribution d'une émotion à deux personnages qui vivent la même situation, mais qui ont des désirs différents, par exemple);

iv) comprendre les émotions en jeu (attribution d'une émotion à un lapin qui mange une carotte, ignorant que, derrière lui, un renard se cache dans un buisson, par exemple);

v) comprendre les effets d'un souvenir sur l'état émotionnel actuel (attribution d'une émotion à un personnage, émotion ravivée par un souvenir qui évoque pour lui la mort d'un animal de compagnie, par exemple);

vi) comprendre qu'il est possible de contrôler une émotion vécue (attribution d'une stratégie psychologique – comme penser à quelqu'un d'autre – à un personnage qui désire cesser de ressentir de la tristesse, par exemple);

vii) comprendre qu'il est possible de ne rien révéler de l'état émotionnel latent ou ressenti (attribution d'une émotion à un personnage [enfant] qui sourit dans le but de dissimuler sa détresse face aux taquineries d'un autre enfant, par exemple);

viii) comprendre les émotions mixtes (attribution d'une émotion à un personnage qui reçoit, le jour de son anniversaire, une bicyclette, mais qui se demande s'il sera capable de l'enfourcher sans tomber ni se faire mal, par exemple);

ix) comprendre les émotions morales (attribution d'une émotion à un personnage qui a fait quelque chose de mal, sans l'avouer à sa mère, par exemple). Un point est octroyé pour chaque bonne réponse, ce qui permet de déterminer le degré de compréhension des émotions sur une échelle de 0 à 9 points.

Reconnaissance des émotions par le biais d'histoires (Inspiré des travaux de Freeman, 1984)

Bonheur

1. C'est l'anniversaire de Pierre aujourd'hui. Une fête d'anniversaire a été organisée pour lui et ses amis. Ils joueront à de nombreux jeux et mangeront du gâteau, accompagné de crème glacée.
2. Aujourd'hui, Pierre se rend au zoo, l'un de ses endroits préférés. Sa mère a préparé un pique-nique et ils pourront donc manger à l'extérieur. Pierre verra les animaux qu'il aime.

Tristesse

1. Pierre vit dans une rue où il y a beaucoup d'enfants. Pierre et ses amis jouent tout le temps ensemble. Un jour, sa mère lui annonce qu'ils vont déménager dans une autre rue et qu'il ne pourra donc plus jouer avec ses amis.
2. Pierre possède un chien qu'il aime beaucoup; il joue tout le temps avec son chien. Un jour, le chien fait une fugue et personne ne le retrouve.

Peur

1. Pierre va à l'épicerie avec sa mère; il l'aide à faire l'épicerie en mettant les aliments dans le panier. Lorsque Pierre fait demi-tour, il se rend compte qu'il a perdu de vue sa mère.
2. Pierre dort profondément et rêve qu'un énorme monstre le poursuit. Pierre se réveille en hurlant.

Colère

1. Pierre va à la maternelle. Il joue avec son jouet préféré, les «personnages». Un garçon s'approche de lui et s'empare de tous les «personnages».
2. Pierre désire regarder une émission précise. Toute la journée, il a attendu ce moment avec impatience. Mais le grand frère de Pierre désire écouter une autre émission. Pierre et son frère aîné commencent à se battre pour déterminer quel programme regarder.

Le test de reconnaissance des émotions s'inspire des travaux de Freeman (1984). Deux historiettes ont été rédigées pour chacune des quatre émotions : bonheur, tristesse, peur et colère. Pour chacune des historiettes, les mêmes images sont montrées aux enfants. Trois évaluateurs indépendants ont jugé que les expressions faciales étaient neutres. À la suite de chacune de ces historiettes, la question suivante était posée à l'enfant : « Dans cette histoire, que ressent l'enfant ? » Les résultats étaient compilés comme suit.

- 1 point : non-reconnaissance de l'émotion ou « Je ne sais pas ».
- 2 points : émotion généralement correctement identifiée, du moins en ce qui concerne la dimension « positive » ou « négative ».
- 3 points : émotion particulière identifiée, appropriée à l'histoire.

Les résultats des travaux de Freeman l'ont amenée à constater que le sexe de l'enfant et les ressemblances ou les différences entre les races peuvent influencer les réponses obtenues. Selon les recommandations de Freeman, l'enfant interrogé a vu des images d'enfants du sexe opposé ou appartenant à différents groupes ethniques. Ainsi, une petite fille de race noire pouvait voir l'image d'un garçon de race blanche (quatre histoires) ou d'un garçon asiatique (quatre histoires), alors qu'un petit garçon de race blanche pouvait voir l'image d'une fille de race noire (quatre histoires) ou d'une fille asiatique (quatre histoires).

CHAPITRE

8

Les émotions et la moralité

VERTUS, VICES ET MODÉRATION AU XXIe SIÈCLE

Comme nous l'avons déjà vu, toutes les décisions morales que nous prenons sont liées à un sentiment quelconque, ainsi que le notait Aristote quelque vingt-cinq siècles auparavant. L'humain ressentira toujours de la colère et de la peur ; la question est de savoir comment l'exprimer de la bonne façon, vis-à-vis de la bonne personne et au moment opportun. L'essentiel est d'exprimer les émotions que l'on ressent, mais de façon modérée. Aristote a appliqué ce principe de la juste mesure à toutes les émotions, y compris à celles perçues comme étant « négatives » ou « positives », ces dernières constituant les émotions morales que les philosophes grecs avaient baptisées « vertus ».

Qu'est-ce qu'une « vertu » ? Nous pourrions dire qu'une vertu est un trait de caractère admirable ou souhaitable. Les vertus ont été considérées comme des attitudes agréables, pour soi et pour les autres, comme des comportements bons en eux-mêmes ou, encore, comme des actions accomplies en fonction d'un ensemble de valeurs séparément louables[1]. Nous proposons la définition qui suit, guidés par le consensus établi parmi les philosophes contemporains[2], selon lequel la vertu est un trait de caractère: une vertu est une qualité qui permet à l'être humain de mettre en pratique une valeur donnée, de la promouvoir, de l'exprimer, de la respecter et de l'apprécier.

Comme il a déjà été mentionné, Aristote a dressé une longue liste de vertus; cette liste comprend le courage, la tempérance, la libéralité, la magnificence, la fierté, un bon tempérament, l'amitié, la sincérité, la vivacité d'esprit, la honte (une «quasi-vertu»), la justice, en plus des différentes vertus liées au raisonnement pratique et à la vie intellectuelle. L'éthique d'Aristote découle essentiellement de cette liste. Platon, le maître d'Aristote, était également un éthicien qui s'intéressait plus particulièrement aux vertus (à l'exemple de Socrate, son maître à penser); il nous a aussi légué, dans *La République,* une liste courte et concise des vertus: sagesse, courage, tempérance et justice. Saint Thomas d'Aquin, qui s'est aussi inspiré d'Aristote, a également dressé quelques listes auxquelles nous avons aujourd'hui accès, dont celle des vertus cardinales (courage, justice, prudence et tempérance) et celle des vertus théologales (foi, charité, espérance). Si nous comparons la liste d'Aristote à celle de saint Thomas d'Aquin, nous pouvons remarquer qu'au moins deux des vertus d'Aristote (la magnificence et la fierté) sont absentes des listes dressées par saint Thomas d'Aquin. Dans les listes plus récentes, y compris celles provenant d'un certain nombre de courants religieux, la magnificence et la fierté ont été remplacées par leur contraire, l'humilité[3], les auteurs de ces listes considérant la fierté comme un vice et un péché. Les débats sur la fierté et l'humilité nous offrent des occasions intéressantes pour exercer notre jugement. Au XXIe siècle, qu'est-ce que les éducateurs devraient dire aux enfants concernant la fierté et l'humilité? Nous tenterons de répondre à cette question dans une section ultérieure.

Ainsi que Robert Solomon nous le rappelle dans son plus récent livre sur Nietzsche[4], nous devons éviter de faire preuve d'ethnocentrisme ou encore d'étroitesse d'esprit. Nietzsche lui-même nous propose deux courtes listes de vertus, l'une dans *The Dawn of Daybreak*[5] (honnêteté, courage, générosité et politesse) et l'autre dans *Par-delà le bien et le mal*[6] (courage, lucidité, sympathie et solitude). Solomon souligne que les deux listes de Nietzsche ne concordent pas entre elles, ni avec ce qu'il a stipulé dans d'autres textes écrits à diverses époques de sa vie et certainement dans des dispositions différentes. Bien des philosophes – anciens ou modernes – ont cherché à établir une liste de vertus; nous en proposons quelques-unes. Confucius a constitué quelques listes, la plus courante mentionnant *jen, li, yi, xiao, an, chung* et *shu* (humanité, respect des rites, bienséance, piété filiale, tranquillité, loyauté et respect). Dans les treize textes de base de l'hindouisme, les *upanishads* (réflexions sur la nature de l'homme et de l'univers), différentes listes sont parvenues jusqu'à nous, citant la sérénité, la compassion, la maîtrise de soi, la sagesse, la lucidité, la diligence, l'ouverture à la vie spirituelle, l'acceptation de soi et le contentement.

Étant donné cette multitude de listes, dont plusieurs font référence tant aux humeurs qu'aux émotions, en plus d'être souvent contradictoires, nous devons nous pencher non pas sur certaines vertus et certains vices en particulier, mais plutôt sur l'esprit de l'analyse d'Aristote.

Pour Aristote, la vertu morale est une « moyenne » : « [la vertu] est une moyenne entre deux vices, l'un par excès, l'autre par défaut[7] ». Le courage, par exemple, suppose une « moyenne » entre la lâcheté et la témérité. La principale émotion liée au courage est bien sûr la peur[8] ; cette émotion est essentielle pour qualifier quelqu'un de courageux, car lorsqu'on n'éprouve aucune peur, on est simplement téméraire. On doit reconnaître cette peur ; et, malgré cela, décider de ce qu'il faut faire dans des circonstances difficiles. Afin d'actualiser les propos d'Aristote, nous présentons des exemples de décisions difficiles qu'ont eu à prendre des gens au siècle dernier et qui comportaient des risques et suscitaient bien des appréhensions. Il peut s'agir ou non d'une décision particulièrement pénible comme lorsqu'on doit décider de s'enrôler ou non, une décision que plusieurs Canadiens ont dû prendre lors de la Deuxième Guerre mondiale avant la conscription, ou de nombreux Américains lors du conflit qui a succédé à la guerre civile au Viêt Nam malgré la conscription en vigueur. Depuis les attaques de terroristes du 11 septembre 2001, certaines personnes hésitent à prendre l'avion – ou encore, autres scénarios possibles, elles peuvent hésiter à envoyer leurs enfants faire un premier voyage en avion ou à demander à des membres de leur famille de prendre l'avion. Les Italiens qui se sont prononcés contre le fascisme au péril de leur vie durant le règne de Mussolini, les Américains qui ont combattu au Viêt Nam (ou encore, ceux qui ont refusé de porter l'uniforme et ont fui les États-Unis ou qui ont séjourné en prison) et les voyageurs qui, aujourd'hui, décident de prendre l'avion (ou d'encourager les membres de leur famille à voyager par avion), tous font montre de certaines formes de courage. Certains étaient prêts à endosser l'uniforme au risque d'être blessés ou tués au cours de la Deuxième Guerre mondiale, d'autres à s'exiler ou à faire de la prison, fuyant l'armée et le Viêt Nam ; quant à ceux qui prennent aujourd'hui l'avion, ils risquent peut-être de vivre des expériences éprouvantes et de ressentir de l'angoisse, de la terreur, voire de la panique. Chacune des décisions morales difficiles à prendre est indéniablement une décision personnelle. Aristote définit ainsi la vertu : « [...] la vertu est un état décisionnel qui consiste en une moyenne, fixée relativement à nous[9] » et rappelle avec insistance qu'il ne s'agit pas ici d'un rapport arithmétique ni d'un calcul mathématique[10]. Peu importe sur quels principes généraux ou règles morales une décision repose, elle est souvent prise par une seule personne à un moment précis. Pour ce faire, la personne considérera tous les aspects qu'elle juge importants. Par exemple, si la situation suscite des craintes, elle tentera d'en connaître les diverses caractéristiques, évaluera les risques ou les conséquences découlant de la décision prise (s'enrôler ou ne pas s'enrôler, prendre ou ne pas prendre l'avion), et tiendra compte de certains aspects concernant sa personnalité (son âge, son expérience, ses responsabilités envers d'autres personnes, son caractère, etc.).

CONTRÔLE DES ÉMOTIONS : LA COLÈRE, LA PEUR ET LA JOIE

Que dire aux enfants concernant le contrôle des émotions ? Nous pourrions nous contenter de leur dire qu'ils ne devraient pas essayer de contrôler leurs sentiments, mais plutôt leur expression. S'agissant de la peur, il est important de reconnaître ce qui nous effraie et dans quelles circonstances. Dans la section portant sur ce sujet, nous avons fourni des exemples tirés de la vie quotidienne ainsi que de la pratique clinique auprès d'adultes ; ils sont tout aussi pertinents pour les jeunes enfants. D'autres émotions négatives telles que la tristesse et la colère peuvent également être contrôlées de façon indirecte. En ce qui concerne plus particulièrement la colère, de nombreux chercheurs se sont intéressés à cette émotion pour tenter de déterminer comment mieux gérer, « doser » ou contrôler la colère[11]. Comme nous l'avons mentionné, il convient de ne pas tenter de contrôler sa colère, mais plutôt d'avoir un comportement acceptable ou approprié[12].

EST-IL NÉCESSAIRE DE COMPRENDRE SES ÉMOTIONS POUR LES CONTRÔLER ?

Comprendre ses peurs est indispensable pour les contrôler, et cela vaut pour la tristesse, la colère et toute autre émotion. Il existe bien sûr d'autres méthodes qui se sont révélées efficaces pour contrôler diverses émotions, par exemple la prise de médicaments ou une opération chirurgicale[13]. Signalons que cette recherche, portant principalement sur la peur, a été effectuée sur des rats[14]. Certaines personnes contrôlent déjà leurs peurs à l'aide de médicaments ; elles n'ont ainsi pas besoin de chercher à comprendre ces émotions. Cependant, en ce qui concerne les enfants et l'*éducation* en matière d'émotions, nous privilégions toujours la compréhension de ces dernières.

ÉMOTIONS ET HUMEURS : RESPONSABILITÉS... MÊME EN PERTE DE CONTRÔLE

Avec les jeunes enfants, quand il est question d'une émotion ou d'une humeur, quelle qu'elle soit, l'éducateur doit avant tout insister sur la responsabilité et non pas sur le contrôle. Comme nous l'avons vu au chapitre 5, être responsable signifie *assumer la responsabilité* de quelque chose, et ainsi s'exposer à recevoir des blâmes ou des éloges. Les émotions font partie intégrante de la responsabilité morale. À titre d'éducateurs, nous voulons faire comprendre aux enfants qu'ils sont la source de leurs sentiments et qu'ils en sont responsables, tout comme ils le sont de leurs actions. L'expression de leurs émotions et de leurs humeurs, par le biais d'un comportement verbal ou non verbal, peut souvent être blâmable. Les éducateurs devraient toujours dire aux enfants que, peu importe les sentiments qui les habitent, ce sont *leurs* sentiments, sous contrôle ou non, blâmables ou non.

Tout ce qui précède s'applique non seulement aux émotions comme la peur, la colère et la tristesse, mais aussi à d'autres émotions. Même une émotion dite « positive » comme la joie doit parfois être contrôlée, par exemple lorsqu'un enfant exprime sa joie d'avoir relevé un défi avec une exubérance telle qu'il rend les autres enfants mal à l'aise. De même, dans le domaine des sports, un joueur de baseball qui laisse exploser sa joie après avoir réussi un coup de circuit risque d'ennuyer, voire d'agacer les membres de l'équipe adverse. En fait, dans la ligue nationale de football américaine (la NFL), un arbitre peut infliger une pénalité pour conduite antisportive s'il considère que les joueurs, après un touché, manifestent leur joie trop près des adversaires pour les narguer.

Nous avons présenté les émotions de base et leur pertinence relativement à la moralité. Nous, les éducateurs, devons être prêts à parler des émotions morales aux jeunes enfants : la honte, la jalousie, la fierté et la confiance seront ici analysées.

LA HONTE

La honte est souvent confondue avec la culpabilité et les deux mots sont parfois utilisés comme des synonymes. N'avons-nous pas déjà entendu un parent fâché s'écrier: «Regarde ce que tu as fais! Tu devrais avoir honte!»? Pourtant, la honte, émotion plus «primitive», est très différente de la culpabilité. Cette différence s'explique, entre autres, par le fait que la honte n'a rien à voir avec une mauvaise action. La honte peut être suscitée par un projet qui ne s'est pas déroulé comme prévu, par un échec ou encore par les «imperfections» de son propre corps. La honte peut également être ressentie lorsqu'on omet d'avouer sa culpabilité qui, elle, est liée à un acte ou à un geste que le «coupable» juge inadéquat et qui pourrait être condamnable aux yeux d'une autorité; si cette autorité ne punit pas, la punition est en quelque sorte refoulée. Le sentiment de culpabilité, la conscience et le *surmoi* (terme emprunté à Freud) entrent en jeu. Nous devons également rappeler que de nombreux animaux manifestent de la culpabilité, c'est-à-dire que leur comportement trahit leur conscience d'avoir posé un geste inadéquat, même en l'absence d'une «punition». La honte est une émotion qui ne semble pas se manifester chez les chiens, ni chez les autres animaux. Mais alors, qu'est-ce que la honte?

La honte est une émotion ressentie par une personne lorsqu'elle ne parvient pas à atteindre les résultats escomptés ou son idéal. Selon les philosophes et psychanalystes que nous avons déjà cités (Nussbaum, Bowlby, Klein et Winnicott), cette émotion, dont les causes remontent à la petite enfance, est liée aux sentiments de détresse (de «désaide», dirait Freud, lorsque les besoins primaires du nouveau-né ne sont pas satisfaits) et de dépendance. Encore une fois, il peut être utile d'élaborer une histoire que les éducateurs peuvent facilement raconter pour discuter de ce sujet avec les enfants.

Lorsqu'un bambin prend conscience de sa dépendance aux autres, il éprouve une émotion primaire et élémentaire de honte, accompagnée d'un sentiment de détresse. La honte est ressentie lorsque l'enfant prend conscience de sa faiblesse et de son incapacité, en quelque sorte, à se comporter adéquatement, selon les attentes de l'autre. L'enfant a alors pour réflexe de dissimuler, voire de colmater ce «défaut» ou ce manque aux yeux de ceux qui risqueraient de le dénoncer. (Il faut noter que, dans le livre de la Genèse de la Bible, dans le jardin d'Éden, Adam et Ève prennent tout à coup conscience de leur nudité, qu'ils cachent aussitôt.) Si le bambin s'attend à contrôler son environnement – ce que tous les bambins font, jusqu'à un certain point –, il ressentira de la honte, ainsi que de la colère, face à son incapacité de contrôler certaines choses.

Les éducateurs devraient faire attention à ce qu'ils disent surtout quand ils s'adressent aux enfants pour les réprimander. Ainsi, ils devraient éviter de dire : « Tu devrais avoir honte » ou encore « Tu devrais avoir honte de ce que tu as fait ! ». *Il est prouvé que si un enfant ressent trop souvent de la honte, cela peut occasionner une baisse de son estime de soi, et même une dépression*[15]. Certains philosophes et psychologues considèrent la honte (et pas nécessairement la culpabilité) comme une entrave à l'exercice de la moralité et à une vie intérieure riche[16]. D'un côté, *trop de culpabilité peut être oppressant et insister trop sur les remords et la réparation peut être très néfaste pour l'enfant tourmenté.* D'un autre côté, une certaine honte peut être bénéfique et source de motivation pour l'atteinte de nobles idéaux. Certains théoriciens ont relevé les liens qui unissent la honte à la fierté. Nous analyserons plus en profondeur la fierté et l'humilité dans une section ultérieure. D'abord, nous allons nous pencher sur une autre émotion morale également liée à la honte : la jalousie. Si un enfant n'est pas dévasté par la honte qu'on lui a fait ressentir en raison de ses « imperfections », il aura moins tendance à éprouver de l'envie et de la jalousie, deux émotions qui témoignent *d'un désir de contrôle absolu de tout ce qui lui procure de la satisfaction ou du plaisir.* La fonction de la moralité (telle que Winnicott l'a décrite) consiste à assurer l'intégrité de l'enfant à la façon d'une mère bienveillante (signalons que la « mère » peut parfois être le père ou toute autre personne qui s'occupe de l'enfant). Au lieu d'avoir des exigences de perfection sévères et étouffantes, la moralité, selon Winnicott, tolère les imperfections de l'enfant. Elle transmet à l'enfant le message que le monde qui l'entoure est indulgent et qu'il est aimé comme une personne ayant une valeur propre et dont le sort nous préoccupe. En somme, aucun enfant ne devrait être amené à croire que ses imperfections provoqueront la fin du monde !

LA JALOUSIE

Comme nous l'avons déjà relevé dans le chapitre précédent, nous avons adopté les points de vue de philosophes comme Nussbaum et de psychologues tels que Winnicott et Bowlby[17] concernant la jalousie, émotion qui fait inévitablement partie du développement de l'enfant sur le plan émotionnel. La jalousie peut se transformer à n'en pas douter en une « émotion destructive », comme Goleman, Ekman et d'autres théoriciens l'ont noté[18], mais, contrairement à eux, nous ne croyons pas qu'elle peut être éradiquée. *Alors, si la jalousie fait partie intégrante de la vie, notre tâche, à titre d'éducateurs, est d'en parler, d'en reconnaître l'existence, d'expliciter cette émotion et d'aider les jeunes enfants à en prévoir les conséquences.* Nous devons mettre en mots ce que les enfants ressentent: «Tu es en colère», «Tu es triste», «Tu es content», «Tu es un peu content et un peu triste» et, comme nous l'avons déjà démontré, nous devons également leur dire: «Tu es jaloux parce que tu es jaloux, tu ressens de la tristesse ou de la colère», etc. Une mère sur le point de donner naissance à un deuxième enfant ne devrait pas simplement annoncer à l'aîné: «Tu vas bientôt avoir un petit frère avec qui tu vas pouvoir jouer»; elle devrait également dire quelque chose de ce genre: «Lorsque ton petit frère sera au monde, cela prendra du temps avant que tu puisses jouer avec lui et il se peut que tu sois un peu triste ou un petit peu fâché.» Ces paroles favoriseront chez l'enfant une meilleure compréhension des causes de la jalousie. Voici ce que Bowlby, Winnicott, Klein et Nussbaum ont à dire à ce sujet[19]:

> *Dans la vie du bébé, si les choses vont bien, les émotions de l'enfant évoluent en fonction de son environnement relativement stable, ce qui laisse place à l'émerveillement et à la joie, ainsi qu'à la gratitude et à l'amour. Mais aucun environnement n'est parfaitement stable, bien sûr. Les enfants feront la connaissance d'un certain nombre d'éducateurs (qui vont et viennent) qui lui offrent du soutien pour qu'il puisse se débrouiller, de sorte qu'il apprendra comment affronter ce monde. Le bébé se trouve toujours dans un environnement à la fois sécuritaire et dangereux, ne sachant pas toujours si on lui fournira les aliments et la sécurité dont il a besoin.*
>
> *L'enfant reconnaît assez rapidement que les personnes qui l'aiment et se soucient de lui s'absentent de temps à autre pour participer à d'autres projets, ignorant ses demandes. Il réalise qu'il dépend de ses parents ou des personnes qui s'occupent de lui, sur lesquels il ne peut exercer aucun contrôle. L'amour et la colère se reportent donc sur la même personne. Ainsi, cette dernière peut être source d'amour, d'angoisse, de colère, et parfois aussi de haine. Cette colère est elle-même ambivalente, car elle recèle le désir d'incorporer et de posséder l'objet dont on a tant besoin pour survivre; la colère elle-même peut devenir un instrument de contrôle.*

Par conséquent, après la colère, nous avons maintenant affaire à la jalousie, soit le désir de posséder la source de sa satisfaction de façon exclusive, sans avoir à la partager. La jalousie repose sur le jugement (même si cela peut paraître étrange de dire qu'un bambin a du jugement) qu'il est très difficile de faire face à la concurrence et qu'il vaudrait mieux l'éliminer. Comme nous l'avons vu au chapitre 7, c'est l'essence même de la «haine»: désirer l'absence ou la mort de la personne qui fait naître ce sentiment.

L'envie est un proche parent de la jalousie… Toutefois, alors que la jalousie est centrée sur le parent ou sur la personne qui s'occupe de l'enfant, l'envie est quant à elle dirigée vers des rivaux qui, pendant un certain temps, bénéficient des faveurs de l'éducateur ou du parent. Ces rivaux peuvent être les frères et les sœurs, et l'amant ou le conjoint du parent qui s'occupe principalement de lui, s'ils manifestent ouvertement leur amour mutuel. L'enfant envieux juge qu'il serait préférable que le «concurrent» perde sa position de favori.

Lorsque nous discutons avec un jeune enfant, nous devrions utiliser les adjectifs «jaloux» ou «jalouse» pour décrire ses sentiments; l'enfant comprendra assez vite à quelle émotion nous faisons référence. Les jeunes enfants comprennent aisément l'histoire de Cendrillon, objet de jalousie de la part de ses belles-sœurs envieuses. L'enfant traversera, après l'âge de 2 ans, le stade où les psychiatres ont situé le complexe d'Œdipe (attirance de l'enfant pour le parent du sexe opposé). Notons que les psychiatres ne définissent pas le complexe d'Œdipe de la même manière que Freud; ils définissent plutôt ce stade comme celui de l'insécurité où les émotions sont liées aux désirs de possession et de contrôle. La littérature fournit de nombreuses descriptions de ce stade: des exemples tirés de la Bible (Caïn et Abel, Jacob et Ésaü, Joseph et ses frères) aux romans plus modernes comme ceux de Marcel Proust[20]. Il est intéressant de noter que Proust a révélé que seuls des personnages de romans pouvaient inspirer de l'amour sans que le lecteur ressente de la jalousie et de l'envie. Quant au narrateur des romans proustiens, il avoue aimer des personnes sans ressentir de jalousie, uniquement lorsqu'elles sont endormies.

Comme nous l'avons déjà signalé, nous nous rangeons du côté de Nussbaum, Bowlby, Winnicott et Proust et pensons, comme eux, que la jalousie existera toujours. En tant qu'éducateurs, lorsque nous discutons de cette émotion avec les enfants, il importe de nommer les émotions qu'ils ressentent et de déterminer les conséquences de leur comportement, qui peut être influencé par la jalousie, l'envie, la colère exacerbée et même la haine.

LA FIERTÉ

Après avoir résisté à six des sept péchés capitaux, il est très difficile de ne pas en tirer un peu de fierté.

Dans notre analyse de la jalousie et de la honte, nous traitons de ces émotions comme de maux nécessaires, comme d'émotions morales dont on ne peut nier l'existence et qui risquent d'influencer le développement des valeurs que nous souhaitons inculquer à nos enfants. La situation diffère quand il

s'agit de la fierté. Pour certains, la fierté est un péché (le pire, diront-ils), et l'humilité apparaît souvent dans les listes des vertus morales établies par des éducateurs renommés et par des représentants des religions traditionnelles[21]. Malgré cette opposition marquée face à certaines manifestations de la fierté, nous maintenons qu'elle constitue une vertu importante, qui devrait être encouragée chez les enfants. Nous devrons certes éviter les excès de fierté, tout comme les excès d'humilité d'ailleurs.

Il nous faut donc comprendre les caractéristiques dites plus « positives » de la fierté et déterminer quand cette fierté se transforme en arrogance, en présomption ou en vantardise, et traduit une insensibilité à l'égard des sentiments d'autrui. L'autre versant, l'humilité, peut être une vertu, bien qu'il soit nécessaire de la distinguer de la docilité, du manque de confiance et des fausses perceptions que l'on a de soi-même.

La fierté, à l'égard de soi-même et à l'égard des autres, est de prime abord une bonne chose. Plusieurs travaux en psychologie ont démontré que la fierté éprouvée pour ses propres réalisations est étroitement liée à un concept de soi positif et à une bonne estime de soi, ce qui constitue l'un des meilleurs indices de succès[22]. Nous avons déjà traité de l'importance de l'acquisition de l'autonomie chez le jeune enfant (voir le chapitre 5). Nous tenons pour acquis que l'évaluation des aptitudes et des réalisations de chacun est réaliste, mais il est évident que certains peuvent surestimer leurs aptitudes ou leurs talents ou ceux des autres. Les parents peuvent être fiers de leurs enfants, ce qui n'est pas nécessairement une mauvaise chose. Cependant, le fait qu'ils considèrent leurs enfants comme la «prunelle de leurs yeux» peut parfois les amener à penser qu'ils ont engendré un second Mozart ou Gretzky dès que leur enfant exécute un premier morceau au piano ou marque un premier but au hockey. Favoriser une fierté bien dosée permet d'éviter les excès: être imbu de soi-même, surestimer ses talents ou ses aptitudes ou celles des autres ou, encore, afficher un air suffisant. Cela peut aller jusqu'à se montrer arrogant (Monsieur ou Madame Je-sais-tout) ou à adopter une attitude snobinarde, en se croyant meilleur ou supérieur aux autres. Ces derniers exemples de «fierté arrogante» ne correspondent aucunement aux comportements que parents et éducateurs souhaitent encourager chez les enfants.

L'humilité a sa place, bien entendu. En tant qu'adultes, nous ne voulons pas nous montrer suffisants ou démontrer trop de satisfaction par rapport à ce que nous avons accompli. Comme on dit communément: «Ne t'endors pas sur tes lauriers.» Nous avons besoin de motivation pour continuer à apprendre et à nous améliorer, peu importe ce que nous faisons, au travail ou dans nos loisirs. De même, nous voulons que nos enfants soient motivés à faire des progrès, à s'améliorer et à développer leurs talents. Il peut arriver parfois que nous – parents, éducateurs, enseignants ou entraîneurs – commettions des erreurs lorsque nous poussons un enfant à viser plus haut et à accélérer la cadence, que ce soit dans le domaine des sports (gymnastique, hockey, etc.) ou des arts (piano ou tout autre instrument de musique).

Platon et d'autres théoriciens ont décrit Socrate, philosophe du Ve siècle av. J.-C., comme l'un des hommes les plus sages et les plus intelligents. Il a incorporé l'humilité au groupe des vertus en affirmant: «La seule chose que je sais, c'est que je ne sais rien.» C'était une manière pour lui de se rappeler, et de rappeler aux autres, combien il se sentait ignorant en songeant aux connaissances qu'il avait acquises et à celles qu'il devait acquérir. Nous souhaitons certainement inculquer une telle attitude à nos enfants. Pour notre part, il nous semble que cette attitude fait contrepoids à la fierté, vertu que nous considérons comme une valeur morale essentielle. De nombreuses traditions religieuses adhèrent à cette sorte d'humilité que prônait Socrate. Ce type d'humilité n'est pas sans lien avec l'émerveillement devant la complexité et les merveilles du monde qui nous entoure. Maïmonide, cet illustre philosophe et théologien juif du XIIe siècle, avait épousé le point de vue de Socrate sur l'humilité – paradoxalement, il a été appelé à se défendre contre ceux qui l'accusaient de s'être montré arrogant et d'avoir manqué d'humilité, parce qu'il avait tenté d'expliquer certains passages de l'Ancien Testament et de concilier science et religion. Les grands scientifiques ont souvent exprimé ce genre d'humilité, de la même manière que dans les traditions religieuses. Prenons par exemple Albert Einstein, probablement le plus éminent scientifique du XXe siècle, qui a clairement affirmé son ignorance des mystères de l'univers.

Nous résumons ainsi notre position: les éducateurs doivent essayer d'inculquer aux enfants la fierté et l'humilité, dans une juste mesure, comme nous l'avons explicité dans les paragraphes précédents. Encourager une forme d'humilité appropriée signifie éviter l'affrontement ou la soumission (terme souvent utilisé dans la religion comme synonyme de l'humilité). Il s'agit là d'une attitude potentiellement malsaine qui peut se traduire par une faible estime de soi et par un manque de motivation pour relever des défis et mieux s'épanouir. Les recherches effectuées ont démontré que cette attitude peut s'avérer particulièrement préjudiciables aux filles[23]. C'est la principale raison qui nous incite à penser que l'humilité est une vertu surestimée. Voici l'anecdote que relate le rabbin Joseph Telushkin à ce sujet:

> *Mon grand-père, le regretté rabbin Nissen Telushkin, me racontait qu'un homme qu'il connaissait et qui était très respecté dans sa communauté devait, selon la tradition juive, s'asseoir sur un siège désigné bien en vue, en avant de la synagogue. Il choisit plutôt de s'asseoir sur un banc quelconque, dans la dernière rangée. Mais mon grand-père s'est rapidement aperçu que les yeux de l'homme balayaient constamment l'assemblée pour voir si les gens avaient remarqué la place modeste qu'il avait choisi d'occuper. Mon grand-père lui a alors dit: «Il aurait mieux valu vous asseoir en avant de la synagogue et penser que vous auriez dû vous asseoir en arrière plutôt que de vous asseoir en arrière et penser sans cesse que vous auriez dû vous asseoir en avant[24].»*

Cette anecdote donne un exemple de ce qu'est la fausse modestie. Certaines personnes pensent que l'humilité est une vertu essentielle, mais ce qui importe réellement à leurs yeux, c'est que les autres les considèrent comme humbles, ce qui leur enlève tout mérite. *Lorsque nous expliquons cela aux jeunes enfants, nous devons garder à l'esprit que, si l'humilité est une vertu, la fausse modestie n'en est pas une.*

En admettant que la fierté puisse être une vertu, les choses se compliquent. Jusqu'à quel point est-il approprié et indiqué de parler de sa fierté? Est-il toujours bon de faire part aux autres de ses réalisations et de ses réussites? Que devons-nous apprendre aux jeunes enfants à ce sujet? Peut-être est-il normal d'avoir un minimum de fierté, que ce soit envers soi-même ou envers les autres. Cependant, pour plusieurs, l'expression de la fierté peut sembler inacceptable, voire inadmissible, ce qui nous oblige à analyser de nouveau ce dilemme: faut-il se taire ou parler? Pour tenter de résoudre ce problème, l'histoire de Joseph et de ses frères, relatée dans la Bible, peut se révéler utile. Pour ceux qui ne connaissent pas cette histoire, ou qui l'ont oubliée, nous en présentons ci-après les faits saillants (ceux qui aimeraient connaître en détail les péripéties de Joseph pourront lire Thomas Mann, romancier allemand de renom, qui a écrit *Joseph et ses frères*, paru en quatre tomes)[25].

> *Jacob était père de douze fils; le onzième était Joseph et le douzième, Benjamin (ces deux derniers étaient les fils de Rachel, tandis que les autres enfants étaient nés d'autres épouses). Joseph était intelligent, beau et ses parents l'aimaient beaucoup, surtout son père. Les dix autres frères aînés étaient loin d'être satisfaits (jaloux) de la situation, en plus d'être offensés par le petit Joseph (alors âgé de 3 ou 4 ans) qui leur avait raconté ses rêves. Ce qui provoquait une telle frustration, c'est que, dans tous ses rêves, Joseph était riche et célèbre, et les dix frères aînés, moins riches et moins célèbres, étaient à son service. Les frères aînés, après avoir résolu de tuer leur frère cadet, le jetèrent dans un trou. Au dernier moment, réfrénant leur colère en entendant les protestations de leur frère, ils le vendirent comme esclave en Égypte. Joseph vécut là-bas une suite d'événements déterminants et malheureux; il fut notamment jeté en prison pour avoir tenté de séduire l'épouse d'un autre homme (bien que sa culpabilité ne fût pas établie). Son talent pour interpréter les rêves de même que ses aptitudes de gestionnaire furent reconnus par un gardien de prison (qui était devenu un bon ami entre-temps), ainsi que par d'autres, y compris le pharaon (qui était devenu un bon ami aussi). Proche du pharaon, Joseph devint ainsi la personne la plus puissante d'Égypte. Les dix frères eurent bientôt besoin de blé en raison de la famine, ce que Joseph avait d'ailleurs prédit. D'Israël, ils se rendirent en Égypte. Joseph les reconnut et se réconcilia avec ses frères qui s'excusèrent. Joseph pardonna à ses frères, dont son cadet Benjamin, qu'il retrouva non sans verser quelques larmes.*

Le thème du péché lié au sentiment de fierté peut être analysé par le biais de différents passages de cette narration. Jacob était très fier de son fils Joseph, un garçon intelligent, sociable et de belle apparence. Il était également fier de lui-même et de son épouse Rachel, parce que cette naissance imprévue tenait, en quelque sorte, du miracle étant donné leur âge avancé. Joseph était fier de lui-même et ne voyait pas d'inconvénients à parler de ses talents et du charme qu'il exerçait – et de ses rêves! – avec ses frères aînés. Résultat, il a été jeté dans un trou, puis vendu comme esclave en Égypte. Plusieurs commentateurs ou exégètes avancent que la morale de l'histoire est que Joseph a payé pour son arrogance[26]. Selon moi, être jeté dans un trou pour y mourir ou être vendu comme esclave en Égypte m'a toujours semblé un prix à payer très élevé, même en admettant que Joseph ait commis un grave péché en étant arrogant. Nous sommes cependant amenés à nous poser la question suivante: comment Joseph pouvait-il concevoir et comprendre la différence entre une « juste » fierté et l'arrogance, qui a provoqué chez ses frères aînés une telle jalousie et une telle haine? Les parents n'ont sûrement pas appris à Joseph à faire cette différence, puisqu'il semble inconscient des conséquences de son attitude envers ses frères. La faute, s'il y en a une, est peut-être attribuable aux parents qui ont sans doute démontré trop de fierté envers leur fils cadet sans suffisamment tenir compte des sentiments des frères aînés. Cette histoire souligne l'importance de discuter de ce sujet avec nos jeunes enfants.

L'histoire de Joseph présente également un autre aspect que les commentateurs ou exégètes de la Bible n'ont pas relevé: nous pouvons également y déceler les effets positifs de la fierté. Tout au long de sa vie, Joseph a continué d'accomplir de grandes choses (nous le suivrons jusqu'à ce qu'il ait 35 ans environ). Il interprétait fort bien les songes et n'hésitait pas à le faire savoir. Gestionnaire hors pair, il pouvait déterminer assez rapidement la quantité de blé à mettre de côté, en cas de famine. Il en parlait avec aisance et tous convenaient que son discours était sensé. S'il n'avait pas parlé de ses compétences à son geôlier, s'il ne lui avait pas dit qu'il était capable d'interpréter les rêves ou encore doué pour la mathématique, s'il n'avait pas parlé de tout cela en temps opportun à la bonne personne, il n'aurait pas pu accomplir toutes ces bonnes actions. Plutôt que de devenir riche et célèbre – et puissant –, il aurait pu croupir en prison. Les conseils prodigués au Pharaon ont permis à l'Égypte d'éviter des situations catastrophiques et peut-être que Dieu y était pour quelque chose, qu'Il savait que Joseph agirait et qu'il parlerait lorsque l'occasion se présenterait. Ainsi, cette histoire est peut-être l'illustration parfaite de la devise: « Aide-toi et le ciel t'aidera. »

C'est du récit des aventures de Joseph que nous avons tiré les principales notions du présent ouvrage, soit l'empathie et le développement d'un jugement sûr. Tout comme Joseph apprend à faire un compromis entre, d'une part, la reconnaissance légitime de ses propres talents et de ses réalisations (fierté appropriée) et, d'autre part, la prétention et l'arrogance qui ont tant exaspéré ses frères aînés, nous devons apprendre à trouver la juste mesure. Nous devons favoriser chez les enfants le développement d'un jugement que Joseph n'a pu acquérir qu'à l'âge adulte. Joseph, dont on disait qu'il avait fait preuve d'une grande empathie tout au long de sa vie d'adulte, était capable de « lire » les sentiments et les pensées de ses semblables, d'en tenir compte et de les respecter. Il apprenait à distinguer les différences entre les situations et les conjonctures grâce à son empathie, qui se conjuguait avec un jugement qui ne faisait que s'améliorer. Il a ainsi pu conserver de nombreux amis, du geôlier au pharaon. Il a en outre appris que l'on peut répéter ce qu'un autre a dit, en d'autres mots, en tenant compte de la personne à qui l'on s'adresse. Il y avait un temps pour parler et un temps pour se taire : l'une des leçons les plus difficiles à apprendre à nos jeunes enfants.

Que voulons-nous donc apprendre aux enfants concernant la fierté et l'humilité ? Nous désirons leur faire comprendre que la fierté est une bonne chose et qu'il est normal de l'exprimer. Il nous arrive d'être fiers de nous-mêmes, de nos propres réalisations ou de celles des autres, et les enfants devraient ressentir de la fierté, dans une juste mesure, et l'exprimer également dans une juste mesure. Par-dessus tout, nous ne voulons pas écraser les autres (adultes ou enfants) ; lorsque nous soulignons la réussite d'un projet ou les réalisations d'un ami ou d'un collègue, les débordements de joie, la vantardise et les railleries sont à éviter.

En ce qui concerne l'humilité, nous privilégions celle qu'engendrent l'admiration et l'émerveillement. Les enfants devraient apprendre à rechercher les qualités chez les autres ; ils trouveront ainsi de quoi être fiers des autres enfants qu'ils rencontrent ou côtoient. Les éducateurs devraient sensibiliser les enfants à ne pas feindre l'humilité ni à manifester de fausse modestie, car cela est souvent associé à la soumission et à une faible estime de soi.

LA CONFIANCE

La confiance est une vertu morale et une émotion morale essentielle à la moralité. Sissela Bok affirme que, peu importe les préoccupations des êtres humains, la confiance découle de l'atmosphère dans laquelle elle évolue[27]. La confiance peut être définie comme étant l'assurance de celui qui se fie à quelqu'un (à sa bonne volonté). Lorsque nous avons parlé du respect des promesses, nous avons souligné l'importance de la confiance. Nous devons cependant noter que le type de confiance dont nous désirons parler avec les jeunes enfants va bien au-delà de la confiance envers la personne qui a fait une promesse ou avec laquelle un contrat a été établi. Pour un jeune enfant, la confiance est presque toujours associée à une personne en position d'autorité; il s'agit là d'une relation asymétrique. Les éducateurs doivent être conscients du fait qu'il peut y avoir manque ou excès de confiance. Contrairement à la honte et à la jalousie, la confiance – tout comme la fierté – doit être adéquate et accordée dans une juste mesure.

EXERCICES

8.1. HISTORIETTES ET QUESTIONS SUR LA FIERTÉ (Pour les enfants de 2 à 5 ans)

Présentation générale

Chacun des thèmes devrait être présenté sous forme de dialogues (entre des marionnettes ou des personnages de bandes dessinées). L'adulte manipule les marionnettes tout en racontant l'histoire (ou les histoires) et en adaptant le niveau de langue aux capacités de compréhension des jeunes spectateurs. Il est toujours possible de répéter l'histoire pour que tous les enfants saisissent bien les éléments fondamentaux de l'histoire : qui est qui ? (nom de chacun des personnages), qui a dit quoi ? qui a fait quoi ?... L'éducateur peut alors poser quelques questions d'ordre général. Au cours de la discussion, tous les enfants doivent être appelés à prendre la parole ; certains s'exprimeront probablement plus que d'autres, alors qu'un certain nombre d'enfants préféreront se taire et porter attention aux paroles des autres. S'ils n'ont rien dit alors que la période de classe s'achève (après quarante minutes, par exemple), l'éducateur peut gentiment leur demander leur opinion concernant les sujets abordés.

Pour chacun des thèmes, nous avons dressé une liste de directives et nous donnons des exemples de questions à poser, dans le but de stimuler la réflexion et les discussions en profondeur. Chaque thème (la gratitude, par exemple) pourrait faire l'objet d'une discussion prolongée sur plus d'une période, et ce, sans problème ! Les enfants, peu importe leur âge, demanderont sans aucun doute à leur éducateur : « Qu'est-ce que tu en penses ? » Un éducateur pourrait répondre ainsi, avec sincérité : « Je suis encore en train de réfléchir à ce sujet ; j'ai des incertitudes. Peut-être que... et peut-être aussi que... ». Un autre pourrait juger bon de donner son point de vue sur chacun des thèmes, mais pas trop tôt dans la discussion afin d'éviter que les enfants acceptent simplement l'avis de l'adulte comme étant le « bon », ce qui risque d'empêcher toute réflexion approfondie chez l'enfant. S'il y a des différences d'opinion, l'éducateur en parlera d'une façon respectueuse, tout en reprenant ce que les enfants ont dit ou essayé de dire. L'animateur (ou les animateurs) de la discussion devra répéter souvent ce qui a été dit et en faire une synthèse. Par exemple, il pourrait intervenir ainsi : « Billy pense que Petit Ours devrait toujours dire “Merci !”, mais Sally n'est pas du même avis. Qu'en pensent les autres ? »

J'ai réussi

Petit Ours (personnage principal) tente de résoudre un problème particulièrement difficile et y parvient. Tous les autres personnages n'ont pas été en mesure de le résoudre, même s'ils ont fait preuve de persévérance. Dame Oie dit: «C'est très bien! Comment as-tu réussi à résoudre le problème?» «Je suis bon là-dedans», répond Petit Ours. «Ne te vante pas. Ce n'est pas bien», intervient Madame Lapin, témoin de la scène. Elle poursuit en s'adressant à Dame Oie: «Vous ne devriez pas dire devant les autres que Petit Ours excelle dans la résolution de problèmes ou d'énigmes.» Petit Ours et Dame Oie réfléchissent aux paroles de Madame Lapin.

Questions

- ✓ Petit Ours devrait-il dire «Je suis bon pour résoudre des problèmes» s'il est vraiment bon? A-t-il fait quelque chose de mal?
- ✓ Dame Oie a-t-elle été déplacée en disant qu'elle était fière de l'exploit de Petit Ours?
- ✓ Est-il juste d'être fier de ce qu'on a accompli ou réalisé?
- ✓ Est-il juste d'être fier de ce que les autres ont accompli ou réalisé?
- ✓ Si nous avons un talent particulier dans un domaine donné, devrions-nous dire que nous sommes bons?
- ✓ Comment Petit Ours s'est-il senti?
- ✓ Qu'ont ressenti les autres personnages de l'histoire?
- ✓ Avez-vous réalisé des projets dont vous êtes fiers?
- ✓ Les parents ou les enseignants sont-ils parfois fiers des réalisations des enfants?
- ✓ Est-il bon d'exprimer notre fierté devant les réalisations des autres?
- ✓ Qu'est-ce que la vantardise ou la vanité? Fierté et vantardise sont-ils des mots synonymes?
- ✓ Quelle est traduction des mots «fierté» et «fier» en anglais, en espagnol et dans d'autres langues?

Je suis un bon joueur

Un groupe de personnages s'apprêtent à jouer en équipe et choisissent les membres de chacune des équipes. Ils demandent à Mademoiselle Ourse : « Êtes-vous une bonne joueuse de soccer ? » et, comme elle est effectivement une bonne joueuse, Mademoiselle Ourse répond « Oui ». Témoin de la scène, Dame Oie l'avertit : « Vous ne devriez pas dire cela, ce n'est pas bien ». Mademoiselle Ourse réfléchit. Elle sait qu'elle est une bonne joueuse de soccer. Devrait-elle affirmer qu'elle n'est pas bonne ?

Questions

- ✓ Mademoiselle Ourse devrait-elle dire qu'elle est une bonne joueuse de soccer, qu'elle n'est pas une bonne joueuse ou devrait-elle plutôt se taire ?
- ✓ Comment Dame Oie réagit-elle ? Que ressent-elle ?
- ✓ Que ressentent les autres personnages ?
- ✓ Si vous avez un certain talent dans un domaine donné et que l'on vous interroge à ce sujet, direz-vous que vous êtes bons ? Pouvez-vous donner des exemples où vous avez pu montrer que vous étiez bons ?
- ✓ Pouvez-vous dire que vous avez du talent ou que vous êtes bons pour faire telle ou telle chose ? Est-ce mal de le dire ? Dame Oie a-t-elle raison de dire que ce n'est pas bien ? Pensez-vous que le fait de dire que vous êtes bons pour réaliser certaines choses correspond à de la vantardise ?
- ✓ Pouvons-nous parfois dire aux autres que nous sommes meilleurs pour faire telle ou telle chose, avant même que les autres nous le demandent ? Si nous avons fait quelque chose de bien (aider nos parents à laver la voiture, par exemple), ou de beau (un dessin particulièrement bien réussi), devrions-nous le dire aux autres ? Est-ce de la fierté justifiée (ou « bonne fierté ») ou de la vantardise (fierté déplacée) ?
- ✓ Devrions-nous parler avec tact et diplomatie des réalisations dont nous sommes fiers ? Devrions-nous faire attention aux sentiments et aux émotions d'autrui ?
- ✓ Que ressentez-vous lorsque quelqu'un déploie ses talents et se montre bon dans quelque chose ? Pouvez-vous donner un exemple d'une situation où quelqu'un parlait de la fierté qu'il éprouvait pour une personne qui avait accompli quelque chose avec succès, ce qui vous avait fait ressentir de la peine, de la frustration, etc. ? On dit parfois de quelqu'un qui ne se vante pas qu'il est humble.

Questions secondaires

- ✓ Que signifie le mot « humble » ? Si les enfants (entre 2 et 5 ans) ne peuvent expliciter la signification de cet adjectif, l'éducateur peut dire : « Humble signifie ne pas se vanter. » L'humilité peut être remplacée par l'émerveillement. L'éducateur peut poser les questions suivantes : Vous êtes-vous déjà sentis très petits par comparaison à certains éléments de la nature (les arbres, par exemple) ? Avez-vous pensé à tout ce qui était gigantesque, comme le ciel, les étoiles, l'univers ? Que ressentez-vous lorsque vous assistez à un spectacle grandiose et que vous prenez conscience de votre petitesse relative ?
- ✓ Savez-vous ce que signifie « être émerveillé » ? Pensez-vous parfois que tout ce qui vous entoure est merveilleux ? Que ressentez-vous lorsque vous êtes émerveillés ou lorsque vous pensez à quelque chose de merveilleux ou de formidable ? Pouvez-vous donner des exemples ? Vous est-il déjà arrivé d'être impressionnés en goûtant ou en mangeant un mets particulièrement bon ou en le humant ? L'éducateur pourrait rappeler que certains sentiments suscités par ces choses sensationnelles ressemblent à ce que nous désignons comme étant de l'humilité. Lorsque nous pensons à tout ce que nous ignorons, à tout ce qu'il nous reste à apprendre, cela nous incite à l'humilité.
- ✓ Si quelqu'un vous dit : « Sois humble et cesse de te montrer fier », qu'allez-vous en penser ?
- ✓ Pouvons-nous être à la fois fiers et humbles ? Devons-nous prétendre être humbles même si nous éprouvons de la fierté ? Devons-nous nous incliner devant les autres ? Faut-il se soumettre aux autres ? Existe-t-il une « bonne » humilité et une « mauvaise » humilité ?

8.2. HISTORIETTES ET QUESTIONS SUR LA JALOUSIE (Pour les enfants de 2 à 5 ans)

Présentation générale

Chacun des thèmes devrait être présenté sous forme de dialogues (entre des marionnettes ou des personnages de bandes dessinées). L'adulte manipule les marionnettes tout en racontant l'histoire (ou les histoires) et en adaptant le niveau de langue aux capacités de compréhension des jeunes spectateurs. Il est toujours possible de répéter l'histoire pour que tous les enfants saisissent bien les éléments fondamentaux de l'histoire : qui est qui ? (nom de chacun des personnages), qui a dit quoi ? qui a fait quoi ?... L'éducateur peut alors poser quelques questions d'ordre général. Au cours de la discussion, tous les enfants doivent être appelés à prendre la parole ; certains s'exprimeront probablement plus que d'autres, alors qu'un certain nombre d'enfants préféreront se taire et porter attention aux paroles des autres. S'ils n'ont rien dit alors que la période de classe s'achève (après quarante minutes, par exemple), l'éducateur peut gentiment leur demander leur opinion concernant les sujets abordés.

Pour chacun des thèmes, nous avons dressé une liste de directives et nous donnons des exemples de questions à poser, dans le but de stimuler la réflexion et les discussions en profondeur. Chaque thème (la gratitude, par exemple) pourrait faire l'objet d'une discussion prolongée sur plus d'une période, et ce, sans problème ! Les enfants, peu importe leur âge, demanderont sans aucun doute à leur éducateur : « Qu'est-ce que tu en penses ? » Un éducateur pourrait répondre ainsi, avec sincérité : « Je suis encore en train de réfléchir à ce sujet ; j'ai des incertitudes. Peut-être que... et peut-être aussi que... ». Un autre pourrait juger bon de donner son point de vue sur chacun des thèmes, mais pas trop tôt dans la discussion afin d'éviter que les enfants acceptent simplement l'avis de l'adulte comme étant le « bon », ce qui risque d'empêcher toute réflexion approfondie chez l'enfant. S'il y a des différences d'opinion, l'éducateur en parlera d'une façon respectueuse, tout en reprenant ce que les enfants ont dit ou essayé de dire. L'animateur (ou les animateurs) de la discussion devra répéter souvent ce qui a été dit et en faire une synthèse. Par exemple, il pourrait intervenir ainsi : « Billy pense que Petit Ours devrait toujours dire "Merci !", mais Sally n'est pas du même avis. Qu'en pensent les autres ? »

Pourquoi lui ?

Petit Ours est en train de dessiner et l'un de ses parents, ou encore l'enseignant (Dame Oie, par exemple), fait l'éloge des talents du dessinateur. Petit Lapin, lui aussi en train de dessiner, se dit en lui-même : « Je n'aime pas Petit Ours. Je dessine bien moi aussi. Je ne veux plus être son ami. »

Questions préliminaires

- ✓ Que ressent Petit Lapin ? Est-il triste ? Est-il en colère ?
- ✓ Est-ce que le parent ou l'enseignante (Dame Oie) a dit ou fait quelque chose de répréhensible ?
- ✓ Pourquoi Petit Lapin ne veut-il plus être l'ami de Petit Ours ?

- ✓ Connaissez-vous les mots « jalousie » et « jaloux » ?
- ✓ Petit Lapin est-il jaloux ?
- ✓ Être jaloux, est-ce comme être en colère ou être triste ?
- ✓ Avez-vous déjà ressenti de la jalousie ?
- ✓ Est-ce agréable de ressentir de la jalousie ?
- ✓ Est-ce agréable de ressentir de la colère ou de la tristesse ?
- ✓ Quels sentiments donnent une sensation de bien-être ?
- ✓ Quels sentiments sont désagréables ?
- ✓ Que ressent Petit Ours ?
- ✓ Comment réagit-il ?

Le chou-chou

Dame Oie (ou un personnage adulte) distribue des bonbons ; elle en donne plus à Petit Ours qu'à Petit Lapin. Elle parle à Petit Ours et l'embrasse, mais ne prend pas Petit Lapin entre ses ailes. Petit Lapin dit alors : « Je n'aime pas Petit Ours. Je ne veux plus être son ami. »

Questions préliminaires

- ✓ Que ressent Petit Lapin ?
- ✓ Comment réagit-il ? Est-il fâché ? triste ? Si les enfants ne mentionnent pas que Petit Lapin est jaloux, l'éducateur peut poser la question suivante : Petit Lapin est-il jaloux ?
- ✓ Pourquoi Petit Lapin ressent-il de la jalousie ? Petit Ours a-t-il fait quelque chose de mal ? Dame Oie a-t-elle dit ou fait quelque chose de mal ? Que ressent Petit Ours ?

Questions secondaires

- ✓ Avez-vous déjà été jaloux ? Pourquoi ? Quand ? Pouvez-vous donner des exemples ?
- ✓ Est-ce bien ou mal d'être jaloux ?
- ✓ Connaissez-vous des enfants qui ne sont jamais jaloux ?
  Connaissez-vous des personnes qui ne sont jamais jalouses ?
- ✓ Y a-t-il une « bonne » jalousie et une « mauvaise » jalousie ?
- ✓ Dans la première histoire, Petit Lapin a-t-il raison d'être jaloux ?
  En est-il de même dans la deuxième histoire ? Quelle est la différence ?

- ✓ Si l'un de vos amis remporte un prix, êtes-vous content ou jaloux ?
- ✓ Si l'un de vos amis gagne à un concours auquel vous avez aussi participé, êtes-vous content ou jaloux ? Pourquoi êtes-vous content ? Pourquoi êtes-vous jaloux ?
- ✓ Pouvons-nous cesser d'être jaloux ?
- ✓ Que faut-il dire ou faire lorsque nous sommes jaloux ?
- ✓ Connaissez-vous des synonymes du mot « jalousie » ? Avez-vous déjà entendu le mot « envie » ? Que signifie-t-il ?
- ✓ Pouvez-vous dire « jaloux » en d'autres langues (en anglais, en espagnol, etc.) ? Ce mot existe-t-il en plusieurs langues ? dans toutes les langues ?

PARTIE

LES SUJETS LES PLUS DÉLICATS

Tôt ou tard, les enfants poseront des questions à leurs parents et à leurs éducateurs concernant des sujets plus difficiles à aborder, comme le mariage, le divorce et la séparation (chapitre 9), la maladie (chapitre 10), les attouchements (chapitre 11) et Dieu, la religion et d'autres croyances, notamment le père Noël et la Fée des dents (chapitre 12).

Les conseils généraux en matière de jugement (chapitre 2) s'appliquent à ces sujets délicats. Tous les « trucs et astuces » pour favoriser un jugement sûr, tant chez les enfants que chez les adultes, devront également être mis en application (consulter la dernière section du chapitre 2). Les plus importants conseils à retenir sont probablement ceux qui concernent les débats, le dialogue et la discussion (suggestion n° 9) et la consultation d'autres personnes que l'on considère comme étant réfléchies (suggestion n° 10). Comme il a déjà été mentionné, les parents doivent être prêts à prendre le risque de parler des choix moraux et de les expliquer à leurs enfants; ils doivent également être prêts à admettre leurs doutes et leurs incertitudes.

Il peut également être judicieux de revoir le chapitre 3 sur l'honnêteté avant d'entamer le dialogue sur ces sujets difficiles. Nous recommandons fortement d'éviter de dire des mensonges, à moins qu'ils ne soient vraiment justifiés. Si le parent ou l'éducateur essaie de fournir une réponse, alors qu'il n'en a pas, l'enfant découvrira facilement la «supercherie». Plutôt que de donner une réponse définitive ou catégorique, il vaut mieux admettre son incertitude ou dire que l'on veut réfléchir sur le sujet. Sinon, cela risque de créer de l'instabilité et de l'insécurité chez l'enfant et les conséquences négatives de cette situation se feront sentir à long terme. L'enfant qui a obtenu des réponses saugrenues aux questions qu'il a posées à ses éducateurs, ou si ces derniers ont feint de tout savoir plutôt que d'admettre leur ignorance et de faire part de leurs doutes, souffrira plus tard de ce que Chopra a désigné comme étant «*the grip of illusion*». Qui d'entre nous, à 3 ou 4 ans, ne s'est pas fait dire des choses qui n'ont été vraiment comprises que bien des années plus tard, tout en ayant pressenti que ces paroles étaient fausses...? Il y a de fortes chances que cela se soit produit avec les sujets dont nous traiterons dans cette quatrième partie.

CHAPITRE 9

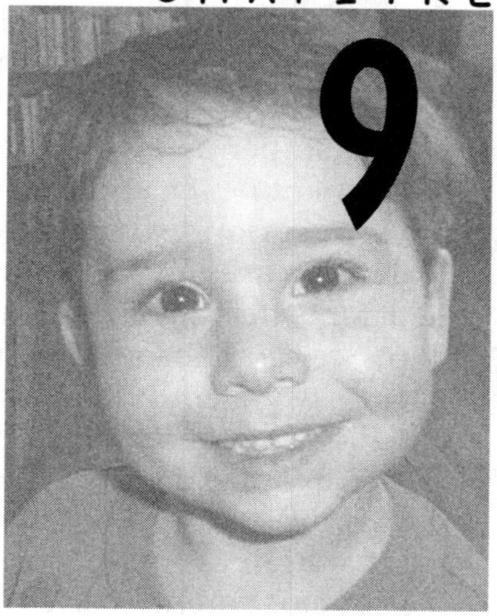

La séparation et le divorce

L'ANGOISSE DE LA SÉPARATION?

Le premier type de séparation dont fait l'expérience le nouveau-né survient lorsque les parents s'absentent. Comme nous l'avons déjà vu (chapitre 7), les émotions peuvent être ressenties dès les premiers jours de la vie. La solitude, la peur, la tristesse et la colère s'entremêlent en cas de séparation, aussitôt remplacées par la joie et le soulagement lorsque le nouveau-né reconnaît la personne qui prend soin de lui (ses parents ou toute autre personne). À la maison puis à la garderie, l'angoisse de séparation demeure une préoccupation majeure pour les parents et les éducateurs, de même que le difficile apprentissage des moyens à prendre pour atténuer cette angoisse. Nous avons besoin d'éducateurs intelligents et sensibles, aptes à reconnaître la gamme des émotions que les enfants peuvent ressentir et conscients que cette tristesse peut se transformer en dépression, en colère, ensuite en soulagement et en acceptation. Il est intéressant de noter que ces suites d'émotions ressemblent à celles éprouvées par les personnes en deuil.

Certains enfants se «libèrent» de l'angoisse de séparation par leur comportement en piquant, par exemple, une crise de colère devant l'un de leurs parents, pour ensuite se remettre à jouer, contents, jusqu'au retour de l'autre parent, ce qui provoque une autre crise de colère. Mais les émotions sont souvent authentiques et s'accompagnent d'un sentiment de perte, de la crainte que le parent ne revienne pas et de la confusion engendrée par l'apparition de nouvelles personnes dans sa vie. Ces émotions sont souvent le lot des enfants âgés de 2 à 4 ans qui vont à la garderie ou à la maternelle pour la première fois. Les parents devraient savoir que leur enfant de 2 ans est susceptible d'être assailli par ces émotions (dites «négatives» car elles causent une certaine souffrance), et ils devraient lui en parler. On peut aider cet enfant en ne se contentant pas de le reconduire à la garderie ou à l'arrêt d'autobus et de lui dire: «Amuse-toi bien!» avant de partir. En outre, on peut lui parler un peu de ces émotions plus négatives qui l'envahissent, comme la peur, l'angoisse et la solitude. Parfois, la séparation peut être plus longue, lorsque l'un des parents s'absente, ou lorsque les deux parents partent en vacances pour une semaine, par exemple. Il est possible d'anticiper l'apparition de plusieurs des émotions mentionnées plus haut et d'en parler avec l'enfant, et ce, le plus tôt possible, en tout cas certainement lorsque ce dernier a atteint l'âge de 2 ans. *Rappelons encore une fois que l'enfant comprend beaucoup plus de choses que nous ne pouvons l'imaginer!*

LES FAMILLES ET LE DIVORCE... AU XXIe SIÈCLE

Le divorce est un sujet dont il ne fallait pas parler devant les enfants dans les années 1940 et 1950 (années pendant lesquelles j'ai grandi). De nos jours, les nouveaux parents se montrent plus enclins à dialoguer avec leurs enfants sur ce sujet délicat. Ils peuvent cependant ne pas savoir comment s'y prendre et nous désirons prodiguer ici quelques conseils. Idéalement, les deux parents devraient parler ensemble avec l'enfant. Quoi qu'il en soit, au moins une personne devrait expliquer à l'enfant que les parents ont mis fin à leur vie commune et qu'ils vivront chacun de leur côté. L'enfant doit savoir avec qui il habitera et quand il pourra voir l'autre parent. Chacun des parents devra éviter de parler contre l'autre, même si la tentation est grande, surtout si un conflit est à l'origine de la séparation ou du divorce. Un enfant, même s'il n'est âgé que de 2 ans, «sait», plus ou moins inconsciemment, que quelque chose ne va pas, ne serait-ce que par l'ambiance que créent les émotions, la colère ou la tristesse des parents. Il ne faut pas commettre l'erreur de cacher à l'enfant une situation inévitable et flagrante. Par ailleurs, le parent doit être prêt à répondre à certaines questions que l'enfant, surtout entre 3 et 5 ans, lui posera vraisemblablement : « Aimes-tu toujours papa ? » ou « Aimes-tu toujours maman ? » Un simple « oui » ne fera pas l'affaire et une longue diatribe sur tous les comportements fautifs de l'autre parent ne vaut pas mieux. L'un des parents pourrait être fâché et, en règle générale, il est bon qu'il l'admette si l'enfant le lui demande, parce que ce dernier le ressentira de toute façon et la situation ne s'améliorera pas s'il s'aperçoit qu'on lui a menti ou qu'on fait semblant. Dans ces circonstances, il importe de se soucier des besoins de l'enfant et de maintenir avec lui une relation de confiance.

Les parents n'ont pas à fournir de détails sur les motifs justifiant leur séparation ou leur divorce. Il faut par-dessus tout éviter de prendre l'enfant comme thérapeute ou confident si vous avez besoin de donner libre cours à vos sentiments. Ainsi, à la question « Aimes-tu toujours papa ? » ou « Aimes-tu toujours maman ? », on répondra sincèrement en fournissant des détails en fonction de l'âge de l'enfant. Ces cas représentent des exemples typiques où il vaut mieux dire la vérité, mais pas nécessairement toute la vérité... Un parent pourrait très bien commencer à expliquer la situation ainsi : « Les sentiments changent parfois avec le temps, et l'amour entre papa et maman s'est un peu transformé. » Il pourrait également donner des exemples concrets, citant des expériences antérieures de l'enfant : telle poupée ou tel animal en peluche qu'il a aimé, mais qu'il n'aime visiblement plus, puisqu'il ne joue plus avec, ou moins souvent qu'avant. Quant aux éducateurs qui s'occupent de l'enfant, ils devraient toujours être mis au courant lorsque les parents se séparent ou divorcent, pour qu'ils se préparent à en parler de la même façon que les parents, c'est-à-dire franchement et ouvertement, et en donnant suffisamment de détails pour aider l'enfant à comprendre ce qui se passe.

L'enfant est d'abord préoccupé par sa propre sécurité ; c'est pourquoi il voudra être assuré de ne pas être abandonné. Que lui dire pour le convaincre que ses parents l'aiment toujours ? Ses parents cesseront-ils tout à fait de l'aimer un jour, comme ils ont cessé de s'aimer ? Personne ne peut offrir une garantie absolue, car d'une certaine manière l'enfant sait déjà que l'amour inconditionnel est quelque chose de précieux. L'éducateur peut cependant rappeler son affection pour l'enfant et lui dire qu'il y a d'autres personnes qui l'aiment aussi, par exemple ses tantes, ses oncles, ses grands-parents et ses amis les plus proches avec qui il entretient une relation affective. De cette façon, même si l'éducateur ne peut rassurer l'enfant avec une certitude absolue (il est d'ailleurs rarement possible d'avoir une telle certitude relativement à quoi que ce soit...) au sujet de l'amour d'une personne, il doit faire comprendre à l'enfant qu'il y aura toujours quelqu'un pour s'occuper de lui, le protéger et l'aimer.

LA MORT

La mort, c'est l'ultime séparation. L'enfant – tout comme l'adulte – peut ressentir diverses émotions que nous avons déjà présentées ici. Dans mon enfance ou mon adolescence, il n'était pas question que les adultes parlent de la mort aux enfants. De nos jours, les parents en parlent plus volontiers avec leurs enfants ; cette remarque s'applique également aux sujets précédents, soit la séparation et le divorce, pour lesquels nous avons formulé quelques suggestions ; le parent peut d'ailleurs s'en inspirer pour amorcer un dialogue avec son enfant à propos de la mort. L'éducateur devrait en parler franchement et porter une attention particulière aux sentiments de l'enfant, qui ressentira probablement de la peur, de la tristesse et peut-être aussi de la colère. Il n'est pas nécessaire d'attendre que survienne le décès d'un membre de la famille ou d'un animal de compagnie pour parler de la mort, même si ces événements pourront servir de prétextes pour aborder le sujet et engager la discussion. Il n'est pas rare qu'un enfant repère un oiseau ou un écureuil mort lors d'une promenade ; dès l'âge de 3 ans, on peut s'attendre à ce qu'il pose des questions sur la mort. Certains films, comme *Bambi*, de même que de nombreuses histoires, peuvent stimuler les discussions sur ce sujet. Les éducateurs doivent se montrer prudents avec les dessins animés où les personnages tombent en bas de falaises et ne meurent jamais (pensons à ce pauvre coyote qui n'attrape jamais « Road Runner »). Autant que possible, les parents devraient être présents lors du visionnement d'une émission ou d'un film. Ils devraient souligner la différence entre fiction et réalité.

Piaget affirmait que les enfants de 3 à 5 ans expliquaient la vie selon la notion « animé » (par opposition à « inanimé »), en supposant que tout ce qui est vivant et qui possède une conscience est nécessairement actif, utile ou remplit une fonction quelconque[1]. Des recherches plus récentes sur la conception qu'ont les enfants de la vie et de la mort ont prouvé que les enfants d'âge préscolaire ont une conception beaucoup plus complexe de ces deux notions que ne l'envisageait Piaget[2]. Les jeunes enfants ont une compréhension des concepts généraux liés à la mort, dont l'irréversibilité (tout être décédé ne peut revenir à la vie), l'universalité (tout vivant est appelé à mourir) et l'inévitabilité (la mort survient à l'arrêt du fonctionnement des organes internes du corps humain). Nous avons élaboré des documents pour aider les jeunes enfants de 3 à 5 ans à établir la différence entre l'animé et l'inanimé (voir certains exemples de l'exercice 2.2). Dans l'un de ces exemples, l'enfant apprendra que le marteau, un objet inanimé, diffère des trois autres objets animés ; dans un autre exemple, il comprendra que le paon est le seul être vivant, les trois autres étant inanimés. Dans le cadre des recherches effectuées, les enfants de 5 ans qui ont eu l'occasion de discuter de l'histoire du papillon à l'aile brisée (voir l'annexe en fin d'ouvrage) pendant environ un an ont significativement amélioré leur capacité à établir des distinctions pertinentes. Nous pouvons donc en déduire que les discussions que nous aurons eues avec nos enfants auront les mêmes répercussions : les enfants auront réfléchi sur les différences entre le fait de déchirer l'aile d'un papillon, de déchirer une feuille de papier et de démembrer une poupée. Ils commenceront à comprendre non seulement des notions comme la vie et la mort, mais aussi la douleur et la souffrance. Le papier ne peut ressentir de la douleur ni mourir ; le papillon peut très bien ressentir de la douleur et il mourra un jour ; quant à la poupée, elle ne peut ni ressentir de douleur ni mourir, mais l'enfant peut avoir le sentiment d'avoir perdu quelque chose ou éprouver un énorme chagrin de voir sa poupée mutilée.

CHAPITRE 10

La maladie

« SUIS-JE MALADE PARCE QUE J'AI FAIT QUELQUE CHOSE DE MAL ? »

La maladie ne se vit pas sans émotions et elle soulève des questions liées au blâme et à la responsabilité: «Est-ce ma faute si je suis malade?», «Ai-je fait quelque chose de mal?» Ces questions ne sont ni rares ni insensées, mais seulement posées par des enfants troublés par ce qui leur arrive. Pour l'enfant d'âge préscolaire, il est parfaitement normal de se poser de telles questions, puisqu'il établit des liens entre les situations où il est malade et les situations qui ont engendré une punition. Malade ou puni, l'enfant subit l'isolement, le parent pouvant lui demander de rester dans sa chambre; en outre, il devra prendre un médicament, qui n'a pas nécessairement bon goût, ce qui lui donne l'impression d'être puni. Dans les deux cas, l'enfant n'est habituellement pas autorisé à jouer avec les autres enfants. *Lorsque les parents discutent avec l'enfant au sujet de la maladie, ils doivent lui expliquer que la maladie n'est pas une punition et que ce n'est pas sa faute.* La plupart des maladies ne peuvent être évitées et elles n'ont pas de lien de cause à effet avec une faute ou un « mauvais » comportement. Comme d'habitude, les choses sont plus compliquées, car il est possible de prendre certaines précautions pour éviter d'être malade : une saine nutrition, certaines bonnes habitudes comme se laver fréquemment les mains et se moucher. Par conséquent, il est possible qu'un enfant ait attrapé un rhume parce qu'il ne s'est pas lavé les mains, par exemple, donc ce rhume aurait finalement pu être évité. Malgré cela, l'éducateur ou le parent doit clairement expliquer et faire comprendre à l'enfant que blâme et punition ne peuvent être associés d'aucune manière à la maladie. Nous devons également noter que Piaget a, de nouveau, sous-estimé les capacités de compréhension des jeunes enfants de 3 à 4 ans relativement à ces nuances à établir, en raison de ce qu'il a appelé le stade préopératoire[1].

Il se peut que l'enfant craigne la maladie ou qu'il exprime des peurs à ce sujet : « Est-ce que je vais mourir ? », « Est-ce que mon ami va mourir ? », « Est-ce que mon chien va mourir ? », « Est-ce que mon père (ou ma mère) va mourir ? » Une conversation franche est nécessaire avec l'enfant, pour répondre à ses interrogations, en tenant compte de son âge et de ses préoccupations. Ces questions sont habituellement posées vers l'âge de 3 ou 4 ans. Il faut cependant être attentif aux signes non verbaux, tels que les froncements de sourcils, les larmes et tout autre indice qui trahit l'inquiétude de l'enfant. Les peurs réelles doivent être distinguées des peurs imaginaires ; les livres dont les histoires se déroulent à l'hôpital ou qui mettent en scène des animaux malades ou des médecins peuvent se révéler très utiles à ce propos.

LES TROUBLES DE SANTÉ MENTALE

Discuter de la maladie est passablement difficile, mais parler des troubles de santé mentale l'est encore plus. Auparavant, le sujet était tabou, et, encore aujourd'hui, des tabous persistent. L'enfant risque de rencontrer des personnes (enfants d'âge préscolaire ou adultes rencontrés par hasard dans la rue) souffrant de dépression clinique, de troubles de l'humeur ou de troubles du comportement. L'enfant peut être témoin ou victime d'une violente agression ou d'un comportement tout à fait inapproprié. *Nous devons trouver un moyen de lui expliquer que l'enfant (ou l'adulte) en question souffre d'une maladie mentale* (l'éducateur peut dire « dans sa tête », s'il s'adresse à un très jeune enfant qui peut ne pas être en mesure de comprendre le mot « mentale »). Nous pourrions ajouter que les pensées et les sentiments de cette personne sont « malades » et qu'elle a besoin des soins d'un médecin spécial.

Dans la vie quotidienne, de nombreuses situations peuvent donner aux parents et aux éducateurs l'occasion d'engager une conversation avec l'enfant sur la maladie mentale ou sur des handicaps physiques ou mentaux. Dans la rue, par exemple, l'enfant peut rencontrer des sans-abri, des mendiants, des personnes physiquement handicapées, des personnes excentriques ou manifestant un comportement bizarre. Nous voulons généralement pouvoir regarder les gens sans éprouver de l'embarras ou de la pitié et nous voulons répondre franchement et honnêtement aux demandes des enfants (exprimées verbalement ou non, par le biais d'un regard interrogateur). Nous pouvons admettre que la vision d'une difformité peut être difficile à supporter et qu'elle peut être source de malaise.

Tous ces sujets devraient faire l'objet de discussions entre les éducateurs et les enfants, y compris les notions de chance et de gratitude. La gratitude est une émotion qui nous fait prendre conscience de notre chance de pouvoir voir, entendre et utiliser nos bras et nos jambes. Nous pouvons bien entendu faire valoir que les personnes handicapées peuvent se compter chanceuses et manifester de la gratitude pour les capacités physiques ou intellectuelles dont elles sont dotées, de même que pour leurs compétences, leurs réalisations ou encore pour tout ce qu'elles possèdent. Comme nous l'avons déjà vu, la fierté est une émotion qu'il faut cultiver dans ses manifestations les plus nobles. La fierté est universelle : que nous soyons handicapés ou non, nous ressentons tous de la fierté ainsi que de la gratitude.

CHAPITRE

11

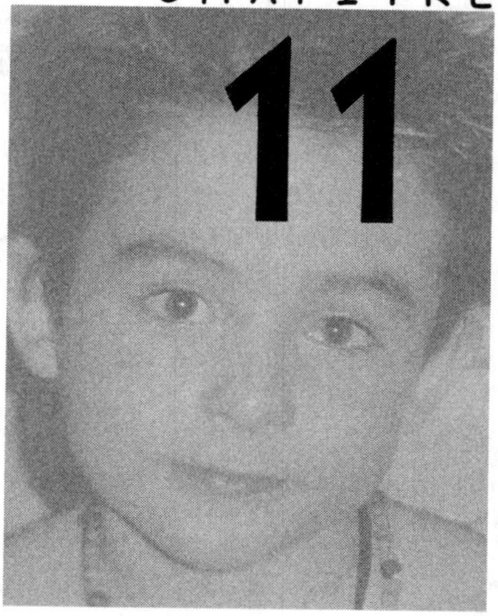

Les attouchements

Un temps pour s'embrasser,
et un temps pour s'abstenir.

(ECCLÉSIASTE, 3, 5)

LE CORPS

Des documents ont été produits dans le cadre du programme Philosophie pour enfants à l'intention des éducateurs qui œuvrent auprès de très jeunes enfants (consulter l'annexe 2.1). Nous avons présenté ces histoires à des enfants âgés de 3 à 5 ans[1]. Par le biais de ces historiettes, les enfants ont discuté de thèmes tels que le corps et l'intimité, ainsi que d'exemples de conduites pouvant représenter le non-respect de l'intimité. Comme c'est habituellement le cas dans les discussions philosophiques menées en classe, ces histoires stimulent les conversations et soulèvent des questions concernant les pensées et les émotions des enfants. Par exemple, quand cela devient-il embarrassant d'être touché par quelqu'un et de toucher quelqu'un ? D'une part, en raison des nouveaux dangers de la société dans laquelle nous vivons, nous devons faire prendre conscience aux enfants des contacts qui sont acceptables ou inacceptables et, d'autre part, nous devons les encourager à montrer leur affection et laisser les autres leur en témoigner... Dans la vie, les accolades, les étreintes et les embrassades sont importantes et permettent de distinguer les personnes à qui l'enfant s'adresse : les amis, les membres de la famille, les étrangers, etc. Bien sûr, les enfants effectueront ces distinctions en temps opportun, mais il est bon de leur en parler pour leur faciliter la tâche.

LES AMIS, LES MEMBRES DE LA FAMILLE ET LES ÉTRANGERS

Afin d'aider les enfants à déterminer qui est un étranger, la meilleure approche consiste à identifier les membres de la famille, les amis, etc. De nos jours, il n'est pas aussi facile qu'avant de définir la famille. Nous pouvons bien entendu commencer avec « papa » et « maman », en ajoutant les frères et les sœurs, s'il y a lieu. Cependant, nous n'ignorons pas que certaines situations méritent des précisions : la mère célibataire, un conjoint de fait, un amoureux, des demi-sœurs, des ex-conjointes, deux mères lesbiennes ou deux pères homosexuels... Il importe d'expliquer avec franchise, de façon que le jeune enfant soit en mesure de comprendre, qui sont les différents membres de sa famille. À partir de l'âge de 3 ans, l'enfant manifeste de la curiosité par rapport à ces sujets et risque de poser des questions concernant la parenté et les divers liens qui unissent les gens.

Qu'est-ce qu'un ami ou une amie ? Les philosophes débattent de cette question depuis longtemps afin de faciliter les discussions avec les jeunes enfants. L'enfant aime son ami (ou son amie) qui l'aime aussi ; ils éprouvent un sentiment particulier l'un envers l'autre et ils veulent s'aider (même s'ils devraient vouloir aider tout le monde, ils ont le droit de choisir un ami en particulier). Leur amitié est basée sur la confiance et la loyauté, le partage de secrets, les blagues et le temps passé ensemble. Ils peuvent vouloir jouer avec d'autres enfants, mais ils se contenteront souvent d'être avec les mêmes amis ou peut-être même avec un seul ami. *Vers l'âge de 5 ans, les enfants comprennent la notion d'amitié et sa dimension morale presque de la même manière que les adultes.* Comme dans la plupart des domaines, nous en apprenons toute notre vie sur ces sujets. En outre, le fait d'aider nos enfants à mieux comprendre certains aspects de la vie nous oblige à les clarifier pour nous-mêmes.

Aristote et Nietzsche ont tenté de mieux comprendre en quoi consiste l'amitié; ces deux philosophes croyaient que personne ne choisirait de vivre sans amis. Nous sommes tout à fait d'accord avec cette affirmation et nous pensons qu'on doit en parler avec les enfants. Les deux philosophes soulèvent un autre point, soit les relations entre l'amitié et l'amour. Comme la plupart d'entre nous, ils conçoivent qu'il existe différentes formes d'amour. Les Grecs disposaient de trois mots pour exprimer ce sentiment: *agapê, eros* et *philia*. Cette dernière forme d'amour, *philia*, se traduit par le mot «amitié». Mais Aristote, comme bien d'autres philosophes, pour compliquer les choses, a distingué trois sortes d'amitié. La forme d'amitié la plus commune est fondée sur l'intérêt où deux amis «se servent» l'un de l'autre. Il existe une deuxième forme d'amitié, celle fondée sur le plaisir mutuel; dans ce cas, les deux amis ne se servent pas l'un de l'autre et leur amitié durera tant qu'ils tireront du plaisir de la présence de l'autre (cet aspect est souvent présent dans l'amour «romantique»). La troisième forme d'amitié, la plus «vertueuse», est l'amitié qui repose sur l'émulation mutuelle. L'ami véritable est le seul qui permet à quiconque d'évoluer et cette amitié ne vise essentiellement que l'épanouissement de l'autre: qu'il atteigne la perfection et soit meilleur. Dans le cadre de cette analyse philosophique, nous pourrions ajouter un autre aspect de l'amitié: l'honnêteté. *Qu'est-ce qu'un «bon ami»? C'est quelqu'un sur qui nous pouvons compter pour nous dire les choses comme elles sont* (sans mettre de gants blancs). Nous irions jusqu'à dire que tout le monde a besoin d'un tel ami. À titre d'éducateurs, nous devons réfléchir à l'amitié et trouver les mots appropriés pour en discuter avec les enfants.

VIOLENCE: ABUS, INCESTE, HARCÈLEMENT ET TAXAGE

Dans le chapitre 3 (sur l'honnêteté), nous avons parlé des secrets, y compris des dilemmes utilisés dans le cadre de notre projet de recherche sur l'autonomie morale (voir l'exercice 5.1). Un enfant devrait-il garder le secret comme il l'a promis à son ami ou le divulguer à une personne en position d'autorité qui le lui demande? Un des aspects clés à considérer ici, comme avec le mensonge, est la possibilité que quelqu'un subisse un préjudice. Dans tous les cas de violence (abus, inceste, harcèlement et taxage), il est primordial de savoir si l'enfant se sent mal à l'aise lorsqu'on le touche (cas d'abus ou d'inceste) ou lorsqu'on le harcèle (paroles et gestes des jeunes contrevenants intimidants). L'éducateur (ou le parent) doit établir clairement que, lorsque l'enfant se sent mal à l'aise, il doit parler, peu importe la situation qu'il vit ou a vécue. Cependant, nous devons éviter de décourager l'enfant de manifester de l'affection en étreignant ou en embrassant les personnes qu'il aime beaucoup. L'histoire récente d'un petit garçon de 5 ans qui a été expulsé de la maternelle qu'il fréquentait parce qu'il avait embrassé une petite fille illustre un cas extrême qui ne devrait pas se répéter. Les étreintes ou les embrassades : un sujet parfois controversé (même pour les adultes), parce qu'il est difficile de savoir quand embrasser et quand ne pas embrasser ou étreindre quelqu'un dans ses bras. La psychothérapie[2] constitue probablement le contexte où la pertinence des contacts physiques est le plus souvent remise en question. Le fait que ce sujet soit à la fois difficile et délicat ne signifie pas pour autant que nous devons éviter d'en discuter avec les enfants. Au contraire ! Tous les sujets plus difficiles à aborder et dont il est question dans le présent ouvrage devraient faire l'objet de discussions, et ce, le plus tôt possible !

Comme toujours, il faut faire preuve d'un bon jugement. Nous avons le devoir d'aider nos jeunes enfants à juger quand il est approprié de faire confiance à quelqu'un ou quand il faut s'en méfier. *En général,* ils auront tendance à se fier aux personnes qui les entourent, à leurs proches, y compris à leurs amis et aux membres de leur famille. Comme nous l'avons vu, les enfants doivent apprendre à distinguer les membres de la famille des étrangers. Mais nous ne sommes pas dupes : nous savons bien que la plupart des abus sont commis par des membres de la famille ou des proches… En somme, il nous faut être attentifs à tout changement notoire de comportement chez un enfant et en trouver la cause.

EXERCICE

11.1. QUESTIONS SUR LE CORPS
(Programme Philosophie pour enfants)

PLAN DE DISCUSSION – Est-ce que nos corps nous appartiennent?

- ✓ Est-ce que vos livres vous appartiennent?
- ✓ Est-ce que votre lit vous appartient?
- ✓ Est-ce que votre maison vous appartient?
- ✓ Comment pouvez-vous dire la différence entre quelque chose qui appartient à votre famille et quelque chose qui vous appartient à vous tout seul?
- ✓ Comment pouvez-vous dire la différence entre quelque chose qui appartient à l'école et quelque chose qui vous appartient?
- ✓ Est-ce que le soleil, la lune et les étoiles appartiennent à quelqu'un?
- ✓ Est-ce que la terre appartient à quelqu'un?
- ✓ Comment pouvez-vous faire la différence entre une chose qui appartient à quelqu'un et une chose qui n'appartient à personne?
- ✓ Est-ce que votre corps:
  a) est quelque chose qui vous appartient?
  b) est quelque chose qui appartient à d'autres?
  c) est quelque chose qui n'appartient à personne?
- ✓ Est-ce que votre corps est la même sorte de chose que votre lit ou votre brosse à dents?
- ✓ Si votre corps fait partie de vous-même, est-ce que cela veut dire qu'il ne vous appartient pas?
- ✓ Si votre corps ne fait pas partie de vous-même, est-ce que cela veut dire qu'il ne vous appartient pas?
- ✓ Si vous croyez que votre corps vous appartient, est-ce que cela veut dire qu'il ne fait pas partie de vous-même?
- ✓ Si vous ne croyez pas que votre corps vous appartient, est-ce que cela veut dire qu'il fait partie de vous-même?
- ✓ Est-il possible que votre corps ne fasse pas partie de vous-même, mais que vous en fassiez partie?

PLAN DE DISCUSSION – Parties de vous-même

Dites si vous pensez que les éléments suivants vous appartiennent ou non.

- ✓ Vos pieds.
- ✓ Vos oreilles.
- ✓ Votre respiration.
- ✓ Vos cheveux (avant de les couper).
- ✓ Vos cheveux (après les avoir coupés).
- ✓ Votre salive.
- ✓ Vos pensées.
- ✓ Vos sentiments.
- ✓ Vos souvenirs.
- ✓ Vos parents.
- ✓ Vos vêtements.
- ✓ Vos dessins.
- ✓ Les choses que vous avez écrites.
- ✓ Votre monde.
- ✓ Les choses que vous dites.

PLAN DE DISCUSSION – Qu'est-ce qui fait que vous êtes vous-même?

Seriez-vous encore vous-même si:

- ✓ … vous aviez un nom différent?
- ✓ … vous aviez un visage différent?
- ✓ … vous aviez un corps différent?
- ✓ … vous aviez un esprit différent?
- ✓ … vous aviez des empreintes digitales différentes?
- ✓ … vous aviez des parents différents?
- ✓ … vous aviez des grands-parents différents?
- ✓ … vous étiez né et aviez grandi en Chine?
- ✓ … tous les gens de la terre pensaient que vous étiez quelqu'un d'autre?

CHAPITRE

Les croyances

DIEU

Tôt ou tard, les enfants posent la question suivante : « Qu'est-ce qui arrive à Chatouille lorsqu'il meurt ? », Chatouille étant le nom d'un chat, d'un hamster, d'un chien ou d'un personnage de fiction. Nous devrions donner une réponse en fonction de nos croyances ; nous pouvons donc faire référence à Dieu ou à un paradis pour les animaux. Nous pouvons formuler l'hypothèse que 99,99 % d'entre nous avons des doutes quant à la vie après la mort. Les quelque 0,01 % qui ont la certitude absolue de la vie après la mort ne liront probablement pas ce livre.

Pour répondre à la question de cet enfant concernant Chatouille, *il est recommandé de formuler notre réponse de manière à réconforter l'enfant, tout en faisant part de certains doutes ou incertitudes.* Ainsi, un éducateur pourrait dire : « Chatouille est peut-être au paradis ; c'est ce que je crois », ce qui serait tout à fait approprié s'il s'adresse à un enfant de 2 ans. S'il parle à un enfant de

3 ans ou plus, il devrait fournir une réponse plus détaillée (l'enfant commence à comprendre ce qu'est la mort, comme nous l'avons vu au chapitre 9). L'éducateur pourrait dire: «Nous avons enterré le corps de Chatouille dans le jardin, mais je crois que son âme – c'est-à-dire son esprit, ses pensées, ses sentiments – est au paradis.» Si l'enfant a 5 ans, il serait pertinent d'ajouter: «Bien des gens croient au paradis.» Quand l'enfant atteint l'âge de 5 ans, l'éducateur doit exercer son jugement pour préciser que certains ont d'autres croyances. Les enfants de 3 à 5 ans aiment parler de l'esprit et du cerveau, par exemple, et se demandent si les machines (robots, ordinateurs) sont capables de ressentir des sentiments.

LE PÈRE NOËL, LA FÉE DES DENTS, MICKEY MOUSE: UNE MAGIE À ENTRETENIR

Le père Noël existe-t-il *vraiment*? Tôt ou tard, les enfants se le demandent et posent inévitablement la question. En tant qu'éducateurs, nous devons être prêts à parler de ce qui distingue la réalité du monde imaginaire. Nous recommandons fortement de ne pas désillusionner trop tôt les enfants qui croient en l'existence du père Noël, de la Fée des dents et des personnages de Walt Disney, du moins pas avant l'âge de 3 ans. Avant d'avoir 3 ans, il est peu probable que l'enfant pose ce genre de question, parce qu'il a du plaisir et s'amuse. À partir de 3 ans, le doute germe dans son esprit, mais nous pouvons «tolérer» une certaine ambiguïté pour entretenir cette magie. Cette tolérance peut s'appliquer à d'autres choses que les personnages de bandes dessinées ou les créatures mythiques. Par exemple, je possède une commande à distance pour actionner le klaxon de ma voiture (ce qui est fort utile pour les gens qui, comme moi, ne se souviennent pas de l'endroit où ils l'ont garée). Ma petite-fille Rachel l'a remarqué et nous avons «parlé» à la voiture, en lui disant: «Bonjour!» Je me demande pendant combien de temps elle aurait cru qu'il est possible de «parler» à une voiture… et comment elle aurait réagi si je lui avais dit que c'était un leurre, que les voitures ne «parlent» pas? Je craignais même qu'elle découvre mon truc et qu'elle se fâche ensuite contre moi. J'ai abordé le sujet avec mes deux filles et mes deux petits-enfants plus âgés, et nous nous sommes entendus sur un point: Rachel devrait d'elle-même commencer à douter que les voitures parlent et à remettre la magie en question, mais il valait mieux lui laisser croire en la magie aussi longtemps que cela lui plaisait. Bien sûr, à l'âge de 5 ans elle m'a demandé, une fois, si elle pouvait faire parler la voiture. Je lui ai alors demandé ce qu'elle entendait par là, elle ne le savait pas trop. Mais quelques semaines plus tard, elle a remarqué la commande à distance, l'a fait fonctionner elle-même et était alors contente de voir que la magie avait une « source scientifique ». Cette petite anecdote personnelle résume la conduite à adopter : entretenir la magie ; être honnête et expliquer les limites entre la réalité et la fiction ; se laisser guider par les questions des enfants pour « doser » les détails. Vers l'âge de 8 ou 9 ans, l'enfant peut encore croire au père Noël, comme c'est le cas pour certains adultes. C'est peut-être parce qu'il incarne tout ce qu'il y a de mystérieux et de merveilleux en ce bas monde que la science ne peut tout expliquer. Pour amorcer une discussion sur le père Noël, nous invitons parents et enfants à visionner le film *Miracle sur la 34e Rue*. Nous pouvons tous trouver des scénarios similaires pour parler des personnages de Walt Disney ou de tout autre personnage fictif. Le principal, c'est de stimuler l'imagination, tout en étant conscient de la nécessité de discerner, au besoin, la réalité du monde imaginaire. L'éducateur devra aussi intervenir pour dire à l'enfant que la violence à la télévision est également fictive. Les très jeunes enfants connaissent le coyote et Road Runner, Bugs Bunny et les autres personnages de bandes dessinées qui se battent, se tortillent en tous sens et se jettent en bas de hautes falaises sans jamais en mourir. Nous devons, dans la mesure du possible, regarder ces dessins animés avec les enfants et leur rappeler que tout ça… c'est du cinéma !

CERTITUDE ET DOUTE

Lorsque l'éducateur cherche à développer chez l'enfant son jugement – l'un des principaux sujets de ce livre –, il ne peut faire autrement que de tenir compte des incertitudes de ce monde. La plupart d'entre nous, à l'exception des fanatiques, auront toujours des doutes concernant les réponses à fournir aux questions fondamentales : Quel est le but de l'univers ? Quel est le meilleur comportement à adopter ? Les religieux et les penseurs de renom les plus intelligents (Maïmonide, saint Augustin, Bouddha, Confucius) ont tous douté, de même que les plus grands scientifiques, de Galilée à Einstein. Il va donc de soi que nous ayons aussi des doutes !

Malgré nos doutes et nos incertitudes, que nous devons honnêtement reconnaître avec nos enfants, nous devons leur inculquer quelques certitudes, et ce, en nous basant sur une confiance raisonnable et une certitude fonctionnelle en ce qui concerne notre univers. Ainsi, nous pouvons être assez certains (« moralement certains », « certains à toutes fins utiles ») que le soleil se lèvera demain, et nous devrions nous réjouir si nos enfants sont tout aussi confiants et qu'ils croient à la stabilité des éléments qui les entourent. Ce type de certitude n'équivaut pas à une certitude absolue, mais à une certitude, disons, raisonnable. En fait, ce qui compte, c'est de ne pas avoir à feindre à propos de certaines choses lorsqu'il n'y a pas lieu. En discutant des valeurs et des sentiments comme nous l'avons fait dans le cadre du présent ouvrage, il est toujours préférable d'admettre notre incertitude relativement à un sujet donné, si c'est effectivement le cas. Nous pourrons toujours avoir l'occasion de dire à l'enfant que nous réfléchirons à la situation, que nous en parlerons avec d'autres parents ou éducateurs, tout en encourageant l'enfant à réfléchir davantage sur ce qui le préoccupe et à en parler de son côté avec d'autres enfants.

EXERCICES

12.1. QUESTIONS SUR L'ESPOIR (Programme Philosophie pour enfants)

PLAN DE DISCUSSION – Espérer

Dans laquelle des phrases suivantes emploieriez-vous le verbe « espérer » et dans laquelle utiliseriez-vous un autre verbe ? Quel verbe utiliseriez-vous à la place ?

- ✓ Je ______________ qu'il y aura un lendemain.
- ✓ Je ______________ qu'il n'y aura plus jamais de guerre.
- ✓ Je ______________ que je resterai en bonne santé.
- ✓ Je ______________ qu'il y a plus de choses possibles que je ne le pense.
- ✓ Je ______________ qu'il y a un père Noël.

PLAN DE DISCUSSION – Les activités mentales correspondantes

Pixie dit : « C'est ce qu'elle espérait. » En d'autres mots, Pixie se livre ici à une activité mentale qui semble correspondre à l'activité mentale de Miranda. Ce plan de discussion traite de diverses situations dans lesquelles plusieurs personnes se livrent à la même activité mentale.

- ✓ Est-ce que j'aurais pu espérer que tu espères ?
- ✓ Est-ce que je pourrais souhaiter que tu souhaites ?
- ✓ Est-ce que je pourrais rêver que tu rêves ?
- ✓ Pourriez-vous espérer avoir l'espérance ?
- ✓ Pourriez-vous souhaiter faire des souhaits ?
- ✓ Pourriez-vous rêver que vous rêvez ?
- ✓ Est-ce que je peux croire que vous croyez ?
- ✓ Est-ce que je pourrais penser que vous pensez ?
- ✓ Est-ce que je pourrais savoir que vous savez ?
- ✓ Est-ce que je pourrais me demander si vous vous demandez quelque chose ?

12.2. ESPÉRER

Quelle est la différence entre espérer et:

- ✓ … souhaiter?
- ✓ … croire?
- ✓ … attendre?
- ✓ … se fier?
- ✓ … soupçonner?
- ✓ … douter?
- ✓ … prédire?
- ✓ … vouloir?
- ✓ … anticiper?
- ✓ … entrevoir?

CONCLUSION

Dans ses bandes dessinées, Schulz présentait une idée philosophique essentielle par le biais de ses personnages (Charlie Brown et Snoopy, entre autres). Celle que l'opinion d'une seule personne peut être juste, même si cette dernière est marginale et que la grande majorité des gens pensent le contraire. Il vaut la peine de citer un principe du philosophe John Stuart Mill, auteur d'un livre intitulé *De la liberté* :

> *Si toute l'humanité à l'exception d'une seule personne était de la même opinion, l'humanité ne serait pas plus justifiée à imposer le silence à cette personne que celle-ci ne serait justifiée à réduire au silence l'humanité si elle en avait le pouvoir.* [...] *Nous ne pouvons jamais être sûrs que l'opinion que nous cherchons à étouffer soit une opinion fausse; et si nous en étions sûrs, l'étouffer serait quand même un mal*[1].

En aidant le jeune enfant à développer un jugement sûr, nous l'aidons à acquérir son autonomie morale et à accroître sa capacité de penser par lui-même. Tout ce que Cynthia et moi avons proposé dans ce livre repose sur notre jugement, fait de quelques certitudes et de nombreux doutes. Les conseils prodigués, comme ceux que nous ont inspirés notre pratique clinique ou nos cours donnés à l'université, constituent le fruit de nos efforts concertés, tout en se fondant sur nos expériences, nos connaissances et les nombreuses discussions tenues avec d'autres personnes. Pour ce qui est des valeurs auxquelles nous avons consacré un chapitre, nous en avons parlé ensemble, mais nous en avons également discuté, autant que possible, avec les parents, d'autres éducateurs, sans oublier nos enfants et nos petits-enfants. En dernière analyse, j'assume l'entière responsabilité des croyances et des convictions exprimées dans ce livre[2]. Nous ne détenons pas la vérité absolue mais nous croyons à la justesse des suggestions que nous avons formulées. Voici quelques-unes de nos certitudes morales.

- Nous voulons que les enfants se soucient des autres et deviennent des êtres réfléchis et attentionnés.
- Il importe d'encourager les enfants à exercer leur jugement le plus souvent possible et de les aider à développer leur empathie.
- On doit commencer à parler des sentiments et des valeurs avec les enfants dès leur plus jeune âge.

ANNEXE A

LE PAPILLON BLESSÉ

Philippe et Audrey-Anne font partie d'une expédition organisée par l'école. Ils font une chasse aux papillons... Pas pour les attraper! Pas pour les tuer! Seulement pour les observer de plus près.

Un tout petit papillon jaune pâle vient se poser sur une fleur près du filet de Philippe.

Le papillon semble à l'aise sur le dos de la fleur. Elle est jaune foncé, presque jaune orange.

Philippe veut apprivoiser le petit papillon. Il lui dit doucement:

– Bonjour! Comment t'appelles-tu? Quel âge as-tu? Tu es si petit!

Le petit papillon a peur d'être attrapé. Il s'envole. Mais il revient. Philippe cherche encore une fois à l'apprivoiser:

– Moi, je m'appelle Philippe. Comme toi, je suis petit.

Le papillon ne répond pas. Mais ses antennes bougent rapidement. Philippe se demande : « Est-ce en bougeant leurs antennes que les papillons parlent ? »

Puis, les ailes du papillon se mettent à bouger elles aussi. Leur rythme est plus lent et plus régulier que celui des antennes. On dirait de petits éventails de dentelle. Audrey-Anne et Philippe les regardent bouger. Ils rient. Ils sont contents.

Tout à coup, leurs yeux sont attirés par un détail : les deux ailes du papillon ne sont pas pareilles. L'une d'elles est déchirée. Audrey-Anne s'inquiète de cette différence :

– Petit papillon, est-ce que ton aile te fait mal ? Comment l'as-tu déchirée ? Est-ce que c'est un accident ou est-ce un autre papillon qui a fait exprès pour te faire mal ?

Le petit papillon ne répond pas.

Audrey-Anne continue :

– Dis-moi, est-ce qu'au Pays des Papillons, il y a des plus forts qui font mal aux petits ?

Le petit papillon bat des ailes. Audrey-Anne s'inquiète :

– Est-ce que tu t'es défendu ? Qu'est-ce que tu as fait pour te protéger, petit papillon ?

Source : Marie-France Daniel (2002). *Les contes d'Audrey-Anne,* Québec, Le loup de Gouttière.

NOTES

AVANT-PROPOS

1. Au Québec, Janette Bertrand, avec ses émissions *Janette veut savoir* (avant 1984) et *Parler pour parler* (de 1984 à 1994), a rompu le silence sur de nombreux sujets tabous pour l'époque (dont la masturbation, la fellation, etc.), développant des thèmes tels que l'homosexualité, la sexualité dans le couple, la transsexualité, le sida, le suicide, etc.

INTRODUCTION

1. Nous privilégions le mot «éducation» par opposition à socialisation, formation ou endoctrinement. Les philosophes spécialisés en éducation s'entendent pour employer ce terme plutôt qu'un autre. Consulter P.A. White (1972). «Socialization and Education», dans R.S. Peters (dir.), *A Critique of Current Educational Aims*, Londres, International Library of the Philosophy of Education, p. 111-129. Consulter également Michael Schleifer (1976). «Moral Education and Indoctrination», *Ethics*, *86*(2), p. 154-163; Olivier Reboul (1980). *Endoctrinement*, Paris, Presses universitaires de France; Olivier Reboul (1971). *La philosophie de l'éducation*, Paris, Presses universitaires de France, coll. «Que sais-je?», n° 2441; Richard Peters (1966). *Ethics and Education*, New York, Routledge & Kegan Paul.
2. R. Coles (1997). *The Moral Intelligence of Children*, New York, Random House. Cet excellent livre met l'accent sur le dialogue, qui permet aux éducateurs d'apprendre des enfants qui, à leur tour, apprennent d'eux. Coles nous rappelle également que nous sommes capables

de dire si un enfant est «bon», même si nous ne pouvons préciser ce qu'est la «bonté». L'une des citations bien connues du philosophe William James nous le rappelle: «[...] la meilleure chose que l'éducation peut vous permettre de faire, c'est ceci: vous permettre de reconnaître au premier coup d'œil un homme bon»; W. James (1993). «What Education Can Be: Education for Judgment», dans M. Lipman, *Thinking Children and Education*, Iowa, Kendall Publications, p. 701. Voir aussi Michele Borba (2001). *Building Moral Intelligence: The Seven Essential Virtues that Teach Kids to Do the Right Thing*, New York, Wiley.

3. M. Lipman (1995). «Caring As Thinking», *Inquiry*, vol. XV, automne. Également disponible sur Internet à l'adresse: <www.shss.montclair.edu-inquiry>. J. Bernstein (1994). «Caring Thinking», *Thinking*, *16*(3), p. 16-25.
4. C. Gohier et M. Schleifer (1993). *La question de l'identité. Qui suis-je? Qui est l'autre?*, Montréal, Éditions Logiques, 264 p. Voir en particulier le chapitre 3 (p. 61-94) de Jean-Claude Brief.
5. La peur, l'angoisse, la colère et l'amour sont présents dès les premiers jours du nouveau-né, comme l'indiquent Winnicott et Bowlby. Le bébé ressent ces sentiments en fonction de la présence ou de l'absence de la mère qui l'allaite ou de la personne qui lui donne le biberon. Il sera question des émotions au chapitre 7.
6. Le livre sur l'éducation de l'enfant du docteur Benjamin Spock s'intitule *Baby and Child Care*. La première édition a paru en 1946 et la huitième, en juin 2004. Les versions apparaissant sur Internet sont gérées par les descendants du docteur Spock qui ont fondé la Dr. Spock Company, auparavant sous la responsabilité du docteur Robert Needleman. Pour en savoir plus sur la place qu'occupe ce médecin dans l'histoire des livres prodiguant des conseils aux parents, voir Anne Hulbert (2004). *Raising America: Experts, Parents and a Century of Advice about Children*, New York, Vintage Books. Hulbert souligne le fait que tous les livres de ce type ont été rédigés par des hommes. Comme elle le dit bien: «Plusieurs experts ont amplement commenté, mais ils n'ont pas effectué suffisamment de recherches scientifiques: ils fondent souvent leurs théories sur leur propre enfance! Les expériences de ces hommes, en tant que parents, sont étonnantes. Très souvent, leurs conseils sont difficiles à mettre en pratique, ce qui fait que les femmes et les enfants de ces scientifiques en ont probablement payé le prix.» Un livre du même type que celui du docteur Spock a récemment fait son apparition sous le titre *Let the Baby Drive: Navigating the Road of New Motherhood*, de Lu Hanessian. Tout comme Spock, l'auteure dit aux mères qu'elles sont les expertes et qu'elles devraient «se fier à leur intuition et aux instincts de leur bébé».
7. G. Keillor (2004). «Daughter Dearest: The Little One Adores You Now Dad, But Brace Yourself for the Next Chapter», *Time Magazine*, 30 août, p. 64.
8. Les problèmes d'éthique que soulève Internet ont poussé l'American Psychological Association et d'autres groupes semblables à émettre des directives pour se prémunir contre ses dangers.
9. Elliot Turiel (1983). «Domains and Categories in Social Cognitive Development», dans W. Overton (dir.) *The Relationship between Social and Cognitive Development*, Hillsdale (NJ), Lawrence Erlbaum Associates; E. Turiel (1983). «The Development Morality», dans William Damon et Nancy Eisenberg (dir.), *Handbook of Child Psychology. Volume 3, Social, Emotional and Personality Development* (5e éd.), New York, Wiley.
10. M. Schleifer et V. Douglas (1973). «Moral Judgments, Behavior, and Cognitive Style in Young Children», *Canadian Journal of Behavioral Science*, *5*(2), p. 133-134. Des mêmes auteurs, consulter également (1973). «Effects of Training on the Moral Judgment of Young Children», *Journal of Personality and Social Psychology*, *28*(1), p. 62-68.

11. A. Thomas et S. Chess (1977). *Temperament and Development*, New York, Brunner & Mazel; P. Miller et M.A. Jansen (1997). « Emotional, Cognitive, Behavioural, and Temperament Characteristics of High-Empathy Children », *Motivation and Emotion, 21*, p. 109-125; C.E. Izard (2002). « Translating Emotion Theory and Research into Preventive Interventions », *Psychological Bulletin, 128*(5), p. 796-824.
12. M. Schleifer et F. Audet (1987). « L'enfant de 8-9 ans, un philosophe ou un imbécile ? », *Arrimages* (3), printemps, p. 27-35. Consulter aussi A. Gazzard (1983). « Philosophy for Children and the Piagetian Frame-Word », *Thinking, 5*(1), p. 10-14.
13. J. Piaget (1992). *Le jugement moral chez l'enfant* (7e éd.), Paris, Presses universitaires de France.
14. P.E. Bryant (1984). « Piaget, Teachers and Psychologists », *Oxford Review of Education, 10*(3), p. 251-259.
15. *Ibid.*
16. T.R. Shultz, K. Wright et M. Schleifer (1986). « Assignment of Moral Responsibility and Punishment », *Child Development, 57*, p. 177-184.
17. M.-F. Daniel et M. Schleifer (1986). *La coopération dans la classe / Cooperation in the Classroom*, Montréal, Éditions Logiques. Consulter la section de Tock Keng Lim intitulée « Cooperative Learning in Action: Experiences of the Philosophy for Children », p. 59-100, et celle de Michael Schleifer, « La coopération : une perspective piagétienne, p. 49-58.
18. Les enfants de 2 ans et plus commencent à exprimer verbalement certaines émotions. D'autres émotions se manifestent très tôt dans la vie, telles que le dégoût, la surprise, l'espoir, la honte, la jalousie, l'envie, l'amour et la haine. Voir les ouvrages de Fridja, Plutchik et Nussbaum présentés en bibliographie.
19. M. Montessori (1914). *Dr. Montessori's Own Handbook*, New York, Stokes; M. Montessori (1965). *The Montessori Elementary Material*, Cambridge (MA), Robert Bentley; M. Montessori (1965). *Spontaneous Activity in Education*, Cambridge (MA), Robert Bentley; M. Montessori (1957). *The Absorbent Mind*, New York, Rinehart and Winston.
20. Pour en savoir plus sur les discussions philosophiques avec les enfants, consulter la bibliographie. Consulter également le site Internet du programme Prévention de la violence et Philosophie pour enfants <http://www.latraversee-pvphie.com>. Certains documents utilisés dans le cadre de l'approche du programme Philosophie pour enfants (les exercices sur l'empathie [chapitre 6] et pour le développement du jugement [chapitre 2]) se trouvent dans le présent ouvrage, de même que certains outils utilisés pour mesurer ces variables.
21. La notion de « développement » est plus précise en biologie, car elle fait référence à l'ordre invariable des choses. Par exemple, dans le fœtus, le cœur se développe avant les membres. C'est une vérité universelle. Piaget et Montessori ont appliqué cette notion à la psychologie. Ils nous rappellent que certaines habiletés (ou aptitudes) et concepts doivent être appris avant d'autres. Ici aussi, c'est dans l'ordre des choses. Ainsi, en ce qui concerne les sujets abordés dans ce livre, un enfant doit comprendre ce qu'est la vérité avant de comprendre le mensonge (chapitre 3); il comprendra la colère avant la jalousie, le dégoût avant la culpabilité (chapitre 7). Dans le développement du jugement, il faut que l'enfant ait compris les similitudes avant de saisir les différences.
22. Par exemple, les livres de Mogel et Telushkin relèvent de la tradition juive orthodoxe. À propos de l'honnêteté, les conseils de Telushkin sont intéressants mais succincts (j'en reparlerai plus en détail au chapitre 3). Les conseils de Mogel concernant l'autonomie sont plutôt conservateurs (point sur lequel je reviendrai au chapitre 4). Les excellents livres de Thomas Lickona sur le caractère moral respectent les traditions catholiques. Sur des sujets comme l'homosexualité, l'avortement et les rapports sexuels avant le mariage (sujets qui seront abordés dans la quatrième partie du présent ouvrage), l'auteur fait preuve de plus de conservatisme et d'une position rigide. Comme cet auteur le fait remarquer, les éducateurs

souhaitent éviter l'endoctrinement; Lickona n'y parvient pas en raison de sa perspective trop restreinte. Consulter également M. Gellman et T. Hartman (2002). *Religion for Dummies*, New York, Wiley, le dixième chapitre intitulé «Personal Virtues», p. 181-198. Voir plus particulièrement la section «The Golden Rule: A Universal Principle», p. 181-182.

23. M. Schleifer (1976). «Moral Education and Indoctrination», *Ethics*, *86*(2), p. 154-163. Consulter également le livre d'Olivier Reboul (1980). *Endoctrinement*, Paris, Presses universitaires de France.
24. Je tiens à remercier Annette Werk, qui a obtenu une maîtrise en service social. Elle m'a rappelé l'existence de cet exemple, l'un de ses exemples préférés en pratique clinique, comme c'est le cas pour moi.
25. D. Goleman (1997). *L'intelligence émotionnelle*, Paris, Robert Laffont, p. 80-82 et 193.
26. Par exemple, les programmes pour la maternelle peuvent avoir des répercussions considérables. Il est également prouvé que les interventions auprès d'enfants impulsifs et hyperactifs au cours des premières années de vie ont des incidences pouvant se faire sentir plusieurs années plus tard.
27. M. Schleifer *et al.* (2003). «The Impact of Philosophical Discussions on Moral Autonomy, Judgment, Empathy and the Recognitition of Emotion in Five Year Olds», *Thinking*, *16*(4), p. 1-19.
28. Concernant l'importance de l'imitation de modèles, consulter Albert Bandura et Richard H. Walters (1963). *Social Learning and Personality Development*, New York, Holt, Rinehart and Winston. Sur les risques liés au rôle que jouent les modèles dans l'éducation morale, consulter Krisjan Krisjansson (2005). «Emulation and the Use of Role Models in Moral Education». Il s'agit d'une courte conférence présentée lors de la rencontre annuelle organisée par la Bristish Society for Philosophy and Education.
29. M. Lipman, A.M. Sharp et F.S. Ocanyan (1980). *Philosophy in the Classroom* (2e éd.), Philadelphia (PA), Temple University Press, p. xiii.
30. S. Milgram (1963). «Behavioural Study of Obedience», *The Journal of Abnormal and Social Psychology*, *67*(4), p. 371-378. Cette importante étude décrit les dangers que doivent affronter les jeunes qui suivent les ordres d'une autorité. Consulter la bibliographie (sur l'éducation des adolescents). Ces livres et articles soulignent l'importance d'être apte à penser par soi-même, qu'il s'agisse d'un adolescent ou d'un adulte, qui pourrait manifester quelque réserve à mettre en application les conseils de Milgram. Rappelons que l'un des principaux objectifs du présent livre est de stimuler les jeunes enfants à penser par eux-mêmes.
31. La notion de «dialogue» a été présentée dans le cadre de l'approche du programme Philosophie pour enfants. Consulter les lectures recommandées pour en savoir plus sur cette perspective explicitée dans divers livres et articles.
32. M. Lipman, S.M. Sharp et F.S. Oscanyan (1980). *Philosophy in the Classroom* (2e éd.), Philadelphia (PA), Temple University Press, p. 39.
33. Par exemple Martha Nussbaum, Robert Solomon et Michael Stocker.
34. Carole E. Izard et Francisco Pons, par exemple. C.E. Izard (2002). «Translating Emotion Theory and Research into Preventive Interventions», *Psychological Bulletin*, *128*(5), p. 796-824. F. Pons, P.L. Harris et P.A. Doudin (2002). «Teaching Emotion Understanding», *European Journal of Psychology of Education*, *17*(3), p. 293-304.
35. Consulter la section «Lectures recommandées».
36. Joseph E. LeDoux (2005). *Le cerveau des émotions: les mystérieux fondements de notre vie émotionnelle*, Paris, Odile Jacob; J. Abbot et T. Ryan (1999). «Learning to Go with the Grain of the Brain», *Education Canada*, *39*(1), repris dans K.M. Paciorek et J.H. Monro (dir.) (2001). *Early Childhood Education Annual Edition*, New York, McGraw-Hill.

37. M. Schleifer (2004). « Moods, Emotions and Morality ». Rencontre annuelle de l'American Philosophical Association, Pacific Division, Pasadena (CA), mars.
38. M. Schleifer et V. Douglas (1973). « Moral Judgments, Behavior, and Cognitive Style in Young Children », *Canadian Journal of Behavioral Science, 5*(2), p. 133-144. Des mêmes auteurs: (1973). « Effects of Training on the Moral Judgment of Young Children », *Journal of Personality and Social Psychology, 28*(1), p. 62-68.
39. M. Schleifer (1995). « Commentary on Richard Herrnstein and Charles Murray's *The Bell Curve* », *The Alberta Journal of Educational Research, 41*(1), p. 355-359. Voir aussi M. Schleifer (1976). « Moral Education and Indoctrination », *Ethics 86*(2) p. 154-163.

CHAPITRE 1

1. B.F. Skinner (1971). *Par-delà la liberté et la dignité*, Montréal, Hurtubise et Paris, Laffont, p. 127.
2. *Ibid.*, p. 125-154.
3. M. Schleifer (1977). « Le behaviorisme en psychologie », *Philosophiques, IV*(2), p. 327-334.
4. En 1958, Carl Rogers, psychologue clinicien, a discuté de ce point avec Skinner. Ce conflit entre les grands humanistes et les éminents behavioristes est souvent explicité dans le cadre des cours portant sur les fondements de l'éducation.
5. D. Goleman (1997). *L'intelligence émotionnelle*, Paris, Robert Laffont, p. 109.
6. En 1958, lors d'un autre débat célèbre, Noam Chomsky a discuté avec Skinner concernant les différents points de vue sur le langage. Comme la plupart des linguistes, Chomsky pense que le langage est propre à l'humain, contrairement aux behavioristes qui le traitent comme une forme de communication que partagent d'autres espèces animales. Consulter également *The Scientist in the Crib*, de Alison Gopnik. Le fameux chien Rico, entraîné au Max Planck Institute par Julia Fisher, connaissait la signification d'environ 200 mots. Ce chien particulièrement intelligent pouvait repérer, par leur nom, les objets qu'il n'avait jamais vus auparavant. Un mois après les avoir vus, il s'en souvenait et trouvait de nouveaux objets lorsqu'on le lui demandait. À l'instar de Skinner, Fisher pense que l'acquisition d'un langage n'est pas propre à l'humain. Cette affirmation doit cependant être mise en contexte. Rico pouvait comprendre 200 mots, mais un enfant de 9 ans connaît des dizaines de milliers de mots. Dans *Science*, Paul Bloom, professeur au Département de psychologie de l'Université Yale, qualifie d'impressionnantes les capacités de Rico. À l'exemple de Chomsky, Bloom conclut que, si les enfants peuvent parler, Rico en demeure incapable.
7. Paul Feyerabend (1999). *Conquest of Abundance: A Tale of Abstraction Versus the Richness of Being*, Chicago, University of Chicago Press. Richard Rorty (1993). *Contingence, ironie et solidarité*, Paris, A. Colin (coll. « Théories »). Traduit de l'américain par Pierre-Emmanuel Dauzat.
8. M. Lipman, A.M. Sharp et F.S. Oscanyan (1980). *Philosophy in the Classroom* (2e éd.), Philadelphie (PA), Temple University Press, p. 164. M. Schleifer (1997). « Philosophy and Community in Education: A Critique of Richard Rorty », *Analytic Teaching, 17*(2), p. 27-34. M. Schleifer (2001). « Objectivity in Discussions About Values ». Congrès annuel de la Société canadienne pour l'étude de l'éducation (SCEE), Québec, juin. M. Schleifer et G. Thesée (2000). « Philosophy for Children and Values as Objective and Universal ». Congrès mondial sur la violence, Montréal, juillet.
9. Paul Feyerabend (1999). *Conquest of Abundance: A Tale of Abstraction Versus the Richness of Being*, Chicago, University of Chicago Press. Richard Rorty (1993). *Contingence, ironie et solidarité*, Paris, A. Colin (coll. « Théories »). Traduit de l'américain par Pierre-Emmanuel Dauzat.

10. M. Lipman, A.M. Sharp et F.S. Oscanyan (1980). *Philosophy in the Classroom* (2e éd.), Philadelphia (PA), Temple University Press, p. 164.

11. Voir A. Montefiore (1966). «Fact, Value and Ideology», dans B. Williams et A. Montefiore (1996). *Bristish Analytical Philosophy,* Londres, Routledge & Kegan Paul, p. 179-204. Voir également: P. Johnson (1991). *Modern Times,* New York, Harper and Row.

12. Paul Feyerabend (1999). *Conquest of Abundance: A Tale of Abstraction Versus the Richness of Being,* Chicago, University of Chicago Press. Richard Rorty (1993). *Contingence, ironie et solidarité,* Paris, A. Colin (coll. «Théories»). Traduit de l'américain par Pierre-Emmanuel Dauzat.

13. M. Schleifer (2003). «Philosophy of Education Courses». Congrès annuel de la Société canadienne pour l'étude de l'éducation (SCEE), Halifax, mai.

14. Cette controverse a fait l'objet d'un livre: Paul Kropp (1998). *I'll Be Parent, You Be the Kid,* New York, Random House.

15. Voir l'article de Simon Blackburn «Relatively Speaking» disponible sur Internet à l'adresse: <http://www.butterfliesandwheels.com/articleprint.php?num=12> (page consultée le 15 juin 2006). L'argument de Blackburn, auquel j'adhère, a été appliqué au problème concernant la chasse aux renards, une controverse qui a fait rage en Grande-Bretagne.

16. Voir Olivier Reboul (1971). *La philosophie de l'éducation,* Paris, Presses universitaires de France (coll. «Que sais-je?», nº 2441). Consulter également C. Gohier, M. Schleifer (dir.) (1993). *La question de l'identité. Qui suis-je? Qui est l'autre?* Montréal, Éditions Logiques.

17. Consulter l'article de Simon Blackburn (2003). «Relatively Speaking. Think», *Journal of the Royal Institute of Philosophy.* Disponible sur le site Internet à l'adresse : <http://www.butterfliesandwheels.com/articleprint.php?num=12> (page consultée le 15 juin 2006).

18. M. Lipman, A.M. Sharp et F.S. Oscanyan (1980). *Philosophy in the Classroom* (2e éd.), Philadelphie (PA), Temple University Press, p. 163-164.

19. M. Schleifer (1995). «Commentary on Richard Herrnstein and Charles Murray's *The Bell Curve*», *The Alberta Journal of Educational Research, 41*(1), p. 355-359. M. Schleifer (1973). «The Flew-Jensen Uproar», *Philosophy, 48*(186), p. 386-390. Hilary Putnam (2004). *The Collapse of the Fact / Value Dichotomy,* Cambridge (MA), Harvard University Press.

20. M. Ginsberg (1956). *On the Diversity of Morals,* Londres, Heinemann. Voir en particulier le chapitre 7.

21. T.R. Shultz, K. Wright et M. Schleifer (1986). «Assignment of Moral Responsability and Punishment», *Child Development, 57,* p. 177-184.

22. Pour une prise de position sur le caractère universel des valeurs, voir Oliver Reboul (1971). *La philosophie de l'éducation,* Paris, Presses universitaires de France (coll. «Que sais-je?» nº 2441). Consulter également C. Gohier et M. Schleifer (dir.) (1993). *La question de l'identité. Qui suis-je? Qui est l'autre?,* Montréal, Éditions Logiques. Consulter en particulier le chapitre 5, qui porte sur l'universalisme et la tolérance. Les bandes dessinées de Charles Schulz, «Peanuts», illustrent cet aspect universel: les lecteurs de plusieurs pays apprécient l'humour et les émotions des personnages. De la même façon, le génie de William Shakespeare a décrit des émotions universelles et communes à tous les humains. Nous pourrions citer un autre exemple «universel»: la musique. Bien qu'il existe des différences culturelles, la musique possède certaines caractéristiques qui touchent tous les êtres humains. Consulter également L. Bernstein (1959). *The Joy of Music,* New York, Simon & Schuster. A. Storr (1992). *Music and the Mind,* New York, The Free Press. L. Bernstein (1973). *The Unanswered Question,* Cambridge (MA), Harvard University Press.

23. Elliot Turiel (1983). «Domains and Categories in Social Cognitive Development», dans W. Overton (dir.) *The Relationship between Social and Cognitive Development*, Hillsdale (NJ), Lawrence Erlbaum Associates. E. Turiel (1983). «The Development Morality», dans William Damon et Nancy Eisenberg (dir.), *Handbook of Child Psychology. Volume 3, Social, Emotional and Personality Development* (5e éd.), New York, Wiley.
24. M. Lipman et A.M. Shart (1978). *Growing Up with Philosophy*, Philadelphia (PA), Temple University Press. Consulter les pages 374-375, surtout.
25. R. Peters (1966). *Ethics and Education*, New York, Routledge & Kegan Paul; Olivier Reboul (1971). *La philosophie de l'éducation*. Paris, Presses universitaires de France (coll. «Que sais-je?», no 2441).

CHAPITRE 2

1. M. Schleifer, M.-F. Daniel, E. Peyronnet et S. Lecompte (2003). «The Impact of Philosophical Discussions on Moral Autonomy, Judgment, Empathy and the Recognition of Emotion in Five Year Olds», *Thinking, 16*(4), p. 1-19. Au début de l'année, seulement quelques-uns des enfants âgés de 5 ans ont pu faire ces exercices, surtout l'exercice no 4. À la fin de l'année, les enfants qui avaient participé à des débats philosophiques avaient sensiblement amélioré leurs habiletés par comparaison avec le groupe témoin. En fait, quelque 95 % de ces enfants ont pu sélectionner le bon élément et justifier leurs choix.
2. M. Merleau-Ponty (1962). *Phenomenology of Perceptions*, Londres, Routledge & Kegan Paul, cité dans H.L. Dreyfus (1979). *What Computers Can't Do: The Limits of Artificial Intelligence*, (édition révisée), New York, Harper & Row.
3. P. Neisser (1970). *Cognitive Psychology*, cité dans H.L. Dreyfus (1979). *What Computers Can't Do: The Limits of Artificial Intelligence* (édition révisée), New York, Harper & Row.
4. Francis Crick (1994). *L'hypothèse stupéfiante: à la recherche scientifique de l'âme*, Paris, Plon.
5. J. Horgan (1993). «The Death of Proof», *Scientific American, 269*(4), p. 93-103; W. Byers (2002). *Mathematics and Computers* (manuscrit non publié).
6. Francis Crick (1994). *L'hypothèse stupéfiante: à la recherche scientifique de l'âme*, Paris, Plon; W. Byers (2002). *Mathematics and Computers* (manuscrit non publié).
7. Voir M. Schleifer (1992). *La formation du jugement*, Montréal, Logiques, en particulier le chapitre 5 portant sur le jugement et le raisonnement.
8. *Ibid.*, p. 227-268.
9. Aristote (2004). *Éthique à Nicomaque*, Paris, Flammarion (GF) (no 0947), chapitre 7.
10. D. Wong (2002). «Crossing Cultures in Moral Psychology», *Philosophy Now, 36* (juin), p. 7-11.
11. J. Glazer (1993) «Reason and the Reasoner», dans M. Lipman, *Thinking Children and Education*, Dubuque (IA), Kendall-Hunt, p. 664-674.
12. Gareth B. Mathews (1976). «Dialogue with Children», dans *Philosophy and the Young Child*, Cambridge (MA), Harvard University Press, p. 91-191. Consulter également Judice N. Shklar (1994). *Ordinary Vices*, Cambridge (MA), Harvard University Press, p. 193.
13. Lipman et Sharp, p. 200. Ce point est également repris dans *Le jugement moral chez l'enfant*, de Piaget.
14. Consulter le chapitre 4 pour une présentation plus détaillée des règles d'étiquette.
15. C. Beck (1972). *Ethics*, Toronto, McGraw-Hill, p. 106.
16. Consulter la section intitulée «Counseling et thérapie: exercice du jugement» (p. 44).
17. Lipman *et al.*, p. 201. Cette distinction constitue le sujet de discussion des personnages (enfants) de la nouvelle *Lisa* au chapitre 10.

18. J.N. Sklar (1984). *Ordinary Vices*, Cambridge (MA), Harvard University Press.
19. Aristote (2004). *Éthique à Nicomaque*, Paris, Flammarion (no 0947), p. 117-118.
20. *Ibid.*, p. 128.
21. *Ibid.*
22. M. Lipman, A.M. Sharp et F.S. Oscanyan (1980). *Philosophy in the Classroom* (2e éd.), Philadelphie (PA), Temple University Press, p. 192-193.
23. *Code des professions*, L.R.Q., c. C-26, a. 87, *Code de déontologie des psychologues*, c. C-26, r.148.1.
24. R. Pavlicek « Mapping Bridge Deals », article 7Z68 : <http://rpbridge.net/7z68.htm> (page consultée le 15 juin 2006).
25. Heuristique : méthode de recherche empirique, fondée sur l'approche progressive d'un problème donné, en vue d'en trouver la solution. Définition tirée du *Grand dictionnaire terminologique*. Consulter le site à l'adresse suivante : <http://www.granddictionnaire.com/btml/fra/r_motclef/index1024_1.asp>, définition relevant des domaines de l'informatique et de la psychologie (pages consultées le 12 juin 2006).
26. M. Schleifer (2004). « The Human Mind and Artificial Intelligence : Why Computers Cannot Play Bridge », *The Bridge Bulletin*, mai. Pour obtenir le texte intégral, il suffit de faire parvenir une demande à l'adresse suivante : <schleifer.michael@uqam.ca>.
27. Consulter, par exemple, l'entrevue avec M. Newborn accordée à *La Presse*, le 18 octobre 2002.
28. Un expert en intelligence artificielle, Steve Smith, m'a informé que, jusqu'à maintenant, les experts comme lui éprouvaient des difficultés à faire en sorte que les ordinateurs puissent jouer au bridge… et aussi, fait surprenant, au jeu de Go (correspondance personnelle).
29. Stocker : consulter la section « Lectures recommandées ».
30. M. Nussbaum (2001). *Upheavals of Thought : The Intelligence of Emotions*, Cambridge (MA), Cambridge University Press.
31. *Ibid.*
32. Des questions préliminaires peuvent être posées sur les formes et les couleurs. Consulter l'exercice 2.1.
33. Pour bien des enfants âgés de 3 à 5 ans, ces classifications pourtant simples étaient difficiles à réaliser ; ils y parviennent cependant avec un peu d'aide ou d'entraînement.
34. Voir Gohier et Schleifer (dir.), *La question de l'identité*, Montréal, Éditions Logiques, 1993.
35. Voir Frances Aboud, « Concerning Stereotype and Prejudices », dans C. Gohier et M. Schleifer, *The Question of Identity*.
36. *Ibid.*
37. Voir la liste des « Lectures recommandées ».
38. Matthew Lipman (1981). *Pixie* (1re éd.), Montclair State College, New Jersey, The First Mountain Foundation. Traduction française : Arsène Richard (1984). *Pixie*, Moncton, Éditions d'Acadie (traduction disponible aux Presses de l'Université Laval).
39. M. Lipman, A.M. Sharp et F.S. Oscanyan (1980). *Philosophy in the Classroom* (2e éd.), Philadelphie (PA), Temple University Press, p. 192-193.
40. Consulter l'annexe du chapitre 10.
41. De nombreuses phobies, comme la phobie des transports aériens, sont attribuables à une forte imagination chez les enfants et les adultes. Les thérapies cognitives les plus efficaces pour atténuer les phobies consistent, entre autres, à départager le monde réel du monde imaginaire.

42. Le roman de Gaétan Soucy, *La petite fille qui aimait trop les allumettes* (publié chez Boréal), est révélateur sur ce point… Le récit se déroule dans une famille dysfonctionnelle.
43. M. Schleifer et G. Poirier (1996). « The Effect of Philosophical Discussions in the Classroom on Respect for Others and Non-Stereotypic Attitudes », *Thinking, 12*(4), p. 32-34.
44. La race est quelque chose de différent du sexe. En fait, le mot devrait être évité. Voir Naomi Zack (2002). *The Philosophy of Science and Race*, New York, Routledge.
45. D. Bohm (1992). « Insight and Reason : The Role of Ratio in Education », dans M. Lipman, A.M. Sharp et F.S. Oscanyan (1980). *Philosophy in the Classroom* (2e éd.), Philadelphie (PA), Temple University Press, p. 654-658.
46. D. Chopra (1993). *Ageless Body, Timeless Mind: The Quantum Alternative to Growing Old*, New York, Harcourt. Consulter le chapitre 2 et la quatrième partie. Chopra explique que des parents cachent leur crainte de l'incertitude en étant catégoriques avec leurs jeunes enfants. À long terme, ce comportement parental a des effets psychologiques néfastes pour l'enfant.
47. Wendy Mogel (2001). *The Blessing of a Skinned Knee*, New York, Penguin Putnam.

CHAPITRE 3

1. La préoccupation centrale des philosophes est la recherche de la vérité. Pour Emmanuel Kant, Jean-Jacques Rousseau, et, plus près de nous, Richard Peters et Margaret Sharp (voir la section « Lectures recommandées »), la vérité est une valeur de base et une vertu fondamentale pour les éducateurs. Je suis du côté des défenseurs de la vérité qui se prononcent contre les postmodernistes comme Richard Rorty et Paul Feyerabend (voir la section « Lectures recommandées »), qui nient l'existence de toute vérité scientifique ou morale (voir, au chapitre 1, la section portant sur l'objectivité). Malgré cela, apprendre aux enfants à toujours dire la stricte vérité peut nuire à leur développement sur les plans émotionnel, social ou cognitif (nous y reviendrons dans les sections subséquentes). Pour en savoir plus sur ce débat, lire le chapitre 20 du livre de Jeremy Campbell (2001). *The Liar's Tale: A History of Falsehood*, New York et Londres, Norton (p. 302-314).
2. Canal Vie, Montréal (février 2004). Les participants devaient parler de la pathologie du mensonge. Même si les deux psychiatres associaient volontiers le mensonge (pathologique) aux maladies mentales (notamment à l'inadaptation sociale), l'étudiante et moi avons maintenu que tout le monde ment dans certaines circonstances. Deux études récentes ont démontré que nous avions raison. Dans le cadre de la première étude, l'analyse des journaux intimes de quelques centaines d'étudiants fréquentant des collèges révélait que ces étudiants affirmaient avoir dit au moins trois mensonges par jour (B.M. DePaulo, D.A. Kashy, S.E. Kirkendol et M.M. Wyer [1996]. « Lying in Everyday Life », *Journal of Personality and Social Psychology, 70*(5), p. 979-995). La deuxième étude signalait que les personnes qui disent un plus grand nombre de mensonges sont plus sociables et qu'elles ont de meilleures relations avec les personnes du même sexe (D. Kashy et B. DePaulo [1996]. « Who lies? », *Journal of Personality and Social Psychology, 70*(5), p. 1037-1051).
3. H. Wimmer (1984). « Young Children's Conception of Lying: Lexical Realism-Moral Subjectivism », *Journal of Experimental Child Psychology, 37*, p. 1-30.
4. Emmanuel Kant (1990). *Théorie et pratique. D'un prétendu droit de mentir par humanité. La fin de toutes choses.* Paris, Éditions Flammarion (GF). Traduction de Françoise Proust. Saint Augustin (1952). « On Lying », dans R.J. Defarrari (dir.), *Treatises on Various Subjects*, vol. 14, New York, Catholic University of America Press.

5. Pour un excellent débat sur ce point de vue dans le cadre du judaïsme, voir Joseph Telushkin (2000). *The Book of Jewish Values*, New York, Random House, plus particulièrement la section 71. Voir aussi S. Bok (1989). *Lying: Moral Choice in Public and Private Life*, New York, Vintage Books.
6. Voir J. Piaget (1992). *Le jugement moral chez l'enfant*, Paris, Presses universitaires de France, pour en savoir plus sur la façon dont Piaget a sous-estimé les capacités du jeune enfant.
7. K. Bussey (1992). « Lying and Truthfulness: Children's Definitions, Standards, and Evaluative Reactions », *Child Development, 63*, p. 129-137.
8. Joseph Telushkin (2000). *The Book of Jewish Values*. New York, Random House. Voir plus particulièrement les sections 70 à 73.
9. J.N. Shklar (1994). *Ordinary Vices*, Cambridge (MA), Harvard University Press.
10. *Ibid.*, p. 73.
11. *Ibid.*, p. 78.
12. G. Matthews (2004). « Augustine and the Parable of the Pears », conférence donnée lors du colloque annuel de l'American Philosophical Association, Pasadena (CA). Saint Augustin ainsi que Platon et Kant (XVIIIe siècle), avaient un point de vue absolutiste concernant le mensonge, considéré comme étant toujours mauvais. Parmi les philosophes dont la position est tout à fait opposée à ceux-ci, citons Aristote (le disciple favori de Platon), David Hume (XVIIIe siècle) et Nietzsche (XIXe siècle). Nussbaum et Telushkin présentent d'excellents arguments concernant ces philosophes qui forment deux clans dont les points de vue s'opposent (voir la section « Lectures recommandées »).
13. Pour en savoir plus à ce sujet, voir Joseph Telushkin (2000). *The Book of Jewish Values*, New York, Random House, 519 p.

CHAPITRE 4

1. Congrès annuel de l'American Philosophical Association, mars 2003, qui a eu lieu à Pasadena, en Californie. Parmi les plus récents livres parus sur les règles d'étiquette, citons celui de Peter Post, l'arrière-petit-fils d'Emily Post (première femme à proposer des règles concernant les bonnes manières à table, les invitations, etc.), intitulé *Essential Manners for Men: What to do, When to do it and why?*; le psychologue John Gottman traite également de ce sujet dans son livre intitulé *Raising an Emotionally Intelligent Child: The Heart of Parenting*. Aux États-Unis, certaines écoles des États de Californie et de Washington ont opté pour l'enseignement des règles d'étiquette; les enfants apprennent à déterminer la façon la plus appropriée de saluer un adulte (« Donner une poignée de main ferme, le regarder dans les yeux, sourire et dire quelque chose de gentil »). Il est intéressant de noter que le nouveau programme d'éducation sur l'étiquette met l'accent sur les compétences sociales et la courtoisie plutôt que sur les minileçons complémentaires de nos grands-mères qui portaient sur les couverts et les révérences. Outre l'accent mis sur les règles d'étiquette (qui peuvent sembler relativement peu importantes et cacher même une certaine forme de sexisme ou de racisme, comme nous le verrons), il existe un genre de politesse que Robert Keeshan (mieux connu sous son personnage « Captain Kangaroo ») s'est efforcé de promouvoir. « Captain Kangaroo », qui est décédé en 2004, a parlé de la puissance de deux « formules magiques », la première étant « S'il vous plaît » – ou « S'il te plaît » – et la deuxième, « Merci ! ». Dès le début, il a appris aux enfants le vocabulaire de la politesse et leur a montré comment traverser les rues. Plus tard, alors que le pourcentage des divorces augmentait et que les familles étaient plus instables, il a enseigné aux enfants l'amour, la fierté et la confiance en soi. Au Québec, bien des générations ont apprécié les aventures de Bobino (Guy Sanche) et Bobinette (marionnette à qui Paule Bayard et Christine Lamer – à partir de 1973 – ont prêté leur voix). Cette émission touchait la sensibilité des enfants, tout en leur donnant des notions de « gros bon sens »

et en leur apprenant des valeurs universelles, dont la responsabilité et la politesse. Bobino était un parfait gentleman qui devait souvent raisonner sa petite sœur, Bobinette, amoureuse des poires à eau et des pétards à la farine. Citons aussi la populaire émission *Passe-Partout*, dont le personnage du même nom terminait l'émission par un court message où il était souvent question de sentiments... Plus récemment, l'émission *Cornemuse*, destinée aux tout-petits de 3 à 5 ans, s'est vu décerner des prix pour la qualité de son contenu, les costumes et les maquillages des acteurs. Cette émission met en vedette une bande d'animaux aussi fascinants qu'attachants et favorise également la transmission de valeurs de base comme le respect de l'autre.

2. Voir Martha Nussbaum (2001). *Upheavals of Thought: The Intelligence of Emotions*, Cambridge (MA), Cambridge University Press, p. 200-206. L'importance du dégoût dans le développement de l'enfant, en fonction des valeurs morales, sera explicitée au chapitre 7.
3. M. Schleifer (2004). «Moods, Emotions and Morality». Congrès annuel de l'American Philosophical Association, division du Pacifique, Pasadena (CA), mars.
4. P.F. Strawson (1968). *Freedom and Resentment. Studies in the Philosophy of Thought and Action*, Londres, Oxford University Press. Un article de Jay A. Brook, intitulé «How to Treat Persons as Persons», de même que l'un de mes articles, «Psychological Explanation and Interpersonal Relations», présentent l'essai de Strawson. Les deux articles ont été publiés dans la collection de Allan Montefiore (1973) intitulée *Philosophy and Personal Relations*, Londres, Routledge & Kegan Paul, chapitre 4 (p. 62-83) et chapitre 8 (p. 170-191).
5. R.A. Emmons et M.E. McCullough (2003). «Counting Blessings Versus Vurdens: An Experimental Investigation of Gratitude and Subjective Well-Being in Daily Life», *Journal of Personality and Social Psychology, 84*(2), p. 377-389.
6. Histoire tirée du programme Philosophie pour enfants. Consulter les exercices à la fin du chapitre.
7. Pour en savoir plus sur les salutations, voir Joseph Telushkin (2000). *The Book of Jewish Values*, New York, Random House, plus particulièrement les sections 70 à 73.
8. Elliot Turiel (1983). «Domains and Categories in Social Cognitive Development», dans W. Overton (dir.), *The Relationship between Social and Cognitive Development*, Hillsdale (NJ), Lawrence Erlbaum Associates. E. Turiel (1983). «The Development Morality», dans William Damon et Nancy Eisenberg (dir.), *Handbook of Child Psychology. Volume 3, Social, Emotional and Personality Development* (5e éd.), New York, Wiley.
9. Joseph Telushkin (2000). *The Book of Jewish Values*, New York, Random House. Voir plus particulièrement les sections 70 à 73.
10. M. Ayim (1994). «Political Correctness: The Debate Continues». Conférence prononcée lors du Congrès annuel de la Société canadienne de philosophie de l'éducation, à Calgary. V. Wetering (1991). «Political Correctness: The Insult and the Injury», *Vital Speeches of the Day, 58*(4), p. 100-103.
11. W. Katwinkler et G. Murray (2003). *Walter le chien qui pète*, Berkeley (CA), Éditions Frog. Traduction de Michel et Danielle Choquette.
12. Daniel Goleman (2003). *Healing Emotions*, New York, Random House.

CHAPITRE 5

1. Concernant l'aspect psychologique, voir Jean Piaget (1992). *Le jugement moral chez l'enfant*, Paris, Presses universitaires de France. Quant aux aspects moral et légal de la notion de responsabilité, voir la liste de mes publications.
2. *Ibid.*, p. 928. Étymologie de *respondere*.
3. Nous parlerons davantage de la fierté (et de son contraire, l'humilité) au chapitre 8.

4. Jean Piaget (1992). *Le jugement moral chez l'enfant*, Paris, Presses universitaires de France.
5. Voir T.R. Shultz, K. Wright et M. Schleifer (1986). «Assignment of Moral Responsibility and Punishment», *Child Development, 57*, p. 177-184.
6. Nous en discuterons plus en détail au chapitre 12.
7. Voir T.R. Shultz, K. Wright et M. Schleifer (1986). «Assignment of Moral Responsibility and Punishment», *Child Development, 57*, p. 177-184.
8. J.S. Baxter, C.N. Macrae, A.S.R. Manstead, D. Stradling et D. Parker (1990). «Attributional Biases and Driver Behaviour», *Social Behaviour, 5*, p. 185-192; J. Shaw et P. Skolnick (1971). «Attribution of Responsibility for a Happy Accident», *Journal of Personality and Social Psychology, 18*(3), p. 380-383.
9. M. Schleifer et M. McCormick (1991). «The Concept of Foreseeability in Judgments of Moral Responsibility», *Society for Research in Child Development*, Seattle, avril («Abstracts VIII», p. 441).
10. M. Schleifer et T.R. Shultz (1988). «Severity of Consequences and Mitigating Factors in Judgments of Blame/Punishment and Praise/Reward», cinquième colloque biennal de l'University of Waterloo (Ontario) sur le développement de l'enfant (mai).
11. Consulter le chapitre 1 (section intitulée «La fessée: est-ce bien ou mal? Pourquoi le "relativisme" ne fonctionne-t-il pas?»).
12. Voir l'introduction.
13. P. White (2002). «What Should We Teach Children about Forgiveness?», *Journal of Philosophy of Education, 36*(1), p. 57-67.
14. D. Gross et C. Thompson (2004). *Children's Understanding of Apology and Forgiveness in Peer Relationships*. Manuscrit non publié.
15. *Ibid.*
16. Un excellent exemple illustrant que les gens ne sont pas disposés à pardonner à quelqu'un qui ne présente pas d'excuses est celui de Pete Rose qui aurait fait des paris lorsqu'il était joueur de baseball. Voir F. Vincent (19 janvier 2004). «No Bloom on This Rose», *Time Magazine*.
17. Janis A. Spring (2004). *How Can I Forgive You? The Courage to Forgive, the Freedom Not To*, New York, Harper Collins, 255 p.
18. Joseph Telushkin (2000). *The Book of Jewish Values*, New York, Random House, p. 464.
19. Consulter le chapitre 1.
20. G.P. Barker et S. Graham (1987). «Developmental Study of Praise and Blame as Attributional Cues», *Journal of Educational Psychology, 79*(1), p. 62-66; M.P. Carlton et A. Winsler (1998). «Fostering Intrinsic Motivation in Early Childhood Classrooms», *Early Childhood Education Journal, 25*(3), p. 159-166.
21. Cette histoire met aussi en scène des marionnettes.

INTERLUDE

1. Dans *Éthique à Nicomaque*, Aristote dit que les vertus morales ne peuvent être inculquées sans sagesse (chapitre 3). Il serait cependant inexact d'affirmer qu'Aristote n'offre pas d'explications ni de justifications pour chacune des vertus morales. Si Aristote déclare que la vertu morale «est le fruit de l'habitude» (deuxième partie, point 3.1, p. 99 – 1103 a 8-19), le philosophe nous rappelle également que «les agents doivent toujours eux-mêmes avoir l'œil sur les circonstances opportunes» (deuxième partie, point 4.1, p. 103 – 1103 b 31 – 1104 a 10). En parlant des conditions des actes vertueux, Aristote conclut que «les faits accomplis sont dits justes et tempérants lorsqu'ils sont tels que les exécuteraient le

juste ou le tempérant» (deuxième partie, point 6.3, p. 110 – 1105 b 5-23). Pour le philosophe, la vertu morale «n'est pas donnée naturellement» et ne se manifeste pas par un «comportement inné». La vertu morale fait nécessairement appel au jugement, ne serait-ce que pour évaluer la conduite appropriée.

2. Joseph Telushkin (2000). *The Book of Jewish Values*, New York, Random House, p. 57.
3. Par exemple, dans le premier roman de John Bemrose (2003) intitulé *The Island Walkers* (prix Giller en 2003), le personnage principal lutte contre lui-même, déchiré entre son désir de s'excuser d'avoir déçu un ami par des paroles blessantes et son désir de ne pas admettre qu'il s'est mal conduit.
4. Il a été question des excuses au chapitre 5; le chapitre 4 a été consacré aux remerciements et aux salutations.
5. Pour en savoir plus à ce sujet, voir: M. Ayim (1994). «Political Correctness: The Debate Continues». Conférence prononcée lors du congrès annuel de la Société canadienne de philosophie de l'éducation, à Calgary. John Vander Wetering (1991) va dans le même sens dans son article «Political Correctness: The Insult and the Injury», *Vital Speeches of the Day, 58*(4), p. 100-103. Certains estiment que les propos racistes et sexistes peuvent être grossiers, mais que même le langage grossier doit être protégé par les droits liés à la liberté d'expression. Voir, par exemple, Dinesh D'souza (1991). *Illiberal Education: The Politics of Race and Sex on Campus*, New York, The Free Press; N. Nat (1992). «Who's on First? Hurt Feelings and Free Speech», *The Progressive, 56*(2), p. 16-17. Voir également Diane Ravitch (2003). «The Language Police» et Robin Barrow (2005). «On the Duty of Not Taking Offence»; il s'agit de deux conférences présentées lors du congrès annuel de la British Society Philosophy and Education.
6. V. Bissonnette, C. Rusbult et S. Kilpatrick (1997). «Empathic Accuracy and Marital Conflict Resolution», dans W. Ickes (dir.) (1997). *Empathic Accuracy*, New York, Guilford Press.
7. *Ibid.*
8. Joseph Telushkin (2000). *The Book of Jewish Values*, New York, Random House, p. 12.
9. *Ibid.*, p. 129.
10. M. Montessori (1914). *Dr. Montessori's Own Handbook*, New York, Frederick A. Stokes.
11. Voir dans D. Wood (1973), le chapitre 9, qui porte sur l'honnêteté, dans Allan Montefiore (dir.). *Philosophy and Personal Relations*, Londres, Routledge & Kegan Paul, p. 191-224.
12. M. Schleifer et M. McCormick (1991). «The Concept of Foreseeability in Judgments of Moral Responsibility», *Society for Research in Child Development*, Seattle, avril («Abstracts VIII», p. 441).

CHAPITRE 6

1. Voir le chapitre 5.
2. Voir N. Noddings (1988). «An Ethic of Caring and Its Implications for Instructional Arrangements», *American Journal of Education, 96*(2), p. 215-229. Voir également E.E.A. Skoe (2003). «The Ethic of Care. Issues in Moral Development», *Personality Development in Adolescence: A Cross-Cultural and Life Span Perspective*, Londres, Routledge, p. 144-171.
3. N. Noddings (1988). «An Ethic of Caring and Its Implications for Instructional Arrangements», *American Journal of Education, 96*(2), p. 218.
4. Voir Carol Gilligan (1982). *In a Different Voice*, Cambridge (MA), Harvard University Press.
5. E.E.A. Skoe, «The Ethic of Care. Issues in Moral Development», *Personality Development in Adolescence: A Cross-Cultural and Life Span Perspective*, Londres, Routledge, p. 144-171.

6. Consulter D. Goleman (1995). *L'intelligence émotionnelle*, Paris, Robert Laffont, p. 98.
7. *Motor mimicry* peut se traduire par mimétisme sympathique, comportement d'imitation ou encore par synchronicité interactionnelle (NDT).
8. Voir V. Gallese (2003). « The Roots of Empathy: The Shared Manifold Hypothesis and the Neural Basis of Intersubjectivity », *Psychopathology*, *36*, p. 171-180.
9. A. Meltzoff (2002). *The Imitative Mind: Development, Evolution and Brain Bases*, Cambridge (MA), Cambridge University Press.
10. Voir D. Stern (1987). *The Interpersonal World of the Infant*, New York, Basic Books, p. 30. Voir également J. Pickens et T. Field (1993). « Facial Expressivity in Infants of Depressed Mothers », *Developmental Psychology*, *29*(6). Consulter également D. Goleman. (1995). *L'intelligence émotionnelle*, Paris, Robert Laffont, chapitre 7.
11. Voir Joseph Telushkin (2000). *The Book of Jewish Values*, New York, Random House, p. 8.
12. Otto H. Frank et Mirjam Pressler (1992). *Le journal d'Anne Frank*, Paris, Calmann-Lévy (coll. « Le livre de poche », n° 287), cité dans Joseph Telushkin, *The Book of Jewish Values*, p. 12.
13. Voir D. Goleman. (1995). *L'intelligence émotionnelle*, Paris, Robert Laffont, chapitre 14. Nous y reviendrons au chapitre 7.
14. Voir M. Schleifer, G. Weiss, N. Cohen, M. Elman, H. Cveijic et E. Kruger (1975). « Hyperactivity in Preschoolers and the Effect of Methyphinidate », *American Journal of Orthopsychiatry*, *45*, p. 38-50.
15. *Ibid.*
16. *Ibid.*
17. Voir M. Schleifer, S. Campbell et G. Weiss (1978). « Continuities in Maternal Reports and Child Behaviours Over Time in Hyperactive and Comparison Groups », *Journal of Abnormal & Child Psychology*, *6*(1), p. 33-45. Voir aussi M. Schleifer, S. Campbell, G. Weiss et T. Perlman (1977). « A Two-Year Follow-Up of Hyperactive Preschoolers », *American Journal of Orthopsychiatry*, *47*, p. 149-162.
18. T. Brazelton (2004). « Raising Happy Kids in Hectic Times », *Family Circle Magazine*, novembre, p. 31.
19. Voir M. Nussbaum (2001). *Upheavals of Thought: The Intelligence of Emotions*, Cambridge (MA), Cambridge University Press, p. 301.
20. *Ibid.*
21. Citons pour exemple Emmanuel Kant (1993). *Fondements de la métaphysique des mœurs*, Paris, Le Livre de poche (coll. « Classiques de la philosophie », n° 4622). Comme Kant le dit: « Une telle bienveillance peut être considérée comme étant une hypersensibilité à bannir. » Un autre philosophe s'est prononcé contre la compassion: Platon, dans *La République*. Voir M. Nussbaum (2001). *Upheavals of Thought: The Intelligence of Emotions*, Cambridge (MA), Cambridge University Press, chapitre 7, p. 354-400 concernant le débat philosophique entre Platon et Kant, d'une part, et entre Aristote et ses disciples, d'autre part.
22. M. Nussbaum (2001). *Upheavals of Thought: The Intelligence of Emotions*, Cambridge (MA), Cambridge University Press, p. 301.
23. Nussbaum évoque justement cette raison. Voir p. 329. Consulter également W. Ickes (dir.) (1997). *Empathic Accuracy*, New York, Guilford Press (p. 73-116).
24. Cynthia Martiny (2002). *Non-Verbal Behavior and Empathy in the Communicational Context: Indications for Training Helping-Practitioners*, Université du Québec à Montréal. Thèse de doctorat non publiée.
25. *Ibid.*

26. *Ibid.*
27. Consulter N. Eisenberg et J. Strayer (1987). *Empathy and Its Development*, Cambridge (MA), Cambridge University Press; N. Eisenberg, B. Murphy et S. Shepard (1996). « The Development of Empathic Accuracy », dans W. Ickes (dir.) (1997). *Empathic Accuracy*, New York, Guilford Press (p. 73-116); N. Eisenberg et P. Mussen (1989). *The Roots of Prosocial Behavior in Children*, Cambridge (MA), Cambridge University Press.
28. Consulter l'introduction pour prendre connaissance des erreurs relevées chez Piaget.
29. Cité par le rabbin J. Telushkin, p. 12.
30. M.-F. Daniel et M. Schleifer (1996). *La coopération dans la classe / Cooperation in the Classroom*, Montréal, Éditions Logiques.
31. J. Piaget (1932). *Le jugement moral chez l'enfant*, Paris, Presses universitaires de France.
32. L. Bronwen et N. Howe (2003). « Solitary Play and Convergent and Divergent Thinking Skills in Preschool Children », *Early Childhood Research Quarterly*, *18*(1), p. 22-42.
33. *Ibid.*
34. M. Nussbaum (2001). *Upheavals of Thought: The Intelligence of Emotions*, Cambridge (MA), Cambridge University Press. D. Winnicott (1974). *Processus de maturation chez l'enfant: développement affectif et environnement*. Paris, Payot (coll. « Petite bibliothèque Payot », nº 245).
35. Consulter le chapitre 8.
36. Voir J. Perner et H. Wimmer (1985). « John Thinks that Mary Thinks that... Attribution of Second-Order Beliefs by 5-10 Year Old Children », *Journal of Experimental Child Psychology*, 39, p. 437-471.

CHAPITRE 7

1. À propos de Kant et d'Aristote, voir S. Stark (2004). « A Change of Heart: Moral Emotions, Transformation, and Moral Virtue ». Conférence donnée lors du congrès annuel de l'American Philosophical Association, Pasadena (CA). Voir également Martha Nussbaum (2001). *Upheavals of Thought: The Intelligence of Emotions*, Cambridge (MA), Cambridge University Press, p. 463.
2. Nussbaum, Stocker et Solomon, par exemple. Consulter la section « Lectures recommandées ».
3. Voir C. Beck (1972). *Ethics*, Toronto, McGraw-Hill (chapitre 9) pour obtenir un bon exemple de ce point de vue.
4. *Ibid.*
5. S. Bailin (1991). « Rationality and Intuition », *Paideusis: Journal of the Canadian Philosophy of Education Society*, *4*(2) (printemps), p. 17-27.
6. K. Egan (1992). *Imagination and Education*, New York, Teachers College Press.
7. Entrevue publiée dans *The Gazette* (Montréal), en mai 2004.
8. Consulter la section « Lectures recommandées ».
9. M. Nussbaum (2001). *Upheavals of Thought: The Intelligence of Emotions*, Cambridge (MA), Cambridge University Press, p. 19-88.
10. Parmi les philosophes modernes, Paul Griffiths présente ce point de vue dans son livre *What Emotions Really Are*, publié en 1977 (Chicago, University of Chicago Press); Jenefer Robinson, quant à elle, expose son point de vue dans son livre intitulé (2005). *Deeper than Reason: Emotion and Its Role in Literature, Music, and Art*, New York, Oxford University Press. Parmi les psychologues, Nico Fridja, auteur de *The Emotions*, Cambridge (MA), Cambridge University Press (1986), partage également ce point de vue.

11. G. Pitcher (1995). *The Dogs Who Came to Stay*, New York, Dutton.
12. Voir Joseph E. LeDoux (2005). *Le cerveau des émotions : les mystérieux fondements de notre vie émotionnelle*, Paris, Odile Jacob.
13. Pour en savoir plus sur la fierté, consulter le chapitre 8.
14. Consulter également le chapitre 8 pour en savoir plus sur la honte.
15. M. Nussbaum (2001). *Upheavals of Thought : The Intelligence of Emotions*, Cambridge (MA), Cambridge University Press, p. 132-135.
16. *Ibid.*, p. 61.
17. *Ibid.*, p. 133.
18. *Ibid.*, p. 134. Nussbaum donne deux exemples qui illustrent l'hypothèse posée. Nous pensons qu'il vaut la peine de s'y arrêter. Le premier exemple concerne les émotions et les humeurs « positives », et le deuxième, celles dites « négatives ». Selon Nussbaum, la joie, une émotion, doit avoir un objet, bien que cet objet puisse être vague et indistinct. Elle ajoute qu'une personne peut être généralement de nature joyeuse et être satisfaite de la vie qu'elle mène ou de son environnement ; cette émotion porte sur un objet général. D'un autre côté, la joie peut être sans objet, une humeur, une sorte d'euphorie (p. 133).

    Comme exemple d'une émotion « négative », Nussbaum cite la dépression. Après avoir pris connaissance des résultats des travaux de recherche de Seligman sur les animaux, Nussbaum oppose la « dépression émotionnelle » à la dépression endogène (ou mélancolie).

    Selon Nussbaum, il existe plusieurs cas de dépression liés à l'exacerbation d'une humeur, ces dépressions s'expliquant en partie par un déséquilibre dans certaines substances chimiques du corps humain, même en l'absence d'un changement dans les croyances, ou à la suite d'une réaction inadéquate à des situations ou à des croyances. D'un autre côté, dans de nombreux cas de dépression, les symptômes sont plus liés au vécu de la personne concernée (p. 132).
19. Voir par exemple S. Freud (1968) [1917]. « Deuil et mélancolie », dans *Métapsychologie*, Paris, Gallimard (coll. « Folio essais », n° 30).
20. Joseph E. LeDoux (2005). *Le cerveau des émotions : les mystérieux fondements de notre vie émotionnelle*, Paris, Odile Jacob. G.M. Edelman et G. Tononi (2000). *A Universe of Consciousness*, New York, Basic Books.
21. M. Nussbaum (2001). *Upheavals of Thought : The Intelligence of Emotions*, Cambridge (MA), Cambridge University Press, p. 67 et suivantes.
22. S. Freud (1968) [1917]. « Deuil et mélancolie », dans *Métapsychologie*, Paris, Gallimard (coll. « Folio essais », n° 30). P.H. Wender et F. Klein (1981). *Mind, Mood and Medicine : A Guide to Do Biopsychiatry*, New York, McGraw-Hill.
23. Voir S. Pinker (1997). *How the Mind Works*, New York, Norton, p. 386-387.
24. M. Nussbaum (2001). *Upheavals of Thought : The Intelligence of Emotions*, Cambridge (MA), Cambridge University Press, p. 133). Nussbaum a prétendu que les processus propres au cerveau ne devraient pas être inclus dans les critères liés aux émotions. Cependant, de toute évidence, le cerveau fonctionne d'une certaine manière, peu importe l'humeur et l'émotion du sujet humain. Les neurologues sont ainsi généralement d'accord sur les points suivants :
    1) L'amygdale joue un rôle dans l'humeur et les émotions que ressent le sujet.
    2) Le cerveau émotionnel jouit d'une grande « plasticité » : les expériences vécues modifient les circuits de neurones actifs lorsque le sujet est d'une certaine humeur ou ressent une émotion.

3) Les circuits neuronaux ne sont pas les mêmes pour les (principales) émotions telles que la peur, la colère ou la tristesse. Il semblerait qu'il existe un circuit neuronal pour chacune des émotions. (LeDoux, 2005, *Le cerveau des émotions : les mystérieux fondements de notre vie émotionnelle*, Paris, Odile Jacob.)

Toute analyse conceptuelle doit au moins tenir compte de ces trois propositions ci-dessus jusqu'à ce que des expériences plus poussées permettent l'élaboration d'une théorie plus précise ou totalement différente. Les travaux des philosophes doivent donc tenir compte des « phénomènes » neurologiques.

Tout comme Edelman et Pinker, LeDoux est un matérialiste avoué pour qui les pensées et les sentiments résultent du fonctionnement du cerveau. L'épineux problème de la « conscience » demeure un sujet à part pour ces scientifiques œuvrant dans les domaines de la physiologie, de la médecine et des sciences cognitives (LeDoux, Edelman et Pinker, respectivement). Ces scientifiques ont également exprimé des points de vue complexes et divergents concernant l'intelligence artificielle (IA) de même que les possibilités qu'ont les ordinateurs d'imiter le cerveau humain, y compris les émotions et le jugement. Bien que Nussbaum n'ait pas explicitement pris position face aux assertions des scientifiques sur l'IA, je peux en déduire que son analyse des émotions fournirait un argument contre la théorie de l'intelligence artificielle (voir par exemple M. Newborn, 2002, entrevue accordée au quotidien *La Presse*, le 18 octobre. Son nouveau livre intitulé *Deep Blue: An Artificial Intelligence Milestone* a paru un an plus tard, en 2003.)

L'analyse conceptuelle révisée, que j'ai présentée lors d'une conférence, devrait fournir des arguments encore plus solides contre l'IA, puisque cette analyse souligne que les humeurs, le tempérament et les sentiments sont importants pour la compréhension des émotions d'un sujet, outre les aspects cognitifs que décrit Nussbaum.

Nussbaum cite les travaux de LeDoux, mais elle ne le comprend pas de la même façon que moi. Elle prétend que LeDoux livre une « conclusion prudente » pour déterminer si les informations physiologiques devraient être incluses dans la définition du terme « émotion ». Je pense que LeDoux insiste plutôt sur le fait que les phénomènes physiologiques doivent être pris en compte (voir LeDoux, 2005, *Le cerveau des émotions : les mystérieux fondements de notre vie émotionnelle*, traduction d'un ouvrage qui a paru en 1996 ; il insiste encore plus sur ce point dans un récent livre, publié en 2002 et intitulé *Synaptic Self: How Our Brains Become Who We Are* (New York, Penguin-Putnam).

Sur un autre point, LeDoux affirme que, pour chacune des principales émotions (la peur, la colère, la joie et la tristesse), il existe un « circuit neuronal » distinct. L'interprétation de Nussbaum ne tient pas entièrement compte du point de vue de LeDoux (voir p. 114-115, plus particulièrement).

Un autre phénomène important doit être pris en considération : l'existence « universelle » de sentiments particuliers associés aux principales humeurs ou émotions. Les enfants (et parfois même les adultes) peuvent ne pas au moins savoir avec précision ce qu'ils ressentent (voir par exemple O. Holm, E. Greaker, et A. Strömberg, 2002, « Experiences of Longing in Norwegian and Swedish 4- and 5-year-old Children », *The Journal of Psychology, 136*(6), p. 608-612 ; C.W. Sherri et J.A. Russel (2003). « A Closer Look at Preschooler's Freely Produced Labels for Facial Expression », *Developmental Psychology, 39*(1), p. 114-128). Néanmoins, ils ont signalé avoir ressenti de la colère, de la joie et de la tristesse en bas âge (voir C.W. Sherri et J.A. Russel, 2003). Les enfants reconnaissent également – malgré les doutes (p. 158) – les expressions faciales universelles et les expressions faciales de personnes de différentes cultures (C. Martiny, 2002, *Non-Verbal Behavior and Empathy in the Communicational Context: Indications for Training Helping-Practitioners*, Université du Québec à Montréal, thèse de doctorat non publiée).

Ainsi, en résumé, Nussbaum pose l'hypothèse que les émotions sont individuelles en raison des aspects cognitifs en jeu, mais cette hypothèse ne semble pas prendre en compte au moins trois types de phénomènes: les rapports universels (subjectifs) concernant les sentiments, les recherches menées sur la reconnaissance des expressions faciales de personnes de différentes cultures et le consensus des neurologues sur les trois points mentionnés.

25. La musique est l'un des domaines où Nussbaum semble s'égarer. Lorsqu'elle présente certains problèmes ou enjeux philosophiques, elle établit une distinction nette entre les émotions et les humeurs, en mettant l'accent sur la présence et le rôle des émotions, mais non des humeurs. Nussbaum n'utilise jamais le mot «humeur» dans son chapitre consacré à la musique et aux émotions («Music and Emotions», chapitre 5, p. 249-294). Certains problèmes philosophiques dont elle parle pourraient être résolus en tenant compte de la fonction et du rôle de l'humeur, qui interfère parfois avec une émotion. Elle se demande, entre autres, comment nous pouvons ressentir de vraies émotions en écoutant de la musique si les émotions suscitées sont sans objet (p. 239).

26. M. Schleifer (2004). «Moods, Emotions and Morality». Congrès annuel de l'American Philosophical Association, division du Pacifique, Pasadena (CA), mars.

27. Consulter la section «Lectures recommandées», p. 275.

28. M. Nussbaum (2001). *Upheavals of Thought: The Intelligence of Emotions*, Cambridge (MA), Cambridge University Press, p. 133.

La dépression endogène est définie comme étant une forme psychotique de la dépression, dont la cause est interne, c'est-à-dire qui prend naissance à l'intérieur d'un corps ou d'un organisme. Le terme fait référence, par analogie, aux hormones produites par le corps humain (ou par certaines parties du cerveau), acheminées vers d'autres organes par le sang, ou aux hormones artificielles non produites par le corps et introduites par voie intraveineuse. Cette analogie est quelque peu boiteuse: à la différence de certaines hormones connues, le corps ne produit pas de substances chimiques qui expliqueraient la dépression; le psychiatre qui soigne une personne souffrant de tout autre type de dépression clinique grave ne peut faire abstraction des relations du patient avec les membres de sa famille, ses amis, etc., et avec son environnement (soit les facteurs «bio-psycho-sociaux»).

29. M. Nussbaum (2001). *Upheavals of Thought: The Intelligence of Emotions*, Cambridge (MA), Cambridge University Press, p. 88. En réalité, un deuil lié à la perte d'un être cher ou à des changements de vie radicaux se transforme souvent en une dépression clinique très grave. L'une des approches cognitivo-comportementales les plus efficaces consiste à suggérer aux patients des stratégies pour éviter qu'un deuil, peu importe son type, se transforme en dépression.

30. M. Nussbaum (2001). *Upheavals of Thought: The Intelligence of Emotions*, Cambridge (MA), Cambridge University Press, p. 133.

31. Voir par exemple P.H. Wender et F. Klein (1981). *Mind, Mood and Medicine: A Guide to Do Biopsychiatry*, New York, McGraw-Hill, p. 39-65. Ici, Nussbaum cite l'article reconnu de Graham concernant la «mélancolie épistémique» (article paru en 1990 dans *Synthèse*, *83*, p. 399-422) ainsi que les travaux de Oatley et Bolton sur la dépression. Aucun de ces auteurs n'a cependant corroboré les distinctions d'ordre conceptuel de Nussbaum entre la dépression endogène et la dépression réactionnelle. Contrairement à Beck, Graham affirme que les dépressions désignées comme étant «intentionnelles» et «non intentionnelles» se superposent ou se chevauchent parfois. Dans la dépression, selon Graham, le raisonnement n'est pas faux ni inintelligible, peu importe le type de dépression. Voir K. Oatley et W. Bolton (1985). «A Social-Cognitive Theory of Depression in Reaction to Life Events», *Psychological Review*, *92*(3), p. 372-388. Ces derniers auteurs insistent également sur les

points communs entre les événements de la vie et la dépression qui serait prétendument attribuable à la sous-production ou à la surproduction de certaines substances chimiques dans le corps humain (voir p. 381 et 385).

32. Joseph E. LeDoux (2005). *Le cerveau des émotions: les mystérieux fondements de notre vie émotionnelle*, Paris, Odile Jacob; G.M. Edelman et G. Tononi (2000). *A Universe of Consciousness*, New York, Basic Books; S. Pinker (1997). *How the Mind Works*, New York, Norton.
33. P.H. Wender et F. Klein (1981). *Mind, Mood and Medicine: A Guide to Do Biopsychiatry*, New York, McGraw-Hill, p. 45.
34. H. Ursin et H.R. Eriksen (2002). *The Cognitive Activation Theory of Stress*, University of Bergen (article disponible sur Internet à l'adresse: <http://72.14.207.104/search?q=cache:6QLAfb GjLMcJ:meagherlab.tamu.edu/M-Meagher>, page consultée le 15 juin 2006); H. Ursin et R. Murison (dir.) (1983). *Biological and Psychological Basis of Psychosomatic Disease*, Oxford, Pergamon Press; H. Ursin, E. Baade et S. Levine (dir.) (1978). *Psychobiology of Stress: A Study of Coping Men*, New York, Academic Press. Voir également P.H. Wender et F. Klein (1981). *Mind, Mood and Medicine: A Guide to Do Biopsychiatry*, New York, McGraw-Hill.
35. C. Lange et W. James (1922). *The Emotions*, Baltimore, Williams and Wilkins.
36. W.B. Cannon (1929). *Bodily Changes in Pain, Hunger, Fear and Rage*, New York, Appleton.
37. D. Goleman (1997). *L'intelligence émotionnelle*, Paris, Robert Laffont, p. 80-82 et p. 271-273.
38. J. Kagan (2000). *La part de l'inné: tempérament et nature humaine*, Paris, Bayard (avec la collaboration de Nancy Snidman, Doreen Arcus et J. Steven Reznick. Traduit de l'anglais par Jean-Luc Fidel).
39. D. Goleman (1997). *L'intelligence émotionnelle*, Paris, Robert Laffont, chapitre 14.
40. R. Davidson (1994). «Asymmetric Brain Function, Affective Style and Psychopathology: The Role of Early Experience and Plasticity», *Development and Psychopathology*, *6*, p. 741-758.
41. *Ibid.*
42. A. Thomas et S. Chess (1997). *Temperament and Development*, New York, Brunner & Mazel.
43. P. Miller et M. Haar (1997). «Emotional, Cognitive, Behavioral and Temperament Characteristics of Children «, *Motivation and Emotion*, *21*, p. 109-125.
44. Voici la définition moderne du mot «tempérament» (*Petit Robert*, p. 2581): «Caractère d'une personne» ou «Ensemble de caractères innés chez une personne, complexe psychophysiologique qui détermine ses comportements». Une définition plus ancienne de «tempérament» renvoie au «Type humain considéré dans les caractères congénitaux de son fonctionnement (expliqué à l'origine par le dosage, le tempérament, des quatre humeurs selon Hippocrate)».

    «Humeur» en français a la même signification qu'au Moyen Âge. Il était entendu que les «humeurs» correspondaient aux quatre fluides cardinaux: le sang, la lymphe, la bile (jaune ou verte) et la bile noire (parfois appelée mélancolie), sécrétée par le foie, bien que, pour une raison inconnue, la rate fût le centre de l'émotion. Ces liquides organiques circulaient dans tout le corps humain, et leur relative force déterminait l'état de santé physique ou mental de la personne. Lorsqu'un de ces liquides organiques prédominait, le caractère de la personne était contrôlé par cette «humeur» particulière: trop passionnée (surplus de sang) ou inactive et maussade (trop de lymphe), irascible (bile circulant trop rapidement) ou triste et abattue (trop de bile noire et de mélancolie). Autrefois, on disait d'une telle personne qu'elle était dans une humeur. Si elle se comportait bizarrement, elle était une «humoriste». Ben Johnson a écrit deux pièces de théâtre intitulées: *Every Man in His Humor* (Shakespeare était un acteur) et *Every Man out of His Humour* (1598 et 1599). Au XVIIe siècle, au moment de la rédaction de *Addison and Steele*, l'«humoriste» n'était pas une personne excentrique mais plutôt un auteur qui s'intéressait à l'excentricité (*The Oxford Book of Humorous Prose*, de Frank Muir (1990), publié aux éditions Oxford University Press, p. xxvii-xxvix, xxx).

L'une des plus importantes découvertes dans le domaine de la psychologie (voir par exemple N. Eisenberg, R. Fabes et S. Losoya [1997]. «Emotional Responding: Regulation, Social Correlates, and Socialization», dans P. Salovey et D. Sluyter [dir.], *Emotional Development and Emotional Intelligence: Educational Implications*, New York, Basic Books, p. 129-167 et C.E. Izard [2002]. «Translating Emotion Theory and Research into Preventive Interventions», *Psychological Bulletin, 128*(5), p. 796-824) est que les gens affichent toujours les mêmes différences en ce qui concerne certains aspects de la personnalité comme, par exemple, être extraverti ou intraverti, violent ou non violent ou encore être plus ou moins prédisposé à éprouver des troubles de l'humeur ou des troubles de santé mentale, notamment la schizophrénie. Ces troubles peuvent être en partie causés par l'hérédité, ou bagage génétique; ce dernier joue un rôle aussi important pour les problèmes de calvitie que pour l'espérance de vie. Ces caractéristiques génétiques de la «personnalité» sont bien sûr influencées par les expériences vécues par le sujet, de même que par son environnement. Ainsi, bien que les gènes de la longévité permettent aux humains du globe de vivre généralement plus longtemps, les excès (de nourriture, d'alcool, de poids, etc.) et les accidents peuvent écourter leur durée. De même, une tendance à adopter un comportement agressif (à l'émotivité excessive ou à l'instabilité émotive) peut se manifester autrement dans la vie d'une personne, en fonction de son vécu. Le tempérament est donc en partie justifié par l'hérédité et la génétique, mais pas de la même façon que les gènes déterminent la couleur des yeux et le fait d'être gaucher ou droitier, par exemple (ces facteurs peuvent être modifiés par des mesures extrêmes, comme dans le cas de gauchers que l'on a obligés à se servir de leur main droite).

45. Aristote (2004). *Éthique à Nicomaque*, Paris, Éditions Flammarion (GF), p. 380-381 (septième partie, point 6.3.6 – 1150 b 19-27).
46. Paul Harris (1989). *Children and Emotions*, Oxford, Blackwell.
47. O. Holm, E. Greaker et A. Strömberg (2002). «Experiences of Longing in Norwegian and Swedish 4- and 5-year-old Children», *The Journal of Psychology, 136*(6), p. 608-612.
48. R.C. Solomon et L.D. Stone (1994). «On "Positive" and "Negative" Emotions», *Journal for the Theory of Social Behaviour, 32*, p. 417-435.
49. Daniel Goleman (2003). *Destructive Emotions*, New York, Bantam Books et, du même auteur, *Healing Emotions*, New York, Random House, 2003.
50. *Ibid.*
51. M. Nussbaum (2001). *Upheavals of Thought: The Intelligence of Emotions*, Cambridge (MA), Cambridge University Press, p. 19-88.
52. Aristote (2004). *Éthique à Nicomaque*, Paris, Éditions Flammarion (GF), p. 209.
53. *Ibid.*, p. 210.

CHAPITRE 8

1. Voir C. Swanton (2002). *Virtue Ethics*, New York, Oxford Press.
2. Voir par exemple le livre du rabbin Marc Gellman et de Mgr Thomas Hartman publié en 2002 et intitulé *Religion for Dummies*, New York, Wiley. Voir en outre les chapitres 10 et 11.
3. *Ibid.*
4. R.C. Solomon (2003). *Living with Nietzsche*, Oxford (NY), Oxford University Press.
5. F. Nietzsche (1997). *The Dawn of Daybreak*, Cambridge (MA), Cambridge University Press.

6. F. Nietzsche (1987). *Par-delà le bien et le mal: prélude d'une philosophie de l'avenir*, Paris, Hachette.
7. Aristote (2004). *Éthique à Nicomaque*, Paris, Flammarion (GF), p. 117 (Livre II, point 7.3 – 1107 a 1-5).
8. L'analyse d'Aristote dans *Éthique à Eudème* est un peu plus complexe: la confiance interfère avec la peur (consulter *Éthique à Eudème*, III, 1, 1229 et III, 7, 1224 b 2).
9. Aristote (2004). *Éthique à Nicomaque*, Paris, Éditions Flammarion (GF), p. 116 (Livre II, point 7.3 – 1106 b 35-1107 a 1).
10. Aristote explicite ce point en établissant une analogie avec la nourriture (1106 b), où dix livres c'est beaucoup et deux, peu, alors six n'est pas une moyenne recherchée (bien que ce milieu soit conforme au rapport arithmétique), puisque la moyenne visée dépend si l'on parle d'un lutteur accompli tel que Milon ou d'un amateur de sports peu expérimenté. Je crois que nous pouvons mieux comprendre l'idée de la «moyenne» ou du «milieu» tel que le conçoit Aristote en remplaçant ces termes par l'expression «juste milieu». Dans la recherche de ce «juste milieu», si nous reprenons l'exemple de la nourriture, nous devons tenir compte des facteurs les plus pertinents, soit les besoins de Milon et ceux des athlètes moins expérimentés.

    Aristote applique cette définition de «moyenne» d'une manière intéressante à ce qu'il appelle la «douceur» (*praotes*), une vertu qui peut faire appel à la colère: «[...] celui qui s'irrite pour les motifs qu'il faut et contre les personnes qu'il faut mais qui, en plus, le fait de la façon qu'il faut, au moment où il faut et pendant le temps qu'il faut, celui-là fait l'objet d'éloges» (quatrième partie, point 8.2 – 1125 b).

    Autrement dit, nous pourrions parler de la vertu nommée «patience», un juste milieu entre l'impatience et la mollesse. L'émotion primordiale est toujours la colère, que nous ressentons, mais nous devons décider jusqu'à quel point la manifester (s'il est possible de la manifester), et jusqu'à quel point la taire ou la cacher (cette colère peut se présenter sous forme d'indignation, de ressentiment, de frustration, de jalousie, d'envie, etc.).
11. Voir par exemple D. Goleman (1997). *L'intelligence émotionnelle*, Paris, Robert Laffont, plus spécialement le chapitre 5, sur les esclaves des passions. Voir Paul Harris (1989). *Children and Emotions*, Oxford, Blackwell et N. Eisenberg, R. Fabes et S. Losoya (1997). «Emotional Responding: Regulation, Social Correlates, and Socialization», dans P. Salovey et D. Sluyter (dir.), *Emotional Development and Emotional Intelligence: Educational Implications*, New York, Basic Books, p. 129-167.
12. *Ibid.*
13. J. LeDoux (2005). *Le cerveau des émotions: les mystérieux fondements de notre vie émotionnelle*, Paris, Odile Jacob.
14. *Ibid.*
15. Voir par exemple: J. Tangney et P. Wagner (2003). «Shame, Guilt and Psychopathology», dans June Price Tangney et Kurt W. Fisher (dir.), *Self-Conscious Emotions: Shame, Guilt, Embarrassment and Pride*, New York, Guilford Press. Dans ce même livre, lire également l'article de T. Fergusson et H. Stegge (2003). «Emotional States and Traits in Children: The Case of Guilt and Shame».
16. M. Nussbaum (2001). *Upheavals of Thought: The Intelligence of Emotions*, Cambridge (MA), Cambridge University Press.
17. Consulter la section «Lectures recommandées».
18. Daniel Goleman (2003). *Destructive Emotions*, New York, Bantam Books.
19. M. Nussbaum (2001). *Upheavals of Thought: The Intelligence of Emotions*, Cambridge (MA), Cambridge University Press. p. 19-88.

20. Par exemple, *À la recherche du temps perdu* de Marcel Proust, dont les sept volumes ont été publiés chez Gallimard (coll. « Folio classiques »). Voici les titres : *Du côté de chez Swann* [1917] (1988), nº 1924 ; *À l'ombre des jeunes filles en fleurs* [1918] (1988), nº 1946 ; *Le côté de Guermantes* [1920] (1994), nº 2658 ; *Sodome et Gomorrhe* [1921] (1989), nº 2047 ; *La prisonnière* [1923] (1989), nº 2089 ; *Albertine disparue* [1925] (1990), nº 2139 ; et *Le temps retrouvé* [1927] (1990), nº 2203.
21. Voir par exemple le livre du rabbin Marc Gellman et de Mgr Thomas Hartman (membres du « God Squad ») (2002). *Religion for Dummies*, New York, Wiley. Voir aussi les chapitres 10 et 11.
22. Voir par exemple S. Biddle et A. Hill (1988). « Causal Attributions and Emotional Reactions to Outcome in a Sporting Contest », *Personality and Individual Differences*, *9*(2), p. 213-223.
23. Voir par exemple J. Belsky et K. Crnic (1997). « Temperament and Parenting Antecedents of Individual Differences in Three-Year-Old's Pride and Shame Reactions », *Child Development*, *68*(3), p. 456-466.
24. Joseph Telushkin (2000). *The Book of Jewish Values*. New York, Random House, p. 342.
25. T. Mann (1980). *Joseph et ses frères*, Paris, Gallimard (coll. « Imaginaire »), nos 67, 68, 69 et 70).
26. Par exemple, le commentaire de Ramban dans la Torah traduite par le rabbin Dr Charles Chavel (1971). New York, Shilo Publishing. Voir A. Zornberg (1995). *The Beginning of Desire : Reflections on Genesis*, New York, Doubleday.
27. Voir S. Bok (1989). *Lying : Moral Choice in Public and Private Life*, New York, Vintage Books. Voir aussi A. Baier (2002). « Ethics as Trusting and Trust », dans Theodore C. Denise, Nicholas White et Sheldon P. Peterfreund (2002). *Great Traditions in Ethics*, États-Unis, Wadsworth Publishing, p. 326-341. Baier établit un lien entre son analyse et les travaux de Carol Gilligan, dans le domaine de la psychologie, sur le souci d'autrui. Cependant, elle ne croit pas que l'éthique de la confiance soit l'apanage des femmes. Elle relève cependant que David Hume et John Stewart Mill étaient davantage en mesure de comprendre la confiance dans des relations asymétriques, parce que les femmes occupaient une place importante dans leur vie, ce qui n'était pas le cas pour Jeremy Benthem et Emmanuel Kant, qui ont connu peu de femmes.

CHAPITRE 9

1. Jean Piaget (2003). *La représentation du monde chez l'enfant*, Paris, Presses universitaires de France (coll. Quadridge, « Grands textes »).
2. Voir K. Sharp (1985). « Children's Judgment and Reasoning about Aliveness », *Merrill-Palmer Quarterly*, *31*(1), p. 47-65 et S.E. Candy-Gibbs (1985). « The Affects of Age, Object, and Cultural / Religious Background on Children's Concepts of Death », *Omega*, *15*(4), p. 329-346.

CHAPITRE 10

1. Voir P. Kato, T. Lyon et C. Rasco (1998). « Reasoning about Moral Aspects of Illness and Treatment by Preschoolers Who Are Healthy or Who Have a Chronic Illness », *Developmental and Behavioural Pediatrics*, *19*(2), p. 68-76.

CHAPITRE 11

1. M. Schleifer, M.-F. Daniel, E. Peyronnet et S. Lecompte (2003). «The Impact of Philosophical Discussions on Moral Autonomy, Judgment, Empathy and the Recognition of Emotion in Five Year Olds», *Thinking*, *16*(4), p. 1-19.
2. E. Smith, P. Clance et S. Imes (1998). *Touch in Psychotherapy: Theory, Research, and Practice*, New York, Guilford Press.

CONCLUSION

1. John Stuart Mill (1990). *De la liberté*, Zurich, Grand midi, p. 29.
2. Voir M. McCormick et M. Schleifer (2005). «Responsibility for Emotions and Beliefs». Congrès annuel de la Société canadienne pour l'étude de l'éducation (SCEE), Londres, mai.

BIBLIOGRAPHIE

(2002). Entrevue avec M. Newborn, accordée au quotidien *La Presse,* le 18 octobre.

(2004). Entrevue avec Margaret Somerville, publiée dans le *The Gazette* (Montréal), mai.

Abbot, J. et T. Ryan (1999). « Learning to Go with the Grain of the Brain », *Education Canada, 39*(1), réimprimé par K.M. Paciorek et J.H. Monro (dir.) (2001). *Early Childhood Education, Annual Edition,* New York, McGraw-Hill.

Allen, T. (1988). « I Think, Therefore I Can : Attribution and Philosophy for Children », *Thinking, 8*(1), p. 14-19.

Aristote (1994). *Éthique à Eudème,* Paris, Payot et Rivages, coll. « Rivages poche », n° 129.

Aristote (2004). *Éthique à Nicomaque,* Paris, Flammarion (GF) (n° 0947).

Ayim, M. (1994). « Political Correctness : The Debate Continues », Conférence prononcée lors du congrès annuel de la Société canadienne de philosophie de l'éducation, à Calgary.

Baier, A. (2002). « Ethics as Trusting and Trust », dans Theodore C. Denise, Nicholas White et Sheldon P. Peterfreund (2002). *Great Traditions in Ethics,* New York, Wadsworth Publishing, p. 326-341.

Bailin, S. (1991). « Rationality and Intuition », *Paideusis : Journal of the Canadian Philosophy of Education Society, 4*(2) (printemps), p. 17-27.

BAILIN, S., R. CASE, J.R. COOMBS et L.B. DANIELS (1999). « Conceptualising Critical Thinking », *Journal of Curriculum Studies, 31*(3), p. 285-302.

BANDURA, Albert et Richard H. WALTERS (1963). *Social Learning and Personality Development*, New York et Toronto, Holt, Rinehart and Winston, 329 p.

BARKER, G.P. et S. GRAHAM (1987). « Developmental Study of Praise and Blame as Attributional Cues », *Journal of Educational Psychology, 79*(1), p. 62-66.

BARROW, Robin (2005). « On the Duty of Not Taking Offence », Conférence présentée lors du congrès annuel de la British Society Philosophy and Education.

BAXTER, J.S., C.N. MACRAE, A.S.R. MANSTEAD, D. STRADLING et D. PARKER (1990). « Attributional Biases and Driver Behaviour », *Social Behaviour, 5*, p. 185-192.

BECK, Clive (1972). *Ethics*, New York, McGraw-Hill Ryerson, 110 p.

BELSKY, J. et K. CRNIC (1997). « Temperament and Parenting Antecedents of Individual Differences in Three-Year-Old's Pride and Shame Reactions », *Child Development, 68*(3), p. 456-466.

BEMROSE, John (2003). *The Island Walkers*, New York, Picador.

BERNSTEIN, J. (2003). « Caring Thinking », *Thinking, 16*(3), p. 16-25.

BERNSTEIN, L. (1973). *The Unanswered Question*, Cambridge (MA), Harvard University Press, 428 p.

BERNSTEIN, L. (1959). *The Joy of Music*, New York, Simon & Schuster, 303 p.

BIDDLE, S. et A. HILL (1988). « Causal Attributions and Emotional Reactions to Outcome in a Sporting Contest », *Personality and Individual Differences, 9*(2), p. 213-223.

BISSONNETTE, V., C. RUSBULT et S. KILPATRICK (1997). « Empathic Accuracy and Marital Conflict Resolution », dans W. Ickes (dir.), *Empathic Accuracy*, New York, Londres, Guilford Press.

BLACKBURN, Simon (2003). « Relatively Speaking. Think », *Journal of the Royal Institute of Philosophy*. Disponible sur le site Internet à l'adresse : <http://www.butterfliesandwheels.com/articleprint.php?num=12> (page consultée le 15 juin 2006).

BLOOM, Floyd E. (1999). « Just a Minute, Please », *Science, 285*(5425) p. 197, 9 juillet.

BOK, S. (1989). *Lying : Moral Choice in Public and Private Life*, New York, Vintage Books.

BORBA, Michele (2001). *Building Moral Intelligence : The Seven Essential Virtues that Teach Kids to Do the Right Thing*, New York, Wiley.

BOWLBY, John (1999). *Attachement et perte* (3e éd.), Paris, Presses universitaires de France, coll. « Fil rouge », section 2, Psychanalyse et psychiatrie de l'enfant. Livre publié en trois volumes : *L'attachement* (vol. 1) ; La séparation : angoisse et colère (vol. 2) et *La perte : tristesse et dépression* (vol. 3).

BRAZELTON, T. (2004). « Raising Happy Kids in Hectic Times », *Family Circle Magazine*, novembre, p. 31.

BRONWEN, L. et N. HOWE (2003). « Solitary Play and Convergent and Divergent Thinking Skills in Preschool Children », *Early Childhood Research Quarterly, 18*(1), p. 22-42.

BROOK, J.A. (1973). « How to Treat Persons as Persons », dans A. Montefiore (dir.), *Philosophy and Personal Relations*, Londres, Routledge & Kegan Paul.

BROTHERS, L. (1989). « A Biological Perspective on Empathy », *American Journal of Psychiatry, 146*(1), p. 10-19.

BRUNEAU, S. (1996). «Is There a Political Agenda behind Critical Thinking?» Conférence présentée devant la Société canadienne pour l'étude de l'éducation, Brock University.

BRYANT, P.E. (1984). «Piaget, Teachers and Psychologists», *Oxford Review of Education, 10*(3), p. 251-259.

BUSSEY, K. (1992). «Lying and Truthfulness: Children's Definitions, Standards, and Evaluative Reactions», *Child Development, 63*, p. 129-137.

BYERS, W. (2002). *Mathematics and Computers* (manuscrit non publié).

CAMPBELL, Jeremy (2001). *The Liar's Tale: A History of Falsehood*, New York, Norton.

CANDY-GIBBS, S.E. (1985). «The Affects of Age, Object, and Cultural / Religious Background on Children's Concepts of Death», *Omega, 15*(4), p. 329-346.

CANNON, W.B. (1929). *Bodily Changes in Pain, Hunger, Fear and Rage*, New York, Appleton.

CARLTON, M.P. et A. WINSLER (1998). «Fostering Intrinsic Motivation in Early Childhood Classrooms», *Early Childhood Education Journal, 25*(3), p. 159-166.

CARON, A., M. SCHLEIFER, L. DUPUY-WALKER, M.-L. BRUNEL et P. LEBUIS (1987). *L'éducation morale en milieu scolaire: analyse de situations et perspectives*, Montréal, Fides, 135 p.

CHAVEL, Charles (1971). *Torah*, New York, Shilo Publishing. Cette torah est commentée par Ramban.

CHOPRA, D. (1993). *Ageless Body, Timeless Mind: The Quantum Alternative to Growing Old*, New York, Harcourt.

Code des professions, L.R.Q., c. C-26, a. 87, *Code de déontologie des psychologues*, c. C-26, r.148.1.

COLES, R. (1997). *The Moral Intelligence of Children*, New York, Random House, 217 p.

COLOROSA, Barbara (1995). *Kids Are Worth It! Giving Your Child the Gift of Inner Discipline*, New York, Harper Collins.

CRICK, Francis (1994). *L'hypothèse stupéfiante: à la recherche scientifique de l'âme*, Paris, Plon.

D'SOUZA, Dinesh (1991). *Illiberal Education: The Politics of Race and Sex on Campus*, New York, The Free Press.

DANIEL, M.-F., L. LAFORTUNE, R. PALLASCIO et M. SCHLEIFER (2000). «The Developmental Dynamics of Community of Philosophical Inquiry, in an Elementary School Mathematics Classroom», *Thinking, 15*(1), p. 2-9.

DANIEL, M.-F., L. LAFORTUNE, R. PALLASCIO et M. SCHLEIFER (1999). «Philosophical Reflection and Cooperative Practice, in an Elementary School», *Revue canadienne de l'éducation, 24*(4), p. 426-440.

DANIEL, M.-F., L. LAFORTUNE, M. SCHLEIFER et R. PALLASCIO (1998). «La philosophie pour enfants: une approche coopérative significative dans l'apprentissage des mathématiques», Revue pédagogique *Résonances*, n° 2 (octobre), p. 13-16.

DANIEL, M.-F. et M. SCHLEIFER (dir.) (1996). *La coopération dans la classe / Cooperation in the Classroom*, Montréal, Éditions Logiques, 303 p.

DANIEL, M.F., M. SCHLEIFER, E. PERRONET et M. QUESNEL (2003). «Emotion and Psychological Dialogue», European Association for Research on Learning and Instruction (EARLI). Dixième congrès biennal à Padoue (Italie), août.

DAVIDSON, R. (1994). «Asymmetric Brain Function, Affective Style and Psychopathology: The Role of Early Experience and Plasticity», *Development and Psychopathology, 6*, p. 741-758.

DEPAULO, B.M., D.A. KASHY, S.E. KIRKENDOL et M.M. WYER (1996). «Lying in Everyday Life», *Journal of Personality and Social Psychology, 70*(5), p. 979-995.

DREYFUS, H.L. (1979). *What Computers Can't Do: The Limits of Artificial Intelligence*, édition révisée, New York, Harper & Row. (La première édition date de 1972.)

EDELMAN, G.M. et G. TONONI (2000). *A Universe of Consciousness*, New York, Basic Books.

EGAN, K. (1992). *Imagination and Education*, New York, Teachers College Press.

EISENBERG, N., R. FABES et S. LOSOYA (1997). «Emotional Responding: Regulation, Social Correlates, and Socialization», dans P. Salovey et D. Sluyter (dir.), *Emotional Development and Emotional Intelligence: Educational Implications*, New York, Basic Books, p. 129-167.

EISENBERG, N., B. MURPHY et S. SHEPARD (1996). «The Development of Empathic Accuracy», dans William Ickes (dir.), *Empathic Accuracy*, New York, Guilford Press (p. 73-116).

EISENBERG, N. et P. MUSSEN (1989). *The Roots of Prosocial Behavior in Children*, Cambridge (MA), Cambridge University Press.

EISENBERG, N. et J. STRAYER (1987). *Empathy and Its Development*, Cambridge (MA), Cambridge University Press.

EKMAN, P. (1989). *Why Kids Lie?*, New York, Scribner.

ELLIS, Cynthia R. *et al.* (1997). «Recognition of Facial Expressions of Emotion by Children with Emotional and Behavioural Disorders», *Journal of Child and Family Studies 6*(1), p. 453-470.

EMMONS, R.A. et M.E. MCCULLOUGH (2003). «Counting Blessings Versus Burdens: An Experimental Investigation of Gratitude and Subjective Well-Being in Daily Life», *Journal of Personality and Social Psychology, 84*(2), p. 377-389.

ESKRITT, M. et K. LEE (2003). «Do Actions Speak Louder than Words? Preschool Children's Use of the Verbal-Nonverbal Consistency Principle during Inconsistent Communications», *Journal of Non-verbal Behaviour, 27*(1), p. 25-41.

FABER, A. et E. MAZLICH (2002). *How to Talk so Kids Will Listen & Listen so Kids Will Talk*, New York, Harper Collins, 286 p.

FERGUSSON, T. et H. STEGGE (2003). «Emotional States and Traits in Children: The Case of Guilt and Shame», dans June Price Tangney et Kurt W. Fisher (dir.), *Self-Conscious Emotions: Shame, Guilt, Embarrassment and Pride*, New York, Guilford Press.

FEYERABEND, Paul (1999). *Conquest of Abundance: A Tale of Abstraction Versus the Richness of Being*, Chicago, University of Chicago Press.

FLEW, A. (1973). *Crime or Disease*, Londres, Macmillan Press.

FORGAS, J.P., G.H. BOWER et S.J. MOYLAN (2003). «Praise or Blame? Affective Influences on Attributions for Achievement», *Journal of Personality and Social Psychology, 59*, p. 809-819.

FORTIER, L., H. MARKOVITS, M. SCHLEIFER et K. SURETTE (1987). *Résolution des syllogismes chez les jeunes enfants: un effet de «matching»*, Québec, Société québécoise pour la recherche en psychologie, octobre.

FRANK, Otto H. et Mirjam PRESSLER (1992). *Le journal d'Anne Frank*, Paris, Calmann-Lévy, coll. «Le livre de poche», nº 287.

FRIDJA, Nico (1986). *The Emotions*, Cambridge, Cambridge University Press.

GALLESE, V. (2003). «The Roots of Empathy: The Shared Manifold Hypothesis and the Neural Basis of Intersubjectivity», *Psychopathology, 36*, p. 171-180.

GARNIER, C., M. SCHLEIFER, F. CARBONNEAU et P. SYKES, P. (1998). «La coopération existe-t-elle dans les classes de philosophie pour enfants?», *Canadian Journal of Education/Revue canadienne de l'éducation, 23*(4), p. 373-389.

GAZZARD, A. (1983). «Philosophy for Children and the Piagetian Frame-Word», *Thinking, 5*(1), p. 10-14.

GELLAMN, M. et T. HARTMAN (2002). *Religion for Dummies*, New York, Wiley, 400 p.

GILLIGAN, Carol (1982). *In a Different Voice*, Cambridge (MA), Harvard University Press.

GINSBERG, M. (1956). *On the Diversity of Morals*, Londres, Heinemann.

GIROUX, A. (1990). «Enseigner à penser: passer de maître à mentor», *Revue canadienne de l'éducation, 15*(3), p. 229-244.

GLAZER, J. (1993) «Reason and the Reasoner», dans M. Lipman, *Thinking Children and Education*, Dubuque (IA), Kendall-Hunt, p. 664-674.

GODDARD, W.H. et B.C. MILLER (1993). «Adding Attribution to Parenting Programs», *The Journal of Contemporary Human Services*, p. 84-92.

GOHIER, C. et M. SCHLEIFER (1993). *La question de l'identité. Qui suis-je? Qui est l'autre?*, Montréal, Logiques, 264 p.

GOLEMAN, D. (2003). *Healing Emotions*, New York, Random House, 277 p.

GOLEMAN, D. (2003). *Destructive Emotions*. New York, Bantam Books, 424 p.

GOLEMAN, D. (1997). *L'intelligence émotionnelle*, Paris, Robert Laffont.

GOPNIK, Alison, Andrew N. MELTZOFF et Patricia K. KUHL (1999). *The Scientist in the Crib. What Early Learning Tell Us about the Mind*, New York, Harper Collins.

GOTTMAN, John (1997). *Raising an Emotionally Intelligent Child: The Heart of Parenting*, New York, Simon & Schuster, 239 p.

GRIFFITHS, Paul (1977). *What Emotions Really Are*, Chicago, University of Chicago Press.

GROSS, D. et C. THOMPSON (2004). «Children's Understanding of Apology and Forgiveness in Peer Relationships». Manuscrit non publié.

HANESSIAN, Lu (2004). *Let the Baby Drive: Navigating the Road of New Motherhood*, New York, St. Martin's Griffin.

HARE, W. (2001). «Bertrand Russell on Critical Thinking», *Journal of Thought*, p. 7-16.

HARRIS, Paul (1989). *Children and Emotions*, Oxford, Blackwell.

HOLM, O., E. GREAKER et A. STRÖMBERG (2002). «Experiences of Longing in Norwegian and Swedish 4- and 5-year-old Children», *The Journal of Psychology, 136*(6), p. 608-612.

HORGAN, J. (1993). «The Death of Proof», *Scientific American, 269*(4), p. 93-103.

HULBERT, Anne (2004). *Raising America: Experts, Parents and A Century of Advice About Children*, New York, Vintage Books.

ICKES, W. (dir.) (1997). *Empathic Accuracy*, New York, Guilford Press.

IZARD, Carole E. (2002). «Translating Emotion Theory and Research Into Preventive Interventions», *Psychological Bulletin, 128*(5), p. 796-824.

JASPARS, J., F.D. FINCHAM et M. HEWSTONE (1983). *Attribution Theory and Research: Conceptual, Developmental and Social Dimensions*, Londres, London Academic Press, 415 p. (Voir plus particulièrement le chapitre 5 de Frank D. Fincham, intitulé «Developmental Dimensions of Attribution Theory», p. 117-164 et le chapitre 2, de Thomas R. Shultz et Michael Schleifer: «Towards a Refinement of Attribution Concepts», p. 37-62.)

JOHNSON, P. (1991). *Modern Times*, New York, Harper and Row.

KAGAN, J. (2000). *La part de l'inné: tempérament et nature humaine*, Paris, Bayard. Traduit de l'anglais par Jean-Luc Fidel.

KANT, Emmanuel (1993). *Fondements de la métaphysique des mœurs*, Paris, Le Livre de poche, coll. «Classiques de la philosophie», n° 4622.

KANT, Emmanuel (1990). *Théorie et pratique. D'un prétendu droit de mentir par humanité. La fin de toutes choses*. Paris, Flammarion (GF). Traduction de Françoise Proust.

KASHY, D. et B. DEPAULO (1996). «Who Lies?», *Journal of Personality and Social Psychology, 70*(5), p. 1037-1051.

KATO, P., T. LYON et C. RASCO (1998). «Reasoning about Moral Aspects of Illness and Treatment by Preschoolers Who Are Healthy or Who Have a Chronic Illness», *Developmental and Behavioural Pediatrics, 19*(2), p. 68-76.

KATWINKLER, W. et G. MURRAY (2003). *Walter le chien qui pète*, Berkeley (CA), Éditions Frog. Traduction de Michel et Danielle Choquette.

KEILLOR, G. (2004). «Daughter Dearest: The Little One Adores You Now Dad, But Brace Yourself for the Next Chapter», *Time Magazine*, 30 août, p. 64.

KEYES, R. (2004). *The Post-Truth Era: Dishonesty and Deception in Contemporary Life*, New York, St. Martin's Press.

KILLEN, Melanie et Daniel HEART (éditeurs) (1999). *Morality in Everyday Life*. Cambridge (MA), Cambridge University Press (voir plus particulièrement le chapitre 4).

KOHLBERG, L. (1984). *The Psychology of Moral Development* (vol. 2), San Francisco, Harper & Row.

KOHLBERG, L. et D. CANDEE (1984). «The Relationship of Moral Judgment to Moral Action», dans W.M. Kurtines et J. Gewirtz (dir.), *Morality, Moral Behaviour, and Moral Development*, New York, Wiley, p. 52-73.

KRISJANSSON, Krisjan (2005). «Emulation and the Use of Role Models in Moral Education». Conférence présentée lors de la rencontre annuelle organisée par la Bristish Society for Philosophy and Education.

KROPP, Paul (1998). *I'll Be Parent, You Be the Kid*, New York, Random House.

LAFORTUNE, L., M.-F. DANIEL, R. PALLASCIO et M. SCHLEIFER (1999). «Evolution of Pupil's Attitudes to Mathematics When Using a Philosophical Approach», *Analytic Teaching, 20*(1), p. 33-44.

LANGE, C. et W. JAMES (1922). *The Emotions*, Baltimore, Williams and Wilkins.

LAUPA, M. et E. TURIEL (1986). «Children's Conceptions of Adult and Peer Authority», *Child Development, 57*, p. 405-412.

Le Petit Larousse 2003, Paris, Éditions Larousse.

Le Petit Robert de la langue française 2006, Paris, Dictionnaires Le Robert.

LEDOUX, Joseph E. (2005). *Le cerveau des émotions: les mystérieux fondements de notre vie émotionnelle*, Paris, Odile Jacob.

LEDOUX, Joseph E. (2002). *Synaptic Self: How Our Brains Become Who We Are*, New York, Penguin-Putnam.

LEWIS, M., C. STANGER et M.W. SULLIVAN (1989). «Deception in 3-Year-Olds», *Developmental Psychology, 25*(1), p. 439-443.

LICKONA, Thomas (2004). *Character Matters: How to Help our Children Develop Good Judgment, Integrity and Other Essential Virtues*, New York, Simon and Schuster.

LICKONA, Thomas (1990). *Educating for Character: How Schools Can Teach Respect and Responsibility*, New York, Simon and Schuster.

LICKONA, Thomas (1983). *Raising Good Children*, New York, Simon and Schuster.

LIPMAN, M. (1995). «Caring As Thinking», *Inquiry*, vol. XV (automne). Également disponible sur Internet à l'adresse: <www.shss.montclair.edu-inquiry>.

LIPMAN, M. (1993). *Thinking Children and Education*, Iowa, Kendall Publications, 745 p.

LIPMAN, M. (1992). «Judgment and Person», Montclair (NJ), Montclair State University. Texte de 20 pages, non publié.

LIPMAN, M. (1992). «L'éducation au jugement», dans Michael Schleifer (dir.), *La formation du jugement*, Montréal, Logiques, p. 99-123.

LIPMAN, M. (1981). *Pixie*, (1re éd.), Montclair (NJ), Montclair State College, The Frist Mountain Foundation. Traduction française: Arsène Richard (1984). *Pixie*, Moncton, Les éditions d'Acadie (traduction disponible aux Presses de l'Université Laval).

LIPMAN, M. et A.M. SHARP (1978). *Growing Up with Philosophy*, Philadelphia (PA), Temple University Press.

LIPMAN, M., A.M. SHARP et F.S. OCANYAN (1980). *Philosophy in the Classroom* (2e éd.), Philadelphia (PA), Temple University Press.

LUCAS, J.R. (1970). *The Freedom of the Will*, Oxford, Clarendon Press. Voir plus particulièrement le chapitre 2, sur la responsabilité et la liberté.

MCCORMICK, M. et M. SCHLEIFER (2005). «Responsibility for Emotions and Beliefs». Congrès annuel de la Société canadienne pour l'étude de l'éducation (SCEE), Londres, mai.

MANN, Thomas (1980). *Joseph et ses frères*, Paris, Gallimard, coll. «Imaginaire», nos 67, 68, 69 et 70.

MARKOVITS, H., M. SCHLEIFER et L. FORTIER (1989). «The Development of Elementary Deductive Reasoning», *Developmental Psychology, 25*(5), p. 787-793.

MARTINY, Cynthia (2002). *Non-Verbal Behavior and Empathy in the Communicational Context: Indications for Training Helping-Practitioners*, Université du Québec à Montréal. Thèse de doctorat non publiée.

MATHEWS, Gareth B. (1976). «Dialogue with Children», dans *Philosophy and the Young Child*, Cambridge (MA), Harvard University Press, p. 91-191.

MATTHEWS, G. (2004). «Augustine and the Parable of the Pears». Conférence donnée lors du colloque annuel de l'American Philosophical Association, Pasadena (CA).

MELLOR, Christie (2004). *The Three-Martini Play Date: A Practical Guide to Happy Parenting*, Vancouver (C.-B.), Raincoast Books. Mellor recommande aux parents de prendre plus de temps, de laisser les tout-petits se débrouiller seuls. Elle donne de bons conseils, mais notre position diffère de celle de cette auteure. Nous pensons, contrairement à elle, qu'il faut consacrer plus de temps aux petits de la maternelle, pour parler avec eux.

MELTZOFF, A. (2002). *The Imitative Mind: Development, Evolution and Brain Bases*, Cambridge (MA), Cambridge University Press.

MILGRAM, S. (1963). « Behavioural Study of Obedience », *The Journal of Abnormal and Social Psychology, 67*(4), p. 371-378.

MILL, John Stuart (1990). *De la liberté*, Zurich, Grand midi.

MILLER, P. et M.A. JANSEN (1997). « Emotional, Cognitive, Behavioural, and Temperament Characteristics of High-Empathy Children », *Motivation and Emotion, 21*, p. 109-125.

MOGEL, W. (2001). *The Blessing of a Skinned Knee*, New York, Penguin Putnam, 302 p.

MONTEFIORE, A. (1966). « Fact, Value and Ideology », dans B. Williams et A. Montefiore (1996), *Bristish Analytical Philosophy*, Londres, Routledge & Kegan Paul, p. 179-204.

MONTEFIORE, Alan (1973). *Philosophy and Personal Relations*, Londres, Routledge & Kegan Paul.

MONTESSORI, M. (1965). *Spontaneous Activity in Education*, Cambridge (MA), Robert Bentley.

MONTESSORI, M. (1965). *The Montessori Elementary Material*, Cambridge (MA), Robert Bentley.

MONTESSORI, M. (1957). *The Absorbent Mind*, New York, Rinehart and Winston.

MONTESSORI, M. (1914). *Dr. Montessori's Own Handbook*, New York, Frederick A. Stokes.

NAT, N. (1992). « Who's on First? Hurt Feelings and Free Speech », *The Progressive, 56*(2), p. 16-17.

NIETZSCHE, F. (1997). *The Dawn of Daybreak*, Cambridge (MA), Cambridge University Press.

NIETZSCHE, F. (1987). *Par-delà le bien et le mal: prélude d'une philosophie de l'avenir*, Paris, Gallimard, coll. « Folio Essais », n° 70.

NODDINGS, N. (1988). « An Ethic of Caring and Its Implications for Instructional Arrangements », *American Journal of Education, 96*(2), p. 215-229.

NUSSBAUM, Martha (2001). *Upheavals of Thought: The Intelligence of Emotions*, Cambridge (MA), Cambridge University Press.

OATLEY, K. et W. BOLTON (1985). « A Social-Cognitive Theory of Depression in Reaction to Life Events », *Psychological Review, 92*(3), p. 372-388.

PAVLICEK, R. « Mapping Bridge Deals », article 7Z68: <http://rpbridge.net/7z68.htm>. Site Internet unilingue anglais, page consultée le 15 juin 2006.

PEISACH, E. et M. HARDEMAN (1983). « Moral Reasoning in Early Childhood Lying and Stealing », *The Journal of Genetic Psychology, 142*, p. 107-120.

PETERS, Richard (1966). *Ethics and Education*, New York, Routledge & Kegan Paul.

PIAGET, J. (1992). *Le jugement moral chez l'enfant* (7e éd.), Paris, Presses universitaires de France.

PIAGET, Jean (2003). *La représentation du monde chez l'enfant*, Paris, Presses universitaires de France, coll. Quadridge, « Grands textes ».

PICKENS, J. et T. FIELD (1993). « Facial Expressivity in Infants of Depressed Mothers », *Developmental Psychology, 29*(6).

Pinker, S. (1997). *How the Mind Works*, New York, Norton.

Pitcher, G. (1995). *The Dogs Who Came to Stay*, New York, Dutton.

Plutchik, R. et H. Kellerman (dir.) (1980). *Emotion: Theory, Research, and Experience: Vol. 1. Theories of Emotion*, New York, Academic Press, p. 3-33.

Poissant, H., M. Schleifer et F. Neveu (1998). « L'évaluation des habiletés métacognitives chez des élèves du primaire en situation de production de texte », *Journal of Educational Thought/Revue de la pensée éducative, 32*(2), p. 119-138.

Pons, Francisco, P.L. Harris et P.A. Doudin (2002). « Teaching Emotion Understanding », *European Journal of Psychology of Education, 17*(3), p. 293-304.

Post, Peter, (2003). *Essential Manners for Men: What to Do, When to Do It and Why?*, New York, Harper Collins.

Proust, Marcel, *À la recherche du temps perdu* dont les sept volumes ont été publiés aux éditions Gallimard, coll. « Folio classiques ». Voici les titres: *Du côté de chez Swann* [1917] (1988), nº 1924; *À l'ombre des jeunes filles en fleurs* [1918] (1988), nº 1946; *Le côté de Guermantes* [1920] (1994), nº 2658; *Sodome et Gomorrhe* [1921] (1989), nº 2047; *La prisonnière* [1923] (1989), nº 2089; *Albertine disparue* [1925] (1990), nº 2139; et *Le temps retrouvé* [1927] (1990), nº 2203.

Putnam, Hilary (2004). *The Collapse of the Fact / Value Dichotomy*, Cambridge (MA), Harvard University Press.

Ravitch, Diane (2003). « The Language Police ». Conférence présentée lors du congrès annuel de la British Society of Philosophy and Education.

Reboul, Olivier (1980). *Endoctrinement*, Paris, Presses universitaires de France.

Reboul, Olivier (1971). *La philosophie de l'éducation*, Paris, Presses universitaires de France, coll. « Que sais-je? », nº 2441.

Robinson, Jenefer (2005). *Deeper Than Reason: Emotion and Its Role in Literature, Music, and Art*, New York, Oxford University Press.

Rorty, R. (1993). *Contingence, ironie et solidarité*, Paris, A. Colin, coll. « Théories », 276 p. Traduit de l'américain par Pierre-Emmanuel Dauzat.

Rosenthal, R. *et al.* (1977). « The Pons Test: Measuring Sensitivity to Non-Verbal Cues », dans Paul McReynolds (dir.), *Advances in Psychological Assessment*, San Francisco, Jossey-Bass.

Saint Augustin (1952). « On Lying », dans R.J. Defarrari (dir.), *Treatises on Various Subjects*, vol. 14, New York, Catholic University of America Press.

Saltzstein, H. *et al.* (1983). « A Longitudinal Study of Moral Judgment », *Monographs of the Society for Research in Child Development*, vol. 48, nºs 1/2, p. 1-124.

Schleifer, M. (2004). « Moods, Emotions and Morality ». Colloque annuel de l'American Philosophical Association, Pacific Division, Pasadena (CA), mars.

Schleifer, M. (2004). « The Human Mind and Artificial Intelligence: Why Computers Cannot Play Bridge », *The Bridge Bulletin*, mai. Pour obtenir le texte intégral, il suffit de faire parvenir votre demande à l'adresse suivante: <schleifer.michael@uqam.ca>.

Schleifer, M. (2003). « Philosophy of Education Courses ». Congrès annuel de la Société canadienne pour l'étude de l'éducation (SCEE), Halifax, mai.

Schleifer, M. (2001). « Objectivity in Discussions about Values ». Congrès annuel de la Société canadienne pour l'étude de l'éducation (SCEE), Québec, juin.

SCHLEIFER, M. (1999). «The Training of Character in School / La formation du caractère à l'école». Congrès annuel de la Société canadienne pour l'étude de l'éducation (SCEE), Sherbrooke, juin.

SCHLEIFER, M. (1997). «Philosophy and Community in Education: A Critique of Richard Rorty», *Analytic Teaching, 17*(2), p. 27-34.

SCHLEIFER, M. (1995). «Commentary on Richard Herrnstein and Charles Murray's *The Bell Curve*», *The Alberta Journal of Educational Research, 41*(1), p. 355-359.

SCHLEIFER, M. (1993). «Cooperation in Education: A Moral Perspective». Congrès annuel de la Société canadienne pour l'étude de l'éducation (SCEE), Ottawa, juin.

SCHLEIFER, M. (1992). *La formation du jugement*, Montréal, Logiques.

SCHLEIFER, M. (1978). «Le comportement moral de l'enfant». Congrès annuel de la Société canadienne pour l'étude de l'éducation (SCEE), Londres, juin.

SCHLEIFER, M. (1977). «Le behaviorisme en psychologie», *Philosophiques, IV*(2), p. 327-334.

SCHLEIFER, M. (1976). «Moral Education and Indoctrination», *Ethics, 86*(2), p. 154-163.

SCHLEIFER, M. (1975). «Hyperactivity in Preschool Children», *Research Relating to Children Bulletin* (34), (abrégé), U.S. Department of Health, Education and Welfare, p. 88.

SCHLEIFER, M. (1973). «The Flew-Jensen Uproar», *Philosophy, 48*(186), p. 386-390.

SCHLEIFER, M. (1973). «Psychological Explanations and Personal Relations», dans A. Montefiore (dir.), *Philosophy and Personal Relations*, Londres, Routledge & Kegan Paul, p. 170-190.

SCHLEIFER, M. (1970). «The Responsibility of the Psychopath», *Philosophy, 45*(173), p. 231-232.

SCHLEIFER, M. *et al.* (2003). «The Impact of Philosophical Discussions on Moral Autonomy, Judgment, Empathy and the Recognitition of Emotion in Five Year Olds», *Thinking, 16*(4), p. 1-19.

SCHLEIFER, M. et F. AUDET (1987). «L'enfant de 8-9 ans, un philosophe ou un imbécile?», *Arrimages*, (3) (printemps), p. 27-35.

SCHLEIFER, M. et S. CAMPBELL (1976). «Predictions from Infant and Preschool Data: Hyperactive-Normal Comparisons». Congrès annuel de l'American Association of Psychology.

SCHLEIFER, M., S. CAMPBELL et G. WEISS (1978). «Continuities in Maternal Reports and Child Behaviours Over Time in Hyperactive and Comparison Groups», *Journal of Abnormal & Child Psychology, 6*(1), p. 33-45.

SCHLEIFER, M., S. CAMPBELL, G. WEISS et T. PERLMAN (1977). «A Two-Year Follow-Up of Hyperactive Preschoolers», *American Journal of Orthopsychiatry, 47*, p. 149-162.

SCHLEIFER, M. et L. COURTEMANCHE (1996). «The Effect of "Philosophy for Children" on Language Ability», *Thinking, 12*(4), p. 31-32.

SCHLEIFER, M. et M.-F. DANIEL (1992). «A Community of Inquiry in the Classroom: Its Effect on Children's Ethnic Tolerance». Association of Moral Education, Toronto, novembre.

SCHLEIFER, M., M.-F. DANIEL, L. LAFORTUNE et R. PALLASCIO (1999). «Concepts of Cooperation in the Classroom», *Païdeusis: Journal of the Canadian Philosophy of Education Society, 12*(2), p. 45-56.

SCHLEIFER, M., M.-F. DANIEL, E. PEYRONNET et S. LECOMPTE (2003). «The Impact of Philosophical Discussions on Moral Autonomy, Judgment, Empathy and the Recognition of Emotion in Five Year Olds», *Thinking,* 16(4), p. 1-19 (concerne les enfants d'âge préscolaire).

SCHLEIFER, M. et V. DOUGLAS (1973). «Effects of Training on the Moral Judgment of Young Children», *Journal of Personality and Social Psychology, 28*(1), p. 62-68.

SCHLEIFER, M. et V. DOUGLAS (1973). «Moral Judgments, Behavior, and Cognitive Style in Young Children», *Canadian Journal of Behavioral Science, 5*(2), p. 133-134.

SCHLEIFER, M. et T. FITCH (1993). «The Development of the Concept of Cooperation». Society for Research in Child Development, New Orleans, avril («Abstracts IX», p. 585).

SCHLEIFER, M. et P. LEBUIS (1991). «Éducation morale, formation fondamentale et philosophie», *Arrimages* (7-8), p. 9-16.

SCHLEIFER, M., P. LEBUIS et A. CARON (1987). «The Effect of the Pixie Program on Logical and Moral Reasoning», *Thinking, 7*(2), p. 12-16 (concerne les enfants du primaire).

SCHLEIFER, M., M. LIPMAN et A. CARON (1992). «Educating for Violence Reduction and Peace Development». Deuxième congrès mondial sur la violence. Montréal, juillet.

SCHLEIFER, M. et M. MCCORMICK (1991). «The Concept of Foreseeability in Judgments of Moral Responsibility», *Society for Research in Child Development*, Seattle, avril («Abstracts VIII», p. 441).

SCHLEIFER, M., F. NEVEU, M. MAYER et H. POISSANT (1999). «Arguing with Government», *Thinking, 14*(3), p. 33-39.

SCHLEIFER, M., F. NEVEU et H. POISSANT (1999). «Le programme de philosophie pour enfants: son impact sur le discours argumentatif chez les élèves du primaire», dans Louise Guilbert, Jacques Boisvert et Nicole Ferguson (dir.), *Enseigner et comprendre*, Québec, Les Presses de l'Université Laval, p. 128-143.

SCHLEIFER, M. et G. POIRIER (1996). «The Effect of Philosophical Discussions in the Classroom on Respect for Others and Non-Stereotypic Attitudes», *Thinking, 12*(4), p. 32-34.

SCHLEIFER, M. et T.-R. SHULTZ (1988). «Severity of Consequences and Mitigating Factors in Judgments of Blame/Punishment and Praise/Reward», cinquième colloque biennal de l'University of Waterloo (Ontario) sur le développement de l'enfant (mai).

SCHLEIFER, M., T.-R. SHULTZ et M. LEFEBVRE-PINARD (1983). «Judgments of Causality, Responsibility, and Punishment in Cases of Harm Due to Omission», *British Journal of Developmental Psychology, 1*(2), p. 87-97.

SCHLEIFER, M. et G. THESÉE (2000). «Philosophy for Children and Values as Objective and Universal». Conférence mondiale sur la violence, Montréal, juillet.

SCHLEIFER, M., G. WEISS, N. COHEN, M. ELMAN, H. CVEIJIC et E. KRUGER (1975). «Hyperactivity in Preschoolers and the Effect of Methylphenidate», *American Journal of Orthopsychiatry, 45*, p. 38-50.

SHAPP, L.C., S.K. THURMAN et J.P. DUCETTE (1992). «The Relationship of Attributions and Personal Well-Being in Parents of Preschool Children with Disabilities», *Journal of Early Intervention, 16*(4), p. 293-303.

SHARP, K. (1985). «Children's Judgment and Reasoning about Aliveness», *Merrill-Palmer Quarterly, 31*(1), p. 47-65.

SHAW, J. et P. SKOLNICK (1971). «Attribution of Responsibility for a Happy Accident», *Journal of Personality and Social Psychology, 18*(3), p. 380-383.

SHERRI, C.W. et J.A. RUSSEL (2003). «A Closer Look at Preschooler's Freely-Produced Labels for Facial Expression», *Developmental Psychology, 39*(1), p. 114-128).

SHKLAR, Judice N. (1984). *Ordinary Vices*, Cambridge (MA), Harvard University Press, 268 p.

SHULMAN, M. et E. MEKLER (1985). *Bringing Up a Moral Child*, Reading (MA), Addison-Wesley, 359 p.

SHULTZ, T.R. et M. SCHLEIFER (1983). « Towards a Refinement of Attribution Concepts » dans M. Hewstone, F.D. Fincham et J. Jaspars (dir.), *Attribution Theory and Research : Conceptual, Developmental, and Social Dimensions*, New York, Academic Press, p. 37-62.

SHULTZ, T.R., M. SCHLEIFER et I. ALTMAN (1981). « Judgments of Causation, Responsibility, and Punishment in Cases of Harm-Doing », *Canadian Journal of Behavioral Science/Revue canadienne des sciences du comportement, 13*(3), p. 238-253.

SHULTZ, T.R., M. SCHLEIFER et C. JAGGI (1987). « Assigning Vicarious Responsibility », *European Journal of Social Psychology, XVII*, p. 377-380.

SHULTZ, T.R., K. WRIGHT, M. SCHLEIFER (1986). « Assignment of Moral Responsibility and Punishment », *Child Development, 57*, p. 177-184.

SKINNER, B.F. (1971). *Par-delà la liberté et la dignité*, Montréal/Paris, Hurtubise/Laffont.

SKOE, E.E.A. (2003). « The Ethic of Care. Issues in Moral Development », *Personality Development in Adolescence : A Cross-Cultural and Life Span Perspective*, Londres, Routledge, p. 144-171.

SMITH, E., P. CLANCE et S. IMES (1998). *Touch in Psychotherapy : Theory, Research, and Practice*, New York, Guilford Press.

SOLOMON, R.C. (2003). *Living with Nietzsche*, Oxford New York, Oxford University Press.

SOLOMON, R.C. et L.D. STONE (1994). « On "Positive" and "Negative" Emotions », *Journal for the Theory of Social Behaviour, 32*, p. 417-435.

SOLOMON, Robert C. (2003). *What is an Emotion ?*, New York, Oxford University Press, 305 p.

SOUCY, Gaétan (1998). *La petite fille qui aimait trop les allumettes*, Montréal, Boréal.

SPOCK, Benjamin (2004). *Baby and Child Care*, Londres, Simon & Schuster.

SPRING, Janis A. (2004). *How Can I Forgive You ? The Courage to Forgive, the Freedom Not To*, New York, Harper Collins, 255 p.

STEINBERG, S. et J. LAIRD (1989). « Parent Attributions of Emotion to Their Children and the Cues Children Use in Perceiving Their Own Emotions », *Motivation and Emotion, 13*(3), p. 179-191.

STERN, D. (1987). *The Interpersonal World of the Infant*, New York, Basic Books.

STOCKER, Michael (1996). *Valuing Emotions*, New York, Cambridge University Press, 353 p.

STORR, A. (1992). *Music and the Mind*, New York, The Free Press, 212 p.

STRAWSON, P.F. (1968). *Freedom and Resentment. Studies in the Philosophy of Thought and Action*, Londres, Oxford University Press.

STRAWSON, P.F. (1968). *Freedom and Resentment. Studies in the Philosophy of Thought and Action*, Londres, Oxford University Press.

SWANTON, C. (2002). *Virtue Ethics*, New York, Oxford Press.

TANGNEY, J. et P. Wagner (2003). « Shame, Guilt and Psychopathology », dans June Price Tangney et Kurt W. Fisher (dir.), *Self-Conscious Emotions : Shame, Guilt, Embarrassment and Pride*, New York, Guilford Press.

TELUSHKIN, Joseph (2000). *The Book of Jewish Values*, New York, Random House, 519 p.

THOMAS, A. et S. Chess (1977). *Temperament and Development*, New York, Brunner & Mazel.

TISAK, M. (1986). « Children's Conceptions of Parental Authority », *Child Development, 57*, p. 166-176.

TURIEL, E. (1983). « The Development Morality », dans William Damon et Nancy Eisenberg (dir.), *Handbook of Child Psychology. Volume 3, Social, Emotional and Personality Development* (5e éd.), New York, Wiley.

TURIEL, E. (1983). « Domains and Categories in Social Cognitive Development », dans W. Overton (dir.), *The Relationship Between Social and Cognitive Development*, Hillsdale (NJ), Lawrence Erlbaum Associates.

URSIN, H., E. BAADE et S. LEVINE (dir.) (1978). *Psychobiology of Stress : A Study of Coping Men*, New York, Academic Press.

URSIN, H. et H.R. ERIKSEN (2002). « The Cognitive Activation Theory of Stress », University of Bergen (article disponible sur Internet à l'adresse : <http ://72.14.207.104/search ?q=cache : 6QLAfbGjLMcJ :meagherlab.tamu.edu/M-Meagher>, page consultée le 15 juin 2006).

URSIN, H. et R. MURISON (dir.) (1983). *Biological and Psychological Basis of Psychosomatic Disease*, Oxford, Pergamon Press.

VINCENT, F. (19 janvier 2004). « No Bloom on This Rose », *Time Magazine*. Texte sur Pete Rose, joueur de baseball.

WEBLEY, P. et M. BURKE (1984). « Children's Understanding of Motives for Deception », *European Journal of Social Psychology, 14*, p. 455-458.

WENDER, P.H. et F. KLEIN (1981). *Mind, Mood and Medicine : A Guide to Do Biopsychiatry*, New York, McGraw-Hill.

WETERING, John Vander (1991). « Political Correctness : The Insult and the Injury », *Vital Speeches of the Day, 58*(4), p. 100-103.

WHITE, P. (2002). « What Should We Teach Children about Forgiveness ? », *Journal of Philosophy of Education, 36*(1), p. 57-67.

WHITE, P.A. (1972). « Socialization and Education », dans R.S. Peters (dir.), *A Critique of Current Educational Aims*, Londres, International Library of the Philosophy of Education, p. 111-129.

WIMMER, H. (1984). « Young Children's Conception of Lying : Lexical Realism-Moral Subjectivism », *Journal of Experimental Child Psychology, 37*, p. 1-30.

WINNICOTT, D. (1974). *Processus de maturation chez l'enfant : développement affectif et environnement*, Paris, Payot, coll. « Petite bibliothèque Payot », no 245.

WOLF, Anthony (2003). *Mom, Jason's Breathing on Me ! The Solution to Sibling Bickering*, New York, Ballantine Books, 203 p.

WOLF, Anthony (2000). *Secret of Parenting : How to Be in Charge of Today's Kids – From Toddlers to Preteens – Without Threats of Punishment*, New York, Farrar Straus and Giroux, 233 p. Ce livre traite des comportements dits négatifs, des crises de colère et des protestations.

WOLF, Anthony (1998). *Why Did You Have to Get a Divorce ? And When Can I Get a Hamster ? A Guide to Parenting Through Divorce*, New York, Farrar Straus and Giroux, 208 p.

WOLF, Anthony (1996). *It's not fair, Jeremy Spencer's Parents Let Him Stay Up All Night ! A Guide to the Tougher Parts of Parenting*, New York, Farrar Straus and Giroux. Livre sur les querelles et les conflits familiaux.

WONG, D. (2002). «Crossing Cultures in Moral Psychology», *Philosophy Now, 36* (juin) p. 7-11.

ZACK, Naomi (2002). *The Philosophy of Science and Race*, New York, Routledge.

ZORNBERG, A. (1995). *The Beginning of Desire: Reflections on Genesis*, New York, Doubleday.

ZUCKERMAN, M., D. LARRANCE, J. PORAC et P. BLANCK (1980). «Effects of Fear of Success on Intrinsic Motivation, Causal Attribution, and Choice Behaviour», *Journal of Personality and Social Psychology, 39*(3), p. 503-513.

LECTURES RECOMMANDÉES

LIVRES D'INTÉRÊT GÉNÉRAL

Aristote, (2004). *Éthique à Nicomaque,* Paris, Éditions Flammarion (GF) (nº 0947).

Nous recommandons plus particulièrement la lecture des chapitres 3 et 7. S'adresse à tout lecteur désireux d'en savoir plus sur la vertu, le jugement et la responsabilité. Tout comme celui de Platon, ce livre est toujours pertinent, même si 2500 ans se sont écoulés depuis que ces propos ont été tenus.

HULBERT, Anne (2004). *Raising America : Experts, Parents and A Century of Advice about Children,* New York, Vintage Books.

Hulbert a structuré son livre en fonction de cinq conférences portant sur l'art d'être parents et sur la famille, à partir du colloque américain National Congress of Mothers de 1899, jusqu'à la Conference on Early Childhood Development and Learning. L'auteure expose chacun des cas pour réfléchir sur les philosophies relatives à l'éducation des enfants et sur les conseils prodigués à l'époque.

JOHNSON, Paul (1991). *Modern Times*, New York, Harper and Row.

Dans son analyse des faits historiques du XXe siècle, Johnson stipule que le relativisme de Sigmund Freud et la théorie de la relativité d'Albert Einstein ont dominé la pensée et influencé les intellectuels. Aujourd'hui, au XXIe siècle, la défense des valeurs fondamentales, universelles, tout en évitant l'absolutisme ou le dogmatisme, représente un véritable défi.

PIAGET, J. (1992). *Le jugement moral chez l'enfant*, 7e édition, Paris, Presses universitaires de France.

Ce livre de Piaget constitue une bible pour les psychologues et les éducateurs qui s'intéressent au développement moral. Parmi les sujets abordés, citons le mensonge, la responsabilité, la coopération et le respect des règles.

PLATON (1999). *Ménon ou De la vertu*, Paris, Hatier, coll. « Classiques Hatier de la philosophie », 96 p.

Il s'agit d'un dialogue socratique concernant l'éducation morale, l'enseignement de la vertu. Le contenu de ce livre, accessible, est toujours aussi pertinent.

LIVRES PRODIGUANT DES CONSEILS AUX PARENTS CONCERNANT LE DIALOGUE AVEC UN ENFANT (DE 2 À 12 ANS)

BORBA, Michele (2001). *Building Moral Intelligence: The Seven Essential Virtues that Teach Kids to Do the Right Thing*, New York, Wiley.

COLES, R. (1997). *The Moral Intelligence of Children*, New York, Random House, 217 p.

Cet excellent livre met l'accent sur le dialogue, à travers lequel nous, les éducateurs, apprenons des enfants en même temps qu'ils apprennent de nous. Coles nous rappelle également que nous pouvons admettre qu'un enfant est « bon », même si nous ne sommes pas toujours en mesure de définir ce qu'est la « bonté ».

COLOROSA, Barbara (1995). *Kids Are Worth It! Giving Your Child the Gift of Inner Discipline*, New York, Harper Collins.

FABER, Adele et Elaine MAZLICH (2002). *How to Talk so Kids Will Listen & Listen So Kids Will Talk*, New York, Harper Collins, 286 p.

Faber et Mazlich poursuivent l'excellent travail de Ginott sur les communications avec les enfants. Contient également des bandes dessinées.

GINOTT, Haim G. (1975). *Teacher and Child*. New York, Avon.

GINOTT, Haim G. (1969). *Between Parent and Child*, New York, Avon.

LICKONA, Thomas (2004). *Character Matters: How to Help Our Children Develop Good Judgment, Integrity and Other Essential Virtues*, New York, Simon & Shuster.

Le plus récent livre de Lickona, qui a été publié lors de la rédaction du présent livre, ne contient aucune suggestion concernant l'amélioration du jugement, malgré son titre. L'auteur a adopté une position conservatrice, respectant les traditions catholiques, position qui influence les recommandations sur l'activité sexuelle, l'avortement et l'homosexualité.

LICKONA, Thomas (1990). *Educating for Character: How Schools Can Teach Respect and Responsibility*, New York, Simon & Shuster.

LICKONA, Thomas (1983). *Raising Good Children*, New York, Simon & Shuster.

MOGEL, Wendy (2001). *The Blessing of a Skinned Knee*, New York, Penguin Putnam, 302 p.

Une psychologue clinicienne prodigue ici des conseils à partir des traditions juives. Livre agréable à lire où l'auteure soutient fermement que les parents devraient laisser leurs enfants prendre des risques, au lieu de les surprotéger comme ils sont enclins à le faire. Sa position peut sembler quelque peu extrême, comme nous l'avons relevé au chapitre 5 du présent livre.

SHULMAN, Michael, et Eva Mekler (1985). *Bringing Up a Moral Child*, Reading (MA), Addison-Wesley, 359 p.

WOLF, Anthony E. (2003). *Mom, Jason's Breathing On Me! The Solution to Sibling Bickering*, New York, Ballantine Books.

WOLF, Anthony E. (2000). *Secret of Parenting. How to Be in Charge of Today's Kids – From Toddlers to Preteens – Without Threats or Punishment*, New York, Farrar Straus and Giroux, 233 p.

LIVRES PORTANT SUR LES COMPORTEMENTS INDÉSIRABLES, LES CRISES DE COLÈRE ET LA MÉDISANCE

WOLF, Anthony E. (1998). *Why Did You Have to Get a Divorce? And When Can I Get a Hamster? A Guide to Parenting Through Divorce*, New York, Farrar Straus and Giroux, 208 p.

Nombreux conseils judicieux sur la façon d'engager la conversation sur ces sujets.

WOLF, Anthony E. (1996). *It's not Fair, Jeremy Spencer's Parents Let Him Stay Up All Night! A Guide to the Tougher Parts of Parenting*, New York, Farrar Straus and Giroux.

L'auteur traite ici des conflits familiaux et des disputes.

LIVRES SUR LES NOUVEAU-NÉS ET LES BAMBINS

Le livre sur l'éducation de l'enfant du docteur Benjamin Spock s'intitule *Baby and Child Care*. La première édition a paru en 1946 et la huitième, en juin 2004. Les versions disponibles sur Internet sont gérées par les descendants du docteur Spock qui ont fondé la Dr. Spock Company, auparavant sous la responsabilité du docteur Robert Needleman. Un livre du même type que celui du docteur Spock a récemment fait son apparition sous le titre *Let the Baby Drive: Navigating the Road of New Motherhood*, de Lu Hanessian. Tout comme Spock, l'auteure dit aux mères qu'elles sont les expertes et qu'elles devraient se fier à leur intuition et aux instincts de leur bébé.

En français, les éditions Larousse produisent chaque année un livre de référence sur le développement physique et psychologique des enfants de 0 à 6 ans. La plus récente publication, intitulée *Vous et votre enfant de la naissance à 6 ans*, comprend des références plus souvent françaises, mais la maison d'édition a intégré quelques éléments propres à la société québécoise. Ce livre, écrit en collaboration par plusieurs spécialistes, demeure une bonne source de renseignements pour les parents.

BOWLBY, John (1999). *Attachement et perte*, 3e édition, Paris, Presses universitaires de France, coll. « Fil rouge », section 2, Psychanalyse et psychiatrie de l'enfant. Livre publié en trois volumes : *L'attachement* (vol. 1) ; *La séparation : angoisse et colère* (vol. 2) et *La perte : tristesse et dépression* (vol. 3).

BOWLBY, John (1988). *A Secure Base : Parent-Child Attachment and Healthy Human Development*, New York, Basic Books.

Les livres de Bowlby soulignent l'importance de l'attachement précoce de l'enfant pour la personne qui prend soin de lui.

NUSSBAUM, Martha (2001). *Upheavals of Thought : The Intelligence of Emotions*, Cambridge (MA), Cambridge University Press. Consulter plus particulièrement le chapitre 4.

Une philosophe de renom explique son point de vue sur la pensée de Winnicott et de Bowlby.

WINNICOTT, Donald (1974). *Processus de maturation chez l'enfant : développement affectif et environnement*, Paris, Payot, 259 p.

Ce psychanalyste explique les origines de la culpabilité et traite du souci d'autrui. Le lecteur peut ainsi avoir une idée de ce qui correspond à un « assez bon » parent.

LIVRES SUR L'ADOLESCENCE (SUJET NON TRAITÉ ICI)

FEYERABEND, Paul (1999). *Conquest of Abundance : A Tale of Abstraction Versus the Richness of Being*, Chicago, University of Chicago Press.

Rorty et Feyerabend défendent le subjectivisme et le relativisme, d'un point de vue postmoderniste. Pour une critique, voir l'article de Michael Schleifer (1997). « Philosophy and Community in Education : A Critique of Richard Rorty », *Analytic Teaching, 17*(2), p. 27-34.

GINOTT, Haim G. (1971). *Between Parent and Teenager*, New York, Avon.

NEUFELD, Gordon (2004). *Hold On to Your Kids: Why Parents Need to Matter More Than Peers?*, Toronto, Alfred A. Knopf, 332 p.

Cet ouvrage porte sur les valeurs morales et les controverses relativement à l'objectivisme et au relativisme.

RORTY, Richard (1993). *Contingence, ironie et solidarité*, Paris, A. Colin, coll. «Théories», 276 p. Traduit de l'américain par Pierre-Emmanuel Dauzat.

SKINNER, B.F. (1971). *Par-delà la liberté et la dignité*, Montréal, Hurtubise; Paris, Laffont.

Skinner défend le subjectivisme et le relativisme extrême.

WOLF, Anthony E. (2002). *Get Out of My Life! But First Could You Drive Me and Sheryl to the Mall?*, New York, Farrar Straus and Giroux, 212 p.

LES AUTEURS SUIVANTS SE SONT PORTÉS À LA DÉFENSE DE L'OBJECTIVISME ET ONT FOURNI DES ARGUMENTS EN DÉFAVEUR DU RELATIVISME.

BECK, Clive (1972). *Ethics*, New York, McGraw-Hill Ryerson, 110 p.

BERNSTEIN, Richard (1983). *Beyond Objectivism and Relativism*, Philadelphia, University of Pennsylvania Press.

BLACKBURN, Simon (1992). *Essays in Quasi-Realism*, Oxford, Oxford University Press.

BRINK, David (1999). «Objectivity and Dialectical Methods in Ethics», *Inquiry, 42*, p. 195-212.

DWORKIN, Ronald (1996). «Objectivity and Truth: You'd Better Believe It», *Philosophy and Public Affairs*, p. 88-139.

FOOT, Philippa (1967). *Theories of Ethics*, Oxford, Oxford University Press. Voir l'introduction et le chapitre 6.

FORQUIN, Jean-Claude (1996). *École et culture: le point de vue des sociologues britanniques*, Bruxelles, De Boeck.

GELLMAN, M. et T. Hartman [«The God Squad»] (2002). *Religion for Dummies*, New York, Wiley, 400 p. Voir les chapitres 10 et 11.

HOLLIS, Martin et Steve Lukes (1982). *Rationality and Relativism*, Cambridge (MA), The MIT Press, 312 p.

JOHNSON, P. (1991). *Modern Times*, New York, Harper and Row.

MONTEFIORE, Alan (1958). *A Modern Introduction to Moral Philosophy*, Londres, Routledge & Kegan Paul.

O'GRADY, Paul (2002). *Relativism*. Montréal et Kingston, McGill-Queen's University Press, 196 p.

PETERS, Richard (1966). *Ethics and Education*, New York, Routledge & Kegan Paul.

REBOUL, Olivier (1971). *La philosophie de l'éducation*, Paris, Presses universitaires de France, coll. « Que sais-je ? », n° 2441.

SCHLEIFER, M. et G. THESÉE (2001). « Thinking Critically about Subjectivism and Relativism », dans V. Cauchy (dir.), *Coexistence humaine et développement durable*, p. 293-302. Pour obtenir le texte intégral, il suffit de faire parvenir une demande à l'adresse suivante : <schleifer.michael@uqam.ca>.

WARNOCK, Mary (1977). *Schools of Thought*, Londres, Faber and Faber.

WILSON, John (1967). *Introduction to Moral Education*, Middlesex, Penguin. Voir les chapitres 4 et 5.

PROGRAMME PHILOSOPHIE POUR ENFANTS

LIPMAN, M., A.M. Sharp et F.S. Ocanyan (1980). *Philosophy in the Classroom*, 2e édition, Philadelphia (PA), Temple University Press, 410 p.

LIPMAN, M. et A.M. Sharp (1978). *Growing Up with Philosophy*, Philadelphia (PA), Temple University Press.

LE JUGEMENT

LIPMAN, M. (1993). *Thinking Children and Education*, Iowa, Kendall Publications. Voir le chapitre 12 intitulé « The Cultivation of Judgment », p. 685-741.

SCHLEIFER, M. (2004). « The Human Mind and Artificial Intelligence : Why Computers Cannot Play Bridge », *The Bridge Bulletin*, mai. Pour obtenir le texte intégral, il suffit de faire parvenir une demande à l'adresse mentionnée plus haut.

SCHLEIFER, M. (1992). *La formation du jugement*, Montréal, Logiques, 268 p. La version anglaise de certains chapitres peut être obtenue sur demande en faisant parvenir un courriel à l'adresse suivante : <schleifer.michael@uqam.ca>.

DIRE LA VÉRITÉ OU MENTIR ?

BOK, S. (1989). *Lying: Moral Choice in Public and Private Life*, New York, Vintage Books.

Selon Bok, l'essentiel n'est pas de savoir si quelqu'un a menti ou dit la vérité, mais plutôt si l'on peut lui faire confiance.

SHILLER, Virginia (2003). *Rewards for Kids! Chart and Activities for Positive Parenting*, Washington, Magination Press (publication de l'American Psychological Association).

Shiller rappelle qu'il arrive à tous les enfants de mentir, et que les parents devraient le reconnaître. Ainsi, lorsqu'un enfant dit: «Je me suis brossé les dents», l'auteure conseille aux parents de répondre: «Je sais que tu ne t'es pas brossé les dents, alors, s'il te plaît, va te brosser les dents maintenant.»

GRATITUDE (OU REMERCIEMENTS)

DEBROFF, Stacy M. (2002). *The Mom Book*. New York, Free Press.

L'auteure souligne l'importance d'apprendre aux jeunes enfants à voir le bon côté des choses et à remercier les gens de façon sincère.

EMPATHIE

EISENBERG, N., et Paul Mussen (1989). *The Roots of Prosocial Behavior in Children*, Cambridge (MA), Cambridge University Press.

EISENBERG, N., et J. STRAYER (1987). *Empathy and Its Development*, Cambridge (MA), Cambridge University Press.

EISENBERG, Nancy, Bridget MURPHY et Stephanie SHEPHARD (1996). «The Development of Empathic Accuracy», dans William Ickes (dir.) *Empathic Accuracy*, New York, Guilford Press (p. 73-116).

EKMAN, Paul (1982). *Emotion in the Human Face*, Cambridge, Cambridge University Press.

MARTINY, Cynthia (2002). *Non-Verbal Behavior and Empathy in the Communicational Context: Indications for Training Helping-Practitioners*, Université du Québec à Montréal. Thèse de doctorat non publiée.

ROGERS, Carol (1951). *Client-Centered Therapy*, Boston, Houghton Mifflin.

ROGERS, Carol (1975). «Empathic: An Appreciated Way of Being», *The Counseling Psychologist*, *5*, p. 209-220.

SELIGMAN, Martin (2004). *Authentic Happiness*, New York, Free Press.

Seligman démontre que la satisfaction du bébé augmente lorsque l'éducateur l'imite. Par exemple, si l'enfant signale par trois petits coups sur la table qu'il a terminé son repas, le parent pourrait faire de même. Cette «réponse par imitation» peut faire comprendre au bébé que ses gestes exercent une influence sur le comportement de ceux qu'il aime; le bonheur ressenti provient du message clair envoyé à l'enfant que ce qu'il fait compte beaucoup pour ses parents ou ceux qui s'occupent de lui.

WISPÉ, Lauren (1987). «History of the Concept of Empathy», dans N. Eisenberg et J. Strayer (dir.), *Empathy and Its Development*, Cambridge (MA), Cambridge University Press, p. 17-37.

WISPÉ, Lauren (1986). «The Distinction between Sympathy and Empathy: To Call Forth a Concept, a Word is Needed», *Journal of Personality and Social Psychology, 50*(2), p. 314-321.

ÉMOTIONS (COMPRÉHENSION ET DÉVELOPPEMENT)

FRIDJA, Nico (1986). *The Emotions*, Cambridge, Cambridge University Press.

HARRIS, Paul (1989). *Children and Emotions*, Oxford, Blackwell.

IZARD, Carol (1991). *The Psychology of Emotions*, New York, Plenum.

LEDOUX, Joseph E. (2005). *Le cerveau des émotions: les mystérieux fondements de notre vie émotionnelle*, Paris, Odile Jacob.

MASCOO, Michael F. et Sharon GRIFFIN (1998). *What Develops in Emotional Development?*, New York, Plenum Press, 352 p.

NUSSBAUM, Martha (2001). *Upheavals of Thought: The Intelligence of Emotions*, Cambridge (MA), Cambridge University Press.

ROBINSON, Jenefer (2005). *Deeper Than Reason: Emotion and Its Role in Literature, Music, and Art*, New York, Oxford University Press, 516 p.

SOLOMON, Robert C. (2003). *What is an Emotion?*, New York, Oxford University Press, 305 p.

ÉMOTIONS ET MORALITÉ

NUSSBAUM, Martha (2001). *Upheavals of Thought: The Intelligence of Emotions*, Cambridge (MA), Cambridge University Press.

STOCKER, Michael (1996). *Valuing Emotions*, New York, Cambridge University Press, 353 p.

CONTRÔLE DES ÉMOTIONS

ADAMS, Robert (1985). «Involuntary Sins», *Philosophical Review, 94*, p. 3-31.

COHEN, Abraham (1995). *Everyman's Talmud*, New York, Penguin Books, 405 p.

FISCHER, John Martin et Mark RAVIZZA (1988). *Responsibility and Control*, Cambridge University Press.

FRANKEL, Estelle (2003). *Sacred Therapy,* Boston and Londres, Shambhala Publications, 331 p.

GOLEMAN, Daniel (2003). *Destructive Emotions,* New York, Bantam Books, 424 p.

GOLEMAN, Daniel (2003). *Healing Emotions,* New York, Random House, 277 p.

GOLEMAN, D. (1997). *L'intelligence émotionnelle,* Paris, Robert Laffont.

GOLEMAN, D. (1998). *Working with Emotional Intelligence,* New York, Bantam Books, 383 p.

HANH, Thich Nhat (2001). *Anger: Wisdom for Cooling the Flames,* New York, Riverhead Books, 203 p.

LEDOUX, Joseph E. (2005). *Le cerveau des émotions: les mystérieux fondements de notre vie émotionnelle,* Paris, Odile Jacob.

SOLOMON, Robert C. (1980). «Emotions and Choice», dans Amélie Oksenberg Rorty, *Explaining Emotions,* Los Angeles et Londres, University of California Press, p. 251-283.

TELUSHKIN, Joseph (2000). *The Book of Jewish Values,* New York, Random House, 519 p.

WEISS, Raymond et Charles BUTTERWORTH (1975). *Ethical Writings of Maimonides,* New York, Dover Publications, 182 p.

FILMS RECOMMANDÉS POUR FAVORISER LES DISCUSSIONS AVEC DES ENFANTS DE 3 À 5 ANS

Babe (1995) (peur, deuil, solitude); *Babe, le cochon dans la ville* (1998)

Bambi (1942) (deuil, amour)

La belle et la bête (1991) (amour)

Blanche Neige et les sept nains (1937) (jalousie, haine)

Cendrillon (1950) (jalousie, haine)

L'Étalon noir (1979) (tristesse, fierté)

Le magicien d'Oz (1939) (espoir, peur, croyances)

Miracle sur la 34e Rue (1947, 1994) (espoir, peur, croyances)

Le frère des ours (2003) (empathie)

Les mensonges que mon père me contait (1976)

Le petit monde de Charlotte (1973, 2006) (deuil, loyauté, confiance, sacrifice)

Pinocchio (1996) (mensonge)

Le Roi Lion (1993) (culpabilité, fierté)

Shrek et *Shrek 2* (2001 et 2004) (amour jalousie) ; *Shrek 3* (2007)

Spiderman 2 (2004) (amour)

Spirit, l'étalon des plaines (2002) (tristesse, fierté)

Stuart Little et Stuart Little 2 (1999 et 2002) (peur, courage, fierté, solitude, amour)

Trouver Nemo (2003) (tristesse, solitude)

Une princesse sur la glace (2005) (fierté, jalousie)

FILMS RECOMMANDÉS POUR FAVORISER LES DISCUSSIONS AVEC DES ENFANTS DE 6 À 12 ANS

Amadeus (1984) (jalousie, haine)

Casablanca (1942) (amour, confiance)

Les chariots de feu (1981) (fierté)

Kramer contre Kramer (1979) (divorce et séparation)

Réellement l'amour (2003) (amour, confiance)

Les Russes arrivent, les Russes arrivent (1966) (amour, peur)

Ponette (1996) (mensonge, mort, deuil)

La vie est belle (1946) (dépression, émerveillement, croyances)

LES AUTEURS

Michael Schleifer est professeur au Département d'éducation et de pédagogie de l'Université du Québec à Montréal (sections : fondements, épistémologie et psychopédagogie). Il a obtenu un B. Phil. de l'Université d'Oxford (Royaume-Uni) et un doctorat en psychologie de l'Université McGill. Il a donné des cours portant sur l'éthique à l'Université McGill (Département de philosophie) et travaillé à titre de psychologue clinicien à l'Hôpital de Montréal pour enfants, au département de psychiatrie. Il a publié de nombreux articles dans des revues consacrées à l'éducation, à la philosophie et à la psychologie. Il est également l'auteur de livres sur l'identité, la coopération et le développement du jugement. Grand-père de trois enfants, il prend plaisir à parler avec eux des sentiments et des valeurs.

Cynthia Martiny est professeure au Département d'éducation et de pédagogie de l'Université du Québec à Montréal (section counseling). Elle a publié des articles sur les manifestations verbales et non verbales de l'empathie. Elle anime des consultations de groupes formés d'hommes aux prises avec des problèmes de violence conjugale. Madame Martiny possède une vaste expérience auprès des enfants en foyer d'accueil thérapeutique et auprès d'adolescentes délinquantes en foyer de groupe. Elle a agi à titre de médiatrice entre les parents et leurs enfants et de conseillère auprès des agresseurs sexuels et des victimes d'agression sexuelle. Mère de quatre enfants, elle discute volontiers avec eux des émotions et de la moralité.

INDEX

B

C

D

L

M

N

O

P

R

S

T

V